U0487495

河南深化改革的理论与实践

杨健燕 等 著

社会科学文献出版社
SOCIAL SCIENCES ACADEMIC PRESS (CHINA)

目　录

第一章
绪 论

第一节 研究背景

1978 年 12 月党的十一届三中全会的隆重召开，开启了我国改革开放的历史新时期。在共产党的领导下，经过 30 多年的经济、政治和文化等体制改革和对外开放，我国经济实力显著提高，经济结构不断优化升级，人民生活水平大幅度提高，商品和服务供给能力不断增强，基础设施和基础产业实现从制约经济发展到有力支持经济发展的显著转变，现代市场体系逐步建立和完善，对外开放的深度和广度不断拓展，“走出去”战略的实施取得了初步成效。正是在这种背景下，党的十八届三中全会提出了全面深化改革的全新主张，强调统筹推进经济、政治、文化、社会和生态文明建设等领域的全面深入改革，以期破解发展过程中存在的难题，消除阻碍经济持续健康发展的障碍，为经济发展增添新动力。

中原经济区是以河南省为中心，延及周边的河北、山西、山东、安徽和陕西 5 省的部分地区，具有自身特点、独特优势的客观存在的经济区域。中原经济区的发展不仅直接促进中部地区的崛起，而且对国家平衡科学可持续发展具有重要意义，还可以为全国“三农”问题的破解提供范例。因此，2012 年中原经济区战略成为国家层面的发展战略。该战略计划将中原经济区建设成国家重要的粮食生产和现代农业基地、全国“三化”协调发展示范区和全国重要的经济增长板块。

第二节 研究意义

本书正是在粮食产业核心区、中原经济区和郑州航空港经济综合实验区三大国家战略支持下，在深入思考欧洲、日本、美国和俄罗斯等国外改革和我国古代改革经验的基础上，全面详尽分析了国家战略框架下中原经济区全面深化改革的战略意义，确定了中原经济区在全国改革开放中的战略定位和战略目标，并从农业现代化、新型工业化、新型城镇化、经济发展方式转型和创新驱动等方面提出了可行的全面改革措施。

全面深化改革有利于更加深入地了解中原经济区深化改革的基础。全面深化改革是在现有的基础上进行的，深入了解中原经济区的经济环境、经济基础和现存主要问题及其产生的原因是制定未来改革措施的重要依据。本书详尽分析了中原经济区现在的经济状况，尤其是对中原经济区存在的主要经济问题进行了深入分析。这些为未来的全面深化改革提供了依据。

第三节 研究内容

本书的研究目的是确定中原经济区的战略定位、设定中原经济区的战略目标和探寻中原经济区的关键战略途径。为此，本书首先分析了我国 30 多年改革开放取得的成绩、经验和在此期间存在的主要问题；然后阐述了全面深化改革的含义、特征和关键要素；最后对中原经济区的内涵进行了界定，详细分析了中原经济区全面深化改革的基础及存在的主要问题。在对世界上、历史上著名改革事件进行深入思考的基础上，本书分析了大中原经济圈发展的背景和现实，从历史发展视角、“一带一路”战略视角、核心地理视角和国家发展战略视角探讨了中原经济区发展的重要性。

中原经济区是中华文明发展的核心地域，曾经是我国政治、经济和文化中心的所在地，其地理位置重要，粮食优势突出，市场潜力巨大。笔者从地理交通、生态储备、人力资源禀赋、粮食生产、水利建设五个方面论证了中原经济区发展的重要性。但在近 30 多年的改革开放过程中，其要素禀赋优势逐渐消退，在全国经济中的地位趋于下降。因此，笔者认为中原经济区在全面深化改革中首先要优化要素禀赋结构，并从优化中原文化、创新发展制度、蓄积人力资本三个方面提出优化路径。

农业是中原经济区的基础，也是其薄弱环节。农业现代化是否顺利实现关系到中原经济区的腾飞与否。新型城镇化则是农业现代化的必由之路。本书首先分析了农业现代化的重要性，总结了国外农业现代化的先进经验，对我国及中原经济区农业现代化过程中存在的共性问题进行了深入分析并提出了解决措施；其次指出了通过技术创新构建现代产业体系的必要性，分析了现代产业体系的特征，总结了国外现代化产业体系的发展模式，并在此基础上提出了中原经济区构建现代产业体系的战略思维及布局；最后从国际、国内及中原经济区内部合作视角出发分析了拓展发展空间的必要性和拓展路径。

本书首先分析了经济新常态对经济转型的要求及中原经济区经济转型面临的挑战及障碍，并提出了经济转型的可行路径；然后分析了承接产业转移和构建现代产业体系的意义及路径，并具体分析了中原经济区的农业、制造业、服务业三大产业的升级及优化的问题且提出了可行的路径；最后阐述了新型城镇化与工业化融合发展的意义、现状和实现路径。

全面深化改革引领中原创新驱动发展。本部分首先对新时期中原经济创新发展的战略形势进行了深入分析，提出了创新驱动发展中原经济的必要性；然后分析了中原产业组织创新的新平台和中原创新驱动的路径；最后从技术创新人才政策、公共配套设施供给体系、公共服务供给体系、政府职能转变、现代治理体系构建、创新激励政策完善等方面提出了提升中原经济区创新能力的措施。

第二章
改革开放与全面深化改革

1978 年 12 月，中国共产党第十一届三中全会在北京隆重召开，开启了我国改革开放的历史新时期。30 多年来，中国共产党带领全国各族人民，坚定不移地推进经济、政治、文化等体制改革，毫不动摇地促进对外开放，取得了举世瞩目的成就：经济实力快速增强；人民生活水平大幅提高；社会主义市场经济体制的建立和逐步完善；现代市场体系逐步建立；综合国力和国际地位明显提升，已成为世界经济体的重要成员，在国际社会中的影响力和地位空前提高。中国用自己的努力赢得了世界的认可和尊重。中国经济社会的面貌发生了历史性的变化。然而，任何事物都是具有两面性的，从 30 多年所走过的历程来看，我国的渐进式改革虽然比苏联、东欧等的激进式改革具有更大的合理性和优越性，并在实践中产生了更佳的社会效果。但毋庸置疑，在改革开放的过程中也出现了一些突出的矛盾和问题，如发展中公平和效率倒置、政治体制改革滞后、环境问题突出等。任何事物都存在矛盾，发展的过程就是矛盾不断产生又不断被解决的过程，旧的矛盾解决了，又会出现新的矛盾。只有不断解决新出现的矛盾，事物才能前进。改革是波澜壮阔、前所未有的伟大事业，前人没有留下现成的模式和经验，只能“摸着石头过河”，在探索中前进。

第一节　30 多年来改革开放取得的经济成就及存在的问题

一　30 多年来改革开放取得的经济成就

以 1978 年党的十一届三中全会为标志，我国进入了改革开放的历史新时期。30 多年来，中国共产党团结带领全国各族人民，坚定不移地推进体制改革，毫不动摇地促进对外开放，在经济领域取得了举世瞩目的成就，经济实力快速增强；人民生活水平大幅提高，实现了人民生活由温饱不足向总体小康的历史性跨越；社会主义市场经济体制的建立和逐步完善；现代市场体系逐步建立；中国已成为世界经济体的重要成员，用自己的努力赢得了世界的认可和尊重。可以说中国经济社会的面貌从此发生了历史性的变化。

1. 经济实力快速增强

改革开放以来，我国工业化、城市化快速推进，产业结构变动活跃，经济持续高速增长，经济实力快速增强。1978 年，我国国内生产总值只有 3645 亿元，在世界主要国家中位居第 10 位。人均国民总收入仅为 190 美元，我国位居全世界最不发达的低收入国家行列。改革开放 30 多年来，我国国内生产总值（GDP）保持持续的快速增长，GDP 增速有 16 年超过 10%。2014 年，国内生产总值达 636463 亿元，首次突破 60 万亿元，是 1978 年的 174 倍；以美元计，国内生产总值首次突破 10 万亿美元，中国成为继美国之后又一个“10 万亿美元俱乐部”成员；我国 GDP 总量居世界第二，已提前完成现代化“三步走”战略部署的前两步，正在为全面建成小康社会，为初步实现现代化而努力奋斗。

随着经济总量的不断上升，国家财政实力增长显著。经济的快速发展和规模的扩大，带来了国家财力的增加。1978 年国家财政收入仅为 1132 亿元，1985 年翻了一番，达到 2005 亿元，1993 年再翻一番，达到 4349 亿元，1999 年跨上 1 万亿台阶，达到 11444 亿元，2003 年超过 2 万亿元，达到 21715 亿元，2007 年，国家财政收入已经超过 5 万亿元，达到 51322 亿元。2014 年，虽然工业生产、消费、投资、进出口、企业利润等指标增幅回落，造成相应税收增速放缓，营改增试点范围不断扩增，在减轻企业负担的同时，使财政减收，但是全国一般公共财政收入还是达到 140350 亿元，比 2013 年增加 11140 亿元，增长速度为 8.6%。国家财力的增加对促进经济发展，加强经济和社会中的薄弱环节，切实改善民生，有效应对各种风险和自然灾害的冲击提供了有力的资金保障。

不仅经济总量快速增长，而且我国外汇储备也发生了质的飞跃，实现了由短缺到富足的历史性转变。1978 年，我国外汇储备仅为 1.67 亿美元，人均只有 0.17 美元，折合成人民币不足 1 元，短缺是当时外汇储备的基本特征。随着我国对外经济的发展壮大，经常项目贸易盈余不断积累，外汇储备的短缺成为历史。1990 年，我国外汇储备超过百亿美元，达到 111 亿美元，1996 年超过千亿美元，达到 1050 亿美元，2006 年超过 1 万亿美元，达到 10663 亿美元，超过日本位居世界第一位。2014 年我国外汇储备余额为 38430 亿美元，较 2013 年末增加 217 亿美元，已经超过世界主要 7 大工业国（美国、日本、英国、德国、法国、加拿大、意大利，简称 G7）外汇储备余额的总和，并自 2007 年来稳居世界第一。尽管中国的巨额外汇储备会对中国经济的发展产生一定的消极影响，但它也从侧面反映了中国经济实力的增强。在这期间，我国快速而有效地应对自然和人为灾害的能力也赢得了国际一致的尊重和认可，这体现了中国政府执政能力的高水平。但是如果没有改革开放 30 年来所积累的巨大财富做后盾，这是无法实现的。另外，北京奥运会的成功举办、神舟七号载人飞船的圆满发射，均体现出我国强大的经济实力。

2. 经济结构优化升级

30 多年的改革开放，促进了经济结构的优化升级，使粗放型经济增长模式向集约型模式转变。30 多年来，三次产业在调整中均得到长足发展，农业基础地位不断强化，工业实现持续快速发展，服务业迅速发展壮大。1979 年，第一产业、第二产业和第三产业增加值年均分别增长 6.6%、15.4% 和 13.8%，第二产业成为当时的主导产业。近年来，服务业发展势头良好，2013 年第三产业增加值占 GDP 的比重上升到 46.1%，首次超过第二产业成为国民经济第一大产业。

工业结构基本实现了由技术含量低、劳动密集程度高、门类单一的结构向劳动密集、技术密集、门类齐全的结构转变。电子信息、生物工程、航空航天、医药制造、新能源和新材料等高技术工业从无到有，蓬勃发展，成为带动我国工业实现跨越式发展的重要因素。我国在航天技术、核能发电技术、高性能计算机技术、重型机械成套设备制造技术、数控机床制造技术、第三代通信技术等领域都有一系列重大突破。

城镇化步伐明显加快，基本实现了由城乡分割向城乡协调共同发展的转变。30 多年来，城镇人口占总人口的比重逐年提高，城镇化水平由 1978 年的 17.9% 上升到 2014 年的 54.77%。2014 年，城镇常住人口为 74916 万人，比 2013 年末增加 1805 万人，乡村常住人口为 61866 万人，比 2013 年年末减少 1095 万人。大量乡村人口由农村向城镇转移，促进了城乡经济的协调发展。随着城镇化和工业化进程的加快，城镇吸纳就业的能力不断增强，1978～2014年，城镇就业人员占全国就业人员的比重从1978年的23.7%上升到2014年的55.1%。

国有经济战略性调整取得重大进展，基本实现了由单一的公有制经济向多种所有制经济共同发展的转变。1978年，全民所有制工业企业产值占全部工业企业总产值的比重为77.6%，集体工业企业产值占22.4%，国有企业占绝对优势；发展到2014年，国有及国有控股工业企业产值占全部规模以上工业企业总产值的比重下降到20.5%，集体企业产值占2.5%。国有企业产值占比的下降并没有削弱国有经济的控制力，在一些重要领域和关键环节国有经济仍占绝对优势。在石油、天然气开采业和电力、热力的生产供应业等重点行业，国有及国有控股企业产值所占比重仍然较大。与此同时，非公有制经济快速发展，对促进经济增长、扩大就业和活跃市场等发挥着越来越大的作用。分配结构出现了明显调整，基本实现了由平均主义突出、收入渠道单一向以劳动报酬为主、资本和技术等收入为辅的多种分配方式并存的转变。与此同时，我国不断深化收入分配制度改革，确立了劳动、资本、技术和管理等生产要素按贡献参与分配的原则，进一步完善了以按劳分配为主体、多种分配方式并存的分配制度。

3. 人民生活水平大幅提高

改革开放以前，城乡居民生活基本上处在温饱不足状态，经过30多年改革开放，人民生活明显改善，居民拥有的财富迅速增加。可以说，人民群众从改革开放中得到实惠最多、生活水平提高最快，实现了从温饱不足到总体小康的历史性跨越。

城乡居民收入水平和富裕程度显著提高。就人均GDP而言，按可比价格计算，1978年中国的人均GDP是119美元，2014年则达到了7485美元，是1978年的62.9倍。城乡居民拥有的财富呈现快速增长趋势。1978年底，城乡居民人民币存款余额为211亿元，到2014年底达1173735亿元，股票、债券等金融资产更是从无到有，且规模不断扩大。城镇居民生活水平发生了巨大变化，按可比价格计算，1978年全国居民人均可支配收入为343元，2014年，全国居民人均可支配收入为20167元，增长了57.79倍。农村居民人均纯收入由1978年的134元提高到2014年的10489元，扣除价格因素，比1978年增长77.27倍。城镇居民拥有的财产性收入占全部收入的比重上升到2007年的8.3%。城镇居民生活水平从温饱步入了小康并逐步向富裕过渡，消费质量明显提高，居民的吃、穿、住、用都发生了很大变化，居民收入来源向多元化方向发展。除工薪收入外，经营性收入、财产性收入在居民总收入中所占的比重逐步上升。居民消费水平提高，消费结构发生改变。农村居民生活发生了翻天覆地的变化。家庭联产承包责任制不仅促成了我国农业增长的"黄金时期"，而且在较短的时间内解决了上亿人的温饱问题，农民衣、食、住、行、用的方方面面发生了根本性的变化。如今在农村，砖瓦房比比皆是，小洋楼也随处可见，一部分农民还在城里买了商品房。平板电视机、自动洗衣机、电脑等高档消费品进入寻常农家，小汽车也已进入部分富裕农户。覆盖城乡的社会保障制度逐步建立和完善。在城镇，包括养老、医疗、失业、工伤、生育保险在内的社会保障体系基本形成，并且覆盖面不断扩大。在农村，社会养老保险制度正在积极探索，新型农村医疗改革试点也在加快推进。截至 2014 年底，全国参加农村社会养老保险的人数为 6000 万人。近 9 亿农民参加了新型农村合作医疗，参合率高达 95.6%。低保等制度的实施使低收入居民生活得到保障。同时，扶贫工作取得巨大成绩。在改革开放之初的 1978 年，全国农村的绝对贫困人口约有 2.5 亿人，约占全部人口的 1/4。到 2014 年末，农村绝对贫困人口减少为 900 万人，不足全部人口的 2%。

4. 商品和服务供给能力增强

经过 30 多年的快速发展，我国商品和服务的供给能力明显提高，商品和服务短缺问题大大缓解。农产品供给能力稳定提高，第一产业增加值由 1978 年的 1028 亿元增加到 2014 年的 58331.6 亿元。工业生产能力扩张迅速，2014 年工业增加值达到 227991 亿元，比 1978 年增长了 25 倍，其中，高技术产业增加值比 2013 年增长 12.3%，高出规模以上工业增加值增速 4 个百分点；装备制造业增加值比上年增长 10.5%，高出规模以上工业增加值增速 2.2 个百分点。第三产业迅速成长。2014 年，第三产业增加值为 306738 亿元，按可比价计算，比 1978 年增长 32 倍，年均增长 10.8%。在第三产业中，各类服务业均实现快速增长。商业持续繁荣，基本形成了多层次、多门类的商品市场体系和多种经济成分、多种市场流通渠道、多种经营方式并存的商品市场格局。

5. 基础设施和基础产业实现从制约经济发展到有力支持经济发展的显著转变

基础设施和基础产业曾经是制约经济发展的主要瓶颈，改革开放 30 多年来，能源、交通、通信等基础设施和基础产业快速发展，由原来制约经济发展转变为有力支持经济发展。能源生产能力由弱变强。能源供给不仅关系到经济的稳定增长，而且关系到国家的经济安全，因此党和政府一直高度重视增加能源供给。30 多年来，通过全国上下的不懈努力，我国能源生产能力大大增强，交通运输能力明显增强，铁路、公路、机场、港口等交通基础设施实现快速扩张。邮电通信业蓬勃发展。工业化、城市化、市场化以及信息化的发展不断催生对通信基础网络的需求，邮电通信成为改革开放以来发展最快的基础产业之一。到 2014 年末，我国已建成覆盖全国、通达世界、技术先进、业务全面的国家信息通信基础网络，网络规模居全球第一，发展速度位居世界前列。

6. 现代市场体系逐步建立

随着改革开放的不断深入，市场体系逐步完善，取消了生产资料价格双轨制，进一步放开了竞争性商品和服务的价格，要素市场逐步形成。实现有管理的浮动汇率制度，改革了投资体制，政府投资的范围进一步缩小，企业投资自主权逐步扩大。土地、劳动力、技术、产权、资本等要素市场进一步发展，生产要素市场的构建也取得相当进展，如双向选择的企业用人制度已经建立，商业用地使用权转让实现了“招、拍、挂”，利率市场化取得重要进展，汇率弹性明显增强等。其中资本市场的发展引人注目，尽管资本市场发展历史比较短，但是其发展速度非常快。我国股市规模、市值占 GDP 比重、交易量等，都出现大幅跃升，相关的法律法规不断完善。资本市场的发展一方面对国企改革起到了巨大推动作用，另一方面减小了间接金融的规模，降低了金融风险，对促进经济又好又快发展起到了有力的推动作用。

7. 对外开放的深度和广度不断拓展

党的十一届三中全会以后，我国经过先试验后推广，采取分步骤、多层次、逐步推进的战略，使对外开放不断扩大和深化。

对外开放从局部地区向全国推进。1979 年党中央和国务院决定对广东、福建两省的对外经济活动实行特殊政策和优惠措施，1980 年设立深圳、珠海、汕头、厦门 4 个经济特区，这标志着中国对外开放航船正式扬帆起程。20 世纪 80 年代，对外开放的范围由特区逐步扩大到了沿海、沿江、沿边地区，初步形成从沿海向内地推进的格局。1992 年，我国开放沿江城市和三峡库区、边境和沿海地区省会城市、沿边城市，以及太原等 11 个内陆省会城市。随后几年，又陆续开放了一大批符合条件的内陆县市。2001 年 12

月，中国加入世界贸易组织（WTO），开始全方位对外开放。至此，一个从沿海到内地、由南向北、自东向西、全方位对外开放的区域格局基本形成。

对外开放从商品贸易领域向投资和服务贸易领域推进。改革开放之初，我国对外开放以出口创汇为切入点，扩大出口成为政策的基本指向。后来，对外开放逐渐从贸易领域扩展到投资和生产领域。外商直接投资、借用外债、到国际市场融资等多种方式被广泛采用。随着对外开放的不断深入，服务领域的开放步伐不断加快，服务贸易迅速发展。

对外贸易快速增长，结构不断优化。改革开放30多年来，我国的对外贸易取得了辉煌的成就。进出口贸易总额从1978年的207亿美元增长到2014年的4.3万亿美元，与此同时，出口总额从98亿美元增加到2.34万亿美元，进口总额从109亿美元增加到1.96万亿美元。进出口贸易从逆差转变为顺差，我国从一个外汇捉襟见肘的国家一跃成为世界第一大外汇储备国。进出口贸易的快速增长不断提升我国在世界贸易中的排名，我国进出口贸易额占世界贸易总额的比重在改革开放初期位居世界第32位，2014年我国出口额占世界出口总额的比重提高到12.4%，世界排名跃居第1位。此外，我国对外贸易结构不断优化。从出口商品结构看，30多年来，从以初级产品为主到以工业制成品为主，从以轻纺等劳动密集型产品为主到以机电和高新技术产品等资本技术密集型产品为主，我国出口商品结构不断优化升级。从进口商品结构看，为满足国民经济快速发展和工业化、现代化的需要，在进口商品中，资源、基础原材料等初级产品所占比重明显扩大，机电产品和高新技术产品快速增长。这不仅弥补了国内经济建设资源和技术的不足，而且为产业结构的调整和升级创造了条件。服务贸易取得长足发展。2014年我国服务贸易总额为6069.57亿美元，比1982年的43亿美元增长了100多倍，其中出口额从1982年的24.8亿美元增加到2234.75亿美元，居世界第5位；进口额从1982年的18.7亿美元增加到3834亿美元，居世界第2位。

利用外资发展迅速，结构不断优化。积极有效地利用外资是对外开放的核心内容之一。外资的进入，弥补了长期困扰我国的资金和技术双缺口，推动了经济增长，增加了税收和就业机会，促进了产业结构的优化升级，对加快我国经济发展，提高国民经济整体素质，增强企业核心竞争力起到了重要作用，并且加快了我国经济全面融入国际社会的步伐。改革开放30多年来，我国利用外资的规模不断扩大。1983年我国吸收的外商直接投资仅为9.16

亿美元，2014 年已达到 7363.6 亿美元，增长了 800 多倍。利用外资方式不断拓展。加入世贸组织前，绿地投资是我国吸收外商投资的主要模式，并购投资和到国际资本市场融资等方式很少。入世以来，我国认真履行加入 WTO 的承诺条款，循序渐进、积极稳妥地开放资本市场，完善相关法律法规，资本市场的国际化进程正在有序推进，诸如允许符合条件的境内企业到境外上市，主动实施合格境外机构投资者（QFII）制度和合格境内机构投资者（QDII）制度，在 WTO 框架内开放证券业等，同时改进和完善外资并购政策。我国利用外资产业结构不断优化，改革开放初期，利用外资总体上呈现出数量扩张型特征。入世后，我国取消了外商投资企业的超国民待遇；进一步扩大了服务业开放；严格限制低水平、高消耗、高污染外资项目进入。同时，充分发挥外资在自主创新中的积极作用，优化外资区域布局，创新利用外资方式，积极稳妥扩大金融、保险、电信等服务业对外开放，拓展利用外资的新领域。外商投资的重点，从一般制造业发展到高新技术产业、基础产业、基础设施建设，尤其是在近几年，外商对研发中心、集成电路、计算机、通信产品等高技术项目的投资明显增加；开放服务贸易领域后，商业、外贸、电信、金融、保险、房地产等服务业已成为外商新一轮投资的热点。

8. “走出去”战略的实施取得初步成效

推动企业以对外投资、对外经济技术合作等多种方式走出国门，充分利用“两个市场、两种资源”，实现我国经济的可持续发展是我国改革开放的另一个重点内容。从 1976 年我国的对外承包劳务队伍第一次走向国际舞台，到 2014 年我国共对全球 156 个国家和地区的 6128 家境外企业进行了直接投资，累计实现非金融类对外直接投资 6320.5 亿元，双向投资首次接近平衡。2014 年，以美元计，全年累计实现非金融类对外直接投资 1028.9 亿美元，对外承包工程业务完成营业额 8748.2 亿元，新签合同额在 5000 万美元以上的项目有 662 个，其金额合计为 1578.2 亿美元，占新签合同总金额的 82.3%，共派出各类劳务人员 56.2 万人。截至 2014 年 12 月底，对外劳务合作业务累计派出各类人员 748 万人。不仅合作范围和规模有了巨大飞跃，而且中国企业的竞争力也显著加强，大型对外投资并购项目的投资领域呈现多元趋势。能矿领域继续成为投资热点。五矿资源等企业联营体以 58.5 亿美元收购秘鲁拉斯邦巴斯铜矿；国家电网公司以 21.01 亿欧元（折合 25.4 亿美元）收购意大利存贷款能源网公司 35% 的股权。制造业领域并购活跃，联想集团以 29.1 亿美元收购美国摩托罗拉公司移动手机业务；东风汽车有限公司以 10.9 亿美元收购法国标致雪铁龙集团 14.1% 的股权。农业领域跨国并购取得突破。中粮集团以 15 亿美元并购新加坡来宝农业公司和以 12.9 亿美元并购荷兰尼德拉公司，而这两个并购项目成为迄今农业领域对外投资最大的两个项目。对外直接投资产业结构继续优化。2014 年，对外直接投资产业门类广泛，涉及租赁和商务服务业、采矿业、批发和零售业、建筑业、制造业、房地产业、交通运输、仓储和邮政业等 15 大类行业，其中租赁和商务服务业的对外投资额为 372.5 亿美元，采矿业的对外投资额为 193.3 亿美元，批发零售业的对外投资额为 172.7 亿美元，上述 3 个行业成为对外直接投资的主要领域。地方企业的对外直接投资发展迅速。2014 年，地方企业的对外直接投资额为 451.1 亿美元，同比增长 36.8%，占同期对外直接投资总额的 43.8%，较上年比重增加 7.2 个百分点。其中广东、北京、山东位列前三，它们的对外直接投资额分别为 96.01 亿美元、55.47 亿美元、44.11 亿美元。企业注重当地利益融合，积极履行社会责任。例如中建集团在阿尔及利亚雇用当地分包队伍近 300 支，其住房领域项目本地化采购率达 85%，年当地采购额近 4 亿美元，该集团承揽的巴哈马海岛度假村项目已累计授予当地承包商和供应商的合同额为 3.5 亿美元，占其总承包额的 20%；南车集团在马来西亚设立了东盟制造中心和维保中心，实现了制造、销售和服务全产业链属地化；中铝集团在位于秘鲁的铜矿项目开工前先投资建设污水处理厂，解决了困扰矿区居民 70 年的水污染问题，还斥资 2 亿多美元为矿区建设了一系列现代化城镇设施。

二　改革开放 30 多年的经验

30 多年改革开放实践说明，通过逐步和局部的制度调整，积少成多，由量变到质变，不仅有可能实现经济体制的整体转变，而且有可能在转变过程中保持经济体制的相对有效性，从而在实现体制变革的同时实现经济的快速增长。对于改革开放取得成功的原因，众多学者从各自的视角进行了全面深入的分析，归纳起来主要有以下几点。

1. 解放思想是改革开放获得成功的重要法宝

人类思想发展的历史告诉我们，人类历史的发展过程是一个不断解放思想的过程，每次思想解放都推动着人类社会不断进步。人类社会从愚昧走向文明，本身就意味着人类思想的大解放，也是社会的大进步。在领导中国人民进行长期革命、建设和改革的实践历程中，中国共产党人提出了实事求是的思想路线，即一切从实际出发，理论联系实际，实事求是，在实践中检验真理和发展真理。改革开放30多年的发展史雄辩地证明，没有思想解放就没有改革开放。1977年至1978年，以实践是检验真理的唯一标准的大讨论作为突出标志的思想解放，促成了伟大的历史转折，开创了改革开放新时期；1979年至1983年，重点围绕农村生产关系的变革和农业发展道路的选择所进行的思想解放，催生了“贫穷不是社会主义”等一系列关于社会主义的科学理论和实践；1984年，党的十二届三中全会关于我国社会主义经济是公有制基础上的有计划的商品经济的思想解放，开辟了全面推进我国经济体制改革的新纪元，孕育了社会主义市场经济；1987年，党的十三大关于我国还处在社会主义初级阶段的理论概括和思想解放，突破了长期以来把社会主义理想化、纯洁化，企图超阶段地建成社会主义并实现共产主义的思想理论和思维模式，把中国特色社会主义进一步置于现实的基础之上；1992年，邓小平做出的南方谈话，则是党坚持和推进思想解放的伟大里程碑，澄清了束缚中国特色社会主义的许多模糊认识，创造性地深化了对什么是社会主义、怎样建设社会主义的认识；面向21世纪，“三个代表”和科学发展观等重要思想的明确提出，进一步回答了在全球化背景下如何增强中国特色社会主义生命力和如何保持中国共产党人先进性的问题，进一步揭示了共产党执政的规律、社会主义建设的规律和人类社会发展的规律。一系列解放思想的不平凡历程雄辩地表明，解放思想是党的思想路线的本质要求，只有坚持解放思想，才能做到实事求是、与时俱进；解放思想是澄清错误思潮、统一思想认识的锐利武器，只有坚持解放思想，才能明确方向，坚定步伐，不为任何干扰所惑，不为任何风险所惧；解放思想是中国特色社会主义的思想精髓，只有坚持解放思想，才能应对复杂矛盾，解决现实问题，不断开创中国特色社会主义事业新局面。30多年的改革开放的历史，也就是不断解放思想、不断开拓创新的历史。过去30多年的改革开放靠的是思想解放，今后的改革开放仍然要靠思想解放。

2.“摸着石头过河”的改革思路是改革开放顺利进行的重要思维逻辑

改革之初，邓小平提出了“摸着石头过河”的改革思路，要求人们按照“三个有利于”的标准大胆试、大胆闯，对了坚持，错了改正。这种思路贯穿于整个改革开放过程。首先，需要“过河”是明确的、坚定的。传统的高度集中的计划体制已经不能适应进一步解放和发展生产力的需要，必须对其进行改革。需要积极探索和建立适合中国国情的经济体制，解放和发展生产力，实现富民强国目标；从中国不同时期所面临的现实矛盾和问题出发，按照“三个有利于”的原则和检验标准，不断消除体制中不利于生产力发展的因素，不断探索适合中国国情的改革目标和改革措施。其次，根据发展阶段的特点及所面临的矛盾、问题和任务的变化，不断对过去提出的改革目标和措施进行调整，并提出新的目标和措施。“摸着石头过河”不仅是探索符合中国国情的体制模式的必然选择，而且是克服阻力，争取时间，推进改革，促进发展的明智之举。

3. 坚持四项基本原则是改革开放健康发展的政治保证

四项基本原则是立国之本，改革开放是强国之路。30 多年改革开放的实践证明，坚持四项基本原则是改革开放和现代化建设事业健康发展的根本前提和保证，坚持马克思列宁主义、毛泽东思想是统一全国人民意志的思想理论基础，坚定不移地走社会主义道路是全国人民共同努力、同心同德的方向和目标，坚持人民民主专政是最大多数人民根本利益的制度保障，毫不动摇地坚持中国共产党的领导为改革开放提供了一个坚强的领导核心。党的领导是社会主义现代化建设的根本保证。处在社会主义初级阶段的特殊国情决定了只有中国共产党才能带领中国人民完成跨越式发展的历史任务，具有丰富斗争经验的中国共产党有能力驾驭复杂的国际国内形势，保证社会主义现代化建设的顺利进行并确保社会主义现代化建设的正确方向。只有坚持四项基本原则，才能保证有统一的意志和统一的行动，社会才能够稳定，人民才能够团结。否则人民群众就会失去共同的政治基础，就必然会导致思想上的不统一，行动上的不一致，就必然会导致社会的混乱，改革开放也就不会取得如此巨大的成绩。

4. 大力促进非国有经济发展是改革开放获取成果的经济助推器

非国有经济的快速发展是中国改革开放和经济发展的一大特色。1978 年，国有经济产出在总产出的比重高达 78%，集体经济产出的比重大约是 22%，私有经济的产出微乎其微。而截至 2014 年底，在全部国有及规模以上非国有企业总产出当中，国有及国有控股企业产出所占比重已经减少到 12.7%，而包括私营企业、集体企业和各种类型的混合所有制企业在内的非国有企业的产出所占的比重已经达到 87.3%，非国有经济的快速发展对整个改革的成功起到了十分重要的作用。首先，非国有经济的发展壮大代表着新生经济力量的壮大。由于非国有企业主要是在实施改革开放政策以后按照市场需求发展起来的，因此，与旧的计划体制下成长起来的国有企业相比，它们与市场具有天然的联系，具有更强的适应市场经济的能力。其发展和壮大，在一定程度上可以说就是新生的市场经济力量的发展壮大，从而为整个经济注入了新的活力。其次，非国有经济的发展，降低了推进国有企业改革的难度与风险，使得有关国有企业改革的重大决策更加容易。当国有经济在国民经济中所占比重过高，整个国民经济过多依赖国有经济时，国有企业改革就带有很强的敏感性。因为一旦改革发生失误，就不仅会严重影响国家经济和社会的稳定，而且会对人民生活产生很大影响。因此，在这种情况下，对国有企业改革的决策就需要慎之又慎。但当非国有经济发展到一定程度且在国民经济中占有较大的比重时，整个国民经济对国有经济的依赖程度就会减轻，国有企业改革决策的难度也会相应减轻。因为即使改革的结果与其目标产生较大差距，它至少不会对经济和社会的稳定产生重大影响。因此，许多在改革初期很难想象的针对国有企业的改革举措，在非国有经济发展壮大之后，都变得可以接受。再次，非国有经济的超前发展，在一定程度上扮演了国有经济竞争对手和改革示范者的角色，从而推动了国有企业的改革。当处于垄断地位时，国有企业感受不到竞争压力，也就感受不到改革的迫切性和必要性，这时对其进行改革难度很大。随着非国有企业的发展和壮大，它们开始成为国有企业在市场、原料、人才、资金等诸多方面强大的竞争对手。这时，国有企业如果不改革，就不仅是效率问题，而且是面临被市场淘汰和能否继续生存的问题。这种压力不仅是广大国有企业职工必须要面对的，而且是国有企业负责人必须要面对的。因此，正是这种来自非国有企业的激烈竞争和来自市场的生存压力，推动着国有企业不断改善管理，提高质量，降低成本。最后，非国有企业的发展也为国有企业改革创造了条件。比如，国有企业改革势必会导致职工的下岗分流，这时如果没有更多的就业机会，就会导致大量的失业，产生严重的民生问题和社会问题。而非国有经济的发展，正好可以让非国有企业吸收国有企业改革中所释放出的“富余劳动力”，为国有企业改革创造条件。

三　30 多年改革开放过程中存在的问题

从 30 多年所走过的历程来看，改革开放体现出了巨大的合理性和优越性，在实践中产生了良好的社会效果。但毋庸置疑，改革开放过程中也出现了一些突出的矛盾和问题。正如邓小平所指出的，“发展起来以后的问题不比不发展少”。较为突出的问题有经济结构不合理，体制机制不完善，城乡区域间发展不平衡，收入分配差距过大，社会事业发展滞后等。此外，许多外向型、劳动密集型企业虽然在出口创汇中立下了汗马功劳，但其偏重外向的经济模式潜存着巨大的风险。这些矛盾和问题如果处理不好，势必会衍生出诸多社会问题，影响整个社会的稳定，成为制约中国进一步发展的瓶颈。在新世纪新阶段，要取得进一步发展，就必须客观分析改革开放过程中出现的新情况、新问题，认真思考今后改革的重点和方向，把改革开放继续推向深入。

1. 贫富差距增大

允许一部分人先富起来，先富带动后富，最终实现共同富裕。这是改革开放总设计师邓小平提出的经济发展方针。邓小平之所以没强调以公平为前提，是因为社会主义制度本身就是民主、公平的制度。在这样的制度下，人人平等、公平乃是一个人尽皆知的事实，不需要加以强调。然而我们的经济发展结果却逐渐远离了这个方针。做到了“一部分人先富”，却未能“带动后富”。在一部分人更富的同时，另一部分人却变得更穷。2012 年，我国基尼系数为 0.474，虽然比 2010 年的 0.61 略有下降，但仍然超过 0.44 的全球平均水平。我国的收入差距主要表现在三个方面。①行业、企业间工资差距扩大。2012 年，全国城镇单位就业人员平均工资为 40635 元，城镇私营单位就业人员平均工资为 21781 元，金融行业就业人员的平均工资最高，为 94312 元，农林牧渔行业就业人员的平均工资最低，仅为 18772 元。但在 20 世纪 80 年代，我国行业间工资收入差距基本保持在 1.6 倍 ~ 1.8 倍。世界多数国家行业间工资收入差距在 1.5 倍 ~2 倍。企业间工资差距更大，最新调研数据显示，某省电力公司的员工工资及奖金人均达到 30 万元，而建筑行业的工人工资平均不到 5 万元。②城乡收入差距扩大。2014 年，城镇居民人均可支配收入为 28844 元，农村居民人均可支配收入为 10489 元，前者是后者的 2.7 倍。而在 1990 年，城镇居民收入仅为农村居民收入的 2.2 倍，同一时期世界上多数国家的城镇居民收入与农村居民的收入的差距在 1.6 倍以下。③地区收入差距扩大。从东、中、西看，收入差距依然十分显著。2014 年，在全国各省区市中，甘肃省城镇居民人均可支配收入最低，为 20804 元，上海市城镇居民人均可支配收入最高，达 47710 元，是甘肃城镇居民人均可支配收入的 2 倍多。

2. 政治体制改革滞后

中国30多年改革开放最大的失误是公权力失控，没有采取有效的措施约束政府和官员，以至于逐渐形成了特权利益集团，严重地阻碍了公民社会、法治国家的建立。由于政治体制改革滞后，特权制度及由特权引发的腐败问题、民生问题、行政性垄断问题、弱势群体问题成为当今中国最严重的社会问题。

3. 生态环境恶化

20世纪90年代以来，生态安全遇到了传统工业化带来的严峻挑战和直接影响，而这些挑战和影响突出表现在以下七个方面。①水资源匮乏与水污染严重。我国是全球最缺水的国家之一。缺水造成的旱灾的发生次数占农业自然灾害发生总次数的50%，每年因缺水造成的工业产值损失也达2000多亿元，有将近一半的城镇人口和3.6亿农村人口喝不上符合标准的饮用水。全国约有70%以上的江河湖泊受到不同程度的水污染，有些鱼米之乡，如今已经变为水污染的重灾区域。②水土流失严重。我国水土流失面积已达356万平方公里，占国土总面积的37%，每年因荒漠化造成直接经济损失540亿元。黄土高原每年平均流失土层1厘米，流失速度比形成速度快100至400倍，平均每年流失泥沙16亿吨，其中含有的氮、磷、钾总量约4000万吨，使黄土地的生产能力大大降低。③森林资源紧缺。我国森林资源的人均占有量只相当于世界人均水平的1/6。有些省、自治区的森林覆盖率不足1%。同时，森林病虫害严重，防治工作薄弱，森林病虫害平均每年造成直接经济损失约145亿多元。④草原生态形势严峻。由于长期以来对草地的不合理利用和开发，全国草地面积逐年缩小，草地质量逐渐下降，90%的草地不同程度地退化，草原生态系统遭到严重破坏。⑤海洋生态不容乐观。近年来，我国海洋污染程度日益加剧，Ⅳ类和劣Ⅳ类海水已占全部海水的46%以上，海水水质下降导致赤潮发生频率增加，直接威胁沿海地区的供水安全；海洋生态环境恶化，引起了海岸侵蚀。⑥大气环境恶化。全国约有1亿多人每天呼吸不到新鲜空气。在全国338个中型城市中，空气质量达到一级标准的城市只占2.9%，达到二级标准的城市也只占33.5%。⑦生物多样性受到严重破坏。在中国动植物种类中，已有15%至20%的受到威胁，濒危或接近濒危的高等植物有4000多种，占全国高等植物总数的15%至20%。此外，由于引进外来物种，中国一些土著物种的生存遭受排挤、侵害而使其数量逐渐减少甚至使其灭绝。

4. 改革不全面

这方面较典型的是户籍制度改革。户籍制度与市场经济完全相背离、相冲突，成为“三农”问题的祸根，严重阻碍了中国城市化的发展。户籍的制度安排，使城市可以无限度地榨取农村的财富，富裕地区可以无限度地掠夺贫困地区的人力资源而无须担责。迁徙自由本是人的一项基本权利，在我国却得到了限制。诚然，实行户籍制度是出于我国特殊国情的考虑，是为了维护国家的长治久安，实现更好的发展。然而，除了户籍制度，难道没有更好的管理方式吗？就像计划生育一样，日本没有实行计划生育，人口密度也远大于我国，日本的发展却很成功。也就是说发展不能以牺牲人民的利益为代价，发展是为了人民。在民主化水平逐渐提高的今天，户籍制度亟须改革。

第二节　全面深化改革的含义及特征

一　全面深化改革的含义

1. 全面改革的内涵

党的十八届三中全会突破性地为中国改革“升级”提出了“全面深化改革”的全新主张。全会审议通过的 2 万余字的纲领性文件《中共中央关于全面深化改革若干重大问题的决定》（以下简称“《决定》”）得以公布。2014 年被视为中国全面深化改革元年，2015 年是中国全面深化改革的关键之年。那么究竟何为全面深化改革呢？习近平表示，中国正在制定全面深化改革的总体方案，总的是要统筹推进经济、政治、文化、社会和生态文明建设等领域的改革，努力破解发展过程中出现的难题，消除经济持续健康发展的体制机制障碍，通过改革为经济发展增添新动力。全面深化改革的具体措施有以下几点。

（1）完善基本经济制度，加强市场体系建设，推进宏观调控，财税、金融、投资领域体制改革，深化利率和汇率市场化改革，增强人民币汇率弹性，逐步实现人民币资本项目可兑换。

（2）推进行政体制改革，进一步转变职能，简政放权，理顺政府和市场的关系，更大程度、更广泛地发挥市场在资源配置中的基础性作用。

（3）健全科技体制，提高科技创新能力，着力构建以企业为主体，市场为导向，产学研相结合的技术创新体系。

（4）以保障和改善民生为重点，促进社会公平正义，推动实现更高质量的就业，深化收入分配制度改革，健全社会保障体系和基本公共服务体系。

（5）加强生态环境保护，扎实推进资源节约，为人民创造良好的生产、生活环境，为应对全球气候变化做出新的贡献。

（6）实行更加积极主动的开放战略，完善互利共赢、多元平衡、安全高效的开放型经济体系，促进沿海、内陆、沿边开放优势互补，形成引领国际经济合作和竞争的开放区域，培育带动区域发展的开放高地。坚持出口和进口并重，推动对外贸易平衡发展；坚持“引进来”和“走出去”并重，提高投资国际合作水平；深化投资和贸易体制改革，完善法律法规，为各国在华企业创造公平经营的法治环境。

（7）统筹双边、多边、区域、次区域的开放合作，加快实施自由贸易区战略，加强同周边国家的互联互通。

2. 全面深化改革的特征

全面深化改革是在新的历史起点上的伟大变革，因而充满了许多新的历史特点。准确把握全面深化改革的历史特点，对于夺取全面深化改革的新胜利具有重大意义。

（1）现代性

全面深化改革的总目标是完善和发展中国特色社会主义制度，推进国家治理体系和治理能力的现代化。到 2020 年，在重要领域和关键环节改革上取得决定性成果，形成系统完备、科学规范、运行有效的制度体系，使各方面制度更加成熟、更加定型。这是坚持和发展中国特色社会主义的必然要求，也是全面深化改革的历史特点。现代化与现代性密切相关。现代化是现代性的实现方式和展开过程，现代性是现代化的内在要求和本质特征。全面深化改革，就是要培育和塑造充满时代精神、体现社会主义本质的现代性，形成中国特色社会主义制度体系。

我国的改革方式正在从政策调整转向制度创新。改革是从政策调整开始的。由于我们实行了一系列新的政策，我国社会面貌才发生了巨大变化，并为改革的制度转向奠定了基础。今天，在新的历史起点上，我们面临着许多新问题，单纯的政策调整已经不能满足实践的新要求，改革方式必须从政策调整转变为制度创新。政策背后是制度，新的政策一旦受到旧制度的束缚，制度变革就成为当务之急。事实上，要保持政策的连续性和稳定性，说到底需要制度支持。和政策相比，制度带有根本性、全局性和长期性。改革最终能不能成功，还是取决于我们是否建立起比较完整的制度。邓小平早在1992年就指出，“恐怕再有三十年的时间，我们才会在各方面形成一整套更加成熟、更加定型的制度。在这个制度下的方针、政策，也将更加定型化”。全面深化改革，对于实现邓小平当年的这一战略构想恰逢其时。完善和发展中国特色社会主义制度，是我们这一代人责无旁贷的历史使命。我们要总结历史经验，尊重客观规律，把被实践证明的正确的方针政策制度化。要敢于革除旧体制的弊端，大胆吸收、借鉴人类文明成果，着力推进制度创新，形成富有现代性内涵和中国特色的社会主义制度体系和国家治理体系。现代化制度体系和国家治理体系，应依靠现代化的人来建设。因此，我们所进行的社会主义现代化建设，不仅包括制度现代化，而且包括人的现代化，更包括国家治理能力现代化，特别是执政党的执政能力的现代化。

（2）整体性

全面深化改革必须更加注重改革的系统性、整体性、协同性。人类社会是由许多因素构成的有机整体，其中任何一个要素都不可能离开其他要素而孤立存在。人类社会的整体性表明，社会生活的各种因素之间相互牵连、相互掣肘。社会生活的整体性决定了改革的整体性。

我国的改革方式正在从单向突破转向整体推进。在改革的初始阶段，需要解决的问题很多。我们采取了循序渐进、实验先行、不断探索、逐步推广的方法。改革从农村开始，逐渐扩展到城市；从沿海开始，逐渐扩展到内地；从局部开始，逐渐扩展到全国；从经济领域开始，逐渐扩展到其他领域。这种渐进式的改革方法，不仅使我们很快启动了改革，而且避免了激进式改革所带来的震荡，实现了社会的平稳发展，为整体性改革赢得了时间，奠定了基础，创造了条件。在新的历史起点上，单项突破的渐进式改革的局限性逐渐暴露出来。改革说到底是一项系统工程。不同领域的改革对象之间，是相互联系和相互制约的。每一个领域的改革必然要牵涉其他领域的改革。随着时间的推移和改革的发展，单项突破式改革的效益在递减，局部领域的改革因其他领域的制约不可能得到深化。这就是我国的改革所面临的新的历史特点。正如习近平总书记所说，“我们提出全面深化改革的方案，是因为要解决我们面临的突出矛盾和问题，仅仅依靠单个领域、单个层次的改革难以奏效，必须加强顶层设计、整体谋划，增强各项改革的关联性、系统性、协同性”。在新的历史起点上，我们必须着眼于改革的整体性，积极主动，顺势而为，不失时机地把改革方式从单项突破转向整体推进。如果错失良机，不仅影响改革的推进，而且会使已经取得的改革成果化为乌有。当然，我们强调改革的整体性，不是否认改革的重点。每一个领域的改革，都有重点和难点问题。只有在各个领域找到改革的突破口，才能实现改革的整体推进。

（3）深刻性

全面深化改革是一次深刻的社会变革。改革的深刻性就在于，这是一次利益关系的调整。人与人之间的社会关系，归根到底是生产关系，生产关系的本质则是利益关系。利益关系决定着其他一切社会关系。“‘思想’一旦离开‘利益’，就一定会使自己出丑。”我们必须透过思想关系，深入研究利益关系。

我国的改革方式正在从观念变革转向利益关系的调整。这是一个循序渐进、由浅入深的过程。不可否认，改革的过程始终伴随着利益关系的调整。但是，在不同历史条件下，利益关系调整的内容和方式是不同的。在改革的起步阶段，摆脱贫困是人们的普遍利益诉求，我们的改革就是在这种诉求中启动的。改革几乎能为所有的人带来利益，这是一种普惠性的改革。改革的阻力不在利益关系方面，而在思想观念方面。一些人不愿改革，主要是担心改革会“葬送社会主义”，害怕改革就是“走资本主义道路”。面对思想观念上的障碍，我们不搞争论，大胆探索，在实践中解放思想，在行动中统一思想，最终冲破了“姓资姓社”的思想禁锢，开辟了一条求生存、求发展的道路。现在的改革面临着许多新的情况。由于我国产生了大量新的社会阶层和利益群体，利益关系发生了重大变化。这种变化，总体上说是历史的进步，但其中也蕴藏着需要反思的新问题。由于改革的不到位，我们的体制还不健全，我们的制度还不完善，公平竞争和不公平竞争两种因素并存。而且，在利益群体分化中，正当利益和不正当利益并存，利益分化和利益固化并存，利益关系复杂化和利益矛盾尖锐化并存。因此，利益关系的调整就成为全面深化改革的难点。我们要敢于啃硬骨头，敢于涉险滩，以更大决心冲破思想观念的束缚、突破利益固化的藩篱。利益固化和思想僵化是孪生兄弟。解放思想的首要任务，就是超越狭隘利益的局限性。面对利益关系的调整，我们必须坚持从大局出发考虑问题。要有自我革新的勇气和胸怀，跳出条条框框的限制，克服部门利益的掣肘。只要对党和人民事业有利，对广大人民有利，对实现党和国家兴旺发达、长治久安有利，就要坚定不移地改。这是对历史负责、对人民负责、对国家和民族负责。

（4）公正性

公平正义是中国特色社会主义的内在要求，共同富裕是中国特色社会主义的基本原则。历史的经验告诉我们，贫穷不是社会主义，两极分化也不是社会主义，社会主义的价值取向是公平正义，社会主义的最终目的是共同富裕。当然，实现共同富裕是一个历史过程。共同富裕不等于同步富裕，只能是在部分先富的基础上，先富带后富，最终达到共同富裕。

我国正在从部分先富转向共同富裕。改革开放以前，我国生产力水平低下，人民生活普遍贫穷。为了摆脱贫困，消灭贫穷，我们实行了效率优先、兼顾公平，部分先富等一系列方针政策，从而调动了人们的积极性，促进了生产力发展，提高了人们的生活水平，为实现共同富裕奠定了物质基础。实践证明，这些方针政策是正确的。今天，我们关注改革的公正性，并不是质疑部分先富政策的正确，而是要对部分先富的现象给予公平追问，进而走向共同富裕。通过全面深化改革，促进公平正义、增进人民福祉。这是一个带有根本性和方向性的问题。正如邓小平所说："社会主义的目的就是全国人民共同富裕，不是两极分化。如果我们的政策导致两极分化，我们就失败了；如果产生了什么新的资产阶级，那我们就真是走了邪路了。"① 一个时期以来，我国的贫富差距在扩大，其中的原因是多方面的：既有公平竞争，也有不公平竞争；既有市场经济的因素，也有非市场经济的因素。尽管我国正在发展市场经济，但由于市场经济体制不健全、不完善、不成熟，体制和制度上的弊端还存在。这些弊端为不正当利益提供了温床。解决贫富差距扩大的问题，要靠市场经济的健康发展，靠政府作用的更好发挥，靠体制的健全和制度的完善。这一切都依赖于全面深化改革。我们要秉持全面深化改革的公正性原则，用公平正义这个最大公约数，凝聚改革共识，形成改革合力。"让一切劳动、知识、技术、管理、资本的活力竞相迸发，让一切创造社会财富的源泉充分涌流，让发展成果更多更公平惠及全体人民。"这是改革的最终目的，也是判断改革得失成败的根本标准。

（5）方向性

党的十八届三中全会明确指出："全面深化改革的总目标是完善和发展

① 《邓小平文选》第3卷，人民出版社，1993，第110～111页。

中国特色社会主义制度，推进国家治理体系和治理能力现代化。”这一目标深刻反映了改革发展的趋势和要求，综合考虑了国际、国内的形势和条件，回应了人民群众的期盼和关切，为在新的历史起点上全面深化改革指明了方向。按照这一目标全面深化改革，实现各项事务治理制度化、规范化、程序化，把各方面制度优势转化为治理国家的效能，提高科学执政、民主执政、依法执政水平，实现国家富强、民族振兴、人民幸福，充分体现了道路自信、理论自信、制度自信。一是道路自信。中国特色社会主义道路是当代中国共产党人在遵循科学社会主义基本原则的前提下，立足于中国基本国情，在总结国内外社会主义建设经验的基础上，领导全国各族人民在艰难险阻中奋斗探索出来的成功之路，是经过历史和实践检验，完全符合中国国情的强国之路，是能够使亿万人民群众过上幸福美好生活的富民之路。党的十八届三中全会郑重宣布：不走封闭僵化的老路，不走改旗易帜的邪路，坚定走中国特色社会主义道路，始终确保改革正确方向。二是理论自信。我们党坚持解放思想、实事求是、与时俱进、求真务实，一切从实际出发，总结国内成功做法，借鉴国外有益经验，勇于推进理论和实践创新，形成了中国特色社会主义理论体系。《决定》强调，全面深化改革，必须高举中国特色社会主义伟大旗帜，以马克思列宁主义、毛泽东思想、邓小平理论、“三个代表”重要思想、科学发展观为指导，努力开拓中国特色社会主义事业更加广阔的前景。三是制度自信。实践证明，中国特色社会主义制度具有巨大的优越性和强大的生命力。中国特色社会主义制度，是在改革开放过程中根据中国国情，不断完善、健全的。改革的目的是不断推进我国社会主义制度自我完善和发展、赋予社会主义新的生机活力。要按照《决定》提出的六个“紧紧围绕”要求，在未来一个时期不断完善我国的经济体制、政治体制、文化体制、社会体制、生态文明体制和党的建设制度，到 2020 年，在重要领域和关键环节改革上取得决定性成果，形成系统完备、科学规范、运行有效的制度体系，使各方面制度更加成熟、更加定型，这充分表明我们党对中国特色社会主义的制度自信。

（6）艰巨性

当前，我国发展进入新阶段，改革进入攻坚期和深水区。改革开放 30 多年来，我们党和国家按照循序渐进、先易后难、力求实效的思路，不断推动改革向纵深发展。然而，随着时代的发展，国内外环境都在发生极为广泛而深刻的变化，在改革和发展中日益积累起来的许多问题，使当前中国面临着一系列突出的矛盾和挑战。如发展不平衡、不协调、不可持续问题依然突出；民生要切实实现以人为本、公平正义依然任重道远；治理体系和治理能力现代化面临“四风”问题、腐败问题等多重挑战；等等。我们依然背负着计划经济体制下的种种遗留，依然面临着一些封建落后思潮沉渣泛起的危机。尤其是随着改革的深化，必然要触动某些部门、某些人的既得利益，其难度和阻力可想而知。习近平总书记指出，“在深化改革问题上，一些思想观念障碍往往不是来自体制外而是来自体制内”。来自自身、内部的障碍，其阻力常常都要比外界更强大。这就需要我们深刻解放思想，以自我革新的勇气和胸怀，以“壮士断腕”的胆量和决心，对涉及自身的利益调整、国企改革等复杂问题，要坚决深入地改革，真正地解放和发展生产力，解放和增强社会活力。

（7）坚定性

改革进入攻坚期、深水区，触动了利益格局的调整。面对分配问题和权力问题，改革的任务异常艰巨。因此，《决定》指出，必须以强烈的历史使命感，最大限度地集中全党、全社会智慧，最大限度地调动一切积极因素，敢于啃硬骨头，敢于涉险滩，以更大决心冲破思想观念的束缚、突破利益固化的藩篱，推动中国特色社会主义制度自我完善和发展。党的十八届三中全会深刻展现了“三个自觉”。一是改革自觉。全会总结了改革开放35年的经验，指出改革开放是党在新的时代条件下带领全国各族人民进行的新的伟大革命，是当代中国最鲜明的特色，是决定当代中国命运的关键抉择，是党和人民事业大踏步赶上时代的重要法宝。全会对全面深化改革的目标任务、主要举措做出了全面部署，这体现了我们党推进改革的决心。二是执政自觉。中国共产党是中国特色社会主义事业的领导核心。《决定》强调，全面深化改革必须加强和改善党的领导，充分发挥党总揽全局、协调各方的领导核心作用，提高党的领导水平和执政能力，确保改革取得成功。《决定》还要求成立全面深化改革领导小组，负责改革总体设计、统筹协调、整体推进、督促落实，并强调各级党委要切实履行对改革的领导责任，这体现了我们党的执政自觉。三是历史自觉。伟大的事业是一代代人接力完成的。改革只有进行时，没有完成时，要一代代传下去。我们党能够从小到大，从弱到强，就在于一届一届的引领者，勇于担当，不辱使命。《决定》对全面深化改革的总体部署，充分体现了以习近平同志为总书记的新一届中央领导集体锐意进取、攻坚克难的精神状态，开拓创新、谱写改革开放伟大事业历史新篇章的事业追求，努力向历史、向人民交一份合格答卷的政治承诺。

（8）阶段性

改革是连续性与阶段性的统一。实现总目标，必须把握好全面深化改革的时间表。《决定》提出，到2020年，在重要领域和关键环节改革上取得决定性成果，完成《决定》提出的改革任务，形成系统完备、科学规范、运行有效的制度体系。《决定》是指导新形势下全面深化改革的纲领性文件，要切实把思想和行动统一到党的十八届三中全会精神上来，齐心协力贯彻落实好《决定》提出的各项改革部署。全国各地的改革要按照这一时间表来谋划和安排，制定出符合中央精神和地方实际的总体实施意见，规划好每一步改革的目标任务，对于每年干什么，取得什么成果，都要一一进行谋划，确保时间、进度、成果协调统一。要落实领导责任，各项改革都要有具体部署、具体规划、具体要求，分解任务、明确责任，加强指导、督促检查，有重点、有步骤、有秩序地抓好落实和推进工作，确保中央决策部署及时准确地落实到位。

（9）协同性

全面深化改革与以前相比，有以下突出特点。一是改革由单一到全面。过去的改革，比较偏向于经济方面的改革，有选择性，单兵突进。现在的改革要全面、综合，深入到经济、政治、文化、社会、生态等各个领域，全方位的改革。二是由容易到复杂。过去的做法是，把容易解决的、相对简单的问题先解决，难的、复杂的问题先放一放。现在的改革就是全局性的，“牵一发而动全身”。三是由表层到深化。过去改革在浅水区，现在处于深水区，就要深化改革，敢于啃硬骨头，敢于面对激流险滩。四是由“摸着石头”到“顶层设计”。过去摸着石头过河，更多的是走一步看一步，更强调随机性。现在要通盘考虑，统筹兼顾，进行顶层设计。顶层设计不排除摸着石头过河。过去摸着石头过河强调的以摸着石头为主，也有一些顶层设计，现在也要摸着石头过河，但强调以顶层设计为主。为此，要注重改革的系统性、整体性、协同性，使各项改革举措在政策取向上相互配合，在实施过程中相互促进，在实际成效上相得益彰，让一切劳动、知识、技术、管理、资本的活力竞相迸发，让一切创造社会财富的源泉充分涌流，让发展成果更多、更公平地惠及全体人民。

（10）重点性

《决定》指出，经济体制改革是全面深化改革的重点，其核心问题是处理好政府和市场的关系，使市场在资源配置中起决定性作用和更好地发挥政府作用。从“基础性作用”到“决定性作用”，两字之变，凸显我们党对市场经济基本规律的理论认识和实践探索上升到一个新的高度，标志着我国社会主义市场经济体制向着更加完善的目标迈出重要一步。要通过深化经济体制改革，明确政府和市场的定位，充分发挥市场对资源配置的决定性作用，更好地发挥政府在经济调节、市场监管、社会管理、公共服务、生态建设方面的作用，使市场这只“看不见的手”和政府这只“看得见的手”能够扬长避短、有机结合，都得到有效发挥。这样，经济体制改革红利就能充分释放，就能形成牵引各领域改革的强大动力。

加快完善现代市场体系，建设统一开放、竞争有序的市场体系，是使市场在资源配置中起决定性作用的基础。这要求不仅要发展和完善商品市场，而且还必须完善生产要素市场、金融市场、房地产市场、劳动力市场、技术市场、信息市场以及其他专业市场，形成全国统一的大流通、大市场的新格局。充分发挥市场配置资源的决定性作用，政府经济管理职能的重心是宏观管理，是创造良好的市场和经济发展环境。要加快转变政府职能，实现政府职能向服务型、有限型、创新型、高效型转变。

（11）创新性

改革就是要不断创新，推陈出新。党的十八届三中全会的最大亮点是寻求改革的全面突破，指出改革应呈现整体全面推进的特点，指出改革应从经济体制、政治体制、文化体制、社会体制、生态文明体制和党的建设制度改革六个方面全面推进。各项改革之间应相互呼应，包括经济体制改革和政治体制改革之间的相互呼应，也包括各项改革的内部呼应。在各项改革方面，全会指出改革应有很多新提法、新亮点、新突破。在经济体制改革方面，全会强调市场应在资源配置中起决定性作用，国有企业改革、土地制度改革、金融财税体制改革、城镇化建设，都要有新亮点、新举措。在政治体制改革方面，全会提出要确保依法独立公正行使审判权和监察权，强调权力的制约监督，监督权的独立，等等。在行政体制改革方面，全会强调应加大政府职能转变和机构改革，解决人民群众办事难的问题，改革行政审批制度，转变机关工作作风等。在党的建设方面，全会提出了党的建设制度改革，过去我们一般提党的建设改革，现在加上“制度”，说明我们把党的改革重点放在制度改革上面。在生态方面，全会首次提出了建设生态文明体制，以制度为基石，为建设美丽中国保驾护航。全会强调要转变干部政绩观，不能以

GDP 论英雄；对干部要进行全面的考察，环境保护、生态建设要成为干部考核的关键。

（12）务实性

《决定》对全面深化改革的决策部署既开拓创新又求真务实，反映了以习近平同志为总书记的新一届中央领导集体的务实作风。《决定》强调，要把握和立足于我国长期处于社会主义初级阶段的基本国情，坚持发展仍是解决我国所有问题的关键这个重大战略判断，始终坚持中国特色社会主义道路的改革方向。要大胆探索实践，解放思想，求真务实，科学认识改革的本质要求，把握全面深化改革的内在规律，以自我革新的勇气和胸怀，跳出条条框框的限制，正确处理中央和地方、全局和局部、长远和当前的关系，正确对待利益格局调整，坚决克服地方和部门利益的掣肘，胆子要大、步子要稳，尊重实践、尊重创造。要注重统筹协调，统筹谋划深化改革的各个方面、各个层次、各个要素，把握好全面深化改革的重大关系，努力做到全局和局部相配套、治本和治标相结合、渐进和突破相衔接，实现整体推进和重点突破相统一。要凝聚改革共识，发挥中国特色社会主义的优势，加强思想舆论引导，及时回答干部群众关心的重大思想认识问题，寻求最大公约数，把一切可以团结的力量广泛团结起来，把一切可以调动的积极因素充分调动起来，汇聚成推进改革开放的强大合力，努力开拓中国特色社会主义事业更加广阔的前景。

二　进行全面深化改革的意义

1. 改革开放是我国发展的原动力

改革开放是我们党在新的时代条件下带领全国各族人民进行的伟大革命，是当代中国最广泛、最深刻的社会变革。习近平同志指出："从 1978 年党的十一届三中全会作出把党和国家工作中心转移到经济建设上来实行改革开放的历史性决策以来，已经过去 35 个年头了。中国人民的面貌、社会主义中国的面貌、中国共产党的面貌能发生如此深刻的变化，我国能在国际社会中赢得举足轻重的地位，靠的就是坚持不懈推进改革开放。"对比党的十一届三中全会和十八届三中全会，我们深刻感受到，中国关于改革开放的知识、理论和经验，实现了从知之不多、知之不全，到知之较多、知之较全的转变，使作为最大发展中国家的中国和世界发达经济体之间的差距，从望尘莫及到望其项背。发展是硬道理，解决中国所有问题的关键靠发展，而要发展就必须改革。改革已成为推动中国蓬勃发展、保持生机与活力的原动力。

2. 新时期需要全面深化改革

之所以说党的十八届三中全会及其审议通过的《中共中央关于全面深化改革若干重大问题的决定》具有里程碑意义，就在于《决定》内容分为十多个大板块，涵盖几乎所有重要领域，对未来十年的改革和发展做出了纲领性和战略性的规划。其中具体的60项任务涉及的宽度和广度更全面体现了全会的深度和力度，这是以往任何一次改革或任何一个领域的改革都无法达到的。一是本次改革更加系统深入。党的十一届三中全会提出的改革开放，重点是制定符合中国国情的思想路线、政治路线、组织路线，从无到有的建设以及切中问题的政策调整都可以带来巨大的社会收益。但由于目前还处在改革的矛盾凸显期，任何一项改革，都涉及制度、体制变革，而且常常与思想和理论的突破有关，各种情况相互交织，互为影响。二是改革更加全面综合。在党的十一届三中全会做出的决定中，改革指向主要偏重于经济体制方面。而当前的改革是包含市场经济、民主政治、先进文化、和谐社会、生态文明目标在内的全面改革。三是改革更加艰巨复杂。既然是改革，必然要触及一部分人的既得利益。习近平同志指出："冲破思想观念的障碍、突破利益固化的藩篱，解放思想是首要的。在深化改革问题上，一些思想观念障碍往往不是来自体制外而是来自体制内。思想不解放，我们就很难看清各种利益固化的症结所在，很难找准突破方向和着力点，很难拿出创造性的改革举措。"四是改革更加系统周密。"不谋全局者，不足以谋一域"，就如何推进国家治理体系和治理能力现代化，习近平同志指出：全面深化改革需要加强顶层设计和整体谋划，加强各项改革的关联性、系统性、可行性研究。

我们要真正解决好前进中面临的复杂问题，逐步建立社会主义商品经济新秩序，从根本上和长远来说，就必须全面深化改革，大力发展生产力。

全面深化改革，大力发展社会生产力，是充分发挥社会主义制度优越性的必然要求。发展生产力是衡量改革得失、成败的标准。为什么要改革？就是为了发展生产力，改革就是解放生产力。改革锋芒所向的就是集中过多、管得过死、排斥市场机制的经济体制。这种旧经济体制已不适应社会生产力的发展需要，必须对其进行全面改革，以利于社会生产力的迅速发展。改革是个新事物，没有现成的经验可以借鉴。在改革中不可避免地会遇到这样那样的问题，会有这样那样的看法。在改革发展的过程中，矛盾和困难也在所难免。因此，坚持生产力标准，坚持全面深化改革，把改革放在总揽全局的位置上，通过深化改革，不断解决前进道路上的矛盾和困难，完成旧体制向新体制的转化，才是发展社会主义的最根本的途径。

三　把握全面深化改革的关键点

（一）全面深化改革的关键点：把握全面深化改革总目标

《决定》提出，全面深化改革的总目标是完善和发展中国特色社会主义制度，推进国家治理体系和治理能力现代化。推进国家治理体系和治理能力的现代化，就是在完善和发展中国特色社会主义制度的前提下，在中国共产党领导下，通过国家治理制度体系的改革，以创新优化体制机制和解决流程环节的问题为导向，提升治国理政的能力，把我国的根本制度与基本制度内含的价值内容、巨大能量和潜在活力充分释放出来，以解决改革中不断出现的问题和难题，又在不断解决问题中优化主体格局、体制机制、流程环节和治理能力，最终实现我国根本制度和基本制度内含的价值规范和主张要求，从而完善和提高中国特色的社会主义现代化国家治理体系和治理能力。如何推动国家治理制度体系现代化，其内容可以归纳为两大方面。

第一，完善和发展一个中心、多方参与、协同治理的治理主体体系。在中国共产党总揽全局、统筹各方的领导体制下，构建政党、政府、企业、社会组织和公民多方共同参与、协同治理的多主体治理体系。其中，要坚持党的领导地位，完善党的执政方式，同时，明确人民是改革的主体，是治国理政的主体，改革一切阻碍科学民主依法治理的体制机制，释放企业、市场和社会活力，使企业、社会组织和公民积极参与国家治理，构建一元主导、多方参与的协同治理体系。①

第二，围绕政治权力机制与公民权利机制的有机构成和整体联系，具体实现政治权力机制、市场交换机制、民主治理机制和社会自治机制的优化及其相互交叉创新，构建多重机制和方式交互复合作用的治理机制。

（二）全面深化改革的着力点：加强党对全面深化改革的领导

全面深化改革是覆盖整个上层建筑、生产关系的深刻变革，只有中国共产党才能领导好。坚持和完善中国共产党的领导，包括加强党的领导，充分

① 王浦劬：《“国家治理体系现代化”的意蕴——全面准确深入把握全面深化改革的总体目标》，http：//www. chinavalue. net/Finance/Blog/2014 - 3 - 5/1018645. aspx。

发挥党总揽全局、协调各方的领导核心作用，建设学习型、服务型、创新型的马克思主义执政党，提高党的领导水平和执政能力，实现科学执政、民主执政和依法执政；提供有力的组织保证和人才支撑。党的十八届三中全会做出的一个重要决定，就是“中央成立全面深化改革领导小组，负责改革总体设计、统筹协调、整体推进、督促落实”。习近平总书记指出，“全面深化改革是一个复杂的系统工程，单靠某一个或某几个部门往往力不从心，这就需要建立更高层面的领导机制”。

全面深化改革涉及各个领域，包括经济、政治、文化、社会、生态文明和党的建设等，具体还有国防和军队、司法体制改革、纪律检查体制等，全面深化改革是要啃硬骨头，敢于涉险滩，涉及利益的深刻调整。当前，改革面临的主要障碍就是利益固化的藩篱，即来自既得利益集团、部门利益、地区利益的阻挠。这就要求党中央成立领导小组，超脱于各方利益之上，着眼于国家层面的利益和长远利益来加强顶层设计，更好地推进全面深化改革。

（三）全面深化改革的重点：经济体制改革

改革是牵一发而动全身的系统工程，经济体制改革只是其中的一个组成部分，但与其他领域相比，它占据着更为关键的枢纽地位。从全局看，保持稳定的经济发展，是维系社会各方面平稳运行的先决条件，也是解决国内各层次问题的根本途径。对此，全会指出：“以经济建设为中心，发挥经济体制改革牵引作用，推动生产关系同生产力、上层建筑同经济基础相适应，推动经济社会持续健康发展。”

1.“看得见的手”与“看不见的手”联动携手

划清政府与市场的边界，是党的十八届三中全会的核心命题。处理好政府和市场的关系，关键在政府。十八大报告指出，“必须更加尊重市场规律，更好发挥政府作用”。根据这个要求，《决定》明确规定：“政府要加强发展战略、规划、政策、标准等制定和实施，加强市场活动监管，加强各类公共服务提供。加强中央政府宏观调控职责和能力，加强地方政府公共服务、市场监管、社会管理、环境保护等职责。”在某种程度上，市场能够解决的一定要通过市场来解决。政府不要干预市场，能够放开竞争的尽量放开竞争，让价值规律促进生产力发展的作用更好地发挥出来。强调发挥市场的决定性作用，是新一届政府施政纲领为市场化改革指明的方向。正确处理好社会主义市场经济中政府与市场的关系，必须从我国的国情出发，把握社会主义初级阶段的基本国情特点和中国特色社会主义经济制度的要求，建立和完善有中国特色的社会主义市场经济体制。

2. 纠正财政金融资源的错配

（1）深化财税体制改革

财政是国家治理的基础和重要支柱，科学的财税体制是优化资源配置、维护市场统一、促进社会公平、实现国家长治久安的制度保障。现行财税制度存在政府间事权和支出责任划分不够清晰、税制结构不合理、预算管理制度不完善等问题。针对这些问题，《决定》对财政体制改革明确提出，“必须完善立法、明确事权、改革税制、稳定税负、透明预算、提高效率、建立现代财政制度”，以发挥中央和地方的积极性。这些要求包含丰富的内容，也关联一系列改革中的攻坚克难与协调配套问题。

（2）深化金融改革

《决定》对“完善金融市场体系”提出了几点要求，概括地说就是放开市场准入门槛，推动利率和汇率市场化进程，建立存款保险制度，实现资本项目可兑换等。以上几点都是金融体系市场化改革的具体体现。在“完善金融市场体系”的大纲下，“着力清除市场壁垒”是对放开市场准入的概括，即允许民间资本和外资在中国设立银行；“完善主要由市场决定价格的机制”其实是对利率和人民币汇率市场化改革的概括；“促进国际国内要素有序自由流动、资源高效配置”指的是进一步推进资本项目可兑换，提高要素和产品在国际市场上的配置效率。

3.《决定》中关于经济体制改革的主要任务

（1）健全城乡发展一体化体制机制

全面建成小康社会，最艰巨最繁重的任务在农村。推进城乡发展一体化和新型城镇化是我国未来经济发展的重要动力和扩大内需的最大潜力。《决定》提出了破解城乡二元结构、实现城乡发展一体化的实现路径，就是要通过“健全体制机制，形成以工促农、以城带乡、工农互惠、城乡一体的新型工农城乡关系，让广大农民平等参与现代化进程、共同分享现代化成果”。在具体路径上，要加快构筑新型农业经营体系，坚持家庭经营在农业中的基础性地位，以实现农业现代化；要进一步深化农村土地制度改革，赋予农民更多财产权利，包括对集体资产股份占有、收益、有偿退出及抵押、担保、继承权，保障农户宅基地用益物权；推动城乡要素平等交换和公共资源均衡配置，维护农民生产要素权益，保障农民公平分享土地增值收益，加快推进新型城镇化建设；完善城镇化健康发展体制机制，推进农业转移人口市民化，促进城镇化和新农村建设协调推进，实现城乡一体化。

（2）构建开放型经济新体制

国际金融危机影响深远，世界格局深度调整，世情、国情正发生深刻变化。为了适应经济全球化新形势，《决定》对进一步扩大开放，以开放促改革提出了新的更高要求："必须推动对内对外开放相互促进、引进来和走出去更好结合，促进国际国内要素有序自由流动、资源高效配置、市场深度融合，加快培育参与和引领国际经济合作竞争新优势，以开放促改革。"为此，要放宽投资准入，统一内外资法律法规，保持外资政策稳定、透明、可预期，扩大企业及个人对外投资，确立企业及个人对外投资主体地位；坚持双边、多边、区域次区域开放合作，以周边为基础加快实施自由贸易区战略；扩大内陆沿边开放，允许沿边重点口岸、边境城市、经济合作区在人员往来、加工物流、旅游等方面实行特殊方式和政策，加快同周边国家和区域基础设施互联互通建设，推进丝绸之路经济带、21 世纪海上丝绸之路建设，形成全方位开放新格局。在此基础上坚持"以开放倒逼改革"，通过中国（上海）自由贸易试验区等的建设，带动新一轮改革和发展。

（3）加快生态文明制度建设

生态文明建设关系人民福祉、关乎民族未来。当前，我国资源约束趋紧、环境污染严重、生态系统退化的形势严峻。生态领域出现的问题与我国长期以来实行粗放型经济发展方式有很大关系。必须把生态文明建设放在突出地位，处理好经济发展和生态建设的关系，促进生态领域改革和经济体制改革良性互动，努力建设美丽中国，实现中华民族永续发展。《决定》指出，"必须建立系统完整的生态文明制度体系，实行最严格的源头保护制度、损害赔偿制度、责任追究制度，完善环境治理和生态修复制度，用制度保护生态环境"。《决定》就健全自然资源资产产权制度和用途管制制度，划定生态保护红线，实行资源有偿使用制度和生态补偿制度，改革生态环境保护管理体制等提出了具体要求。还就建立资源环境承载能力监测预警机制，对领导干部实行自然资源资产离任审计，完善对重点生态功能区的生态补偿机制，推动地区间建立横向生态补偿制度，对造成生态环境损害的责任者严格实行赔偿制度等做出了明确的规定。这些改革措施对加快形成人与自然和谐发展的建设新格局有着重大现实意义。

第三节　中原经济区在全面深化改革中的定位

一　全面深化改革的评价标准体系

1. 生产力标准是评价改革的根本标准

唯物史观认为，物质资料的生产方式是社会发展的决定力量，它是生产力与生产关系具体的历史的统一。其中，生产力是人们改造自然的现实的物质力量，是生产方式矛盾运动中最活跃的、最具决定性的因素。所以，生产力是社会发展的基础和最终决定力量。由此必然得出，生产力的发展是衡量社会进步的根本标准。各种经济时代的区别，不在于生产什么，而在于怎样生产，用什么资料生产。所以衡量改革取得多大成果，归根到底要看它是否促进了以及在多大程度上促进了生产力的发展。离开了生产力这一根本标准，就不能客观地评价改革。

首先，生产力标准是衡量一个社会制度优越与否的根本标志。在一个社会中，生产力发展速度越快，证明这个社会的结构越合理，制度越具有优越性。社会主义制度优越性的根本表现，就是它能够允许社会生产力以旧社会所没有的速度迅速发展，使人民不断增长的物质文化生活需要能够逐步得到满足。

其次，发展生产力是衡量改革得失、成败的根本标准。全面深化改革的直接目的就是进一步解放和发展生产力。改变社会发展中那些生产关系不适应生产力、上层建筑不适应经济基础发展要求的旧的体制机制。让一切劳动、知识、技术、管理、资本的活力竞相迸发，让一切创造社会财富的源泉充分涌流。党的十八届三中全会指出，全面深化改革，必须立足于我国长期处于社会主义初期阶段这个最大的实际，坚持发展仍是解决我国所有问题的关键这个重大战略判断，以经济建设为中心，发挥经济体制机制改革的牵引作用，推动生产关系同生产力、上层建筑同经济基础相适应，推动经济社会持续健康发展。

最后，全面深化改革没有可以借鉴的现成经验，是在“摸着石头过河”。我们该如何正确认识改革中出现的各种矛盾和困难，如何科学把握、客观评判改革取得的成果？在这里，就有一个坚持生产力标准的问题，即看改革是否有利于解放生产力，是否有利于促进生产力的发展。在新、旧体制并存并发生矛盾的时候，如果离开了生产力标准，就会使改革陷入停顿。因此，只有坚持生产力标准，不断解决前进道路上的矛盾和困难，完成旧体制向新体制的转化，才能实现全面深化改革的最终目的。

2. 人的自由全面发展标准是评价改革的最高标准

发达的生产力可以创造出巨大的物质财富，但物质财富的分配不是直接取决于生产力，而是取决于生产关系。所以当我们坚持生产力标准的同时，不能忘记生产关系的重要性，不能忘记发展生产力的目的是为了实现人民共同富裕，促进人的自由全面发展。

人的自由全面发展标准是评价改革的最高标准。首先，唯物史观认为，人民群众是历史的创造者，是社会活动的主体。由此，人的自由全面发展成为衡量社会进步的最终的价值标准。其次，生产力发展的本身包含着人的因素的发展。离开了人的因素——生产力中最活跃的因素，生产力的发展也就无从谈起。马克思从生产力和人的本质力量关联的角度出发，认为生产力的发展就是推动人类历史发展的社会主体力量的发展。生产力和社会关系是社会的个人发展的不同方面，真正的财富就是所有个人发达的生产力。因此，生产力发展绝不是外在于人的单纯的物的增长，而是人的生命活动的积极展现，是人的潜能、个体价值的发挥和发展。最后，改革的内在动因源于人的需要。同时，人的自身潜能的挖掘有助于获取满足自身需求的物质。由此，改革与人的发展相互规定，人的自由全面发展程度便成为检验改革的最高标准。①

人民群众是创造全部物质财富和精神财富的主体，也是推动各项改革的主体。在全面深化改革的实践中，改革的推动者必须始终把人民放在心中的最高位置，把人民群众的期盼作为最高追求，坚持不懈地为人民群众谋利益，做到正确对待群众、永远相信群众、坚决依靠群众，让广大人民群众共同参与改革，共享改革成果。只有这样才能充分说明，改革为了人民，改革依靠人民，改革造福人民。所以，当前中国社会发展以经济建设为中心，实际上是以人民群众的根本利益为中心。改革的直接目的是发展生产力，而落脚点则是提高人民生活水平，促进人的自由而全面的发展。

3. 社会文明标准是评价改革的综合标准

文明史观认为，一部人类社会发展史，从本质上说就是人类文明演进的

① 参见《浅谈全面深化改革的奋斗目标的战略选择和根本目的》，http：//www.diyilunwen.com/lwfw/ggkf/4362.html。

历史。社会文明作为人类文明的一种状态，它的最高境界就是社会和谐。文明以文化的进步作为自己发展的基础，它是人类改造世界的物质成果和精神成果的总和，反映了社会各个方面的进步。所以，社会文明在马克思主义经典作家那里是一个系统的整体性概念，是物质文明与精神文明的有机统一。恩格斯指出："政治、法律、哲学、宗教、文化、艺术等的发展是以经济发展为基础的。但是，它们又都互相影响并对经济基础发生影响。"可见，只有统一两个文明才能窥视社会进步的全貌。

新形势下，我国全面深化改革就是推进包括经济体制、政治体制、文化体制、社会体制、生态文明体制和党的建设制度改革在内的综合改革。所以检验改革的标准也应该是包括经济、政治、文化标准在内的多方面标准，我们应当从这些不同领域和不同层面来检验和评价总体的改革。这样，全面深化改革就囊括了深化改革的各个方面，能有效地把经济的发展、社会的进步、人民素质的提高等方面的内容有机整合在一起，使社会文明状态成为评价、衡量改革的综合标准。

基于以上分析，我们要站在马克思主义哲学的高度，遵循社会发展的基本规律，一切从社会历史的主体即人民群众的利益出发，从实现人的自由全面发展的价值追求出发，尊重历史和客观实际，用是否有利于促进社会生产力发展的根本标准，是否有利于促进人的解放和人的自由全面发展的最高标准，是否有利于人民群众的物质文化水平提高和社会全面进步的综合标准，对全面深化改革做出正确的把握和客观的评价。

二 中原经济区的界定

为寻找中华复兴、中原崛起的突破口，河南省制订了《中原经济区规划》，并计划通过申请将这一规划上升至国家战略。河南省社会科学院专家认为，一旦中原经济区上升至国家战略，将为国家平衡科学可持续发展，以及全国"三农"问题的破解提供范例。中原经济区跳出了行政区划的束缚而着眼于整个中原地区，涉及河南、河北、山西、山东、安徽、陕西6个省份的全部或部分地区。中原经济区有两个目标：一个是中部崛起、中华复兴，实现国家平衡科学可持续发展；另一个是新型城镇化，探索出一条城镇化的新模式。

中原经济区是以河南为主体，延及周边，支撑中部，东承长三角，西连西北大关中，北依京津冀，南临华南长江中游经济带，具有自身特点、独特优势的客观存在的经济区域。其区域范围主要包括河南全部和河北南部、山西东南部、山东西南部、安徽西北部等地区。

中原经济区以河南18个城市为主体，还包括安徽的淮北、宿州、阜阳、亳州，山东的菏泽、聊城，河北的邯郸、邢台，山西的晋城、长治、运城等周边省份的约12个地级市。建设中原经济区，要以郑州、洛阳、开封、邯郸为“大十字”的核心和龙头，以郑州、洛阳、开封三大古都为骨干，以中原城市群为依托，沿三线（陇海线、京广线、京九线）、两河（黄河、淮河）和高速路网推进。依托中原经济区把郑州、郑汴新区建设为全国中心城市，把商丘、安阳、南阳和信阳分别建设为辐射豫鲁苏皖、豫冀晋、豫鄂皖接合部的区域性中心城市及重要战略支点城市。

三　中原经济区进行全面深化改革的优势

1. 正处于城镇化加速发展阶段

近年来，学者对国外城市发展不断深入研究，研究结果显示，在城镇化率超过30%后，城镇化速度会大幅提升，这时城镇化进入加速发展阶段，在这个阶段，城镇化率会不断提高，直到60%以上，而后城镇化发展则又步入平稳阶段。同样，我国的城镇化也是以这个趋势发展的，1996年我国城镇化率达到30%以上（30.48%），就在同年全国城镇化水平有了一个明显的提升，之后一直保持着快速发展态势，这意味着我国从1996年开始进入城镇化加速发展阶段。到2010年我国城镇化率达到49.95%，表明我国已经到了城镇化向高级阶段提升、飞跃的关键时期。1996年，河南省城镇化发展开始提速，每年以1.2个百分点的速度提升，到2004年河南省城镇化率达到28.9%，接近30%，增速每年增加1.7~1.8个百分点，河南省城镇化进入了快速发展的阶段；到2010年，河南省城镇化率达到38.8%，已进入工业化和城镇化相互促进、快速发展的新阶段。因此，当前和今后相当长一段时间，河南省城镇化会处于快速发展阶段，未来一段时间河南省城镇化率增长速度快、发展空间大、后劲足，河南省已经进入城镇化快速发展的战略机遇期，这不仅符合城镇化发展的客观规律，而且顺应了我国城镇化提升和飞跃发展的潮流。

2. 经济发展环境有利于新型城镇化加速推进

2010年，河南省三次产业产值比重之比为14.1∶57.3∶28.6，第一产业比重高于全国4个百分点，第三产业比重低于全国14.5个百分点。根据河南省目前的产业结构状况，其工业化仍处于中期阶段，推进工业化进程还是河南省经济社会发展的一个重要方面。2010 年，河南省工业化率为 51.8%，高于全国平均水平 11.7 个百分点，城镇化率为 38.8%，落后全国平均水平 11.15 个百分点。数据显示河南省城镇化率明显低于工业化率，这就意味着河南省城镇化发展滞后，会阻碍工业化和农业现代化进程，低水平、重复性建设造成有限的能源和资源严重浪费。除此之外，河南省工业结构不够合理，缺乏高科技、高技术含量的产业，这也是其工业化发展的一个“瓶颈”所在。要解决这个问题，出路就在于加快推进新型城镇化进程，使生产要素和人口集聚达到一定规模，使城市辐射带动能力明显增强，支撑服务业持续发展，创造良好的发展环境为高科技产业的发展和服务业发展提供保障。因此，从所处的经济发展环境和省情来看，当前，河南省应该大力推进新型城镇化建设，从而实现新型城镇化、新型工业化和农业现代化的协调发展。

3. 以新型城镇化为引领带动“三化”协调发展战略的实施

2011 年国家将中原经济区发展上升到国家战略层面，这有利于提高河南省在全国经济发展大局中的地位。《国务院关于支持河南省加快建设中原经济区的指导意见》（国发〔2011〕32 号）指出，河南省“走城乡统筹、社会和谐、生态宜居的新型城镇化道路，支撑和推动‘三化’协调发展”。《中原经济区建设纲要（试行）》指出中原经济区的定位之一是全国“三化”协调发展示范区。具体来讲，就是“发挥新型城镇化的引领带动作用，在加快工业化、城镇化进程中保障国家粮食安全，推进农业现代化，率先走出一条不以牺牲农业和粮食、生态和环境为代价的‘三化’协调科学发展路子”。在多年实践和探索的基础上，河南省提出了以新型城镇化为引领带动“三化”协调发展的战略，其基本特征是城乡统筹、城乡一体、产城互动、节约集约、和谐发展。其要义就在于以农村城镇化为突破口，推动城镇化向农村延伸，让一部分农民就近转移，这完全符合河南省当前的省情，大大缓解了河南省大量农村劳动力亟待转移与城镇承载能力不强的矛盾，促进了城乡一体化发展。这是一条符合河南实际，具有中原特色的新型城镇化道路。

4. 现代工业化的优势

作为一个新兴工业大省，河南省的“新型工业化”仍然有很长的路要走。从所占 GDP 的比重看，河南省工业产值占 GDP 的比重已从 1980 年的 41.2% 上升至 2009 年的 56.6%，工业已成为支撑河南省发展的主力。从

2006 年开始，为进一步集中科技资源，河南省设立了“重大科技专项”计划，相继实施了“特高压输变电装备关键技术”等 51 项重大科技专项。2010 年前 8 个月，河南省规模以上高新技术产业实现工业增加值 1032 亿元，同比增长 22%。围绕高新技术产业化，产学研紧密结合的创新机制开始形成。2009 年以来，河南省风电、盾构、耐火材料行业的产业技术创新战略联盟相继成立。集聚区是以若干特色主导产业为支撑，产业集聚特征明显，产业和城市融合发展，产业结构合理，吸纳就业充分，以经济功能为主的功能区。围绕培育、壮大特色主导产业和产业集群，河南省推进企业和项目加快向产业集聚区集中布局。

目前，河南省已确定 180 个省级产业集聚区。2009 年，河南省产业集聚区共引进项目 4274 个，实际利用省外资金达 1200 亿元；产业集聚区建成区面积达到 816.9 平方公里，在基础设施和标准厂房建设上投资 627 亿元，从业人员达到 272.78 万人，共实现营业收入 12645 亿元。

不仅如此，河南省工业的发展更是有龙头产业的带动。中信重工目前是世界上最大的矿山和水泥设备制造商。它长期致力于“高端技术生产高端产品，赢得高端客户占领高端市场”，在“云层”中完成了由巨亏到大幅盈利的华丽转身。“十二五”期间，中信重工将向经营规模达到 500 亿元的目标迈进。刚刚获得的第三季度报表显示，华兰生物实现净利润 1.65 亿元，比上年同期增长 149.89%；前三季度实现净利润 4.75 亿元，预计今年净利润增长 20% ~40%。自 H1N1 出现后，华兰生物率先进军流感疫苗研究与生产领域，目前其产品占有同类产品市场份额的 40%。可见机遇总是青睐这样的先行者。

5. 农业化的优势

在中原经济区，农业生产举足轻重。2008 年，全区粮食总产量达 9000 多万吨，占全国粮食总产量的 17%，即 1/6 强，其中夏粮产量占全国夏粮总产量的近 1/2。中原经济区是全国土地耕种强度最高，农副产品供给能力最高的地区，无论是粮食产量，还是肉、蛋、奶产量在全国都有举足轻重的地位。作为中原经济区主体的河南省，2009 年在遭遇特大自然灾害的情况下，全省粮食总产量仍达 1078 亿斤，实现连续六年增产，连续十年居全国首位。河南省用占全国 1/10 的耕地生产出占全国 1/6 的粮食，成为全国最大的粮食生产基地，不仅确保了一亿多人口的吃饭问题，而且每年还向外省调出粮食和粮食制成品 300 多亿斤，为国家粮食安全做出了贡献。与此同时，2009 年全省油料、棉花、水果产量分别达到 532.98 万吨、51.75 万吨、755.9 万吨，分别居全国第一位、第四位、第六位，全省肉、蛋、奶产量也分别达到 615.01 万吨、382.85 万吨和 301.28 万吨，分别居全国的第三位、第一位和第四位，花卉、食用菌、茶叶、中药材等特色农产品种植业进一步发展，创出了一大批有市场价值的品牌。作为全国第一粮食大省，河南省的粮食加工能力位居全国首位，肉类总产量也居全国第一，成为全国畜牧养殖大省和食品工业大省，全省各类粮食加工企业达 2624 家，所生产的面粉、挂面、速冻食品、方便面、味精等的市场占有率均为全国第一，河南省已成为全国最大的肉类生产加工基地，全国最大的速冻食品加工基地，全国最大的方便面生产基地，全国最大的饼干生产基地，全国最大的调味料生产加工基地。农产品加工业增加值已占工业增加值的 1/4，农产品加工业成为全省第一大支柱产业。同时，随着人口数量的增长，自然环境的恶化，近年来国际粮食安全危机四伏，并逐步成为国际经济、政治竞争的利器。面对风云变幻的国际粮食安全形势，党和政府对粮食安全高度重视，希望河南省在粮食安全中承担更艰巨的责任。《国家粮食安全中长期规划纲要（2008～2020 年）》，《全国新增 500 亿公斤粮食生产能力规划》均将河南省列为重要的粮食主产区。

四 中原经济区进行全面深化改革的挑战

中原经济区居于全国之中，以河南省为主体，涵盖周边省份的与河南省相邻的地区。中原经济区具有自己独特的优势：区位优势明显，战略地位重要，矿产资源丰富，文化底蕴深厚，产业基础雄厚。经过 30 多年的改革开放，中原经济区的经济社会发展取得了长足的进步，已具备了较好的产业基础和发展态势。但相比于其他经济区，中原经济区在经济发展中还存在诸多不平衡、不协调、不可持续的问题，这些问题需要经过全面深化改革来进行彻底解决。

1. 传统发展理念尚未打破

发展观念对经济发展方式的转变具有重大影响。传统的发展观维护传统的发展方式，一旦形成，会产生惯性，短期内难以被消除，不利于经济发展方式的转变。改革开放以来，为了尽快摆脱贫困，解决温饱问题，中原经济区形成了 GDP 增长主导型的经济发展观念，而该观念极大地促进了生产力的发展。但随着工业化进程的加快推进，粗放型增长带来的生态环境恶化、经济结构失衡、地区城乡差距等问题，已经成为经济持续发展的障碍。进入21世纪，我国提出了科学发展观，但是中原经济区本身发展滞后，从整个区域环境来看，还没有真正形成科学发展的良好氛围。传统发展理念间接制约了中原经济区经济发展方式的转变。

2. 产业结构层次偏低

中原经济区产业结构整体上层次偏低，经济发展依然主要依靠传统产业部门支撑。2014年，中原经济区三次产业产值比重之比为13.7:41.0:45.3。其中，第一产业产值占GDP的比重高出全国平均水平3.4个百分点，第三产业产值占GDP的比重比全国平均水平约低10个百分点。从三次产业内部看，第一产业的农林牧副渔五大产业构成仍然偏重于农业，农业大而不优。第二产业内部层次不高，突出表现为“一高两低”，即资源性工业比重高，高新技术产业、装备制造业占比低。第三产业内部新兴服务业比较薄弱，发展滞后。例如河南省2014年交通运输、批发零售、住宿餐饮三大传统服务行业增加值之和占第三产业增加值的47%，高于全国平均水平9.4个百分点。但金融、信息服务、科技服务、商务与租赁服务等现代服务业增加值之和仅占第三产业增加值的15.7%，低于全国平均水平7.6个百分点。在金融危机和气候危机双重压力下，中原经济区如果不加快产业结构优化升级的步伐，势必会影响其经济发展方式的转变。

3. 科技创新能力不强

首先，中原经济区科技教育水平明显低于全国平均水平。以中原经济区的主体河南省为例，2014年，河南省全社会研究开发费用占生产总值的比例为0.95%，远低于全国1.7%的平均水平。创新主体发展水平低，全省仅有25%的大中小企业建有研发机构。高水平研发团队和领军人才缺乏，全省仅有院士17人。能够解决全省经济社会发展重大关键问题的高新技术和自主创新成果少。其次，推动科技创新的体制机制不完善，经济和科技体制改革有待深化，企业尚未真正成为技术创新主体，产学研紧密结合的机制尚未真正建立。科技创新管理的统筹协调不够，有限的科技资源没有得到优化配置，国家和省激励科技创新的政策有些也没得到很好落实，这些因素直接阻碍了中原经济区经济发展方式的转变。

4. 民生水平和城镇化水平偏低

2014年，中原经济区人均GDP只有全国平均水平的3/4，人均财政收入不足全国平均水平的1/4。2014年，全区城镇化率为36.4%，仅为全国平均水平的3/4，其中河南省城镇化率为37.7%。河南省以外的外省12个地级市的城镇化率仅为34.4%，山东省菏泽的仅为19.6%。同时中原经济区城乡居民收入绝对差距有进一步扩大的迹象：河南省城乡居民收入比由2000年的2.4∶1扩大到2009年的2.97∶1；城乡居民消费支出绝对差距由2000年的2515元扩大到2009年的6178元。农村水、电、路、气和教育、卫生、文化设施建设严重落后于城镇。中原经济区是农业大区，人口多，收入低，城乡差距大，如何保障和改善民生是经济发展方式转变过程中亟待解决的问题。

5. 开放程度低

中原经济区经济发展方式转变是一个开放的系统工程。在经济全球化快速发展的形势下，中原经济区的开放型经济有了较快的发展，通过招商引资，成功培育了一批在国内外有影响力的龙头企业和企业集团，带动了产业结构的优化升级。但从总体上看，中原经济区开放程度比较低，对外贸易规模小。例如，2009年河南省进出口总额占全国进出口总额的比重仅为0.6%。由此可见，其开放型经济对经济发展方式转变的带动作用还非常有限。另外，中原经济区地处内陆腹地，大部分地区是传统农业区，居民的思想观念比较落后、保守，民众容易小富即安，还没有把中原经济区的发展放到全国、全球发展大趋势中去审视。可以说未来中原经济区产业的升级、结构的调整、经济发展方式的转变能否实现在很大程度上取决于开放的程度，取决于引资的效果。

6. 城乡经济发展失衡

中原经济区贫困区域面积广大，乡村贫困人口众多，且贫困人口数量居全国首位。河南的贫困县和贫困人口主要分布于京广铁路以东的豫东地区和开发条件差的豫西南地区。河南省主要粮食作物和经济作物的播种面积和产量都位居全国前列，但单位农业劳动力的产出和农产品的单位面积产量低于全国平均水平。究其原因，城市化的滞后使大量的农村剩余劳动力难以转移，降低了农业生产效率。另外，农业机械化水平不高、农业基础设施投入不足，以及农产品的价格水平偏低也是重要原因。现有的“市带县”的行政区划，本意是想通过城市的发展来带动周围县域经济的发展。可是在区域经济发展的初期，城市往往以极化效应为主，反而延缓了县域经济的发展速度。樊新生等对1980年以来河南的市、县经济发展进行了研究，结果表明，大多数县域经济增长处于较低的水平；各市区对周围县域经济的带动不明显，存在很强的极化效应；扩散效应只存在于经济发展水平较高的豫西、豫北地区，但扩散的强度和空间范围较小，并且受这种扩散效应影响的地区的数量和面积有所减少。

7. 社会问题相对复杂

在全面建成小康社会的过程中，中原经济区也面临着种种社会不和谐因素，其中的一些问题还比较突出。以河南省为例，如城市下岗职工较多，再就业压力大；社会收入分配机制不完善；社会治安状况有待改进；农村征地矛盾比较突出；存在拖欠农民工工资的现象；社会上对河南还存在一定程度的偏见；等等。典型的例子是河南省的“爱滋病村”，其引发的诸多社会问题至今仍未完全得到解决。及时、妥善地处理好这些社会问题，有利于维护河南省的形象，改善河南省的投资环境，保持河南省的稳定。

8. 资源环境压力沉重

中原经济区面临沉重的资源环境压力。以河南省为例，2014 年，河南省总人口为 1.07 亿人，人口密度达 610 人/平方公里。众多的人口对自然资源和生态环境产生了沉重的压力，加剧了人地矛盾，严重影响了河南的可持续发展能力。同时，工业粗放式的发展不仅极大地浪费了资源，而且严重污染了环境。一方面，城市环境问题严峻。2014 年和 2015 年，驻马店、郑州、安阳等分别进入国家环保总局的“十大污染城市”名单。另一方面，大量“五小企业”排放的污染物严重破坏了农村的生态环境，甚至直接威胁到了村民的生存。河南的沈丘、浚县都出现了“癌症村”，河南省排放的污染物甚至还殃及邻省。由于河南省人口稠密，环境污染和生态破坏造成的后果往往十分严重。

第三章
世界历史上著名改革的若干思考

世界各国的发展之所以呈现出不同的发展速度、发展质量和发展水平，主要原因在于各国进行的改革不同。历史经验证明，凡是越早进行了深刻改革的国家，走向现代化道路的进程就越早、越快；凡是越晚进行改革的国家，其发展速度就越慢，发展水平也越低。欧洲是人类文明的发源地之一，也是进行宗教改革、文艺复兴和启蒙运动的地区，欧洲文明的诞生就是这些思想文化领域改革和资产阶级革命的结果。无独有偶，日本曾经是世界上第二大强国，明治维新是日本跨入发达国家行列的主要原因。美国的罗斯福新政不仅让美国走出了“二战”的阴霾，而且使其摆脱了经济危机的困扰。俄国的军事改革和农奴制改革加速了其走向资本主义道路的步伐。商鞅变法和雍正改革等是中国古代历史中典型改革的代表，正是这些成功的改革才让中国成为古代社会的世界强国。

第一节　欧洲思想领域的改革

一　文艺复兴

文艺复兴是14～16世纪在欧洲产生的一次新兴资产阶级的思想文化运动。它是以发掘、整理和研究古希腊、古罗马的文化遗产为先导，在封建社会渐趋解体，资本主义生产关系开始形成和资本原始积累的过程中产生的。自14世纪以来的三百年间，随着生产力的发展和生产关系的变革，欧洲各国的思想文化领域、政治经济领域都出现了一些新的变革，这些变革特别显著地反映在文学艺术方面。资产阶级史学家们便把当时欧洲意识形态领域中的这一新的变化，看成是一千多年前古希腊、古罗马文艺的复兴，“文艺复兴”由此而得名。法国人着眼于文化方面的变革，用了“文艺复兴”这一名称。德国人着眼于宗教斗争，称之为“宗教改革”。意大利人则称之为“清克维清托”，而“清克维清托”直译为五百年代，意译为十六世纪，因为16世纪是意大利造型艺术高度繁荣的时期。但正如恩格斯所说：“这些名称没有一个能把这个时代充分地表达出来。”我们现在称之为“文艺复兴”，只是按照旧有习惯沿用而已。实际上，它是资产阶级提出的不科学的形而上学的术语。

文艺复兴发迹于意大利，而后蔓延到法国、西班牙、英国、德国，形成全欧洲性质的运动。从精神实质上说，它是西欧各国在哲学、文学、艺术、宗教诸领域内，以资产阶级人文主义为思想武器，开展反封建、反教会、反禁欲主义的一次重大斗争。

作为一种文艺思潮，文艺复兴宣扬用“人性”对抗“神性”，用“人智”对抗“神智”，用“人权”对抗“神权”，以积极进取、享受人间世俗生活的欢乐，来对抗苦修苦练、修行来世的禁欲主义。因此，反封建、反神权、反愚昧主义、反禁欲主义，提倡个人自由、人性解放、面向现实、探索自然、追求科学等，构成了文艺复兴的主要内容。

文艺复兴的文学属于资产阶级早期的文艺，其代表作家有意大利的诗人彼特拉克、小说家薄伽丘，法国的小说家拉伯雷、散文作家蒙田，西班牙的小说家塞万提斯、戏剧家洛佩·德·维加，英国的戏剧家莎士比亚、散文作家乔叟、小说家托马斯·莫尔等。

在人类历史发展的进程中，文艺复兴起过巨大的进步作用。恩格斯称它为“一次人类从来没有经历过的最伟大的、进步的变革”。文艺复兴运动不仅推动了文学艺术的全面发展，而且有效地巩固了当时正在欧洲各国形成与发展着的资本主义关系，扩大了资产阶级意识形态的社会影响，也为后来的资产阶级革命做了思想和舆论上的必要准备。

文艺复兴运动是一次崭新的思想解放运动，反映了当时新兴资产阶级的愿望，使人们的思想逐渐从中世纪的宗教愚昧中解放出来。文艺复兴是一场光彩夺目、百花齐放的思想文化运动。它涉及文学、思想、自然科学等众多学科，并取得了丰硕与辉煌的成就，展示了资产阶级在上升时期的革命热情和首创精神。

文艺复兴也有其时代和阶级的局限性。它虽然对旧制度和神学进行了猛烈的批判，但并没有就基督教义和教会改革提出切实可行的措施。而且，许多人文主义者与教会和教皇的关系密切，它们在抨击教会的同时，又主张以温和的改革铲除教会的弊端，以达到教会的纯洁、振兴和统一。人文主义者竭力宣扬、肯定的“人”不可能包括全人类，而只能是资产阶级自身而已。他们在反封建、反教会的斗争中，提倡个性解放，追求自由幸福，其主张都包含着资产阶级个人的狭隘的阶级内容。当时的资产阶级刚刚处于上升时期，对于封建阶级来说，它是个革命的阶级，但同时它又是一个新型的剥削阶级。阶级的特性和阶级的利益，注定它不会彻底地反封建，会向封建贵族妥协，以及会产生对人民群众运动的无限恐惧。新兴资产阶级的这些弱点，在文艺复兴时期的文艺思潮中都有着不同程度的反映。

二　宗教改革

宗教改革运动是欧洲 16、17 世纪前后兴起的一场基督教社会改革运动，以反对教会的极端统治、宗教教义的异化和教会组织对民众的压迫而闻名，其实质是新兴资产阶级反对宗教组织对社会发展的阻碍而发动的一场大规模的社会政治文化运动。

欧洲宗教改革运动从反对罗马教廷出售“赎罪券”开始爆发，到英国国王亨利八世改革国教而到达高潮，在欧洲历史上产生了重大影响，是欧洲资本主义发展的一个必然结果，也是基督教发展史上的一个里程碑。

欧洲宗教改革的文化背景主要是：政治上，欧洲民族主义观念勃然兴起，要求建立统一的民族国家，打破天主教的控制；经济上，随着资本主义生产关系的发展，新兴资产阶级成长起来，要求打破天主教神学的精神束缚，为资本主义发展扫除障碍；文化上，文艺复兴倡导个人自由、平等、欲望、人性至上，提倡竞争进取和科学求知，为人们挑战天主教会提供了理论和思想依据；宗教上，天主教会在四分五裂的德意志土地上势力极大，不仅在精神上统治着德意志，而且从德意志掠取了大量财富；社会上，当时整个欧洲黑死病蔓延。

宗教改革的社会根源是 14 ~16 世纪西欧社会从中世纪向近代过渡，当时西欧所发生的社会变动主要表现在三个方面。第一，经济上，随着生产力的发展与技术的进步，新兴的资本主义萌芽、破土成长，封建生产方式开始瓦解。第二，政治上，资产阶级与新贵族开始形成，他们反对封建贵族的特权与分裂割据。英、法两国的封建君主在与资产阶级、新贵族联盟的基础上建立了政治集权的“新君主制”。他们加强政治集权，推行重商主义，奖励文化创造，有力促进了民族国家的发展。但在意大利、德意志还存在着分裂割据，它们迫切需要政治统一。第三，思想文化上，出现了新兴资产阶级反封建、反神权的文艺复兴运动。人文主义者批判中世纪教会的蒙昧、禁欲说教与封建的等级权制度，鼓吹个人的自由、平等与欲望，提倡竞争进取与科学求知，极大地推动了人们的思想解放与观念更新，构成了对天主教神权的巨大冲击。在这样的社会背景下，16 世纪西欧的宗教改革都把矛头对准罗马教会对欧洲的大一统神权统治，要求通过改革建立适合民族国家发展的“民族教会”或适合资产阶级兴起需要的“廉价教会”。

宗教改革固然是社会现实变革的产物，但其思想源头可以追溯到中世纪市民的宗教“异端”思想。中世纪的城市在 11、12 世纪兴起后，为了抵制封建贵族与教会的掠夺与控制，在经济、政治上支持王权，王权则赐给城市以自由贸易乃至自治的特权。随着城市的发展，市民阶层也逐渐兴起，对教会的大一统神权与正统神学的统治极其不满，于是酝酿出反教会的市民“异端”思想。市民的“异端”思想有力地冲击了天主教会神权的合法权威，反映了市民阶级建立“民族教会”或“廉价教会”的愿望，为 16 世纪西欧的宗教改革提供了可借鉴的历史遗产。

欧洲宗教改革所产生的影响主要表现在三个方面：政治上，打击了天主教会的神权统治，剥夺了教会在各国的政治、经济特权，各国王权得到加强，有利于民族国家的发展；经济上，确立了适合资产阶级需要的伦理规范和生活方式，夺取了大量原属教会的财产和土地，有利于资本主义经济的发展；文化上，打破了天主教会的精神垄断，使人们的思想得到解放，发展了人文主义。为了发展本民族文化，各国普遍重视教育，兴办学校，增加包括自然科学在内的学习科目，促进了西欧各国民族文化和教育事业的发展，传播了资产阶级的意识形态，为早期资产阶级革命树起了旗帜。宗教改革的主要对象是天主教会和罗马教皇，其作用则是促进了欧洲资本主义的发展。

三　启蒙运动

启蒙运动发生在 18 世纪的欧洲，最初产生于英国，而后发展到法国、德国与俄国，此外，荷兰、比利时等国也被波及。法国的启蒙运动与其他国家相比，声势最大，战斗性最强，影响最深远，堪称西欧各国启蒙运动的典范。

启蒙运动从法国扩展到欧洲其他国家，启蒙运动的发展在人类历史进程中产生了重大影响。在法国的影响下，欧洲许多国家都兴起了启蒙运动。康德是德意志著名的哲学家，他继承和弘扬了法国的启蒙思想，主张主权在民，相信自由、平等的天赋人权，强调法律面前人人平等；他反对贵族世袭制度，对法国革命表示同情，但又认为法王路易十六被处死刑是“永世莫赎之罪”。由此可见，启蒙运动是一场反封建、反教会的思想文化革命运动，它为资产阶级革命做了思想准备和舆论宣传。

欧洲启蒙运动发生于经过文艺复兴之后资产阶级的独立性空前增强的17～18世纪，那时（17世纪40年代初）欧洲（西欧）正在进入资本主义时代，英国爆发了推翻斯图亚特封建王朝的资产阶级革命；在这之前，尼德兰发生了推翻西班牙专制统治的资产阶级革命；17世纪中期，法国发生了资产阶级限制王权的“福隆德”运动；在葡萄牙首都里斯本和意大利的那不勒斯和墨西拿，也爆发了建立共和国的革命。这些发生在西欧各国的革命运动，虽然由于条件不成熟而失败了，但都反映了当时历史发展的总趋势，即从封建社会向资本主义社会过渡。

欧洲启蒙思想运动是一场资产阶级反封建的思想文化运动。它的核心主要是理性。所谓理性即人的思考和判断，它强调凡事要以人的思维去判断，而不依赖天意或神的旨意，其目的都是为了保障人的自然权利。这里涉及了一个思考什么（人的权利）、怎样思考（科学的方法）的问题，说到底是资产阶级要求民主、自由、平等。他们把理性变成了一面反封建的旗帜，主张把理性作为衡量一切现存事物的唯一标准，凡是违背理性的，都应予以打倒。

启蒙运动的倡导者将自己视为大无畏的文化先锋，并且认为启蒙运动的目的是引导世界走出充满着传统教义、非理性、盲目信念以及专制的一个时期（这一时期通常被称为黑暗时期）。这个时代的文化批评家、宗教怀疑派、政治改革派皆是启蒙先锋。当时启蒙知识的中心是巴黎，法语则是共享语言，启蒙时代的学者亦不同于之前的文艺复兴时代的学者，他们不再以宗教辅助文学与艺术复兴，而是力图以经验加理性思考使知识系统能不受宗教的影响。

启蒙思想家呼唤用理性的阳光驱散现实的黑暗，可见，这种思想完全是针对中世纪的一种意识形态，即宗教和神学而提出的，而要触及当时的社会制度，就必须剥去制度身上那一层神圣外衣。所以启蒙思想家用人的思考和判断来剥去封建制度身上的“神圣”外衣，去批判教权主义、专制主义，以此达到资产阶级所号召的消灭专制王权、贵族特权和等级制度的目的，实现所追求的政治民主、权利平等和个人自由。

欧洲启蒙运动的影响主要包括三个方面。第一，从对资产阶级的影响来看，启蒙运动所批判和主张的内容，为资产阶级取得统治地位，建立资本主义政治制度做了思想和理论上的准备。第二，启蒙运动具有实际指导意义：首先，它为法国大革命做了充分的思想准备；其次，启蒙运动对欧洲其他国家和美洲产生了影响，启蒙运动所宣传的天赋人权、三权分立、自由、平等、民主和法制的思想，推动了资产阶级的革命和改革，成为近代资本主义社会的立国之本；最后，启蒙思想在英属北美殖民地和拉丁美洲鼓舞人民拿起武器，争取独立。第三，对整个人类社会的发展产生了影响，启蒙思想成为人们追求自由、平等的精神武器，在人类历史发展进程中发挥了重要作用。

第二节　日本的政治经济改革

一　明治维新

明治维新，是指19世纪60年代日本在受到西方资本主义工业文明冲击下所进行的，由上而下、具有资本主义性质的全面西化与现代化改革运动。

这次改革始于1868年明治天皇建立新政府，主要内容有：政治上，进行近代化政治改革，建立君主立宪政体；经济上，推行“殖产兴业”，学习欧美技术，掀起工业化浪潮；文化上，提倡“文明开化”、社会生活欧洲化，大力发展教育等。这一运动的出现，有其深刻的历史背景：德川幕府闭关锁国的封建统治，造成了日本的落后，阻碍了社会经济的发展，随着封建领主经济的瓦解，资本主义生产关系的逐渐形成和初步发展，阶级矛盾更加尖锐；西方资本主义列强加紧了侵略，使闭关锁国的日本民族危机逐步加深，社会危机空前加剧。日本各阶层联合起来，进行了倒幕运动，推翻了幕府统治，成立了明治政府，从而为明治维新创造了条件。这次改革使日本成为亚洲第一个走上工业化道路的国家，跻身于世界强国之列，成为日本近代化的开端。

日本明治维新是在内忧外患的局面下推翻了德川幕府的统治而进行的，

明治维新的目的是为了巩固以天皇为首的新政权，发展资本主义，建立独立自主的近代化国家。最根本的目的是富国强兵，发展资本主义。

明治维新使日本迅速崛起，通过学习西方，“脱亚入欧”，改革了落后的封建制度，由此日本走上了发展资本主义的道路。同时，日本废除了不平等条约，摆脱了民族危机，成为亚洲唯一能保持民族独立的国家。但是，明治维新具有不彻底性，在各方面保留了大量旧日本时代的封建残余。后来，日本走上了对外侵略的道路，跻身于世界资本主义列强的行列。

明治维新取得了一定的成果，主要是：实现了社会形态的更替，使日本社会由落后的封建历史发展阶段过渡到资本主义阶段，并在这个基础上使日本仅用半个世纪的时间就发展成为先进的资本主义国家；为日本摆脱沦为半殖民地的危机创造了条件，使日本成为亚洲唯一能够继续保持民族独立的国家。因此，明治维新基本上完成了民主和民族革命的任务，扭转了日本民族的历史命运，是日本历史上具有重大进步意义的事件。

但是，明治维新也有其消极的一面，这表现在两个方面。首先，日本虽然经历了一次深刻的社会变革，但在政治、经济和意识形态中仍保留了大量的封建残余，如天皇制、半封建的地主土地所有制等。因此，作为一场资产阶级革命，它又是不彻底的。其次，正是由于上述原因，日本虽然通过明治维新顺利地摆脱了沦为半殖民地的危机，却迅速地走上了侵略和压迫其他民族的道路，成为一个新兴的帝国主义国家。这不仅给被侵略国家的人民，而且给日本人民带来了极大的灾难。

二 二战后的政治经济改革

第二次世界大战结束后，在反法西斯盟国和日本人民的要求下，由美国占领当局主持，在日本政治、经济和教育等方面实行“民主化”改革。改革从修改宪法开始，通过修改宪法，改革了日本的政治制度。同时，还在教育制度和经济等方面进行了一系列改革。

二战后日本在政治领域的改革主要表现在六个方面。第一，改革天皇制。新宪法取消了天皇总揽国家一切统治权的权力。宪法规定，天皇只是“日本国的象征，是日本国民整体的象征，其地位，以主权所属的全体国民的意志为依据”。第二，改革议会制。设立众议院和参议院，两院均由20岁以上男女公民直接选举产生。新宪法规定，“国会是国家的最高权力机关和唯一的立法机关”，修改宪法、制定法律、审议预算、任命总理大臣等一切重大问题均由国会决定。第三，改革内阁制。建立议会制内阁，总理大臣由国会任命，一般由在众议院中占多数席位的政党总裁担任。第四，改革中央集权制。实行地方自治，战前地方的一切行政事务和人事，均由中央决定和管理。第五，改革司法制度。一切司法权均归最高法院和下级法院所有。同时，扩大司法机构的独立性，最高法院成为同国会、内阁鼎立的独立机构。第六，扩大民主权利。新宪法规定了国民的义务和权利，特别是过去政治地位很低的妇女，从此也和男人一样享有选举权和被选举权。

政治领域的改革基本上消除了日本的封建因素，促进了日本的政治民主化，为日本战后的现代化奠定了社会政治基础。

日本是第二次世界大战的战败国，在战争中遭受了毁灭性的破坏，战后的首要任务是恢复经济。战争结束时，日本的国民财富45%毁于战火，40%的城市建筑变为废墟。然而在短短几十年内日本经济就实现崛起并且步入世界前列。20世纪50年代末日本经济就恢复到了战前水平，自50年代中期起开始进入经济持续快速发展时期，60年代末，日本已成为仅次于美国的世界第二号资本主义经济大国。

日本经济能取得这样的成就得益于以下三方面。

一是战后美国在日本进行社会改革，并推行非军事化政策。通过农地改革、解散财阀、劳动立法等对日本进行了一系列经济改革；通过改革，进一步消除了生产关系中的封建落后因素。日本政府利用国民经济非军事化、国防开支小的有利条件，制定了外向型的经济发展战略，为战后日本经济发展奠定了基础。

二是战后美国对日本经济的扶植。美苏“冷战”时期，美国向日本提供了21.28亿美元的经济援助和贷款，支持日本复兴经济，重整军备。朝鲜战争和越南战争爆发后，日本接受了美国几十亿美元的“特殊订货”，这使日本经济迅速发展起来。朝鲜战争使日本企业界获得了高额利润，反过来又促进了垄断资本积累和扩大再生产。

三是制定适当的经济政策，引进先进科技，其中大力吸收国外最新科学技术，为己所用，推陈出新，是促使日本经济腾飞的翅膀。同西方发达国家相比，在战后初期日本科学技术落后二三十年，为尽快缩小差距，日本政府采用了“吸收性技术革新”战略，在引进国外先进技术后再加以模仿、消化与创新，从而走出一条“引进、改良、吸收与创新”的新道路。一方面，大力引进欧美工业国的先进技术，以重工业为中心，进行大规模设备更新和技术改造；另一方面，积极发展电子、汽车、石化、人造纤维等新兴工业，推动工业、农业、贸易全面发展。

综上所述，战后日本经济的迅速恢复和高速发展，有其内在的因素，也有其外在的原因。通过自身的改革与改进，为日本经济的腾飞奠定了基础，牢牢抓住外在历史机遇，为日本奇迹的创造增添了力量。

第三节 美国的社会经济改革

一 20 世纪的国际形势

21 世纪的钟声已经敲响，我们告别了 20 世纪迎来了新世纪的曙光。在世纪交替之时，回首 20 世纪国际形势发展中的四次大的分化与改组，对于面向 21 世纪，认清未来国际形势的走向，具有极其重要的意义。

20 世纪的国际形势发展中有过四次大的分化和改组：第一次是 1914 ~ 1918 年在第一次世界大战中形成的同盟国与协约国两大军事集团；第二次是 1939 ~ 1945 年在第二次世界大战中形成的法西斯国家集团与反法西斯同盟国家两大阵营；第三次是在 1944 年成立的北大西洋公约组织与 1955 年成立的华沙条约组织，形成两极世界；第四次是 20 世纪 80 年代末、90 年代初随着苏联解体、东欧剧变，冷战结束而出现的一超四强的多极世界。

19 世纪末 20 世纪初，欧洲各资本主义国家依靠先进的科学技术日益强大。资本主义发展到帝国主义阶段，世界进入帝国主义和无产阶级革命时代，马克思主义发展到列宁主义阶段。在这一时期，资本主义国家相继成为强国，开始谋求对外侵略，在欧洲形成了以德、奥、意为首的同盟国和以英、法、俄为首的协约国两大军事集团。双方为争夺殖民地，划分势力范围，转嫁国内矛盾而发动了第一次世界大战。

第一次世界大战就其性质而言，是帝国主义国家两大集团之间为重新瓜分世界而进行的世界规模的战争，它是资本主义世界经济体系危机的产物，是资本主义国家进入帝国主义阶段的政治经济发展不平衡的必然结果。在第一次世界大战期间，俄国爆发了社会主义革命，建立了苏维埃政权。十月革命是人类历史上一次伟大的革命，开辟了人类历史的新纪元。正如毛泽东同志所讲，十月革命不仅开创了俄国历史的新纪元，而且开创了世界历史的新纪元。它是人类历史上一次最深刻的社会革命。十月革命的胜利，改变了整个世界的历史走向，划分了整个世界历史的时代。

第一次世界大战结束不到21年，爆发了第二次世界大战。第二次世界大战是德国、意大利、日本等法西斯国家发动的人类历史上空前规模的世界性侵略战争，后发展为全世界人民的反法西斯战争。这次战争再次把整个世界划分为两大阵营，一方为德、意、日等7国组成的法西斯国家集团，另一方为中、美、英、法等50个国家组成的反法西斯同盟国家。1945年8月15日，日本宣布无条件投降，9月2日日本签署投降书，标志着第二次世界大战的结束。

第二次世界大战结束，西方主要资本主义国家于1949年4月4日在华盛顿签订了《北大西洋公约》，组成了新的军事集团，即北大西洋公约组织，简称“北约”。第一次世界大战中出现了世界上第一个社会主义国家苏联，第二次世界大战后，世界民族解放运动一浪高过一浪，出现了一大批社会主义国家，形成了一个庞大的社会主义阵营。为了与北约相抗衡，1955年5月11日至14日，苏联、阿尔巴尼亚、保加利亚、民主德国、波兰、罗马尼亚、捷克斯洛伐克、匈牙利八国在华沙举行会议，结成了军事政治同盟，即华沙条约组织（简称“华约”）。很显然，华约是同北约相对立的，也就是说，世界上再一次形成了两大军事集团。

第二次世界大战结束后，国际形势发生了新的变化，直到20世纪80年代末，世界一直处于冷战时期。其显著特点是两极世界，即美苏争霸全球。然而，20世纪80年代末、90年代初，随着苏联解体，东欧剧变，国际形势又发生了新的变化，两极格局瓦解，取代北约的是欧盟，而华约则销声匿迹。中、美、苏大三角也不复存在，冷战结束。

冷战结束后，国际形势出现了新的特点：一是国际形势朝缓和的方向发展，新的世界大战打不起来，这对我国抓住机遇，加快发展非常有利；二是世界朝多极化发展的步伐进一步加快，这对我们利用大国矛盾发展自己、扩大外交回旋余地十分有利；三是经济优先、国家利益至上已成为时代潮流。反思与总结20世纪国际形势发展变化的上述规律和特点，对于我们研究和判断未来世界局势的变化和走向意义重大而深远。

二　罗斯福新政

1929～1933年资本主义世界经济危机和胡佛反危机的失败，直接为罗斯福上台执政、实行新政，创造了一个历史性的机遇。在这场经济危机中，美国遭到的打击最为严重。面对这场不期而至的大危机，当时的美国企业界和政界大多数领袖没有清醒的认识，包括新上任不久的总统胡佛。1929 年初，胡佛在就职演说中宣称：“我对国家的未来毫不忧虑，她辉煌灿烂、充满希望。”然而在这样的思想指导下，当经济危机来临时，胡佛政府惊慌失措，一筹莫展。尽管胡佛总统也采取了一些反危机的措施，但这些措施始终没有能够使美国摆脱经济危机，也没有解决随之而来的社会经济问题。主要原因是胡佛总统仍然坚持“自由放任”的传统经济政策，等待经济形势的好转，结果致使经济危机更加严重，社会更加动荡不安。到 1933 年初，美国已有半数的银行倒闭，13 万家以上的企业破产，完全失业的人数达到了 1300 万。全国上下的不满情绪和要求改革的呼声日益高涨，越来越多的人希望有一个强有力的政府，采取有效的政策，迅速改善经济状况，使美国摆脱经济危机。

正是在这样的历史背景下，罗斯福总统以反对自由放任、主张加强政府对经济干预的竞选宣言，在 1932 年的大选中，赢得绝大多数选民的支持，击败胡佛，于 1933 年 3 月就任美国总统。罗斯福新政的内容，可以用“3R”来概括，即复兴（Recovery）、救济（Relief）、改革（Reform）。救济是指救助急需帮助的大批失业者和贫民；复兴是指为失业者提供工作机会，使陷入萧条的经济恢复运转；改革是指采取长远措施改善全国总体经济状况。新政的具体措施如下。

第一，整顿银行与金融业。主要措施是下令银行暂时休业整顿，逐步恢复银行信用，放弃金本位制，实行美元贬值，投资银行与商业银行分业经营，建立联邦储蓄保险公司，扩大联邦储备委员会（中央银行）的权力，管制证券业。罗斯福采取的这些非常措施，对收拾残局、稳定人心起了巨大的作用。到 1933 年 4 月，存回银行的通货已达 10 亿美元，这说明罗斯福整顿银行与金融业的措施，很快起到了恢复银行信用的作用，促进了金融体系的正常运作，为工农业生产的恢复提供了前提和保证。

第二，调整农业政策。主要措施是成立农业调查局、减耕、政府为农业提供补贴、调整农产品结构、提高并稳定农产品价格、保护土壤。调整农业政策的目的是摆脱农业危机，缓和农民的斗争。国家调整农业生产的中心措施是公布《农业调整法》，通过政府的奖励和津贴，以缩减耕地面积和农产品产量，从而提高农产品价格和农场主收入。

第三，复兴工业。主要措施是制定行业公平竞争法规，要求工业各行业遵守；管制公用事业控股公司；加强对通讯和海、陆、空运输的管制。

第四，实行社会救济与兴办公共工程。主要措施是建立联邦紧急救济署、工程进展署、公共工程局等机构；发放紧急救济金；推行“以工代赈”；兴办筑路、市政、水利、军用设施及田纳西河流域改造等公共工程；为老年人、残疾人、失业者和儿童提供社会保障。

罗斯福新政是为摆脱严重的经济危机所采取的一系列社会经济政策的总称。它本是解决经济危机的“急就章”，也就是说它是应对危机而急速做出的政策调整，初衷只是在资本主义制度的框架内改革弊病，以迅速地摆脱严重的经济危机。但它的实施引起了一系列政治、经济和社会变革，不仅给美国历史的发展打上了深刻的烙印，而且对后来世界资本主义的发展也产生了深远的影响。罗斯福新政开创了国家干预经济的新模式，对美国以及许多资本主义国家经济政策的发展产生了重要的影响。

三 资本主义发展与经济危机

资本主义于14 世纪末、15 世纪初开始在地中海沿岸的一些城市出现，其途径有两个：一是从小商品经济分化出来；二是从商人和高利贷者转化而来。资本主义生产关系产生后，其成长是一个缓慢过程。15 世纪末，世界市场的迅速扩大，要求商品生产以更大的规模和更快的速度发展。新兴资产阶级便开始进行资本的原始积累，利用暴力手段为资本主义的迅速发展创造条件。资本原始积累主要通过暴力手段剥夺农民土地和暴力手段掠夺货币财富两种途径实现。资本主义生产关系在产生后不断发展和成熟，反过来又促进了生产力的进一步发展。

资本主义的发展并不是一帆风顺的，其间也伴随着周期性的经济危机。经济危机通常指资本主义经济发展过程中周期性爆发的社会经济的大混乱。主要表现为大量商品卖不出去，大量生产资料被闲置，大批生产企业、商店、银行破产，大批工人失业，生产迅速下降，信用关系破坏，整个社会生活陷入混乱。经济危机的实质则是生产相对过剩。

在资本主义以前的简单商品经济时期就已经存在经济危机的可能，但这仅仅是一种可能，经济危机并没有变为现实。只有在资本主义条件下，资本主义基本矛盾即社会化生产与资本主义私有制之间的矛盾才使这种可能变为现实。资本主义基本矛盾直接表现为个别企业生产的有组织性、有计划性和整个社会生产无政府状态之间的矛盾；表现为资本主义生产有无限扩大的趋势与劳动人民有支付能力的需求相对缩小之间的矛盾，即生产和消费之间的矛盾。这两个矛盾的激化，必然引起资本主义经济危机爆发。

资本主义经济危机周期性地发生，使资本主义再生产具有周期性。典型的资本主义再生产周期，包括危机、萧条、复苏、高涨四个阶段。危机是上一个周期的终点，又是下一个周期的起点。在萧条阶段，生产处于停滞状态，同时为复苏阶段做准备。在复苏阶段，生产和消费的矛盾进一步缓和，社会生产逐渐恢复，并进一步发展，使经济出现繁荣景象，形成高涨。高涨又使资本主义经济各种矛盾加以积累，达到一定程度，又爆发新一轮经济危机。资本主义再生产周期性的物质基础是固定资本更新。大规模的固定资本更新，会扩张生产能力，引起生产高涨，为下一次生产过剩危机奠定物质基础。

经济危机的影响深远：第一，经济危机的发生是资本主义生产力发展的结果。封建社会不存在经济危机，工场手工业时期也是不存在经济危机的，究其原因是此时生产力水平低下，经济发展速度缓慢，产品甚至不能满足市场的需要，谈不上出现生产的“过剩”。只有在机器大工业出现后，资本主义基本矛盾暴露，才有可能发生经济危机。第二，世界性经济危机的发生，充分证明了世界市场的形成。第三，经济危机影响到资本主义经济政策的调整。1929 年经济大危机发生后，自由主义思想不能挽救垄断资本主义制度，迫使各国政府和经济学界转而探索通过强化国家干预的途径来挽救资本主义制度，罗斯福新政即是其实践例证。西方各国的反危机措施，推动了国家垄断资本主义的发展，同时逐步取代了不加干预的自由竞争资本主义模式，推动了资本主义内部机制的逐步调整。

第四节　俄罗斯历史上的改革

一　彼得一世的军事强国改革

彼得·阿列克谢耶维奇·罗曼诺夫（1672～1725）是俄国罗曼诺夫王朝的第四代沙皇。他是俄国历史上一位很有作为的统治者，在其统治时期，他对俄国的政治、经济、文化、社会生活等各个方面进行了深刻的改革。尤其重要的是，在军事方面，他从兵源、装备、制度、军事人才等方面着手改革，不仅为俄国创建了一支强大的海军，而且在陆军建设方面也做了重大调整。一方面，彼得一世军事改革的成功使俄国在一定时期成为欧洲军事强国，为其实施对外扩张政策提供了军事保障；另一方面，军事改革的成功也是彼得一世巩固其统治地位，加强专制主义中央集权的军事基础。从此，封建俄罗斯帝国走上了富国强兵之路。

彼得一世的军事改革是在复杂的国际、国内背景下进行的，其背景主要有以下几个方面。

第一，国际压力与刺激。自 15 世纪末、16 世纪初新航路开辟以来，欧洲列强走上了对外殖民扩张的道路，以西班牙、葡萄牙、英国、荷兰等国为首的欧洲海洋国家，在对外进行殖民扩张的过程中，从殖民地掠夺了大量的财富，成为欧洲的强国。到了 17 世纪末，尼德兰和英国资本主义生产关系的确立，为其发展扫清了道路。而在此时，同处欧洲的俄国，在欧洲各国中已处于落后地位，俄国在认清西班牙、葡萄牙、英国等国的强国之路后，强烈渴望向这些强国学习，走上对外殖民扩张的道路，以获取大量的财富。

一方面，欧洲列强的对外殖民扩张对落后的俄国有着巨大的吸引力，俄国也希望对外殖民扩张，走上富强的道路；另一方面，欧洲列强在殖民扩张后的强大，对落后的俄国形成了巨大的压力。欧洲列强的强大，挤压了落后的俄国的势力范围，自伊凡四世以来，俄国的版图不断地扩大，但其军事力量不足以保卫其领土，而且俄国担心自己也将成为欧洲列强扩张的对象。因此，俄国想通过改革强大起来，从而走上对外殖民扩张的道路。

第二，国内的现实需求。在彼得一世的统治初期，俄国国内形势复杂多变，政局极其不稳定。掌权后的彼得一世深知加强皇权的重要性，而要加强自己的统治地位，就必须有一支真正属于自己支配的强大的武装力量作为后盾。因此，加强皇权统治，巩固自己的统治地位成为彼得一世进行军事改革的另一个原因。

第三，对外战争中凸显出来的俄国军队的弊病。通过与土耳其的作战，彼得一世认识到在未来对付土耳其的战争中，俄国必须要有一支强有力的海军。促使彼得一世对俄国进行全面军事改革的最主要的原因，是俄国军队在北方战争中所暴露出来的弊端，以及瑞典和法国新式军队的优越性。这使彼得一世不得不向对手学习，着手军事改革。这一切，让彼得一世认识到军队存在的问题：旧的贵族军队，行动迟缓，纪律松散；新成立的射击军成分复杂，训练装备落后，作战能力低。

由以上我们可以得出，彼得一世在两次对外战争中看到，俄国的军队建设存在着极大的问题。面对周边国家强大的军事力量，海军建设、陆军改革迫在眉睫，只有进行军事改革，增强军队实力，俄国才能在欧洲列强之中占有一席之地，才能保住既得利益，并走上对外侵略扩张的道路，以获得更多的财富和土地，也只有加强军队建设，彼得一世才能保障其对俄国的绝对统治。在这些背景和动机的综合影响之下，彼得一世进行了一场俄国历史上的重大军事改革，这次改革内容非常广泛，涉及军队建设、兵源制度、军事人才培养，军队制度建设和军备改进各个方面。

彼得一世的军事改革主要包括征兵制度的改革、完善陆军建设、兴建海军、军事人才的培养与培训、陆军院和海军院的设立、实行军衔制度、《陆军条例》的颁布、《海军章程》的制定、改进军备。彼得一世的军事改革不仅对俄国产生了深远影响，而且对欧洲甚至是世界都有巨大的影响。彼得一世的军事改革，增强了俄国的军事力量，就当时而言，彼得一世的军事改革不仅在国防事业上取得了很大的成就，而且在政治、经济、外交等方面都有一定的影响。在政治上，军事力量的加强以及中央对军队的统一指挥和领导，使军政大权收归到沙皇一人手中，从而加强了中央集权和皇权。彼得一世的军事改革对俄罗斯的崛起起到了至关重要的作用。

二　亚历山大二世的农奴制改革

俄国1861年农奴制改革，即废除农奴制，是当时俄国新的生产力的发展与落后的封建生产关系之间矛盾冲突所引起的封建农奴制危机，以及由此而产生的阶级斗争尖锐化的必然结果。这次改革是沙皇亚历山大二世为维护贵族地主的利益，并为革命形势所迫，自上而下进行的一次具有资产阶级性质的改革，它成了俄国历史发展的转折点。

农奴制改革最主要的动因是为了摆脱过分落后的状态。第一，农奴制阻碍了资本主义的发展是农奴制改革的根本原因。19世纪上半叶，俄国仍然是一个以农奴制为基础的封建君主专制国家，农民被束缚在地主的土地上。在工业革命的影响下，资本主义因素在俄国社会内部逐步发展起来。农奴制的存在严重阻碍着资本主义的发展。残酷的封建剥削激起了广大农民的反抗，严重威胁着沙皇和贵族地主的统治。第二，克里米亚战争是诱发俄国农奴制改革的直接因素。克里米亚战争的失败彻底暴露了农奴制的落后和腐朽，战争耗费了大量的人力、物力，使经济状况更加恶化，使一切矛盾表面化和尖锐化。而此时有些地主已经看到了农奴制不如资本主义更为有利可图，开始放弃自然经济，逐步转向商品经济。第三，俄国内部革命是农奴制改革的社会因素。1825年青年军官发动了反对沙皇专制和农奴制的起义，主张实行君主立宪制，但失败了。以赫尔岑、车尔尼雪夫斯基为代表的“知识分子”群体，揭露和抨击沙皇专制和农奴制，要求社会变革和思想解放。农民起义风起云涌。第四，在内外交困的形势下上台的亚历山大二世认识到唯有变革才能自救，他认为“与其等农民自下而上起来解放自己，不如自上而下来解放农民”，强制在俄国发起了废除农奴制的改革。

俄历1861年2月19日亚历山大二世正式签署了“解放”法令，宣布废除农奴制。法令规定：农民有人身自由和一般公民权，地主不能买卖和交换农民。农民有拥有财产、担任公职、进行诉讼和从事工商业的权利。在全部土地归地主所有的前提下，农民可以使用一定数量的份地，但必须向地主交纳赎金（这种赎金大大超过了土地的实际价格）。农民在签订赎买契约之前还要为地主服劳役或缴纳代役租。为管理改革后的农民，设置了地方贵族控制的村社和乡组织，并建立了监督农民的连环保制度。“二一九法令”有一定的进步性，主要体现在两个方面。经济上，为资本主义的发展提供了劳动力、市场和资金，顺应了俄国资本主义发展的要求。法令的颁布使农奴的人身得到解放，摆脱了封建生产关系的束缚，为资本主义的发展提供了大量自由劳动力。收取的巨额份地赎金，为资本主义的发展积累了大量资金。改革使广大农奴获得人身自由和得到了土地，提高了农民生产的积极性，促进了俄国农业经济的发展，有利于工业革命的扩展。政治上，沙皇专制政权逐步变成地主阶级和资产阶级的联合专政，实现了生产方式由封建性向资本主义的过渡。

1861年农奴制改革是自上而下的资产阶级改革，它废除了农奴制，为俄国资本主义发展提供了必要的劳动力、国内市场、资金以及相对稳定的社会环境，加快了俄国工业化的历史进程。

三　俄国的资本主义道路

对于俄国资本主义的产生和发展，可以从地主经济的演变、农民分化、铁路建设等方面进行研究。

第一，地主经济的演变。当时部分地主使用劳动力的方式已从通过徭役制、工役制无偿使用转变到有偿雇佣。这时农村中正在形成的新的经济结构虽然尚未清楚地表现出来，仍被中世纪遗留下来的土地制度所缠绕，但也可以从中发现新的资本主义因素，能看到其资本主义的发展方向。地主经济向资本主义经济转变的主要特征是商业性农业的发展。商业性农业的根本目的是通过商品生产以追求高额利润。这使小农的自然经济开始变成商品经济，并从属于资本主义经济。商业性农业的发展将不可避免地使俄国农业生产发生一系列变化。

1861 年改革后，俄国地主经济中商业性农业发展的实质是商品经济的发展，由于农业生产日益社会化，农民对地主的依附关系开始瓦解，资本主义雇佣劳动制代替工役制已成为不可逆转的历史趋势，从中可以看到俄国地主经济中的资本主义有了一定的发展。

第二，农民分化和农民的无产阶级化。农民分化的过程即资本主义关系发展的过程。财产上的分化仅是农民分化的表面现象，是农民分化的开始。农民分化最重要的结果是形成了资本主义社会中的新阶级，即拥有大量生产资料的资产者和大批雇佣劳动者。俄国农民的分化是俄国社会经济发展的必然结果。这一过程是和资本主义关系的发展及整个生产关系的演变相联系的。农民分化为劳动力市场及劳动后备军的形成准备了必要的条件。

第三，铁路建设。农奴制改革后的建设时期，俄国政府已意识到在俄国修建铁路的意义。1861 年改革后，铁路建设立即得到广泛发展，随后的 20 年间俄国约修筑了 2 万俄里的铁路。在任何国家，修筑和经营铁路对发展资本主义都有重要意义，具体到俄国就更是这样。俄国的铁路建设直接促进了钢轨、钢梁、机车、车厢、水泥、木材、煤炭、石油等工业部门的发展，同时加速了商品流通，进一步破坏了农业中自然经济的残余。在工业区和边远地区的联系加强后，各类工业品有了更广阔的国内市场。总之，铁路建设是俄国资本主义工农业发展的前提之一。

俄国在 1861 年改革后走上了资本主义道路。虽然政治、经济上严重的农奴制残余使俄国资本主义发展很不平衡，但它毕竟发展起来了。不仅如此，俄国还利用西欧和美国等发达资本主义国家所取得的经验和科学技术成就，在短时间走完了这些资本主义国家需花费很多年才能走完的道路。事实证明，并不是只有西欧才有能力发展资本主义。然而，这绝不是说，俄国是完全沿着西欧已经走过的道路去发展资本主义的。

第五节　中国古代的典型改革

一　商鞅变法与秦始皇改革

商鞅变法是战国时期著名政治家商鞅为维护秦国统治者的利益而推行的包括一系列变革措施在内的改革运动。战国初期的秦国，贵族们垄断政权，经济、政治和军事都比较落后，国君权力较小，国力很弱，国土常常受到别国的侵占。公元前 361 年，秦孝公即位，年轻的国君决心改变秦国的落后面貌，于是下了一道变法图强的求贤诏令。商鞅就是在这个时候自魏国来到秦国的。

商鞅到秦国后，宣传“强国之术”，决心协助秦孝公进行社会改革，因此得到秦孝公的信任，被任命为左庶长。公元前 359 年和公元前 350 年，在商鞅主持下秦国两次公布了新法，其主要内容如下。一是废除奴隶主贵族的世卿世禄制度，取消宗室的特权，按军功的大小重新规定官爵的等级和待遇。下级士兵在战争中勇敢杀敌的，也可以得到官爵，临阵脱逃和投降敌人的要受到严厉的处罚。凡是进行私斗的，按照情节轻重被判处刑罚。二是废除奴隶制的井田制度，在法律上承认土地私有和准许土地买卖。鼓励男耕女织，凡是劳动好、生产粮食和织布多的免除徭役和赋税。三是实行重农抑商政策。将弃农经商或因懒惰而贫穷的人，连同其家属罚作官奴婢。四是加强中央集权，普遍推行郡县制。全国设 31 个县，官吏由中央直接任免；同时进行户口编制，实行连坐法，规定五家为一伍，十家为一什，什伍中互相纠察告发“奸人”，有坏人不告发的，什伍连坐。五是由中央制定和颁发统一的度量衡。①

商鞅变法对秦国的发展产生了深远的影响。第一，推动了社会进步和历史发展。商鞅变法是较为彻底的改革运动。通过改革，秦国废除了旧制度，创立了适合社会经济发展的新制度。改革推动了秦国社会的进步，促进了经济的繁荣，壮大了国力，为秦国的富国强兵和未来的发展奠定了基础，对秦国乃至中国历史都起了重要作用。第二，经济上，改变了旧有的生产关系，废井田、开阡陌，从根本上确立了土地私有制。第三，政治上，打击并瓦解了旧的血缘宗法制度，使封建国家机器的职能更加健全，中央集权制度的建

① 隋俊：《马克思主义基本原理概论教学辅导用书》，哈尔滨工业大学出版社，2013。

设从此开始。第四，军事上，奖励军功，达到了强兵的目的，极大地提高了军队的战斗力，为秦国下一步的战略发展创造了有利条件。

秦国经过商鞅变法，面貌焕然一新。在土地所有制方面，基本废除了以井田制为基础的封建领主所有制，确立了以私有制为基础的地主土地所有制；在政治方面，基本废除了分封制，确立了郡县制。秦国因此从落后国家，一跃而为“兵革大强，诸侯畏惧”的强国，出现了“家给人足，民勇于公战，怯于私斗，乡邑大治”的局面。商鞅变法是战国时期最彻底、最成功的一次变法。商鞅虽死，但秦惠王和他的后继者都继续实行了商鞅的新法，所以秦国的国势得以进一步发展，为后来秦始皇消灭六国、统一中国奠定了基础。但是商鞅变法也存在一定的历史局限性：轻视教化，刑法严苛，鼓吹轻罪重罚；在一定的程度上加重了广大人民所受的剥削与压迫；未与旧的制度、文化、习俗划清界限。这也是商鞅变法的美中不足之处。

公元前221年，秦始皇嬴政凭借自商鞅变法以来一百多年所积蓄的国力，经过20多年的战争，以不可抵挡之势，先后灭掉六国，建立了大一统的秦王朝。自西周末年以来，经过几百年的诸侯割据混战，各国平民要求统一，新出现的经济因素也使夏、商、周三代的统治思想与方法不适用于新生的秦王朝。秦始皇嬴政面对这一状况，变革政治制度，开创了适应新形势的政治制度。秦始皇嬴政变革政治制度是有着多方面的原因的。

第一，吸取历史经验、教训。自西周以来几百年的诸侯割据混战，使秦始皇嬴政在统一六国后，必须变革政治制度。秦始皇舍弃自古以来的分封制，转而推行郡县制，从而消灭了割据混战的物质基础。第二，受商鞅变法的影响。秦孝公时期，商鞅在秦国两次推行变法，变革秦国陈旧的贵族制度，打击陈旧、腐朽的贵族阶级，大力发展封建经济，推行按军功授官制度，削弱贵族权势，促进新兴地主阶级参与政权，提高地主阶级的地位，扩大地主阶级的权势，使秦国逐渐强盛起来，为以后秦的统一战争奠定了基础，这使秦始皇看到了变革政治制度的必要性。第三，变革政治制度能加强中央权力，削弱地方权力，确立君主地位及权力不受威胁。

秦始皇统一全国后，在政治、经济、文化等方面采取了一系列重要改革措施以加强对帝国的统治。第一，建立专制的中央集权制度，大权独揽。中央设丞相、御史大夫、太尉，称为“三公”，三公由皇帝任免，绝对服从和执行皇帝的命令。在地方建立郡县制，将全国分为36郡，郡下设县，郡守、县令由皇帝直接任免。第二，统一度量衡、货币和文字。中国的文字在战国时代已有分歧的趋势，至此以篆为标准。度量衡的单位也标准化，车轴的长度也随之划一。第三，统一法律。

秦始皇的改革措施对于秦国的影响主要是：第一，完成了统一，结束了诸侯割据的局面，有利于人民的生活安定和社会生产的发展，推动历史发展，反抗外来侵略，捍卫国家主权和民族利益；第二，建立了统一的多民族的中央集权的国家，在全国推行郡县制度；第三，统一了货币、度量衡和文字，开创了幅员辽阔的秦帝国，促进了各民族地区的经济文化交流与繁荣，巩固了大一统的国家，调整了政治措施，保持了社会安定，促进了各民族的融合与团结；第四，建立了封建专制主义制度，压制了人民的思想，使这种社会制度得到进一步巩固。

二　桑弘羊改革

桑弘羊是西汉时期一位杰出的治国理财能手，他长期主持经济工作，掌握西汉王朝的财政大权达30余年之久。他对西汉社会封建经济的发展和中央集权的巩固做出了卓越的贡献，主要协助汉武帝推行了一系列经济改革措施。这是桑弘羊为适应社会生产力发展要求而对西汉社会生产关系实行的重大改革。这也是西汉之所以取得相当进展，汉武帝治国之所以取得“文治武功”的重要原因之一。

桑弘羊之所以能制定并推行这些经济改革措施，除了他出身于商人家庭和个人多年从事理财实践之外，重要的是他看到了当时社会政治经济发展形势所提出的要求。在中原，地方诸侯和富商豪强垄断着国家经济命脉，他们既控制着工商业，又兼并土地，这就加速了广大农民和手工业者的破产，激化了阶级矛盾。在边境，汉王朝与匈奴等民族之间的战争连年不断，沉重的军费和兵役大大超过人民的负担能力，造成国困民贫，政府财政困难，而富商大贾不但“不佐国家之急”，反而趁机加紧掠夺。这样一来，西汉政府就因为财源枯竭、经济困难而无法巩固，它的存在就受到严重的威胁。一些地方诸侯实行封建割据，不仅和中央政府分庭抗礼，而且还和匈奴奴隶主互相勾结，策划暴乱，这就动摇着西汉中央集权的统治基础。

桑弘羊等人站在中央集权的立场上，面对这种情形忧国感怀，谋求自强，并针锋相对地同上述敌对势力进行了坚决的斗争，积极维护中央集权的统治。商鞅相秦和贾谊论政的治国理财主张给桑弘羊以很大的启示，增加汉王朝的财政收入，增强国力，巩固中央集权，就是解决国困民贫问题的出路。桑弘羊从历代理财失败的教训中，更重要的是从自己理财的实践中，认识到中央政权必须掌握财源，也就是要掌握国家经济命脉，这是封建中央集权统治的经济基础。他力助汉武帝制定和推行了一系列促进封建经济发展的重大财经政策，旨在使国家控制经济命脉，削弱地主豪强的经济势力，将豪强贵族、工商大贾手中的一部分权益转到中央政权手中，以增强国力。通过加重豪强大贾的经济负担，减少中间商贾的剥削，以减轻人民的负担，缓和阶级矛盾，从而以应有的人力、物力支持了抗击匈奴的战争。

桑弘羊结合当时西汉社会政治经济的具体形势制定和推行了一系列经济改革措施，其主要方面如下。

第一，盐铁官营、酒类专卖。汉以前和汉初，盐铁为私人经营，国家只设盐官、铁官征收盐税、铁税。桑弘羊从过去的经验中深深认识到，盐铁私营对政府是十分不利的。如果盐铁经营掌握在豪强贵族和工商大贾手中，他们便依仗强大的经济实力同政府抗衡，经济上的占有必然会发展到政治上的进攻，最后搞垮中央集权。由于盐铁的重要性，桑弘羊在汉武帝的支持下，坚决地并富有成效地实行了盐铁官营，把盐铁的所有权和经营权从私人手中转到政府手中。关于酒类专卖。在汉时，政府制定了“酒榷”，所谓酒榷就是酒类专卖，国家对酿酒进行垄断，禁止民间私自酿酒，而零售仍由私商经办。制酒榷是政府增加财政收入，打击酒商的一种重要措施。

尽管在盐铁酒诸方面都实行了专卖措施，但政府在垄断方法上采取了分别对待的政策。对盐铁政府在生产和流通方面都实行垄断，对酒类政府则垄断其酿造，而其销售仍由私商经营。由于实行对盐铁酒等的垄断措施，国家在经济上获得了很大的收益，大大改变了国家的经济面貌。盐铁官营使中央政府增强了经济实力，使豪强贵族地主和工商大贾力量遭到削弱，这样也就巩固了中央集权的政治统治。西汉王朝封建主义制度之所以一度兴盛，在一定程度上得力于盐铁官营和酒类专卖措施的实行。

第二，置均输、平准。政府置均输、平准，目的在于经营商业，以控制运销，平抑物价，取得收入，扩大政府财政来源。均输措施实行之后，政府立即收到巨大的经济效益，均输成为政府财政收入的一个重要来源。而平准是排斥富商大贾，平稳物价的一种措施。由此可见，均输和平准是有区别的，这体现在三个方面：一是平准主要是掌握时机，贱时买贵时卖，而均输是调节各地供求，贱地买贵地卖，调节地区之间的物价；二是平准集中于京市，均输则分设于各郡国；三是平准较固定，而均输则较流动。总之均输、平准对于满足地主阶级国家财政的需要，促进各地区经济文化交流，促进社会生产的发展，安定人民群众的生活都具有积极的作用。

第三，发展官营工商业和对外贸易。“开本末之途，通有无之用”是桑弘羊发展商业贸易的指导思想。为了有效地对工商业实行官营，桑弘羊奏请汉武帝录用了当时各郡一些著名的工商业者，任命他们担任经济部门的领导。政府以一定官禄为代价来缓和同豪强大贾在经济上的矛盾，从而能利用他们的经济力量发展社会生产，以增强中央集权的经济实力，削弱地方豪强贵族的势力；同时政府通过他们学会管理经济，学会做生意，找到增加国家收入的新途径。

桑弘羊重视的是发展官营商业，排挤私人工商业，其主要措施是前面所说的“盐铁官营”“酒类专卖”“置平准均输”，其出发点是让国家掌握生财之道，控制国民经济命脉。这些措施不仅促进了当时国内工商业的积极发展，而且一定程度上也促进了当时对外贸易的发展。

当然由于时代的局限性和阶级的局限性，桑弘羊的这些经济改革措施不可避免地带有地主阶级的明显烙印。虽然他的这些改革措施促进了新兴地主阶级政权的巩固，但是这个政权本质仍然是剥削和压迫劳动人民的，因而这就决定了桑弘羊在实行这些措施过程中不可能依靠人民，而只能依靠封建官吏，从而导致后来的官商合流、营私舞弊。不过桑弘羊这些经济改革措施依然是我国历史的宝贵遗产。

三　王安石变法

王安石变法是指在北宋宋神宗在位期间由大臣王安石所发动的旨在改革北宋各种弊端的一场改革。这场轰轰烈烈的改革因为在实行中产生出诸多问题，事倍功半，最终以失败宣布结束。下面就对这次变法的背景、内容、结果等进行简单的分析。

1. 改革的背景

北宋初年，新建立政权的统治者为了缓和阶级矛盾，采取了一系列的措施，促进了经济的发展。至宋真宗统治时期，社会环境相对稳定，经济得到发展。但与此同时其固有的社会矛盾仍然存在且加剧了。到北宋中期，阶级矛盾已成为主要的社会矛盾，并且愈演愈烈，主要表现为土地兼并。

北宋中期，政府雇员数目持续膨胀。土地兼并剧烈，农民土地丢失迫使农民转职军旅。军队庞大导致军费开支大增。统治阶级奢侈浪费，追求享受，上行下效，使得北宋国库空虚，存在着严重的财政危机。北宋仁宗庆历年间，土地兼并等问题日益严重，时任参知政事的范仲淹与大臣富弼、欧阳修共同推行新政，史称“庆历新政”。新政大部分被仁宗采纳，颁布全国，但是由于改革触犯了贵族和保守派的利益，最终新政在一年后被废止。但是，阶级矛盾并未得到缓和，统治阶级感到危机四伏，因而改革的呼声在此之后很快又高涨起来，改革势在必行。

2. 改革的内容

王安石变法又称“熙宁变法”，主要分为三部分，即“富国之法”、“强兵之法”和“取士之法”。

富国之法是王安石在经济上采取的措施，即为了改变积贫的局面而制定和推行的一系列调整封建国家、地主和农民的关系，发展生产的政策和措施，主要内容包括以下几方面。青苗法，指在需要播种的正月和夏秋未收获之前等青黄不接的时候，百姓可向官府借钱，待谷熟之后还。募役法，指废除原来按户等轮流充当州县差役的办法，改由州县官府自行出钱雇人应役，而雇员所需经费，由民户按户分摊。方田均税法，此法分“方田”与“均税”两个部分。“方田”就是每年九月由县令负责丈量土地，按肥瘠定为五等，登记在账籍中。“均税”就是以“方田”的结果为依据均定税数。这个法令是针对豪强隐漏田税、为增加政府的田赋收入而发布的。农田水利法，规定各地兴修水利工程，用工的材料由当地居民按照每户户等高下分派。市易法，指在东京设置市易务，出钱收购直销货物，待商品短缺再卖出。这就限制了垄断商人对市场的控制，有利于稳定物价和促进商品的流通，同时也增加了财政收入。均输法，要求发运使必须清楚东南六路的生产情况和北宋宫廷的需求情况，在路程较近的生产地采购，以节省货款和转运费。

“强兵之法”的主要内容有两个方面。保甲法，指乡村住户，每五家组一保，五保为一大保，十大保为一都保。凡有两男丁以上的农户，选一人当保丁，保丁平时耕种，闲时接受训练，战时征召入伍。保甲法的目的主要是为了防范和镇压农民的反抗，以及节省军费。保马法，规定百姓可自愿申请养马，每户一匹，富户两匹，由政府拨给官马或给钱自购。养马户可减免部分赋税，马病死则要赔偿。

王安石在进行政治、经济和军事体制改革的同时，也注重人才的选拔和任用，推行了“取士之法”。为此，他颁布了改革科举制度的法令，废除诗赋词章取士的旧制，要求考生联系当前实际采取参加经义策论的考试，以便选拔实用型人才。

王安石实施的变法内容总体来看是进步的，抑制了富商和地主的投机倒把、囤积居奇行为；对盘剥农民的行为进行了打击，减轻了农民的负担，有利于农业生产，增加了政府收入，还有利于加强军事力量，巩固边防。

3. 改革的结果和影响

王安石变法总体上对国家的经济、政治和军事方面都有着积极的影响，但是实施的结果与新法制定的初衷相违背，最终导致变法的失败。新法实施失败的首要原因是王安石在改革中用人不当以及过度自信；第二个原因是王安石忽略了下级人员对上级政策的“应变能力”，导致新法在地方上实行的过程中完全与制定的初衷相违背，造成动机与效果背离，条文与执行偏差，使一系列的变法措施从安民走向扰民；新法失败的第三个原因是变法触动了大官僚、大地主、大贵族集团的既得利益，引起他们的激烈反对，新法的推行举步维艰。

四 雍正改革

雍正是我国历史上有作为的帝王之一，在其短短的13年执政生涯中，他在清代政治、经济、文化等方面进行了大刀阔斧的改革：摊丁入亩、耗羡归公、改土归流、废除贱籍、秘密立储、创设军机、强化密折制度等。雍正以其大无畏、大魄力的改革，解决了康熙晚年“吏治腐败、国库空缺”等严重影响大清国国运的问题，打下了大清民富国强的根基，为乾隆朝的鼎盛奠定了基础，在康乾盛世中起着至关重要的作用。

雍正是一个敢于改革、颇有作为的封建帝王，也是一位十分复杂而矛盾的历史人物。他是勇于革新、勤于理政的杰出政治家，对康熙晚年的积弊进行了改革整顿，一扫颓风，使吏治澄清、统治稳定、国库充盈、人民负担减轻。雍正改革的时代背景主要是在康熙皇帝统治晚期，积弊严重，国库空虚，机构臃肿，腐败成风，社会矛盾尖锐。雍正即位，立志“振数百年颓风”，为此，针对康熙末年的种种积弊，雍正从恢复中央集权、强化皇权入手，实现了国家的政治稳定，然后着手进行政治经济等方面的社会改革。

雍正改革的主要内容包括以下方面。第一，摊丁入亩。清初的赋役制度是沿袭明朝的。但明末以来，户口、土地册籍已荡然无存。故清政府规定赋税的征收，以明万历初的旧额为准。同时，清政府也着手整顿赋役制度，虽然取得了一定效果，但由于官僚地主可倚势隐匿土地，劳动人民在沉重的剥削下不断逃亡，因而并没有真正解决赋役制度上的混乱和负担不均的问题。每户的人口和占有的土地都是经常变动的，要在全国范围内准确统计是很困难的。何况清入关后，高层权贵圈地严重，失地农民大增，长久沿袭的人丁税难以征收，致使各地钱粮严重亏空。为了有一个稳定的税收额，康熙五十一年（1712 年），清政府宣布“滋生人丁，永不加赋”。即以康熙五十年（1711 年）的全国丁银额为准，以后额外增丁不再多征。这一办法，虽然把丁银额固定下来，对无地、少地的农民有一定的好处，但仍没有解决丁银负担不均的问题。雍正实行改革，将人丁税摊入地亩，按地亩之多少，定纳税之数目。地多者多纳，地少者少纳，无地者不纳，是谓“摊丁入亩”。这项措施有利于贫民而不利于地主，一举取消了人头税，是我国财政赋税史上的一项重大改革。

第二，耗羡归公。我国古代以银、铜为货币，征税时，银两在兑换、熔铸、保存、运解中有一定损耗，故征税时有一定附加费。此项附加费称“耗羡”或“火耗”，一向由地方州县征收，作为地方办公及官吏们的额外收入。耗羡无法定征收额，州县随心所欲，从重征收，有的州县抽正税一两、耗羡达五六钱，人民负担甚重。雍正实行“耗羡归公”，将此项附加费变为法定税款、固定税额，由督抚统一管理。所得税款，除作办公费用外，还作为“养廉银”，用来大幅度提高官吏们的俸入。这样，既减轻了人民负担，又保证了廉政的推行。故雍正说：“自行此法以来，吏治稍得澄清，闾阎咸免扰累。”

第三，改土归流。雍正四年（1726 年），雍正采用以和平招抚为主、武力镇压为辅的手段，对土司制度进行改革，名曰“改土归流”。所谓“改土”，就是改革土司世袭制度；“归流”，就是中央派流官接任管理。“流官”，是指可定期更换的官员。“改土归流”，没有激进的改革，只是逐步替换，顺势而为。“改土归流”是一场严重的斗争，许多土司武装反抗，雍正坚决派兵平定。在平叛战争中，虽然也累及无辜，给少数民族造成伤害，但从长远来说，“改土归流”是进步的措施，打击和限制了土司的割据和特权，对民族地区的经济文化发展有利。

第四，创立军机处，推广奏折制度。雍正把权力进一步集中在皇帝手中，创立军机处，使之作为皇帝的秘书班子，为皇帝出主意、写文件、理政务，军机处可谓“军国大计，罔不总揽”。其特点是处理政事迅速而机密，军机大臣直接与各地、各部打交道，能了解地方情形，传达皇帝旨意。与创立军机处伴随的是推广奏折制度。雍正扩大了可向皇帝上奏折的人数，不同身份的官吏可以及时反映情况，报告政务，使皇帝洞察下情，以便制定政策；同时，雍正也使官员们相互监督，以便得以了解他们的贤愚、勤惰、政绩、操守。

第五，秘密立储。雍正以前，满族统治者没有确定的传位定例，所以在努尔哈赤和康熙死后，两次引起皇位之争。雍正吸取这一教训，认为立皇子是国家大计，与一般的政治不同，不能由大臣议定，应由皇帝独断。但如公开立一皇子，又将引起兄弟的明争暗斗，惹出祸端，所以，他决定将自己选定皇太子的诏书，在生前写好，密封藏在锦匣里，放置在乾清宫正大光明匾额后面。皇帝死后，由总管太监取出，当众宣读。

雍正通过一系列大刀阔斧的改革，迅速扭转了康熙晚期积弊严重、社会发展受到阻滞的局面。雍正的新政在一定程度上打破了禁锢，解放了生产力，实现了生产发展、经济繁荣、国库充盈、政局稳定、边疆巩固，使清入关 90 年之后，社会经济仍一直健康地沿着向上向好的走势继续发展。在此基础上，康乾盛世方能进入鼎盛时期，使中国传统社会的政治、经济、文化达到其最高峰。在这为期一百年的历史进程中，雍正所具有的承先启后作用，不可或缺。故此，“康熙盛世”得以延续，出现“乾隆盛世”亦就成为历史之必然。

第四章
国家战略框架下的河南全面深化改革

党的十八大以来，以习近平同志为总书记的党中央，正确判断国际国内形势，准确把握经济社会发展趋势，牢实抓住中国特色社会主义优势，做出了我国经济发展进入新常态的重大论断，并从坚持和发展中国特色社会主义全局出发，提出了协调推进全面建成小康社会、全面深化改革、全面依法治国、全面从严治党的战略布局，站在完善国家治理的高度，确立赋予了国家发展新定位、新使命。中原开放创新发展正是实现国家这一新使命的有效措施之一。在中原范围内实现“四个全面”是河南省的历史性新任务。

第一节　中原开放创新发展

一　中原经济区发展背景

1. 三大平原、中华文明的核心区域

为寻找到中华复兴，中原崛起的突破口，河南省制订了《中原经济区规划》，并计划通过申请将这一规划上升至国家战略。河南省社会科学院专家认为，一旦中原经济区上升至国家战略，将为国家平衡科学可持续发展，以及全国“三农”问题的破解提供范例。中原经济区跳出了行政区划的束缚而着眼于整个中原地区，涉及河南、河北、山西、山东、安徽、陕西等六个省份的全部或部分地区。中原经济区有两个目标：一个是中部崛起，中华复兴，实现国家平衡科学可持续发展；一个是新型城镇化，探索出一条城镇化的新道路。

中原经济区是于2010年被提出的，它以河南省为主体，延及周边，支撑中部，东承长三角，西连西北大关中，北依京津冀，南临华南长江中游经济带，具有自身特点、独特优势。区域范围主要包括河南全部和河北南部、山西东南部、山东西南部、安徽西北部等中原周边地区。中原经济区是以河南省18个城市为主体，还包括安徽淮北、宿州、阜阳、亳州，山东菏泽、聊城，河北邯郸、邢台，山西的晋城、长治、运城等周边省份约12个地级市。建设中原经济区，要以郑州、洛阳、开封、邯郸为“大十字”的核心和龙头，以郑州、洛阳、开封三大古都为骨干，以中原城市群为依托，沿三线（陇海线、京广线、京九线）、两河（黄河、淮河）和高速路网推进。依托中原经济区把郑州、郑汴新区建设为全国中心城区，把商丘、安阳、南阳和信阳分别建设为辐射豫鲁苏皖、豫冀晋、豫鄂皖接合部的区域性中心城市及重要战略支点城市。中原经济区是中原崛起、河南振兴的载体与平台：在经济发展方式上，中原经济区是探索一条不以牺牲农业、生态和环境为代价的“三化”协调科学发展道路的载体和平台；从优化生产要素上，中原经济区是明晰定位、整合优势、凝聚合力的载体和平台；从塑造区域竞争力上，中原经济区是河南在扩大对外开放的同时加强对外交流合作、实现互利共赢的载体和平台。

河南省社会科学院院长喻新安在《中原经济区研究》中指出，先秦时期，华夏民族的活动范围主要在黄河中下游地区，河南地区是其活动的中心地区，故称为“中原”。如夏朝的政治中心在嵩山和伊河、洛河一带，故洛阳及其附近地区被认为是“天下之中”；西周时，周成王秉承武王遗志，欲将都城迁到洛阳，青铜器铭文谓之“宅兹中国”，说明古代“中原”又称“中国”，是天下之中心；秦汉时期，随着汉族疆域的扩大，汉族的活动范围扩大到华北地区，由此，与江淮地区和北方“五胡”相对而言，“中原”主要指的就是华北地区。中原经济区涵盖了华北平原、关中平原、长江中游平原，在历史的长河中这三大平原跟中华文明密切相关并且是中华文明的核心区域，中华文明上下五千年都是在这三大平原上被记载流传下来的，由此可见，涵盖华北平原、关中平原、长江中游平原的“大中原经济圈”自古以来就是承载中华文明的核心区域。

2. 一体化发展相对滞后

改革开放以来，中原地区的经济有了很大的发展，但是相对于沿海地区来说其经济的发展还是相对滞后。改革开放以后最先发展起来的是沿海地区，中原经济区是以全国主体功能区规划明确的重点开发区域为基础，以中原城市群为支撑，涵盖河南全省，延及周边地区的经济区域，其地理位置重要，粮食优势突出，市场潜力巨大，文化底蕴深厚，在全国改革发展大局中具有重要战略地位。中原经济区地处我国中心地带，区域面积为28.9万平方公里，是全国极具发展潜力的区域。改革开放特别是实施促进中部崛起战略以来，中原经济区发展取得巨大成就，具有在高起点上加快发展的优势和机遇。

由于中原经济区一体化发展滞后，区际竞争和市场分割导致区域内产业结构同质化严重，从而使得竞争力不足。导致这种同质化的原因在于城市发展定位趋同。从某种意义上说，同质化竞争就是向先进学习。这对于先进的企业来说，当然会有某种压力，但也会促使先进更先进。因此，在一定程度上，各地政府会鼓励同质化。可以说，产业同质化的原因还在于地方政府的定位和市场利益的驱使。然而问题是，产业同质有利于竞争，但并不利于合作，这只会给区域经济发展蒙上阴影。

实际上，区域经济产业同质并不是区域融合之后才产生的，而是在各城市发展之时就已经存在。目前，在区际竞争中，很多城市都把自己定位为国际城市，而在产业布局结构上又都以计算机及软件、通信、电子及基础元器件、机电、机械、化工、建筑材料、钢铁、汽车、摩托车、纺织、医药、食品等行业作为城市的支柱产业。

但由于没有根据各城市自身的特点进行合理布局、准确定位，各城市出现了产业重叠、重复建设，热门行业大家都争着上的现象，导致产业结构不合理、潜力没有被很好挖掘，以致城市整体优势得不到很好的体现，均衡协调发展也就成了一句空话。虽然打着“国际牌”，但是这些城市在国际上没有很强的竞争力和应有的知名度。城市定位雷同，城市之间产业趋于同质化，造成区域与区域之间恶性竞争，企业与企业之间恶性竞争，城市与城市之间恶性竞争，其结果不是双败就是群败，从而使得自己在恶性竞争的怪圈中难以自拔。这样的城市定位就是缺少城市科学发展观造成的，这也是中原经济区发展必须注意和避免的问题。

3. 不可替代的核心地区和战略腹地

中原经济区是以郑汴洛都市区为核心，以中原城市群为支撑，涵盖河南全省并延及周边地区的经济区域，地处中国中心地带。中原经济区地处黄河中下游，是中华民族和华夏文明的核心发源地。中原经济区的战略定位为：

国家重要的粮食生产和现代农业基地，全国工业化、城镇化、信息化和农业现代化协调发展示范区，全国重要的经济增长板块，全国区域协调发展的战略支点和重要的现代综合交通枢纽，华夏历史文明传承创新区。数据显示，新中国成立60多年来，特别是改革开放30多年来，中原经济区优势凸显。特别是河南省的区位、粮食、经济总量、人口规模、历史文化、资源条件等，都在全国发展大局中体现出举足轻重的地位。河南省的发展优势证明，中原经济区将成为中部甚至国家发展战略的腹地，中原经济区首先是立足河南省，支撑中部，然后是贯通东西南北，尔后是服务中国，最后是面向世界，以期辐射全球。中原经济区上升为国家战略正是中原人民的美好愿景，正是中原区域发展的美好规划，正是国家战略的中原新模式。中原经济区上升为国家战略，将带动中国中心全盘转起来，将拉动全国东西南北各枢纽带联运起来，而中原经济区则将成为国家经济社会发展的重要战略支撑点，以及中部崛起的一个重要区域。中原经济区不仅关涉河南省的经济社会发展，而且对中部地区发展甚至对全国经济社会发展具有重要的战略意义。

4. 新时代经济腹地的地位日益突出

所谓经济腹地，就是经济中心的吸收和辐射能力能够达到并能促进其经济发展的地域范围。据介绍，中原经济区人口达1.7亿人，土地面积相较河南省增加了10万平方公里，是我国人口最为稠密的地区之一。中原经济区区位优势明显，位于我国东、中、西三大地带的交界处。农业优势突出，是全国土地耕种强度最高、农副产品供给能力最高的地区。

然而，这里经济发展水平却很低。数据显示，2008年，中原经济区人均GDP只有1.7万元左右，相当于全国平均水平的3/4；城镇居民可支配收入达到1.2万余元，比全国平均水平低近3000元；农民人均纯收入是4300多元，比全国平均水平低近400元；城镇化率为30%左右，不到全国平均水平的2/3，这里属于典型的经济“塌陷区”。中原经济区要发挥腹地效应，承接国外及沿海产业转移。而且中原经济区是承接国外及沿海产业转移最好的平台，从各种生产要素配置效率来看，它也最适宜承接国外及沿海产业转移。同时，中原经济区又具备经济“二传手”的功能，它可以辐射西部地区。中原经济区腹地效应的发挥成效如何，是判断这一公共平台价值含金量的一把尺子。这也充分彰显了新时代中原经济区经济腹地的地位日益突出。

二　中原经济区发展的现实性

1. 中国经济从外向型经济向开放型经济的转变为中原地区发展提供了新机遇

改革开放后，我国经济初步实现了体制转轨，社会主义市场经济体制初步建立，国民经济初步从外向型经济向开放型经济转向，市场在资源配置中明显发挥基础性作用。随着我国对外开放水平的进一步提高，发展外向型经济的对外开放战略的缺陷也日渐显现：以沿海地区为主的高度倾斜的对外开放，经济的整体开放度不高，开放的目标过度集中，国内区际差距扩大，联动开放效应低下、开放循环链条中断。因此，发展外向型经济的对外开放发展战略已经不能满足和适应我国经济发展的需要，而该战略延伸至中原经济区为其发展提供了现实性。

全面深化改革的重大机遇。党的十八届三中全会对构建开放型经济新体制做出了重大部署，对中西部内陆地区开放做了顶层设计和系统安排，主要体现在五个方面：一是打通“大通道”。提出了“支持内陆城市增开国际客货运航线、发展多式联运，形成横贯东中西、连接南北方的对外经济走廊”。二是实施“大通关”。提出了改革“海关监管、检验检疫等管理体制”，“推动内陆同沿海沿边通关协作，实现口岸管理相关部门信息互换、监管互认、执法互助”。三是构筑“大平台”。提出了“加快海关特殊监管区域整合优化”，“在具备条件地方发展若干自由贸易园（港）区”。四是培育“大集群”。提出了“抓住全球产业重新布局机遇，推动内陆贸易、投资、技术创新协调发展”，“创新加工贸易模式，形成有利于推动内陆产业集群发展的体制机制”。五是营造“大环境”。提出了“探索对外商投资实行准入前国民待遇加负面清单的管理模式”，对服务业、制造业多个领域向外资进一步放宽准入限制、扩大开放。这五个“大”，为中原发展开放型经济体系创造了发展的重大机遇。

抢抓深入推进区域合作的机遇。当前，中央找准深化同周边国家及世界各国互利合作的战略契合点，提出了“一带一路”（“丝绸之路经济带”和“21 世纪海上丝绸之路”的简称）等一系列区域开放合作战略。国家领导人频繁出访拉美、非洲、欧洲、东南亚各国以及周边邻国，以搭建更高层次的战略区域合作平台。中原作为“一带一路”上的重要区域，迎来了深度融入全球贸易、生产体系的巨大战略机遇。同时，国家积极推动国内区域合作的一系列部署，特别是长江经济带战略的实施，将打造横贯东中西部，拥有广阔腹地和发展空间的最具影响力的经济带，长江沿岸区域有望成为继沿海经济带之后最有活力的经济增长“第四极”，亦将成为世界上开发规模最大、影响范围最广的内河经济带，这将催生巨大的内需市场。

2. 新一轮全球新技术革命和新产业革命为中原地区产业发展提供了重要的战略窗口

全球新科技革命和产业变革浪潮正在兴起。自古以来，科学技术就以一种不可逆转、不可抗拒的力量推动着人类社会向前发展。近现代史上的数次科技和产业革命，对全球格局和文明进步产生了深刻影响。再往历史深处看，从人类最初的石刀、石斧到今天的自动化、信息化，从最初的盲目臣服自然到认识自然、构建人与自然和谐的生态系统，科技进步之大、影响人类文明之深不可忽视。

当前，世界范围内正在孕育兴起新一轮科技革命和产业变革，全球科技创新呈现出新的发展态势和特征，成为包括我国在内各国发展最不确定而又必须把握的重大时代潮流。基础科学沿着更微观、更辩证、更人本等方向加快演进和交叉融合。重大科技创新成果加快向现实生产力转移转化，正在引发全球性的产业变革。传统意义上的基础研究、应用研究、技术开发和产业化的边界日趋模糊，科技创新链条更加灵巧，围绕产业链部署创新链，围绕创新链完善资金链，强化科技创新全链条一体化发展的要求越来越高。智能、绿色、可持续发展成为各国的普遍追求，以新一代信息技术、生物技术、新能源、新材料和先进制造等为引领的新兴产业加快发展，产业更新换代速度不断加快，展示了巨大的发展潜力。特别是信息化与工业化、城镇化和现代农业发展的深度融合，带来了生产、生活方式的质变。这也为内陆地区产业发展提供了重要的战略窗口。

随着全球产业结构调整升级步伐加快，产业转移已进入技术密集型、资本密集型、劳动密集型产业转移并存的阶段。与此同时，我国沿海地区正在转变发展方式，未来国际和国内沿海地区将有更高技术水平与更大规模的产业向内地转移，中原地区凭借区位优势、产业优势和基础优势获得承接国际与沿海产业转移的机遇将更多。同时，产业转移机遇除了“引进来”还有“走出去”。国家加大推动高铁、机械装备等高端制造业“走出去”，充分利用国际市场和资源，促进我国高端优势产业及相关产业自主创新能力的全面提升。中原地区紧跟国家战略，必将迎来产业大发展的机遇。

3. 以技术创新、制度创新和开放创新为核心的国家创新驱动战略，为中原地区重建新的战略生态提供了良好的宏观环境

党的十八大明确提出要实施创新驱动发展战略，强调科技创新是提高社会生产力和综合国力的战略支撑，必须把它摆在国家发展全局的核心位置。我国在工业化阶段，依靠自身优势取得了举世瞩目的发展成就，但随着"人口红利"的下降，加之资源能源容量有限，这一优势逐渐消退；伴随工业化而来的环境污染和生态破坏愈演愈烈，过去粗放式的发展难以维系；与我国世界第二大经济体地位形成鲜明对比的是产业结构低水准，制造业处于低端，大而不强的产业体系缺乏国际竞争力。因此，转变经济发展方式是我国进入知识经济时代的必然要求，其切入点就在于实现创新驱动发展。以创新驱动发展必须依赖自主创新，利用科学技术的革命力量，重新配置生产要素，实现可持续发展。经济的快速发展可以凭借高人力、高资源的投入实现，但只有将创新作为生产的原动力，才能使发展的力量不会枯竭。因此，创新驱动发展是加快转变经济发展方式的内在要求，根本目的是建设创新型国家，依靠科技创新实现经济持续健康发展。创新驱动发展包括理论创新、制度创新、科技创新、文化创新等各方面，其核心在于通过自主创新，大幅度提高原始科技创新能力，为经济社会发展提供持续动力。这也为中原地区重建新的战略生态提供了良好的宏观环境。

4. 全面深化改革、开放创新是中原地区重新崛起的必由之路

全面深化改革的总目标是完善和发展中国特色社会主义制度，推进国家治理体系和治理能力现代化，坚持正确的改革方向，就是要坚定中国特色社会主义道路自信、理论自信、制度自信和发展自信，遵循社会主义市场经济规律，围绕推进城市治理体系和治理能力现代化这个目标，加快经济转型升级，加快转变政府职能，加快破解资源环境、民生保障等诸多难题，着力构建经济多元化、城乡一体化、机会均等化、管理网格化和资源配置市场化的新型城市治理体系，切实增强改革的系统性、整体性和协调性。改革是一个系统工程，每一项改革都会对其他改革产生重要影响，每一项改革又都需要其他改革协同配合。因此，必须更加注重各项改革的相互促进、良性互动，坚持整体推进、重点突破，切实形成推进改革的强大合力。这是中原重新崛起的必由之路。

在现代发展时期，中原经济区面临着区域竞争激烈和释放内部创新潜能的双重要求，也面临着改变社会发展相对滞后状况、突破能源资源和环境制

约的双重压力。加强自主创新，建设创新型经济，是中原经济区实现跨越式发展的必然要求，是调整经济结构，转变增长方式，建设资源节约型、环境友好型社会的内在要求，也是释放创新创造潜能的现实要求。建设创新型经济，核心是把增强自主创新能力作为科技发展的战略基点，作为调整产业结构、转变增长方式的中心环节，作为推进跨越式发展的首要推动力。建设创新型经济，重点是全面实施“创新推动”战略，以观念创新为前提，以科技创新为支撑，以制度创新为保障，探索新型发展模式，提高发展质量和效益；建设创新型经济，目的是大幅度提高关键技术、核心技术自给能力和产业竞争力，大幅度提高科技进步对经济增长的贡献率，推动国民经济又好又快地发展。这也是中原地区重新崛起的必由之路。

三　中原地区发展的依据

1. 从历史发展角度分析

中原地区是中华民族传统文化的发祥地，是全国政治军事的战略要地。历史上，太平时期中原地区都会迅速发展，成为支撑全国经济社会发展的核心地区；战乱时期，中原地区就是兵家的必争之地。从历史上来看，“得中原者得天下”。在宋朝以前，中原地区是全国政治经济文化的中心，但在宋朝以后经济中心南迁，中原地区日渐失去其中心地位。但随着中部崛起规划的实施，尤其是中原经济区上升为国家战略，中原经济区又迎来了重大的历史机遇。

中原地区虽然有不少的优势，但与其他经济区相比，人均经济水平、经济结构层次、民生水平等都明显偏低，是较为典型的后发区域，面临着较为严峻的内部挑战。从区域发展态势对比来看，近年来东部沿海地区的发展一直处在先锋位置，西部的发展也明显加速，但是中原地区的发展不尽如人意。近年来全国各地都推出了专项区域发展规划，这些规划的实施，会进一步加速相关区域的发展速度，必然在政策优惠、资源配置、产业集聚、项目引进等方面对中原经济区形成激烈的竞争。这意味着东部沿海地区产业转移存在着越过河南直接向西部转移的可能性。在产业转移接续方面，中原地区与东部地区相比缺乏资金、技术优势；与西部地区相比，在土地、劳动力成本、资源规模方面并不具有优势，却在政策优惠方面处于劣势，这必然给中原地区产业布局带来严峻的外部挑战。中原地区建设要在经济相对落后的基本格局下，走出一条不以牺牲农业和粮食、生态和环境为代价的“三化”协调发展的道路。中原地区的公共基础设施建设仍然相对落后，经过改革开放以来的发展，虽然有所改善，但是总体上仍相对落后，特别是农村公共基础设施建设落后，能源、信息等基础设施支撑条件仍然落后，城市道路及生态、环境等方面的基础设施仍然需要加大力度进一步改善。

2. 从“一带一路”战略角度分析

“一带一路”是“丝绸之路经济带”和“21 世纪海上丝绸之路”的简称，是在 2013 年 9 月和 10 月由中国国家主席习近平提出的发展战略，该战略构想刚一提出就得到了国内外的强烈关注和热烈响应。“一带一路”战略内涵丰富，无论是“丝绸之路经济带”还是“21 世纪海上丝绸之路”，都以经济合作为基础，以人文交流为重要支撑。丝绸之路的历史可以追溯到中国古代，它贯穿欧亚大陆，东起亚太经济圈，西至欧洲经济圈，是连接亚洲、非洲和欧洲的古代商业贸易路线。丝绸之路沿线各国进行各种贸易活动、文化交流，不仅提高了各国人民的生活水平，而且改善了当时的社会生产力。目前提出的“丝绸之路经济带”，是一种新形势下的区域合作方式，即区域之间结成利益共同体、命运共同体和责任共同体。“一带一路”包括了“两圈”，即活跃的东亚经济圈和发达的欧洲经济圈，横跨欧亚非，覆盖之地经济发展潜力巨大，未来更会形成新亚欧大陆桥、中蒙俄、中国—中亚—西亚、中国—中南半岛四大经济走廊。

2014 年以来，大中原经济圈一直在为被纳入“一带一路”战略而努力着，直到 2015 年，多地召开 2015 年经济工作会议以及其他相关会议，部署相关建设工作，至此“一带一路”战略的规划涉及河南省才成为定局。抓“一带一路”重大机遇，要以航空港实验区为引领，深化开放创新双驱动，推动现代产业体系构建实现新突破。值得一提的是，河南省 2013 年开通了郑欧国际货运班列，该班列始于郑州，经新疆阿拉山口出境，途经哈萨克斯坦、俄罗斯、白俄罗斯和波兰后到达德国汉堡，全程 20214 公里，是沟通世界的国际铁路物流大通道。郑欧国际货运班列的开通，标志着郑州成为“一带一路”上的重要节点，河南省成为中部、西部、东北地区货物的主要集散地和中转站，“一带一路”中的支撑点和桥头堡。随着“一带一路”战略的不断推进，中原地区在相关方面的建设会更加的健全和完善，在对外的交流和合作中，方式会更加合理高效，渠道会更加多元丰富，这是大中原经济圈发展的新机遇。

随着“一带一路”战略的推进，中原地区“走出去”的广度和深度都会进一步扩大，与此同时，所面临的各种挑战也随之出现，这些增加了“一带一路”战略实施的难度和风险。

3. 从构建开放型经济新体制角度分析

党的十八届三中全会提出了“要适应经济全球化新形势”。随着经济全球化的进一步发展，世界生产和贸易已进入全球价值链时代。中国企业对全球价值链的参与，更多的是对外国跨国公司价值链的参与适应，主要集中于全球价值链低端和低附加值的环节。因此，我国开放型经济需要提高生产的分工档次或建立自己的全球价值链，在开放中争取向价值链的中高端攀升。为此，我们要在世界范围内配置科技资源，促进科技进步，推动经济结构调整；积极主动适应国际贸易投资新规则，建设高水平自贸区网络；结合好东部地区的资金、人力资本优势与内陆地区的优势，提高整体开放水平。

东部沿海地区是我国改革开放的核心区域，但近年来该地区劳动力成本上升很快，土地稀缺、能源短缺、环境恶化问题日益突出，维持制造业低成本优势的现实基础逐步被侵蚀，其优势逐渐转化为资金充裕、人力资本积累；而中西部地区随着这些年西部大开发、中部崛起战略的推进，基础设施和软环境都得到了一定程度的改善，加之劳动力成本低廉，逐渐形成了承接产业转移的区域优势。

因此，要加快构建开放型经济新体制，以主动开放来赢得中原地区的发展，这需要我国既要着眼于发挥东部地区资金、人力资本新优势，又要在产业配置和重大项目安排上向中原等重要地区倾斜，使其在国际竞争中拥有主动权。在此基础上，建设创新型经济，是中原地区实现跨越式发展的必然要求，是调整经济结构，转变经济增长方式，建设资源节约型、环境友好型社会的内在要求，也是释放创新创造潜能的现实要求。因此，中原地区应着力于围绕“五位一体”和党的建设，统筹构建活力迸发的经济发展新机制、规范有序的社会管理新机制、惠及民生的科技文化新机制，并在开放型经济新体制下，更好更快地推进自身的发展。

第二节　“一带一路”战略助推河南省拓展中原发展空间

一　“一带一路”战略是经济新常态下的中国区域发展战略

2013 年 9 月、10 月，习近平总书记在出访中亚、东南亚时，提出了共建“一带一路”的战略构想，随后该战略构想成为我国在新时期优化开放格局、提升开放层次和拓宽合作领域的重要指针。习总书记提出的“一带一路”战略，一个靠陆，一个向海，所经地区在我国周边外交战略中均占据重要位置。这一战略与古代丝绸之路和海上丝绸之路是一脉相承的，既是对古代丝绸之路和海上丝绸之路的一种延续与发展，又是提升与超越。

新时期，沿着陆上和海上两条古代丝绸之路构建新经济走廊，将给中国以及沿线国家和地区带来更加紧密的经济联系和更加广阔的发展空间。“一带”即丝绸之路经济带。它是在古丝绸之路概念基础上形成的一个新的经济发展区域，东牵充满活力的亚太经济圈，中部贯穿资源丰富的中亚地区，西通欧洲发达经济体，被认为是“世界上最长、最具有发展潜力的经济大走廊”。21 世纪初，贸易和投资在古丝绸之路上再度活跃，欧亚各国希望与中国扩展合作领域，希望中国在交通、邮电、纺织、食品、机械制造等行业对其进行投资，并希望在农业、沙漠治理、太阳能、环境保护等方面与中国展开合作。丝绸之路经济带战略构想应运而生，以综合交通廊道为展开空间，对沿线区域的贸易和生产要素进行优化配置，以推进投资贸易便利化、深化经济技术合作、建立自由贸易区、促进区域经济一体化，最终实现区域经济和社会同步发展。“一路”即 21 世纪海上丝绸之路，是中央站在中国与东盟建立战略伙伴关系 10 周年这一新的历史起点上，为进一步深化中国与东盟的合作，构建更加紧密的命运共同体，增加双方乃至本地区人民的福祉而提出的战略构想。作为古代海上丝绸之路在新时期的丰富和延伸，21 世纪海上丝绸之路将中国和东南亚国家临海港口城市串联起来，通过海上互联互通、港口城市合作机制以及海洋经济合作等途径，最终形成海上“丝绸之路经济带”，不仅造福中国与东盟，而且能够辐射南亚和中东。

一年来的实践表明，共建“一带一路”逐步成为各国走向共识的合作构想。中国进一步巩固了来自中亚和俄罗斯的能源供给，为经济持续发展提供了可靠、安全的周边保障；与中国的合作也有助于中亚国家摆脱“内陆国”“双重内陆国”的困扰，为自身经济发展提供了更大的地缘空间和广阔市场。

“一带一路”构想具有十分丰富的内涵。首先，它体现了对古丝绸之路精神的继承和发扬。2000 多年的交往历史证明，只要坚持丝绸之路精神，不同种族、不同信仰、不同文化背景的国家完全可以共享和平、共同发展。在建设“一带一路”的今天，更需要将丝绸之路承载的和平合作、开放包容、互学互鉴、互利共赢的精神薪火相传，在文明交流史上续写灿烂篇章。习近平主席提出的“一带一路”倡议，充分体现了互信和互利的精神。“一带一路”建设将贯穿“亲、诚、惠、容”的周边外交理念，以经济和人文合作为主线，不搞封闭性的集团，不妨碍既有的多边机制。

其次，“一带一路”构想旨在使中国发展引擎所驱动的地缘经济潜力，形成巨大的正外部性，并为相关国家和地区所共享。它展示出中国将自身发展的宏伟愿景与相关国家和地区的发展愿景相结合，将“中国梦”和“亚洲梦”“欧洲梦”相连接，支持有关国家改善民生、增加就业和工业化，积极为沿线地区提供国际公共产品，让有关国家安心、舒心、开心的努力。为了消除一些国家的疑虑，中国庄严宣布决不干涉中亚国家内政，不谋求地区事务主导权，不经营势力范围，而是要相互坚定支持，做真诚互信的好朋友；要将政治关系优势、地缘毗邻优势、经济互补优势转化为务实合作优势、持续增长优势。

对于中国而言，“一带一路”构想寄托着多层次的区域合作愿景，对丝绸之路中国国内段和国际段都有着重要的发展意义。其一，就国内段而言，“一带一路”战略是西部大开发战略的升级版。西部地区拥有中国72%的国土面积，27%的人口，与13个国家接壤，陆路边境线长达1.85万公里，但对外贸易总量只占中国贸易总量的6%，利用外资和对外投资所占的比重不足10%。因此，中国扩大对外开放最大的潜力在西部，拓展开放型经济广度和深度的主攻方向也在西部。西部大开发战略已实行了15年，取得了前所未有的成就，而未来的西部大开发，需要建立在对内对外开放的基础上，通过扩大向西开放，使中国西部地区与中亚、南亚、西亚的贸易往来和经济合作得以加强。打造丝绸之路经济带是中国形成全方位对外开放格局、实现东西部均衡协调发展的关键一环。

其二，从国际段的中国近邻区域而言，这一构想符合上海合作组织框架下区域经济合作发展的新方向。中国与上海合作组织内正式成员的中亚国家、俄罗斯等都面临经济发展的重大任务，安全与合作是推动组织发展的两个“轮子”，而区域经济合作已成为该组织元首峰会和总理会议的重要议题。此外，丝绸之路经济带与欧亚经济共同体存在一定的互补性。特别是欧亚经济共同体和上海合作组织成员国、观察员国地跨欧亚，有一定重合，大都处于丝绸之路经济带之间，通过加强上海合作组织同欧亚经济共同体的合作，有关国家都可获得更大发展空间。

其三，就整个国际段而言，这一构想展现了中国发展区域共赢合作的新理念、新蓝图、新途径和新模式。构想提出丝绸之路沿线国家合力打造平等互利、合作共赢的“利益共同体”和“命运共同体”的新理念；描绘出一幅从波罗的海到太平洋、从中亚到印度洋和波斯湾，东西贯穿欧亚大陆，南北与中巴经济走廊、中印孟缅经济走廊相连接的新蓝图。构想通过加强政策沟通、道路联通、贸易畅通、货币流通、民心相通等新途径，以战略协调、政策沟通为主，不刻意追求一致和强制性的制度安排，与现有的区域合作机制如上海合作组织、欧亚经济共同体、亚太经合组织、东盟、海合组织和欧盟等合作协调发展，可谓讲求实际、高度灵活、富有弹性。中国将以带状经济、走廊经济、贸易便利化、技术援助、经济援助、经济一体化等各种可供选择的方式与沿线国家共同推进欧亚区域经贸发展。这种创新的合作模式，可以使欧亚各国的经济联系更加紧密，相互合作更加深入，发展空间更加广阔。

总之，中国政府倡议并推动“一带一路”建设，不仅有利于推动中国自身发展，而且惠及亚洲、欧洲、非洲乃至世界，对促进世界经济发展繁荣与和平进步具有深远意义。可以预见，这一造福于世界各国人民的宏伟蓝图必将在各国互信合作中得以实现。

二　“一带一路”战略与中原发展的重要机遇

2014 年以来，中原的发展进一步融入“一带一路”战略，现在以中原的核心地区河南省为例来说明“一带一路”战略与中原发展的重要机遇。河南省一直在为将本省城市纳入“一带一路”战略而努力着，直到 2015 年，多地召开 2015 年经济工作会议以及其他相关会议，部署相关建设工作，至此“一带一路”战略的规划涉及河南省才成为定局。

近期，河南省刚刚通过的《河南省全面建成小康社会加快现代化建设战略纲要》指出，下一步河南省要全面融入国家“一带一路”战略，强化向东开放，加快向西开放，发挥郑州航空港、郑欧班列、国际陆港等开放平台的作用，提升郑州、洛阳等主要节点城市的辐射带动能力。

河南省在地理上处于中原腹地，是我国第一人口大省、第一农业大省、新兴工业大省和劳动力输出大省，目前正处在加快实施国家层面的粮食生产核心区、中原经济区、郑州航空港经济综合实验区这三大战略及推进富强河南、文明河南、平安河南、美丽河南这四大建设的关键时期。其改革的任务很重，发展的势头强劲，同时也需要新的经济带动力、增长点来加快经济的转型。在这样的发展要求下，国家“一带一路”战略的提出，恰逢其时，打开了河南省经济发展的新局面，为河南省今后的改革创新营造了优越的环境，这可以说是河南省发展的一个新机遇。

首先，在“一带一路”战略中，河南省处于落后地区，也是今后发展较快地区，产业转移升级的速度较快，传统的制造业，如汽车制造等都从东部地区转移至河南省，同时，新兴产业也有出现转移的迹象，河南省在承接通信设备、计算机及其他电子设备制造业等方面的成绩可喜。同时，这些产业的转移，对河南省今后产业结构的升级优化也具有显著作用。河南省作为农业大省，产业结构层次相对较低，具体表现为农业大而不优、工业全而不强、服务业不大不强更不优，化工、有色、钢铁、建材、纺织等传统产业产能过剩程度较为严重。近年来，河南省加快经济发展方式的转型，高度重视产业结构的优化调整，大力发展战略性新兴产业和现代服务业，随着“一带一路”战略的实施，河南省将有更多机会吸引到优秀的人才、优质的项目、丰富的资金等，政府也会改变其行为模式，更多的是充当产业发展服务者角色。

其次，我国在实施“一带一路”战略时，成立了“亚投行”和“丝路基金”，未来，河南省会以这两大机构为投融资平台，在此基础上，将搭建出更加开放和多元的投融资框架。河南省在基础建设方面的资金压力，会随着这些平台的搭建得以缓解。改革开放以来，河南省跟随国家的发展步伐，经历了三次投资浪潮：第一次是 1994 年分税制改革之前；第二次是 2003 年，在我国“人口红利”的影响下，房地产业和制造业投资迎来了黄金增长期，推动全社会固定资产投资连续三年保持高速增长，直至金融危机的爆发；第三次是 2009 年，面对全球金融危机的巨大压力，中央果断推出四万亿的一揽子刺激计划，拉动我国经济迅速触底回升。河南省在这三次投资浪潮中，得到了一些有利影响，但随着产能过剩压力的增大，再加上“八项规定”使一些地方政府消极不作为，全社会的固定资产投资大幅下降。此时，“一带一路”战略的正式实施，对于投资低迷的趋势具有较好的遏止作用，并且，“一带一路”战略将成为第四次投资热潮的推动力。从目前的发展态势来看，相关的项目建设已经开始，这直接或间接地拉动了投资和经济增长。

总的来看，河南省在“一带一路”建设中获得了较多的发展优势，所得到的已经远远超过传统丝绸之路关于商品贸易、货物运输等的好处。“一带一路”建设现在更多的是融合了交通运输、能源供给、海关、机制体制、法规、投资、文化交流、旅游产业等的系统性工程，也为中原发展提供了很大机遇。

三　“一带一路”战略与中原发展的重要机遇

“一带一路”贯穿亚欧非大陆，一头是活跃的东亚经济圈，一头是发达的欧洲经济圈，中间广大腹地国家经济发展潜力巨大。从全球的视野来看，“一带一路”战略开启互尊互信之路、合作共赢之路、文明互鉴之路；从中国的视野来看，“一带一路”战略将全面提升我国开放型经济水平。由于历史原因，在中国过去30多年的改革开放进程中，一直有东南沿海开放前沿和中西部腹地之分。“一带一路”重大战略是推动全面对外开放的战略，在此战略下东中西部将加强互动合作，而我国将充分发挥国内各地区积极性和比较优势，全面提升开放型经济水平。推进中部地区崛起，连接中原经济区和“一带一路”战略的切入点在于构建一体化的综合交通网络、充分发挥产业优势和郑欧国际货运班列的开通等，这也标志着郑州成为“一带一路”上的重要节点，这样大中原经济圈不仅是连接中国内陆经济的枢纽，而且是对外合作与交流的中坚力量。找准了切入点后中原经济区才能融入“一带一路”战略中，才能加快中部的崛起。

第三节　中原经济社会发展新动力

一　新时期经济增长方式转变

世界金融危机后，国内、国际经济形势发生了较大的变化。在经济增长速度换挡的背景下，我国经济转入中高速增长。在我国经济转入中高速增长的新态势下，能否转变经济增长方式，关系到我们能否抓住和利用好重要的战略机遇期，应对国际环境和竞争的挑战，促进经济持续、协调、健康、较快发展，顺利实现中国梦。新时期转变经济增长方式的核心问题集中体现在以下两个方面。

第一，转变经济增长方式从经济目标上讲，实质上是从高速增长转到中高速增长，是从以速度为中心转向以效益、质量为中心。在现代市场经济中，对单个企业来说，以效益为中心也就是以资本增值为中心，要求以等量资本投入带来更多的资本回报。对整个社会来讲，以效益为中心就是以经济净福利为中心，要求以等量的资源投入带来更多的效用、享受、福利和社会进步。

现在，我们对把经济增长方式的转变归结为中心目标的转变仍然缺乏足够的认识，却在中心目标未转变的前提下更多地在处理速度和效益的关系上兜圈子。如果中心目标不转变，速度和效益的关系是永远处理不好的。因此，问题的关键是中心目标的转变，即从以速度为中心转向以效益为中心。是否已经转变的一个直接标志是，是否以充分体现经济效益的统计考核指标取代偏向速度的统计考核指标。

第二，转变经济增长方式从体制架构上讲，实质上是从以政府机构为主体转向以企业或民间机构为主体。两种不同的经济增长方式是以两种不同的体制为基础的。粗放型的增长方式是以政府机构为主体的。所谓以政府机构为主体，就是国家不仅把资本和资源最大限度地集中在政府手里，而且使国内的各种产业均采取国有国营的企业形式。在这种体制架构下，关系到提高经济效益的机制体系不可能形成。在微观（企业）层次上，由于缺乏资本增值的动力机制和产权约束机制，不合理的经济行为和低效率普遍出现；在宏观层次上，各政府机构以各种非经济手段争夺国家所有的资源。因此，转变经济增长方式的实质是根本改变以政府为主体的体制架构，即由以政府机构为主体转向以企业或民间机构为主体。真正的市场经济绝不是以政府机构为主体的市场经济，而是以企业或民间为主体的市场经济。所以，经济主体的转变和经济形式的转变是同一个问题的两个方面，前者强调的是产权基础，后者强调的是资源配置方式。

新时期经济增长面临的挑战主要包括以下几种。第一，经济发展速度换挡的挑战。国际金融危机爆发后，国际、国内的经济环境发生了深刻变化，中国经济的发展面临新的挑战，中国经济开始由高速增长转入中高速增长。我国经济在进入“十二五”时期后，经济增长速度整体呈现下降状态。中国经济处在换挡期，是我国经济发展的内在反映，在经济增速切换的过程中，存在经济停滞的风险。第二，经济发展动力不足的挑战。当前，我国经济依靠的以消费、出口、投资为核心的增长动力在削弱，新的经济增长动力还未形成。随着国际经济的变化和国内产业结构的调整，出口、投资拉动经济的动力在减弱，消费为主的推动力不足。在发展动力转换的过程中，如果转换不当，将给中国经济带来难以弥补的损失。这是我国当前经济动力转换的风险所在。

因此，我国要做到稳中求进，就必须领会好稳与进的辩证关系，主动适应和引领经济新常态，做好稳增长、促改革与调结构之间的平衡，力图构建一条适合现阶段国情的转型路径。发展是经济学的永恒主题，转变经济发展方式要以经济发展的速度、效益、质量为支撑，以实现社会的公平正义、增强人民福祉为出发点。这一目标的实现，要从以下几方面着手：第一，要有充分的竞争市场；第二，要遵循自然法则和社会发展规律；第三，要调动各经济主体的积极性。

二　河南省“四化”协同发展

党的十八大提出，要促进新型工业化、信息化、城镇化、农业现代化同步发展。在中原经济区建设中，推进“四化”同步发展对河南省的发展具有重要的战略意义，不仅能够较好地解决该地区发展面临的“人”与“地”之间日益突出的矛盾，而且可以加快实现城乡居民在权利、机会与规则上的公正与平等。唯有实施“四化”的深度融合发展，才能走出一条科技含量高、效益好、能耗低、污染少的新型工业化道路，促进河南省尽快全面建成小康社会，真正实现城乡居民共同富裕的发展目的。

当前我国经济发展进入新常态，呈现速度变化、结构优化、动力转换的特点。河南省的发展面临着许多新变化、新情况、新问题：机遇与挑战交织并存，现代化建设外部环境总体向好、机遇大于挑战。河南省生产要素特别是人力资源的优势依然存在，市场优势、交通物流优势、产业集群优势日渐凸显，基础设施支撑能力和技术创新能力不断提高，未来一个时期，河南省仍具备参与国际分工、利用国际国内两个市场两种资源的综合比较优势，可以通过扩大开放合作、承接产业转移来促进发展。河南省正处于工业化、城镇化加速推进阶段，仍可以继续发挥消费的基础作用和投资的关键作用，在拓展内需中促进发展。新一轮科技革命和产业变革孕育兴起，新业态、新模式和现代交通方式发展迅猛，河南省有可能发挥后发优势迎头赶上，在创新驱动中促进发展。全面深化改革，全面推进依法治省，全面从严治党，有利于河南省破除自身难以克服的瓶颈和障碍，推进治理体系和治理能力现代化，在激发活力、优化环境中促进发展。河南省已踏上现代化建设新征程，但人口多、底子薄、基础弱、人均水平低、发展不平衡的基本省情还没有根本改变，经济发展新的支撑力量尚在形成之中，制约发展的深层次矛盾尚未得到完全化解，保障和改善民生、创新社会治理、加强和改进党的建设等任务仍然十分繁重。特别是在经济新常态下，要素规模驱动力减弱，需要更多依靠人力资本质量和技术进步推动经济发展；资源环境约束日益加剧，需要更多依靠新业态、新方式推动绿色低碳循环发展；一些隐性风险正在显露，需要更多依靠建立健全机制标本兼治、防范化解；市场经济体制机制仍不健全完善，需要深化改革，攻坚克难，消除障碍，激发活力。

总体看，河南省处于大有可为的重要战略机遇期没有改变，但机遇期的内涵和条件正在发生变化；经济发展总体向好的基本面没有改变，但经济发展方式和增长动力正在发生变化。为此，河南省要准确把握其发展所处的历史方位，把握大势，顺势而为、主动作为，以现代化的思维和方式谋划推动全面建成小康社会，加快推进现代化建设，争取早日实现四化。

第五章
中原地区在全国改革开放中的战略定位

战略定位是把现有的核心竞争力转换成未来竞争优势的战略制定过程。它是要通过识别和整合现有的竞争力资源，从而捕捉未来发展机会，为将来实现大发展做准备。中原一般主要指河南省，自古以来就是主导整个中华文明发展的核心地域，是中国古代历史上政治、经济和文化中心所在地。中原地理位置重要，交通发达，区位优势明显，粮食优势突出，市场潜力巨大，文化底蕴深厚，是全国交通、物流、储运的集聚地，在全国改革开放发展大局中具有重要的战略地位。

第一节　国家物资流通枢纽和网络中枢

一　河南省物流业发展的优势

河南省简称“豫”，省会是郑州，位于我国中部地区，黄河中下游，处在北纬31°23′~36°22′，东经110°21′~116°39′，东接安徽、山东，北接河北、山西，西连陕西，南临湖北，呈望北向南、承东启西之势。河南地理位置优越，古时即为驿道、漕运必经之地，商贾云集之所。今天，河南省地处沿海开放地区与中西部地区的接合部，是我国经济由东向西梯次推进发展的中间地带，是全国极具发展潜力的区域。改革开放特别是实施促进中部地区崛起战略以来，中原发展取得巨大成就，具有在高起点上加快发展的优势和机遇。河南省是我国的经济、人口大省，加上其位居中部战略要地，因此河南省现代物流产业具有广阔的发展前景，具体来看，具有以下优势。

1. 经济、人口大省的地位使现代物流业具有广阔的发展前景

河南省是重要的能源原材料基地和未来的制造业大省，经济总量居全国第5位，食品、医药、纺织服装、煤炭化工、有色金属、装备制造在全国具有重要地位，发展现代物流的产业基础雄厚。同时河南省也是人口大省，经济腹地广阔，近1亿人口本身就可以带来庞大的消费市场。随着河南省工业化、城镇化进程的加快和居民消费水平的提升，消费品物流发展潜力巨大。

2. 区位优势突出，立体交通网络完善，分拨物流发展前途广阔

河南省地处中部核心区域，是全国承东启西、连南贯北的重要交通枢纽，拥有铁路、公路、航空、水运、管道等相结合的综合交通运输体系。京广、京九、太焦、焦柳、陇海、侯月、新月、新菏、宁西9条铁路干线经过河南，形成了纵横交错、四通八达的铁路网。郑州北站是亚洲最大的列车编组站之一，郑州站是全国最大的客运站之一。高速铁路客运专线建设步伐加快，郑西铁路客运专线已经开通，石武铁路客运专线建设进展顺利，郑州即将成为全国铁路路网中的“双十字”中心。截至2013年底，河南省公路总里程已经超过了24.9万公里，公路路网密度达到147.9公里/百平方公里。其中，高速公路5859公里，连续7年居全国首位；干线公路1.79万公里；农村公路22.3万公里。全省内河航道里程1439公里，沙颍河周口以下、淮河固始望岗以下航道已实现全年通航。民航事业快速发展，拥有郑州新郑国际机场、洛阳机场和南阳机场三个民用机场；郑州新郑国际机场是4E级机场和国内一类航空口岸，年旅客吞吐量达到1693.64万人次。全年各种运输方式货物运输量比2013年增长9.4%，货物周转量增长3.2%。旅客运输量增长3.6%，旅客周转量增长18.7%。机场旅客吞吐量增长19.9%，机场货邮吞吐量增长44.6%。[①] 铁路、公路、航空、水运、管道等运输方式有机衔接旳综合交通运输体系基本形成，具有发展公、铁、航多式联运的天然优势。

3. 物流资源丰富，物流产业发展具有较强的支撑

河南省拥有3个一类口岸、9个二类口岸、亚洲最大的铁路编组站——郑州北站、全国最大的铁路零担货物中转站——郑州东站、郑州铁路集装箱中心站、郑州出口加工区、河南保税物流中心。另外，建设中的郑州国家干线公路物流港、郑州国际航空港等重要物流基础设施初具规模。河南省

① 河南省人民政府网，http：//www.henan.gov.cn/hngk/system/2011/03/04/010233550.shtml。

"四纵四横"的信息高速公路基本框架初步形成，电子政务、电子口岸、行业信息平台建设取得较快进展。

4. 劳动力、仓储等成本低，物流人才可得性高

河南省仓库租金水平、在岗职工工资水平都比较低，具有物流成本优势。劳动力资源丰富，全省每年高校物流相关专业毕业生达 12000 多人，发展现代物流业所需的专业人才可得性较高。

二　河南省交通物流业发展现状

1. 交通物流基础设施建设不断推进

交通运输网络是国民经济的主动脉，同样也是发展物流业的基础。现代交通运输由铁路运输、公路运输、水路运输、航空运输和管道运输五种主要运输方式组成。河南省拥有比较完善的综合运输网络体系，其中铁路和高速公路通车里程居全国首位，完整的交通网络为现代物流的发展奠定了必要的物质基础。

（1）铁路运输

铁路运输是一种陆上交通方式，以两条平行的铁轨引导，铁轨能提供极光滑、坚硬的媒介让火车的车轮在上面以最小的摩擦力滚动，因此它是一种已知最有效的陆上交通方式。河南省铁路目前已形成以"三纵"（京广、京九和焦柳）、"五横"（陇海、新菏兖日、宁西、洛阳—漯河—阜阳—南京、晋豫鲁）为主骨架，以孟平、范辛、汤台地方支线等为辅的路网布局。截至 2014 年底，河南省铁路运营里程已达 5017 公里，其中客运专线 865 公里，城际铁路 50 公里，其他干线铁路 3404 公里，地方铁路 698 公里。

河南省是铁路资源大省，铁路路网密度为 252.9 公里/万平方公里。省会郑州就是一个"铁路拉来的城市"，郑州站是国内重要的客运和货运综合交通枢纽，亚洲最大的铁路客货运编组站也在这里。2012 年 9 月，郑州东站运营，成为我国最大的铁路运输业务中转站。河南省省内纵横多条高速铁路（京广高铁、郑西高铁、石武高铁、郑徐高铁等）和城际铁路（郑开城际铁路、郑洛城际铁路、郑焦城际铁路等），有力地保障了人员、物资在省内以及全国的畅通。预计到 2016 年，郑州市区至机场搭乘郑州至新郑机场城际列车，只需 14 分钟；而郑州到开封、焦作则可以搭乘郑开城际列车和郑焦城际列车，也只需分别花费 19 分钟和 30 分钟。高速铁路和城际铁路形成交错的网络结构，有利于铁路资源的有效利用。

（2）公路运输

公路运输是在公路上运送旅客和货物的运输方式，是交通运输系统的主要组成部分，主要承担短途客货运输，它具有机动灵活，原始投资少，资金周转快等特点。截至 2013 年底，河南省公路总里程已经超过了 24.9 万公里，公路路网密度达到 147.9 公里/百平方公里。其中，高速公路 5859 公里，连续 7 年居全国首位；干线公路 1.79 万公里；农村公路 22.3 万公里。国家规划的高速公路网河南段已全部建成，有 17 个省辖市已形成高速公路“十字交叉”，有 4 个省辖市已形成绕城高速，全省有 94% 的县（市）通达高速公路；全省普通干线公路通车里程已达 1.8 万公里，位居全国第四；2007 年河南省已率先在中西部地区实现了“村村通”。省会郑州是中部地区的公路网络中心、国家级公路运输枢纽。截至 2013 年底，郑州市共有公路客运站 85 个，其中一级站 4 个、二级站 11 个，全年完成公路客运量 32569 万人次，同比增长 8%；公路货运快速发展，全年完成公路货运量 22800 万吨，同比增长 11.1%。

（3）航空运输

航空运输是使用飞机、直升机及其他航空器运送人员、货物、邮件的一种运输方式，它具有快速、机动的特点，是现代旅客运输尤其是远程旅客运输的重要方式。目前河南省拥有新郑国际机场、洛阳机场和南阳机场三个民用机场，以及多个在建或筹备中的机场。其中郑州新郑国际机场为 4E 级机场，是国内一类航空口岸，年旅客保障能力 1200 万人次，货邮保障能力 35 万吨，承担着河南省的大部分航空运输任务，运输规模占全省民航运输 96% 以上。截至 2013 年底，郑州机场已开通航线 144 条，国际地区货运航线 40 条，货运通航城市达 76 个，已经覆盖除非洲、南美洲之外的全球主要经济体。河南省正在努力把郑州建成国际性航空枢纽，国家民航总局已经把郑州列为全国八大航空枢纽之一。目前以郑州为基地的航空公司有中国南方航空、鲲鹏航空和深圳航空。其中，鲲鹏航空是首家将总部和运营基地设在郑州的全国性航空公司。深圳航空目前在郑州建设国内第四大飞机维修基地。河南省将构建以郑州机场为中心，洛阳、南阳、商丘、明港等机场为辅的民用航空运输体系。

（4）水路运输

水路运输是以船舶为主要运输工具，以港口或港站为运输基地，以水域包括海洋、河流和湖泊为运输活动范围的一种运输方式。截至 2011 年底，河南省内河航道通航里程达 1439 公里，有港口码头泊位 49 个；拥有水路运输企业 140 家；拥有省际货运船舶 5000 余艘，运力规模近 460 万载重吨。

（5）管道运输

目前河南省的管道运输对象主要以燃气和成品油为主，范围上以郑州为中心，覆盖全省。2011 年，河南省油气管道里程为 6789 公里，截至 2014 年底，达到 7034 公里，能源动脉的枢纽地位越来越凸显。

下面通过具体数据来进一步了解河南省交通物流基础设施发展状况。

表 5－1　2006～2013 年河南省交通运输状况

单位：公里，条

年份	2006	2007	2008	2009	2010	2011	2012	2013
铁路营业里程	3988	3989	3989	3989	4224	4203	4822	4822
公路里程	238676	238676	240645	242314	245089	247587	249649	249831
其中：高速公路	3439	4556	4841	4861	5016	5196	5830	5859
内河航道	1439	1439	1439	1439	1439	1439	1439	1439
民航			164763	188704	241151	188258	223578	205253
其中：航线条数			67	75	71	59	69	51

资料来源：根据 2009～2014 年《河南统计年鉴》整理得到。

通过表 5－1 可以看出，除了内河航道总里程基本未变之外，其他几种运输方式的营业里程均有所增长。其中铁路营业里程在 2006～2009 年的 4 年内基本保持不变，之后便出现了一定的增长，但 8 年间总体还是在增长；公路通行里程呈现出持续增长状态；高速公路通车里程 8 年间一直处于增长的态势；民航线路总里程数 8 年间虽呈现增长态势，但也经历了波动，2011 年和 2013 年里程数大幅下降是因为市场竞争，取消了一些不赢利的航线。总体来看，河南省的交通物流基础设施是不断向前发展的。

2. *物流货运量和周转量不断上升*

随着近年来经济和社会的不断发展，河南省对外物资交流日益扩大，工业化进程不断加快，物流货运量和周转量呈现出稳步上升趋势。2013 年，河南省货物运输量比上年增长 11.8%，货物周转量比上年增长 9.7%，机场货邮吞吐量比上年增长 68.5%，各种运输方式所完成的货运量和周转量也在逐年发生变化。

（1）河南省物流货运量发展状况

货运量是指在一定时期内，各种运输工具实际运送的货物数量。它是反映物流运输业为国民经济和人民生活服务的数量指标，也是制定和检查运输生产计划、研究物流运输发展规模和速度的重要指标。从图 5－1 可以看出，河南省货运量呈现逐年增长的态势，从 1978 年的 18176 万吨增长到 2013 年的 304369 万吨，按指数法平均计算，年均增长率为 8.78%，保持了较高的增长态势。从图 5－1 可以看出，河南省货运量主要是由公路运输构成，公路货运量从 1978 年的 11321 万吨增加到 2013 年的 282970 万吨，总体增长态势与货运总量增长态势趋同；铁路运输货运量从 1978 年的 6722 万吨增加到 2013 年的 12762 万吨，总体也呈现出增长态势；水运货运量从 1978 年的 133 万吨增加到 2013 年的 8632 万吨，总体也在增加。

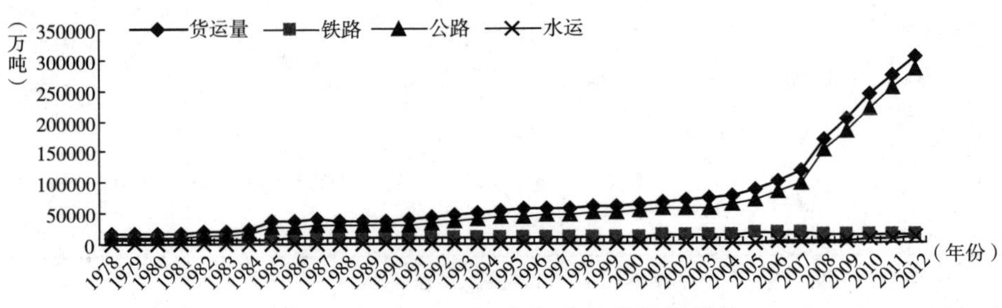

图 5－1　1978～2012 年河南省货运量趋势

从货运量构成来看，铁路运输货运量所占比重整体呈下降趋势，所占比重从 1978 年的 36.98%下降到 2013 年的 4.19%；公路运输货运量所占比重则呈现出不断上升趋势，所占比重从 1978 年的 62.29%上升到 2013 年的 92.97%，反映出公路运输在河南省物流货运发展中的重要性越来越大，体现了河南省的货运物流以公路运输为主的特点；水运货运量所占比重虽然总体上也呈现出上升趋势，从 1978 年的 0.73%上升到 2013 年的 2.84%，但由于河南省地处内陆地区，水路运输在河南省物流货运中的作用较小（见图 5－2）。

（2）河南省货运周转量发展状况

货物周转量是指在一定时期内，由各种运输工具运送的货物数量与其相应运输距离的乘积之总和。它是反映运输业生产总成果的重要指标，也是编制和检查运输生产计划，计算运输效率、劳动生产率以及核算运输单位成本

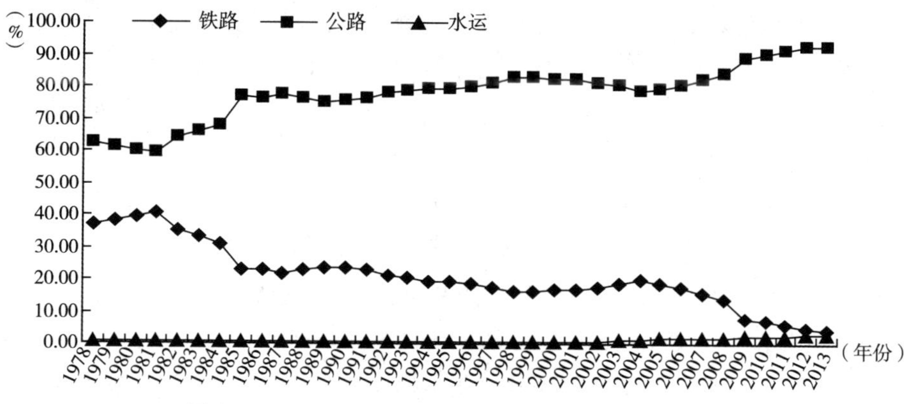

图 5－2　1978～2013 年河南省货运量构成变化趋势

的主要基础资料。从图 5－3 可以看出，河南省货运周转量也呈现出逐年增长的趋势，由 1978 年的 508.41 亿吨公里增长到 2013 年的 10357.41 亿吨公里，平均年增长率为 7.18%，增速略低于货运量增长率。仔细观察图 5－3 可以发现，2009 年之前铁路运输周转量是大于公路运输的，究其原因，是铁路多用来承担煤、焦炭、石油、金属矿石等大宗货物的中长途运输，而公路多用来承担短途、零担和门到门的运输，这说明在大件货物的中长途运输上铁路运输占据主导地位。但 2009 年之后河南省公路运输快速发展，在河南省物流货运发展中占据了绝对主导地位，到 2013 年公路运输周转量已经占到了全部货运周转量的 74.37%。

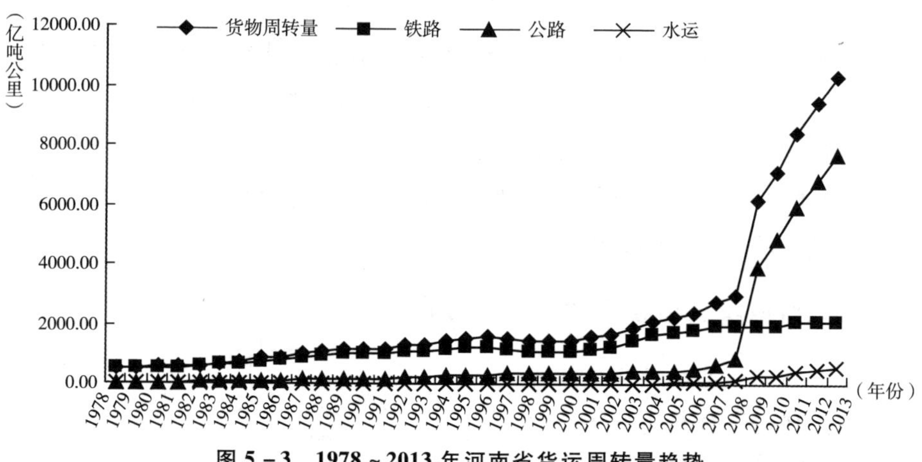

图 5－3　1978～2013 年河南省货运周转量趋势

3. 交通物流枢纽建设正在大跨步前进

现代化大型综合交通枢纽有利于实现航空、公路、铁路等多种运输方式的高效衔接，是提升交通物流效率的重要节点。目前，郑州东站、郑州火车站已经实现了铁路、城际铁路、地铁、长途客车、公交以及出租车等的零换乘。

即将在郑州航空港区建设的郑州高铁南站以及地铁 2 号线的南延工程将与新郑国际机场二期 T2 航站楼相连。预计到 2015 年底通车的城际轻轨将把郑州火车东站与机场二期 T2 航站楼连接起来。航空港区在今后将成为综合交通换乘中心（GTC），实现铁路和航空的无缝对接。

2010 年投入建设的郑州铁路物流集装箱中心站于 2013 年 7 月竣工，进一步推动了郑欧国际铁路货运班列的开行。郑州市作为国家一类铁路口岸，其货运吞吐能力大为增强。与此同时，郑州、洛阳等 9 个国家公路运输枢纽的建设工作也全面展开。河南省的物资流通枢纽和网络中枢的地位进一步加强。

4. 交通物流的社会服务能力不断提升

随着河南省交通物流基础设施的不断发展，其对经济和社会的服务能力也越来越完善。“十一五”期间，河南省营运车辆达到 135.1 万辆（其中客车 5.1 万辆，货车 130 万辆），比“十五”末增长 98.7%；出租车发展到 6 万辆，城市公交车达到 1.9 万辆，道路运输生产能力明显提升。河南省有超过 2.7 万家机动车维修企业，有 600 多家驾驶培训机构，为社会提供相关就业岗位超过 200 万个，充分体现出第三产业的社会经济服务能力。

5. 物流信息化建设不断加强

经过多年努力，目前河南省全省已经建立和完善了运输管理计算机信息系统——“运政网”，实现了数据的实时传输和统一管控，规范了运政业务的办理。搭建了重点营运车辆 GPS 监控平台，对全省 7120 多辆长途客车和 8520 多辆危险品运输车辆实现了动态监管。建立了集出行咨询、办证服务、公路求救和执法投诉为一体的 96520 道路运输公共服务热线，使运政工作真正做到了寓管理于服务之中，受到社会好评。

三　河南省交通物流业发展的方向

1. 交通物流基础设施发展方向

（1）建设综合交通枢纽

提升郑州全国性综合交通物流枢纽地位，加快推进郑州东站、郑州新郑国际机场和郑州火车站三大客运综合枢纽建设改造，推动铁路、公路、民航等多种运输方式高效衔接，实现客运零距离换乘、货运无缝衔接。完善提升郑州铁路集装箱中心站、郑州北编组站、郑州东货运站功能，加强与沿海港口和各大枢纽的高效连接，把郑州建成基础设施完备、配套设施健全、多种交通方式高效衔接、内捷外畅的全国性综合交通物流枢纽。改造提升蚌埠、阜阳、商丘、聊城、邯郸、安阳、新乡、长治、洛阳、三门峡、南阳、漯河、信阳、运城、菏泽、邢台等地区性交通物流枢纽，形成与郑州联动发展的枢纽格局。

（2）构建现代交通网络①

第一，以客运专线、城际铁路、大能力运输通道为建设重点，扩大铁路网总规模，完善路网结构。建设郑州至徐州、商丘至合肥再至杭州、郑州至万州等铁路，规划研究郑州至济南、郑州至太原、郑州至合肥等快速铁路通道，加快构建高效连接的“米”字形铁路网络。适时调整并进一步完善中原城市群城际轨道交通网规划，有序推进城际轨道交通网建设。加快蒙西至华中地区铁路建设，完成宁（南京）西（西安）等铁路复线电气化改造工程，形成多条跨区域大能力运输通道。结合汝州至许昌既有铁路扩能改造，逐步形成覆盖三门峡、平顶山、许昌、亳州等地区的煤运通道。根据地方经济社会发展需要，结合区域铁路规划编制，开展专支线和集疏运铁路的研究论证工作，构建互联互通的区域铁路网络。

第二，加快国家高速公路建设，打通断头路，消除瓶颈路段。加强国省干线公路改扩建，提高公路通行能力和服务水平，进一步完善网络结构，推进国省道网调整规划实施，形成功能完善、结构优化、内联外通、畅通中原的公路网络。统筹推进高速公路联络线、城际快速通道、旅游公路、国防公路建设，提高区域内路网通达能力。提高农村公路建设标准和服务水平，加快县乡公路、大中桥梁建设和危桥改造，实施农村连通工程，实现“县县畅、乡乡联、村村通”。

第三，加快推进淮河和沙颍河国家高等级航道建设，推进涡河、沱浍河、唐河、贾鲁河、洪河等地方重要航道和黄河小浪底、三门峡库区航道建设，适时推进汾泉河、西淝河等地方支流航道建设。建设区域性重要港口，升级改造蚌埠、临淮船闸及航道，全面提升淮河干流通航标准。

① 耿明斋：《中原经济区竞争力报告（2012）》，社会科学文献出版社，2012。

第四，实施郑州机场二期工程，推进郑州国内大型航空枢纽建设。改扩建洛阳、南阳、运城、邯郸、阜阳、长治机场，进一步增开航线。积极推进支线机场建设，规划建设商丘、信阳、邢台、聊城、豫东北、蚌埠、鲁山机场。加快通用航空业发展，研究规划建设一批通用机场。[①]

2. 物流业发展方向[②]

（1）空运物流的发展方向

按照规划，河南省将把郑州新郑国际机场建设成为全国最大的货运航空港，随着集市域、区域和国际物流于一体，具有多式联运、集装箱中转、货运代理、保税仓储等多功能的中原国际物流园区的建设，空运物流产业必将具有极大的发展空间。关键还在于要大力拓展洛阳、南阳等支线机场的能力，以避免资源的浪费和闲置。

（2）铁路物流的发展方向

铁路是大运量、低耗能、低污染的运输产业，铁路应在服务上为货主随时掌握运输情况提供更加方便的服务；教育员工提高服务意识，克服野蛮装卸、铁老大的传统观念和弊病，为铁路物流产业的发展创造一个良好环境。

（3）公路物流的发展方向

公路运输需求将继续保持快速增长。我国公路基础设施建设发展很快，公路运输能力大大提高，在国民经济增长和人民生活水平提高方面发挥着越来越重要的作用。可以预见，随着我国经济的进一步发展，公路运输需求将继续保持快速增长，对运输服务质量和服务水平的要求也将日益提高。

智能运输系统是未来公路运输的发展方向。将先进的信息技术、数据通信传输技术、电子控制技术及计算机处理技术等综合运用于整个地面运输管理体系，使人、车、路及环境密切配合、和谐统一。智能运输系统可提高公路交通安全水平，减少交通堵塞，提高公路网的通行能力，降低汽车运输对环境的污染，提高汽车运输生产率和经济效益。随着智能运输系统技术的发展，物流运输信息管理、运输工具控制技术、运输安全技术等均将产生巨大的飞跃，从而大幅度提高公路网络的通行能力。公路运输将与现代物流日益融合。物流业作为一种新的经济运行方式，已成为国民经济的重要服务部门

---

① 国家发展和改革委员会：《中原经济区规划（2012～2020）》，《河南日报》2012年12月3日。

② 王梦恕：《中原交通与物流产业体系的研究》，载《第十届中国科协年会专题论坛特邀报告集》，2008。

之一。

由第三方物流企业组成的新的物流服务行业，是中国经济发展新的生产力。因此，公路运输企业必须提高自身的物流服务水平，以满足日益提高的客户服务的要求。公路运输加速向现代物流的发展和融合，不仅是为了面对现有的国内市场的需求，而且是为了应对经济全球化潮流和我国加入 WTO 后所带来的压力和挑战。集约化经营、规模化发展，是公路客运和物流发展的方向。

（4）水运物流的发展方向

河南省虽然是一个内陆省份，但河南省水资源十分丰富，地跨长江、淮河、黄河、海河四大流域，共有河流 493 条，河道总里程达 26245 公里，其中干流长度达 7250 公里，支流长度达 18995 公里，而且河流多属上游，具有“向下与淮河水系、长江水系贯通，向上与铁路、公路主通道连接，与能源产业基地衔接”的特点。在占河南省总面积 69% 的淮河和长江流域中，千百年来流淌不息的淮河干流、沙颍河、涡河、沱侩河、丹江、唐白河等河流，均可以与下游水网地区沟通；属黄河、海河流域的黄河和卫河，随着南水北调东线工程的实施，也可以相继实现通航。目前，沙颍河已正式通航，使河南省拥有了第一条通江达海的水上通道，打通了河南省连接华东乃至长三角等发达地区的水运门户，密切了与全国水运网络的相互联系。抓住机遇，加大投资力度，加大工作力度，河南省就可以基本建成辐射周边、干支联网、港航配套、船舶先进、畅通高效、安全环保、公铁水空联运的和谐的河南省航运体系，在水运方面实现跨越式发展。河南省水运物流产业在发展的同时，应注意与铁路、公路物流的衔接，产业布局要合理，设施要配套，管理要严格，服务要便捷。只有这样，才能促进河南省水运物流不断发展，在河南省建设全国交通物流枢纽和网络中枢的发展过程中，发挥更重要的作用。

第二节　全国生态储备中心

随着工业化和城市化进程的推进，温室气体排放导致全球气候变暖、冰山融化、陆地消失以及所带来的环境污染问题越来越成为人们关注的焦点，生态事件频发，对人们的生产、生活产生了巨大的影响。改革开放以来，中国经济高速发展，但粗放型的经济增长方式使能源消耗急剧增加，2009 年中国已经成为世界第一大碳排放国，生态环境不断恶化，沙尘暴、雾霾等极端天气频现，严重影响了人民的身心健康，短期内在保持经济增长的同时要解决环境和生态面临的压力存在较大困难。在这种情况下，为了避免将来可能会出现的不良生态事件对人民生活和经济发展造成重大影响，产生无法弥补的后果，尽量降低灾害损失，建立生态事件应急储备基地以及碳汇产业储备中心就变得十分重要。河南省由于其独特的区位优势和地缘环境以及丰富的人力、物力资源，在建设全国生态储备中心的选择中具有得天独厚的优势。

一　生态事件应急储备物资集聚地

（一）应急储备物资的特点及管理要求

1. 应急储备物资的特点

储备应急物资必须正确认识应急物资的特点。只有对应急物资的特性需求、供应商、地理分布等非常了解，才能保证在灾情发生时，迅速、可靠地筹集到必需物资。与普通物资相比，应急物资具有以下特点。

（1）不确定性。由于突发事件发生的时间、强度和影响范围具有不可预测性，这就决定了应急物资的数量、应用范围、运输方式等不能确定。

（2）不可替代性。应急物资的用途非常特殊，是在特定环境下启用的特殊物资。除部分物资外，绝大部分物资是单一用途的。如疫苗和药品等都不能用其他物资代替。

（3）实效性。应急物资要发挥其本身的使用价值就必须在一定的时间内送达需求者手中，才能发挥其效用和价值。超过时限就失去了应急的意义，也就不再称为“应急物资”了。

（4）滞后性。应急物资的启用是在突发事件发生后，根据事件的强度和波及范围而使用，时间上滞后于事件的发生。①

突发事件应急管理中应对方案实施的核心问题在于资源的合理利用，科学而合理的资源配置能对突发事件的处置起到一定的作用。因为突发事件本身的特性决定了在资源配置的同时必须考虑到一类突发事件向另一类或更深一级的突发事件发展的可能性。这就决定了资源储备和管理必须适应这些关键性的特点，最终保证资源的最有效利用，以便达到合理处置突发事件的

① 姜玉宏等：《应急物流中应急物资的管理研究》，《物流技术》2007 年第 6 期，第 18 页。

目标。

2. 应急储备物资的管理要求

应急储备物资的管理是对应急物资在需求分析、采购、储存、保障运输、配送和使用直至消耗全过程的管理。对应急物资进行妥善的管理能够最大限度地减少自然因素和人为因素对物资的物理和化学性质的影响，保证其价值的充分发挥，保证在应急情况下各种物资的合理配发和使用。应急物资是实现应急物流快速保障的重要物质基础，也是衡量应急物流保障水平的显著标志。

应急储备物资在管理过程中的具体要求有："注重质量，确保安全，合理存放，优化流程，准确无误，全程监控。""注重质量"是应急物资管理的首要环节。应当视质量为生命，没有可靠的质量保证就不会有高水平的应急物流，这就要求根据应急物资所处的具体自然环境，保持其自身的理化特性，为物资储存、运输、搬运等创造良好的外部环境。"确保安全"是应急物流和应急物资管理的根本要求。安全工作是应急物资管理工作的基础。由于应急物流追求高速度，因此在应急物资的运输、配送、发放等过程中必须保证安全，做到安全稳妥，无事故发生，确保万无一失。"合理存放"要求对应急物资存放的空间位置合理化，便于快速搬运、配送和管理，节省时间，提高效率。"优化流程"是应急物资管理的内在要求。优化物资管理流程可以最大限度地减少物流环节，节省物流时间，符合应急物流追求时空效益最大化的特点。"准确无误"是体现应急物资管理水平的重要标志。应急物流的高速高效运转并不是以牺牲准确率为代价的，而是要求准确掌握应急物资的数量、规格、品种、型号等信息，在应急物资的储存、配货、发放等方面做到绝对准确，严防各类差错事故的发生，严肃认真，做到不错、不乱、不差。"全程监控"是指对应急物资在需求、筹措、储存、运输、配送到消耗整个过程进行动态和静态监督控制，收集应急物资的实时信息，为指挥机构判断情况，做出决策提供可靠依据。①

（二）应急储备物资集聚地选址目标及影响因素

1. 应急储备物资集聚地选址目标

（1）成本最小化

成本最小化是应急储备物资集聚地选址决策最常用的目标之一。与应急

① 刘伟：《现代物流概论》，人民邮电出版社，2011。

储备物资集聚地选址相关的成本主要有：

①运输成本。运输成本是物资运输过程中所发生的费用，运输成本取决于运输距离与运输单价。如果应急储备物资集聚地位置合理，则总的运输距离就短；而运输单价取决于运输方式，它与应急储备物资集聚地所在地点的交通运输条件及应急需求所在地的交通运输条件直接相关。

②建设成本。应急储备物资集聚地的建设成本包括建筑物、设备和土地征用费用，一般和应急储备物资集聚地的位置和规模有关。

③应急储备物资集聚地内部的固定费用。它是指内部人员工资，固定资产折旧以及行政支出等与经营状态无关的费用，也与位置无关。

④执行成本。它是指物流应急储备物资集聚地在进行应急物资配送时所发生的费用，如进出库费、保管费等，与应急储备物资集聚地的中转量有关。

（2）救援效应最优化

与应急储备物资集聚地选址相关的救援效应指标主要有速度和准时率。一般来说，应急储备物资集聚地与应急需求点越近，则配送速度越快，救援效果就越好。

（3）发展潜力最大化

应急储备物资集聚地投资大，服务周期长。因此，在选址时，不仅要考虑现有市场条件下的成本、服务等目标，而且要考虑将来发展的潜力，包括应急物流节点层次扩展的可行性以及灾情资源需求增长的可能性。

2. 应急储备物资集聚地选址的影响因素

根据应急储备物资集聚地布局理论模型，可以确定节点的候选地址，但最终选择哪些候选地址作为应急储备物资集聚地，还需要与节点的建设规模结合考虑。应急储备物资集聚地的选择通常受其功能定位、货运发生量、地理地质条件、交通依托条件、设施设备技术水平等诸多因素的影响。这些影响因素有些可以量化而有些只能定性地分析，一般很难采用精确的计算方法对其进行具体确定。在实际的应急储备物资集聚地布局规划中，大多采用半经验方法进行确定。

在确定应急储备物资集聚地总体建设规模的基础上，应结合应急储备物资集聚地布局理论模式，并根据整合现有物流资源原则、环境合理性原则、整体规划与分步实施原则、适度超前原则、统一规划原则等进一步确定应急储备物资集聚地的建设，保证应急储备物资集聚地选择与城市的产业布局、交通网格格局、城市发展规划、土地利用规划等相协调，能够尽可能地满足社会应对突发事件的需求。

总而言之，应急物资的储备要最大限度地保障应急物流的运行，所以本书认为以下因素在应急储备物资集聚地的选取上具有重要作用。

（1）自然条件

由于应急物资储备的地位特殊，在储备的过程中不容许出现闪失，所以良好的自然条件如地质条件、水文条件、气象条件、地形条件等对于应急物资储备集聚地的选址决策非常重要。

（2）与危险源匹配度

虽然某一特定区域内的某个突发事件的发生有不可预测的特点，但是分析该区域内重大危险源的特性可以从整体上掌握该区域突发事件的发生趋势，估计各种突发事件发生的可能性，从而判断该区域不同地区对应急储备物资的需要程度，为应急物资储备集聚地的选址提供依据。

（3）运输条件

在突发事件发生时，应急物资能否迅速抵达灾区，很大程度上取决于储备物资集聚地的运输条件，如进出路线的条数、干线道路数量和运输道路设施条件等。因此，选址时必须考虑当地的运输设施状况，这样才能保证应急物资的配送速度。

（4）政策法规

应急储备物资集聚地的建立受选址所在地的政策法规因素的影响，主要包括地区用地规划类型、相关政策等。

（三）河南省作为生态事件应急储备物资集聚地的优势

结合应急储备物资的特点和管理要求以及应急储备物资集聚地的选址目标和影响因素，本书认为河南省在全国生态事件应急储备物资集聚地的选址上具有很大的优势。

1. 自然条件契合

（1）地理位置优越

河南省位于我国中部偏东、黄河中下游，与冀、晋、陕、鄂、皖、鲁6省毗邻，东西长约580公里，南北跨度约为550公里，正处于我国第二阶梯向第三阶梯的过渡地带，位置适中。从政区和交通地位来看，河南省在全国的版图上占着居中的位置。以河南省为中心，北至黑龙江畔，南到珠江流域，西到天山脚下，东抵东海之滨，大都跨越两至三个省区。若以省会郑州为中心，河南省北距京津唐，南下武汉三镇，西入关中平原，东至沪、宁、杭等经济发达地区，其直线距离大都在600～800公里。历史上，河南省一向是我国人民南来北往、西去东来的必经之地，也是各族人民频繁活动和密切交往的场所。在当前大力发展社会主义市场经济、开发中西部地区的形势下，对全国经济活动中的承东启西、通南达北的重要作用是其他省区不可比拟的。

（2）气候适宜

河南省地处北亚热带和暖温带地区，气候温和，日照充足，降水丰沛，适宜于农、林、牧、渔各业发展。河南处于中纬度地带，我国划分暖温带和亚热带的地理分界线秦岭淮河一线，正好穿过其境内的伏牛山脊和淮河干流。此线以北属于暖温带半湿润半干旱地区，面积占河南省总面积的70%，此线以南为亚热带湿润半湿润地区，面积占河南省总面积的30%，气候具有明显的过渡性特点。由于受季风气候的影响，加上南北所处的纬度不同，东西地形的差异，河南省的热量资源南部和东部多，北部和西部少，降水量南部和东南部多，北部和西北部少，气候的地区差异性明显。河南省温暖适中，兼有南北之长。河南省气候温和，全省年平均气温12.8℃～15.5℃，冬冷夏炎，四季分明，具有冬长寒冷雨雪少，春短干旱风沙多，夏日炎热雨丰沛，秋季晴和日照足的特点。从总体上看，河南处于暖温带和亚热带的过渡地带，南北两个气候带的优点兼而有之，具有南北之长。

（3）地质条件优越

河南省地质条件复杂，地层系统齐全，构造形态多样，是我国地质条件比较优越的省区之一。河南省的地貌主要有两个特点：其一，地势西高东低，东西差异明显。河南省位于我国第二级地貌台阶和第三级地貌台阶的过渡地带。西部的太行山、崤山、熊耳山、嵩山、外方山及伏牛山等属于第二级地貌台阶，东部的平原、南阳盆地及其以东的山地丘陵，则为第三级地貌台阶的组成部分。河南省地势的总趋势为西部海拔高而起伏大，东部地势低且平坦，从西到东依次由中高山到低矮山，再从丘陵过渡到平原。河南省最高处与最低处相差2390.6米，正是这样的地势，使河南省境内较大的河流，大都发源于西部山区。其二，地表形态复杂多样，山地、丘陵、平原、盆地等地貌类型齐全。河南省地貌形态复杂多样，境内既有绵延高峻的山地，也有坦荡无垠的平原，既有波状起伏的丘陵，也有山丘环抱的盆地。多种多样的地貌类型，为生态事件应急储备物资集聚地的选择提供了有利的条件。

2. 运输条件优越

河南省是全国承东启西、连南贯北的重要交通枢纽，拥有铁路、公路、航空、水运、管道等相结合的综合交通运输体系。京广、京九、太焦、焦柳、陇海、侯月、新月、新菏、宁西 9 条铁路干线经过河南省，形成了纵横交错、四通八达的铁路网。郑州北站是亚洲最大的列车编组站之一。高速铁路客运专线建设步伐加快，郑西铁路客运专线已经开通，石武铁路客运专线建设进展顺利，郑州即将成为全国铁路路网中的“双十字”中心。截至 2014 年底，河南省公路通车总里程 24.99 万公里，其中高速公路通车总里程达到 5859 公里；河南省干线公路总里程达到 23827 公里；农村公路通车里程达到 22.46 万公里。河南省内河航道里程 1439 公里，沙颍河周口以下、淮河固始望岗以下航道已实现全年通航。民航事业快速发展，拥有郑州新郑国际机场、洛阳机场和南阳机场三个民用机场。优越的运输条件使河南省在生态事件发生时，能够很好地启用应急物流，调配应急储备物资，从而实现成本最小化和救援效应的最大化。

3. 与危险源匹配度高

在中国经济高速发展的同时，环境和生态遭到了极大的破坏，空气质量越来越差，水源质量不断恶化，生态事件一触即发。在全国环境生态压力总体加大的情况下，各地区也存在一定的差异，根据中国环境保护部发布的消息，2014 年，京津冀、长三角、珠三角等重点区域和直辖市、省会城市及计划单列市共 74 个城市中，只有海口、拉萨、舟山、深圳、珠海、福州、惠州和昆明 8 个城市的细颗粒物（PM2.5）、可吸入颗粒物（PM10）、二氧化氮（NO_2）、一氧化碳（CO）和臭氧（O_3）等 6 项污染物年均浓度达标，其他 66 个城市均存在不同程度的超标现象。2014 年空气质量相对较好的前 10 位城市分别是海口、舟山、拉萨、深圳、珠海、惠州、福州、厦门、昆明和中山；空气质量相对较差的前 10 位城市分别是保定、邢台、石家庄、唐山、邯郸、衡水、济南、廊坊、郑州和天津。[①] 由此可见，目前中国环境污染最严重的城市主要集中在中部地区，发生生态事件的可能性较大，位于中部之中的河南，与生态事件危险源匹配度较高。

① 《2014 全国最差 10 城市名单　大气污染依然严峻》，http：//www.ah.xinhuanet.com/2015-02/02/c_1114221876.htm。

综合以上分析，由于自然条件契合，与危险源匹配度高，运输条件优越，出于成本最小化、救援效应最大化以及发展潜力最大化的考虑，河南省是作为全国生态事件应急储备物资集聚地的不二选择。目前需要做的就是给予一定的政策法规支持，使其尽快完成生态事件应急储备物资仓库的选址和建设。

二　碳汇资源储备中心

2005 年，中国政府颁布了《清洁发展机制项目运行管理办法》，以法律的形式来确保我国减排目标的顺利实现，加之我国能源利用效率低以及能源需求增长迅速，决定了我国在发展碳汇产业上的巨大需求。作为农业大省，河南省是我国农田碳汇资源最为丰富的省份之一，同时河南省森林、草地、湿地等生态系统也蕴藏着丰富的碳汇资源，碳汇潜力十分巨大。因此，河南省应当充分利用自身的碳汇资源，发展碳汇产业，力争成为全国碳汇资源储备中心，在完成减排增汇任务的同时，为旅游、能源、工业、交通运输的发展创造条件，提高河南省的经济效益、社会效益和生态效益，并为国家气候外交做出应有贡献。

（一）碳汇与碳汇产业

1. 碳汇的定义

这里的“碳”指二氧化碳（CO_2），它是温室气体的主要构成部分，是半个多世纪以来地球持续暖化和全球气候恶化的“元凶”。降低大气中温室气体含量，最根本、最有效的办法是节能减排，但在此基础上培植、壮大和合理开发利用自然生态系统的自净能力，也能在较大程度上控制大气 CO_2 含量，如发展林草业、增加植被覆盖，就属于典型的“绿色”吸碳、固碳和转化 CO_2 行为。科学研究表明，林木蓄积量每增加 $1m^3$，大约可以吸收 CO_2 1.83 吨，释放氧气 1.62 吨。全球生态系统的碳储量，森林占 39% ~40%，草地占 33% ~34%，农田占 20% ~22%，其他占 4% ~7%。在草场方面，每公顷天然草原的固碳能力为 1.5 吨，相当于每年减少 CO_2 排放量 6.9 吨。由此推算，中国 4 亿公顷草原固碳能力为 6 亿吨，相当于减少 CO_2 排放量 27.6 亿吨，大约能抵消我国全年 CO_2 排放总量的 30%。按照《联合国气候变化框架公约》和《京都议定书》的规定，产生大量温室气体排放的过程、活动和机制是一个“碳源”，其中能够大量将温室气体从大气中移除的过程、活动和机制是一个“碳汇”。按其形成途径，碳汇可分为人工碳汇和自然碳汇。人工碳汇指碳捕捉与封存，指的是将化石燃料燃烧所产生的二氧化碳捕获，然后将其泵入海底、沙漠或陆地下面进行封存。自然碳汇主要包括海洋碳汇、湿地碳汇、森林碳汇、草地碳汇、农田碳汇、荒漠碳汇等。

2. 碳汇产业的定义

碳汇产业是指以减少温室气体排放和增加吸收温室气体为资源，从事生态资源的保护和利用、节能减排和增加温室气体吸收的产品的研究、开发、生产的综合性的产业集合体。它包括两种形式：一是基于工业体系的碳捕集和储藏技术等，利用工业化技术将导致温室效应的物质捕集起来进行存储或作为碳循环产业（如利用 CO_2 制造塑料）的原料，实现碳减排；二是基于生物过程的碳汇产业，如林业碳汇、渔业碳汇、草原碳汇等经济活动，这些活动实现了碳的固定和储存，并由此减少了大气中的温室气体含量。

（二）河南省碳汇资源估算

河南省具有丰富的碳汇资源，包括农田、森林、草地和湿地等。初步估计，世界范围内的生态系统碳储量，森林占 39% ~40%，草地占 33% ~34%，农田占 20% ~22%，其他占 4% ~7%。[①] 根据河南省省情，河南省是农业大省，因此农田碳汇资源比较丰富；另外河南省有 4 大山系（太行山、伏牛山、桐柏山、大别山），土壤、气候等自然条件较好，适宜多种林木生长，具有较为丰富的森林资源；河南省草地和湿地等资源数量相对较少。因此，本研究主要对河南省农田资源和森林资源的碳汇量进行了估算。

1. 河南省农田资源碳汇估算

农田生态系统碳库是陆地生态系统碳库的重要组成部分，而且是其中最活跃的部分。农业土壤碳储量占全球碳储存总量的 8% ~10%。在人类耕种、施肥、灌溉等管理活动影响下，农业土壤中碳库的质和量迅速变化。农田生态系统碳循环过程可分为对碳的吸收、固定、排放和转移四个部分，参照李克让的估算方法[②]，采用不同种类作物经济系数和碳吸收率来估算作物的生育期内对碳的吸收。具体的估算步骤如下。

已知经济产量 Y_w，生物产量（总干物质）D_w，经济系数 H_i 的关系如下式（1）：

---

① 李长青等：《内蒙古碳汇资源估算与碳汇产业发展潜力分析》，《干旱区资源与环境》2012 年第 5 期，第 162 ~168 页。

② 李克让：《土地利用变化和温室气体净排放与陆地生态系统碳循环》，气象出版社，2002。

$$D_w = Y_w / H_i \tag{1}$$

则作物全生育期对碳的吸收量 C_d 为：

$$C_d = C_f D_w = C_f Y_w / H_i \tag{2}$$

C_f 为作物合成 1g 有机质（干重）所需要吸收的碳。式中：H_i 和 C_f 按照中国主要农作物经济系数表给出。研究根据河南省农作物种类，主要计算了稻谷、小麦、玉米、大豆、马铃薯、油菜籽等作物的碳储量。农田资源碳汇估算结果见表 5－2。

表 5－2　2000～2013 年河南省农田资源碳汇估算结果

单位：万吨

年份	碳汇	年份	碳汇
2000	5354.98	2007	7038.93
2001	5495.67	2008	7265.18
2002	5620.50	2009	7555.78
2003	4594.56	2010	7820.24
2004	5758.83	2011	8133.05
2005	5946.32	2012	8417.70
2006	6791.43	2013	8712.33

2. 河南省森林资源碳汇估算

森林是陆地生态系统的主体，是最大的碳库，它占陆地生态系统地上部分碳库的 60%，土壤碳库的 45%，陆地生态系统与空气交换二氧化碳的 90% 发生于森林。森林不仅在维护区域生态环境上起着重要作用，而且对全球碳平衡也有巨大贡献。

本研究运用森林蓄积量扩展法①估算河南省森林碳汇储量。森林蓄积量扩展法的基本思路为：以森林蓄积（树干材积）为计算基础，通过蓄积扩大系数计算树木（包括枝丫、树根）生物量，然后通过容积密度（干重系数）计算生物量干重，再通过含碳率计算其固碳量。这样计算出来以立木

① 郗婷婷、李顺龙：《黑龙江省森林碳汇潜力分析》，《林业经济问题》2006 年第 6 期，第 519～522 页。

为主体的森林生物量碳汇量。在此基础上，进一步根据树木生物量固碳量与林下植物固碳量之间的比例关系、树木生物量固碳量与林地固碳量之间的比例关系计算森林全部固碳量。森林全部固碳量计算公式为：

$$C_f = \sum(S_{ij} \times C_{ij}) + \alpha\sum(S_{ij} \times C_{ij}) + \beta\sum(S_{ij} \times C_{ij}) \qquad (3)$$

$$C_{ij} = V_{ij} \times \delta \times \rho \times \gamma \qquad (4)$$

式中：S_{ij}为第 i 类地区第 j 类森林的面积，C_{ij}为第 i 类地区第 j 类森林类型的森林碳密度，V_{ij}为第 i 类地区第 j 类森林类型的森林单位面积蓄积量，α 为林下植物碳转换系数，β 为林地碳转换系数，δ 为生物量扩大系数，ρ 为容积系数，γ 为含碳率。在计算河南省森林碳汇潜力的过程中，各种换算系数取 IPCC 的默认值：森林资源蓄积扩大系数 δ，该系数的功能就是将树木蓄积量转换成以树木为主体的生物蓄积量，国际通用 IPCC 默认值为 1.90；含碳率为 γ，该系数是为了将生物量干重转换成固碳量的换算系数，国际通用 IPCC 默认值为 0.5；容积密度为 ρ，该系数是为了将森林全部生物量蓄积转换成干重的换算系数，IPCC 默认值为 0.5；林下植物固碳量换算系数 α 为 0.195，其作用是根据森林生物量计算林下植物固碳量；林地固碳量换算系数 β 为 1.244，其作用就是根据森林生物量固碳量计算林地固碳量。计算结果见表 5－3。

表 5－3　河南省森林资源碳汇估算结果

年份	森林覆盖率（%）	森林面积（万公顷）	总蓄积量（万立方米）	碳汇量（万吨）
1998	12.52	209.01	13167.51	15254.89
2003	16.19	270.3	13370.51	15490.07
2006	17.32	289.24	13569.90	15721.07
2012	21.84	364.56	13735.27	16790.11

（三）河南省碳汇产业发展潜力分析

1. 农田产业碳汇潜力分析

从表 5－2 可以看出，从 2000 以来，河南省农田资源碳汇储备逐年增加。虽然农田碳汇是弱碳汇，但作为农业大省，2012 年河南省耕地面积已经达到了 815.68 万公顷，农田资源碳汇潜力巨大，可以从以下几个方面入手，进一步增强农业碳汇潜力。

（1）调整耕作制度

耕作制度对农田碳储量有很大影响。目前，河南省旱作小麦区主推以“活土保墒”为目的的土地标准化作业、免（少）耕机条播等技术；阴山丘陵旱作小麦区主推地膜覆盖、保护性耕作等技术。植物根系、土壤微生物、土壤动物等的呼吸排放的二氧化碳是农田土壤的碳源，免耕法和保护性耕作技术可以减少对土壤的扰动，能非常有效地提高农田土壤有机碳。2013 年，全省农作物总播种面积为 1432.35 万公顷，如果全部能够采用免耕法和保护性耕作技术将可以创造 23.93 万吨碳汇资源。

（2）改善施肥方式

施肥方式对农田土壤碳、氮含量及微生物活性都具有重要影响，施用不同的肥料对农田碳循环的影响差异显著。现在，河南省小麦、大豆、玉米改粗放施肥为配方施肥，马铃薯增施有机肥、施用专用肥技术。国内的很多研究者对不同土壤类型、气候条件和利用方式下的施肥方式进行了研究，结果大都表明了有机肥或有机肥和化肥的配合施用能够增加土壤表层碳储量和提高土壤固碳能力。2013 年，全省累计化肥使用量为 696.37 万吨，如果农作物能改善施肥方式，可创造 647 万吨碳汇资源。

（3）提高秸秆利用率

河南省秸秆资源的利用率和利用技术含量较低，仍停留在粗放和落后水平上，亟待开发利用。秸秆还田对于增强土壤活性、减少板结、提高耕地质量大有好处，可提高土地综合生产能力和可持续发展能力，最终达到改良土壤、减少投入、提高农产品质量、增加农民收入的目的。

2. 森林产业碳汇潜力分析

（1）森林产业间接碳汇潜力

森林木材可以替代能源和原料进行生产，起到间接固碳的效应。通过减少毁林、改进采伐作业措施、提高木材利用效率，可减少陆地碳排放量。以耐用木质林产品替代能源密集型材料、生物能源、采伐剩余物的回收利用，可减少能源和工业部门的温室气体排放量，实现间接固碳。

（2）森林产业直接碳汇潜力

研究表明：处于生长旺盛时期的中幼龄林具有较强的固碳速度和固碳潜力，成熟的森林固碳量达到最大值，而继续固碳的能力几乎为零。森林只有新增蓄积和新增加的叶、茎、根才能形成新的碳汇，原有的森林蓄积量是过去已固定的碳汇的一部分，它本身如不生长，就不增加对碳的吸收，依靠它产生的生长量才能增加对碳的吸收。

2005 年，河南省的森林面积为 243.09 万公顷，碳汇能力为 2.5316Mtc。我国林业发展目标，至 2020 年，森林覆盖率达到 23% 以上，至 2050 年，森林覆盖率达到并稳定在 26% 以上。按照此目标，河南省以目前造林现状（可用于造林的无林地面积 78.54 万公顷）为基础，新造林应以每年 5% 的速率增长。2005 ~ 2024 年，每年计划新造林 342.53 公顷，2025 年新造林为 72.42 公顷。至此，已经完全利用了可用于造林的无林地，到 2050 年河南省森林碳汇量累计将增加到 131.14Mtc①，森林碳汇产业发展潜力巨大。

第三节　人力资源禀赋大区

一　中国人口红利消失带来巨大挑战

（一）中国人口红利逐步消失

所谓“人口红利”，是指一个国家的劳动年龄人口占总人口比重较大，抚养率比较低，为经济发展创造了有利的人口条件，整个国家经济呈高储蓄、高投资和高增长的局面。

清华 - 布鲁金斯公共政策研究中心主任王丰认为，我国的人口红利变化可以分为三个阶段：第一阶段是 1982 ~ 2000 年，人口红利对中国经济增长起了很大的作用，保守来看，对人均产出贡献在 15% 以上；第二阶段是 2000 ~ 2013 年，人口红利的贡献开始减少，直至消失；第三阶段是 2013 ~ 2050 年，人口红利为负。②

近 10 年间，随着我国经济的高速增长，当失业人口开始大幅度减少和劳动力资源开始得到比较充分的利用的时候，我们切实感受到“人口红利”对经济增长的有利影响。但是，2013 年 1 月，国家统计局公布的数据显示，2012 年我国 15 ~ 59 岁劳动年龄人口在相当长时期里第一次出现了绝对下降，比上年减少 345 万人，这意味着人口红利趋于消失，导致未来中国经济

① 王铮等：《河南省能源消费碳排放的历史特征及趋势预测》，《地域研究与开发》2010 年第 6 期，第 69 ~ 74 页。

② 王丰：《人口红利真的是取之不尽、用之不竭的吗？》，《人口研究》2007 年第 6 期，第76 ~ 83 页。

要过一个“减速关”。

（二）中国人口红利消失带来的挑战

1. 人口红利消失带来经济增速的下降

人口作为经济增长的要素之一，中国人口红利的消失，必然使得劳动力供给不足和劳动力成本上升，直接导致中国企业开工的不足和竞争力的下降，迫使很多企业不得不迁往成本更低的、劳动力供给更为充足的国家和地区。当前我国东部地区产业空心化的现象也很大程度与人口红利的消失相关。当人口红利开始消失时，中国经济就会减速。

2. 人口红利消失带来抚养比上升等诸多社会问题

人口抚养比是指总体人口中非劳动年龄人口数与劳动年龄人口数之比。通常用百分比表示，说明每100名劳动年龄人口大致要负担多少名非劳动年龄人口。人口抚养比中又分少儿抚养比和老年抚养比。我国少儿人口抚养比从2012年的23.96%提高到2013年的24.36%，老年抚养比从2012年的20.66%上升到2013年的21.58%，社会总抚养比从2012年的44.62%上升到2013年45.94%。随着我国老龄化的加速，老年抚养比将提高很快。联合国经济和社会事务部预计，未来中国的老年人口抚养比将不断加速增长，到2020年底，中国的老年人口抚养比将从2010的11.4%上涨至16.7%，提高5.3个百分点。如果人口政策在未来数十年不改变，中国的老年人口抚养比到2030年将达到23.8%，2050年将达到39%。

人口抚养比的上升，将极大增加同期年轻人的负担，显然不利于整个社会资金的积累，甚至导致很多家庭会出现入不敷出的状况。人口抚养比的上升也不利于国民收入的合理分配和生活水平的提高，很多开支将集中到孩子或者老人身上，劳动人群压力会很大。而且随着人口老龄化进程的加快，老年抚养比不断升高，对代际关系、养老保险和社会稳定等一系列社会问题都会带来重大影响。

3. 人口红利消失导致财政收支的入不敷出

过去10多年来，政府收入的增长速度远远高于经济增长速度，这使政府有能力直接参与经济发展，并在基础建设与社会福利方面加大开支。而人口红利消失带来经济增速的下降，经济增速的下降带来财政收入的下降，越是经济发达的地区，下降的幅度越大。但是，政府开支并不能随之减速，而且人口老龄化浪潮的到来对社会开支提出了更高的要求。财政收入的下降伴随财政支出的增加，必然会使财政收支入不敷出。

4. 人口红利消失同时伴随“未富先老”加剧财政收支困境

根据1956年联合国《人口老龄化及其社会经济后果》确定的划分标准，当一个国家或地区65岁及以上老年人口数量占总人口比例超过7%时，则意味着这个国家或地区进入老龄化。国家统计局数据显示，我国2000年65岁以上人口占7%，这标志着中国进入老龄化社会。发达国家进入老龄化时期人均GDP都超过10000美元，而中国2000年人均GDP只有949美元，不到1000美元。2013年底我国65岁以上人口已经达到1.78亿人，占总人口的13.3%，而人均GDP还只有6767美元，显然属于“未富先老”的状况。

同时，中国现行的养老金制度存在着严重缺陷，不仅城镇职工基本养老保险与机关事业单位退休养老制度“双轨制”并行，各地还有农民工养老保险、失地农民养老保险等多项制度；而且，不同制度覆盖下的不同人群待遇千差万别，各地政策条块分割、界限不明，养老金制度碎片化问题严重。根据人力资源和社会保障部的资料，截至2013年年底，我国基本养老保险参保人数为8.19亿人，覆盖率为79.7%，目前我国的养老保险计划是世界上覆盖人数最多、最大的养老保险计划。目前我国还有两亿多人游离于养老保险制度之外，离人群全覆盖还有很大距离。2013年参加了企业职工基本养老保险，但因交不起保费而中断的有36043人，中断人数为近年来最高。养老保险统筹层次还不高，难以在省与省之间调剂。如果按省来计算，2013年有19个省的养老保险基金收不抵支，收支缺口合计达到1702亿元，全国算账没有缺口，分省算账有缺口。而根据证监会预测，养老金真正大的危机将出现在2033年左右，经过这个临界点之后，全社会养老金的缺口将是坠崖式的。2050年全社会一年的GDP正好弥补养老金的缺口。因此，人口红利消失伴随的“未富先老”将对中国未来经济和社会形成严重挑战。①

二　河南省人口发展现状

河南省是中国第一人口大省，2013年底总人口为10601万人，居全国第三位；其中居住在乡村的人口为5958万人，居住在城镇的人口为4643万人，城镇化率为43.8%。在当前经济高速成长、社会全面转型和中部崛起、

① 邹士年、李震海：《应对我国人口红利消失的挑战》，《宏观经济管理》2014年第12期，第28~30页。

中原城市群建设宏观背景下，如何充分发挥和利用河南省丰富的人力资源优势，促进人口、环境和社会经济的协调发展，是一个战略问题。

（一）河南省人口数量增长状况

截至2013年底，河南省总人口为10601万人，占全国总人口的7.79%，比上年末增加58万人。与1957年相比，56年间总人口增加了5761万人，年均增速为21%。20世纪60年代至80年代初期，由于经济的复苏和医疗卫生条件的改善以及鼓励性人口政策的影响，河南省人口总量在此时期迅速增长。根据1981年全国第三次人口普查，河南省人口已达到7442万人。此后，由于人口政策的转变，计划生育政策的开始实施，人口总量上升的势头得以控制，增速逐渐放缓，如图5-4所示。

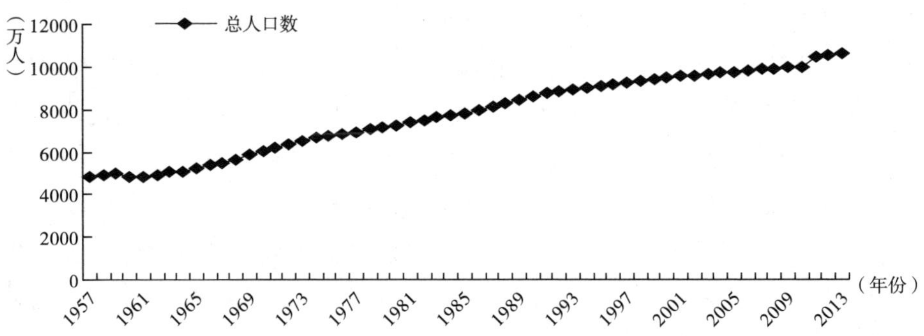

图5-4　1957~2013年河南省总人口数

（二）河南省人口质量发展现状

1. 河南省人口身体质量发展现状

人口身体质量是指组成人体的各个部分和构成人体的各种功能器官与系统的发育成长状况，是人口质量发展的自然基础和条件。平均预期寿命是指已经活到一定岁数的人平均还能再活的年数。在不特别指明岁数的情况下，平均预期寿命就是指0岁人口的平均预期寿命。它是度量人口健康状况的重要指标，常用来反映人口身体质量的高低，也是人类发展指数的重要指标之一。由表5-4可知，2010年河南省平均预期寿命为74.57岁，其中男性为71.84岁，女性为77.59岁。与1990年相比，二十年间平均预期寿命增加了4.42岁，其中男性平均预期寿命增加了3.88岁，女性平均预期寿命增加了5.04岁，女性平均寿命增加的幅度大于男性增加的幅度。总体来看，20世纪90年代以来，河南省平均预期寿命呈现出递增的趋势，而且女性平均预期寿命高于男性。与全国平均预期寿命相比，1990年和2000年，河南省平均预期寿命，以及分性别平均预期寿命均高于全国水平。2010年，河南省女性平均预期寿命高于全国0.22岁，男性预期寿命低于全国1.44岁。

表5－4　河南省人口平均预期寿命

单位：岁

	1990年			2000年			2010年		
	合计	男	女	合计	男	女	合计	男	女
河南	70.15	67.96	72.55	71.54	69.67	73.41	74.57	71.84	77.59
全国	68.55	66.84	70.47	71.40	69.63	73.33	74.83	73.28	77.37

数据来源：2012年《中国人口和就业统计年鉴》。

2. 河南省人口文化质量发展现状

文化素质是人口质量的另一个重要方面。改革开放以来，河南省人口文化素质的变化惊人，特别是反映人口文化质量的15岁及以上人口的文盲率，下降的非常迅速。如图5－5所示，2005年河南省文盲人口占15岁及以上人口的比重为9.79%，随着义务教育的进一步推广，文盲人口占15岁及以上人口的比重不断下降，2013年，河南省文盲人口总数降为399.15万人，占15岁及以上人口的比重为5.36%，这一比重与2005年相比下降了4.43个百分点。

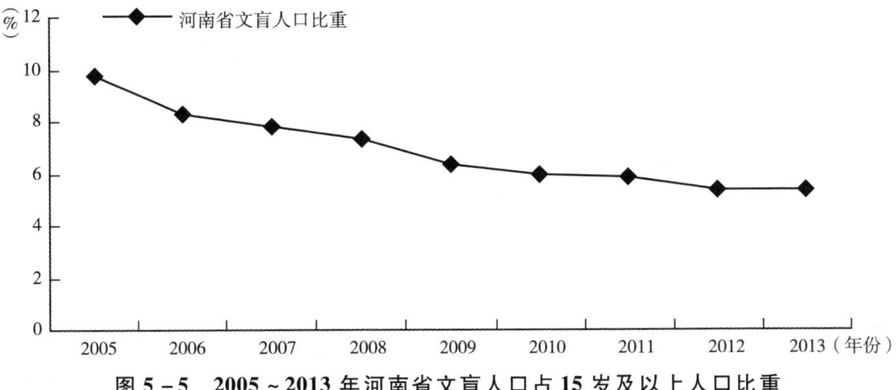

图5－5　2005～2013年河南省文盲人口占15岁及以上人口比重

随着九年义务教育制度的确立和推广，河南省的文盲人口数量不断减少，文盲人口占15岁及以上人口比重不断下降，人口文化素质不断提升，基础教育的普及范围不断扩大。在高等教育方面，由表5-5可知，2010年，河南省每十万人中大专及以上学历人口有6398人，与1964年全国第一次人口普查相比，增加了30多倍。2000~2010，河南省文化水平在大专及以上的人口就增加了354.1万人，远远高于常住人口增长的数量。每十万人中大专及以上学历人口的数量迅速上升，反映了河南省在高等教育方面的巨大成就，河南省人口文化质量不断提高。

表5-5　河南省每十万人中大专及以上学历人口

年份	大专及以上人口（万人）	每十万人中大专及以上学历人口（人）
1964	9.3	180
1982	24.5	330
1990	72.6	850
2000	247.5	2674
2010	601.6	6398

数据来源：1. 大专及以上人口来自第六次人口普查数据；
2. 每十万人中大专及以上学历人口来自相关年份《中国统计年鉴》。

（三）河南省人口结构发展现状

人口结构是依据人口所具有的各种不同的特征，把一个国家或地区的总人口划分成的各组成部分所占的比重及其相互关系。人口结构是人口存在和运动的形式，是人口政策分类的基础，是人口不断变迁在一定时间内的静态表现。

1. 河南省人口年龄结构发展现状

人口年龄结构是一定时点、一定地区各年龄组人口在总人口中的比重。在人口自然变动的同时，河南省的人口年龄结构也随之发生了转变（见表5-6）。

表5-6　2003~2013年河南省人口年龄结构变化

年份	0~14岁人数（万人）	比重（%）	15~64岁人数（万人）	比重（%）	65岁及以上人数（万人）	比重（%）	老少比（%）	少儿抚养比（%）	老年抚养比（%）	总抚养比（%）
2003	2401	25.94	6211	67.10	644	6.96	26.82	38.66	10.37	49.03

续表

年份	0～14岁人数（万人）	比重（%）	15～64岁人数（万人）	比重（%）	65岁及以上人数（万人）	比重（%）	老少比（%）	少儿抚养比（%）	老年抚养比（%）	总抚养比（%）
2004	2063	21.23	6935	71.37	719	7.40	34.85	29.75	10.37	40.12
2005	2065	21.14	6899	70.63	804	8.23	38.93	29.93	11.65	41.59
2006	1985	20.46	6990	71.48	791	8.06	39.85	28.40	11.32	39.71
2007	2011	20.37	7110	72.05	747	7.58	37.15	28.28	10.51	38.79
2008	1973	19.89	7171	72.31	774	7.80	39.23	27.51	10.79	38.31
2009	1919	19.25	7166	71.90	882	8.85	45.96	26.78	12.31	39.09
2010	1975	21.00	6644	70.64	786	8.36	39.80	29.73	11.83	41.56
2011	1985	21.14	6595	70.25	808	8.61	40.71	30.10	12.25	42.35
2012	1989	21.20	6587	70.0	830	8.80	41.71	30.19	12.60	42.79
2013	1988	21.12	6572	69.8	853	9.10	42.91	30.25	12.98	43.23

数据来源：2004～2014年《河南统计年鉴》。

从表5－6可以看出，随着计划生育工作的开展，2003年，全省0～14岁人口比重为25.94%，65岁及以上老年人口占总人口的比重为6.96%，老少比为26.82%。0～14岁人口比重先下降后上升。2004～2009年，河南省0～14岁人口比重呈现逐年下降趋势，比重分别为21.23%、21.14%、20.46%、20.37%、19.89%和19.25%。然而，从中我们也可以看到，2010～2012年，河南省0～14岁人口比重反而上涨，笔者认为，是由于河南省开放程度不断加深，居民视野逐渐由省内转向省外，外出务工人员增加，甚至很多青壮年劳动人员开始向省外迁移，再加上每年河南省在省外读书的学生的迁出，导致了河南省0～14岁人口比重上升的局面。从表5－6中我们还可以看出，老年人口无论从数量还是比例上，都呈现出不断上升、比重逐年增大的趋势。2013年，河南省老年人口高达853万人，老年人比重达到9.1%，是近几年来老年人口比例最高的一年。相比之下，河南省劳动年龄人口增加却没有那么明显。劳动人口在2008年达到最多，为7171万人，比例也是历年中最高，为72.31%。也就是说，从2003年至2008年，河南省劳动年龄人口逐年缓慢增加，比重由2003年的67.1%上升到2008年的72.31%。2008年以后，劳动年龄人口又下降到2013年的69.8%。从抚养比看，老年人口抚养比总体呈上升趋势，总抚养比有升有降，存在一定的波动。

2013 年，河南省劳动适龄人口最多的是南阳市，占南阳市常住人口的比重达到 68.3%。依据老龄化社会 65 岁及以上人口达到或超过总人口 7% 的标准，河南省各地级市均处于老龄化社会，且人口老龄化最严重的是驻马店市，65 岁及以上人口比重占到了 11.2%（见表 5－7）。

表 5－7　2013 年底河南省各地级市常住人口年龄结构

	0～14 岁（万人）	占总人口比重（%）	15～64 岁（万人）	占总人口比重（%）	65 岁及以上（万人）	占总人口比重（%）
全省	1988	21.1	6572	69.8	853	9.1
郑州市	167	18.2	671	73.0	81	8.8
开封市	100	21.6	320	68.9	44	9.5
洛阳市	126	19.1	476	71.9	60	9.1
平顶山市	101	20.4	346	69.7	49	9.9
安阳市	113	22.2	348	68.3	48	9.5
鹤壁市	34	21.3	115	71.6	11	7.1
新乡市	120	21.1	396	69.8	52	9.2
焦作市	63	18.0	259	73.8	29	8.2
濮阳市	77	21.5	249	69.5	32	9.0
许昌市	86	20.1	300	69.8	43	10.1
漯河市	44	17.2	185	72.0	28	10.8
三门峡市	34	15.1	168	75.0	22	9.9
南阳市	224	22.2	689	68.3	96	9.5
商丘市	143	19.6	510	70.0	76	10.4
信阳市	132	20.8	438	68.8	67	10.5
周口市	178	20.3	611	69.6	89	10.1
驻马店市	149	21.6	464	67.3	77	11.2
济源市	13	17.7	53	74.7	5	7.6

数据来源：2014 年《河南统计年鉴》。

2. 河南省人口性别结构发展现状

人口性别结构是指一定时期内一个国家（地区）男女两性在总人口中的构成情况，其中性别比是人口性别结构的一个主要指标，它包括男性比（同一年龄组内每 100 名女性所对应的男性数）和女性比（同一年龄组内每

100 名男性所对应的女性数）两种。人口性别结构的测量方法主要有两个，一是总人口性别比，二是出生婴儿性别比（零岁人口男女比例）。联合国规定使用男性比作为测量性别比的方法，性别比值在 102～107 被认为是正常值，超出这一值域则被认为存在性别比失衡。由于人口的流动，总人口性别比一般均在正常值范围内，且城市总人口性别比大于农村总人口性别比，这是因为城市吸引了较多的男性劳动力。相比于总人口性别比，出生婴儿性别比更能反映人口性别结构所折射的社会问题。

1981 年第三次人口普查首次公布了全国出生婴儿性别比为 108.47，已经超出正常范围。此后，出生婴儿性别比连续上升。2010 年第六次全国人口普查显示，河南省出生婴儿性别比值达到了 127.64，远远超出正常值，且高于全国出生婴儿性别比；与第五次人口普查相比，上升 8.18，出生婴儿性别比进一步失衡。2010 年，河南省出生婴儿性别比在中部六省中排名第二，仅次于安徽。一般情况下，经济越不发达的地区，男性偏好越为严重，在计划生育政策的挤压下，出生婴儿性别比也就越来越高。持续的出生婴儿性别比的失衡，会导致一部分男性人口在适婚年龄找不到对象，这势必会影响到社会秩序和家庭生活，制约人口的可持续发展，不利于和谐社会的建立。

3. 河南省人口城乡结构发展现状

人口城乡结构是根据人口居住地点行政类别划分的人口结构。人口城乡结构是社会经济发展的产物，随着人口城市化发展进程的变化而变化。居住在城镇的人口占常住人口总数的比重，是衡量地区发展程度的重要指标。如表 5－8 所示，随着经济社会的发展，河南省城镇人口数不断增加，2013 年，河南省居住在城镇的人口有 4643 万人，占河南省常住人口总数的 43.8%，与 2005 年相比增加了 1649 万人，比重上升了 13.1 个百分点；居住在乡村的人口有 5958 万人，占河南省常住人口总数的 56.2%，比 2012 年减少了 112 万人，比重下降了 1.4 个百分点。2005～2013 年，河南省城镇人口比重不断上升，乡村人口比重不断下降，这反映了河南省城镇化进程的不断加深和经济的不断发展。

表 5－8　2005～2013 年河南省城乡人口数

年份	城镇人口（万人）	城镇人口比重（%）	乡村人口（万人）	乡村人口比重（%）
2005	2994	30.7	6774	69.3
2006	3189	32.5	6631	67.5

续表

年份	城镇人口（万人）	城镇人口比重（%）	乡村人口（万人）	乡村人口比重（%）
2007	3389	34.3	6480	65.7
2008	3573	36.0	6345	64.0
2009	3758	37.7	6209	62.3
2010	4052	38.8	6385	61.2
2011	4255	40.6	6234	59.4
2012	4473	42.4	6070	57.6
2013	4643	43.8	5958	56.2

数据来源：2014 年《河南统计年鉴》。

三　中原人口红利拉动经济增长

（一）河南省人口红利判定

根据上面的分析，在全国人口红利逐渐消失带来巨大挑战的背景下，河南省人口总体仍缓慢增长，且人口质量素质不断提升。河南省目前的人口年龄结构是一种典型的“中间大、两头小”的橄榄形结构。这种人口年龄结构对社会经济的发展比较有利。2008 年之后，河南省适龄劳动力人口的总抚养比开始逐渐上升，也相应地说明了河南省的人口红利正在逐渐减少，直至消失。但是，就目前来说，河南省仍处于人口红利期，并且，河南省适龄劳动力人口相当丰富。较高比例的适龄劳动力人口为经济发展中的积累奠定了基础，较低的少儿抚养比及老年抚养比也相应地增加了社会储蓄，也能够促进经济的发展。少儿人口的减少和适龄劳动人口的增加，使总抚养比下降，社会的供应负担相对较轻，这意味着有更多的资源可用于储蓄，进而带动投资。虽然从整体上，河南省老年人口比重呈上升趋势，不过在未来的较长时期内，老龄化引起的老年抚养比上升要小于出生率下降引起的少儿抚养比的下降，人口红利仍将是推动河南省经济增长的重要因素。因此，河南省应该抓紧这段时期，因为相应的人口红利期最终会消失。总体来看，河南省正处于对经济发展十分有利的人口红利时期。

（二）河南省人口红利带动经济增长所面临的机遇与挑战

1. 人口红利带动经济增长所面临的机遇

（1）中原经济区的建立为河南省人口红利的实现提供新机遇

从未来着眼，中原经济区建设将为河南省人口红利的实现提供新的机遇。

中原经济区包括河南全省、安徽西北部、山东西南部、河北南部和山西东南部。随着中原经济区被纳入《全国主体功能区规划》，这一区域发展规划也上升为国家层面的发展战略。《中原经济区发展报告（2011）》指出，在功能定位方面，中原经济区将建成“五个基地”，即全国粮食生产基地、全国重要的农产品加工基地、全国重要的能源原材料基地、现代制造业和现代服务业基地；“三个实验区”，即全国综合性交通枢纽和现代流通体系综合配套改革实验区、统筹城乡发展实验区、文化旅游创新实验区。在空间布局上，中原经济区将形成“一极、两带、两翼”发展格局：以中原城市群为核心，以陇海经济带和京广经济带为支撑，以东部农业、农产品加工和西部能源原材料和装备制造业为两翼。中原经济区的建设必将有力推动以郑州为核心的中原城市群的发展，促进河南省的城镇化进程，从而创造出更多的就业机会和更好的就业环境，使河南省的人力资源得到更好的开发和利用。①

（2）国内产业“雁阵转移”给河南省人力资源开发带来新契机

2003 年，我国东部、东南部经济发达地区相继出现了“民工荒”，这引起了政府、媒体和学界的极大关注。当时，有人乐观地认为，“民工荒”实质上是企业用工需求和务工人员能力不匹配的表现，是结构性短缺，总体上我国是不缺劳动力的。但是，随后企业招工难愈演愈烈，而且由东部向中西部蔓延，出现了全国层面的用工荒，这显然不能完全用结构性短缺来解释。蔡昉认为，我国二元经济结构下劳动力无限供给的时代已经结束，经济发展的刘易斯转折点已经到来。善待农民工，提高农民工的待遇，成为经济发展的必然要求，但这势必提高企业的用工成本，导致部分企业向劳动力用工成本较低的国家或地区转移，而且这种转移会梯度发生，即“雁阵转移模式”。2008 年爆发的金融危机，使东南部外向型经济发达地区的产业结构提升与转型加速，同时也加快了部分企业向中西部劳动力用工成本较低地区转移的步伐。全球代工巨头富士康公司入驻河南省就是在这种背景下发生的。2010 年 8 月，富士康公司进驻郑州市，给河南省带来十几万人的就业机会。早在 2010 年 6 月份，富士康公司就开始在河南省进行大规模的招工。由于富士康待遇较好，用工规范，吸引了不少求职者进入富士康工作。富士康公司的入驻也掀起了其他台资企业投资河南的热潮。截至 2011 年 1 月，河南省累计批准台

① 崔瑞霞：《人口红利与河南经济发展》，《河南教育学院学报》（哲学社会科学版）2011 年第 5 期，第 80 ~ 84 页。

资企业1689家，累计合同利用台资76.6亿美元，实际利用台资58.15亿美元。随着河南省经济发展环境的进一步优化，承接产业转移能力的进一步提升，从发达地区转移而来的企业会越来越多，这必将为河南省人力资源的开发和利用提供广阔的市场，为河南省经济结构的升级转型提供强劲的动力。

2. 人口红利带动经济增长所面临的挑战①

（1）就业岗位不足是限制人口红利充分实现的重大障碍

改革开放之后，河南省经济社会获得了巨大发展，但是，第二、第三产业吸纳劳动力就业的能力仍显不足。“十一五”期间，河南省年转移就业人口在2000万左右，其中转移到省外的就业人口高达1000多万人，像富士康公司那样能够明显拉动就业的大型企业比较缺乏。

（2）用工不规范，侵害员工利益的现象仍然存在

尽管目前我国有《劳动合同法》《职工带薪年休假条例》等规范用工行为的法律法规，但是有些企业刻意规避对员工应尽的义务，侵害员工的合法权益。例如，有些企业在与员工签订合同时，让他们“承认”在家乡或其他地方已经缴纳养老保险，以逃避为他们缴纳养老金的责任；农民工手拉白色条幅堵塞建筑工地附近道路讨要拖欠工资的现象还时有发生。

3. 职业技能培训滞后是阻碍河南省人力资源开发的瓶颈

河南省各级政府部门大力推行农民工转移培训“阳光工程”，在农民工职业技能培训方面做了大量的工作，但是，相对于每年2000万以上的流动人口，年20多万人的培训能力远不能满足培训需求。另外，由于培训模式、内容、时间等方面的限制，很多接受培训的农民工在求职能力方面仍需较大提高。

第四节　全国粮食供给系统稳定器

一　世界粮食安全状况及其发展趋势

（一）世界粮食安全的基本状况及面临的主要问题

1. 世界粮食安全基本状况

进入新世纪，全球经济得到迅速发展，农业科技快速进步，引发了世界农业技术的重大变革，极大地提高了农业生产技术水平，以及各国政府对农

① 崔瑞霞：《人口红利与河南经济发展》，《河南教育学院学报》（哲学社会科学版）2011年第5期，第80～84页。

业的高度重视，也加速了农业的现代化和机械化，世界农业得到了迅速的发展。资料显示，发展中国家营养不良人口的比例在过去30年间下降了20个百分点。但与此同时，气候以及其他因素变化导致了全球范围内粮食生产、库存不稳定性日益增加，世界粮食安全形势依然严峻。粮食需求随着全球人口增加而不断增加。据测算，过去10年来全球谷物消费需求增加2200亿公斤，年均增长1.1%；而粮食供给却仅增加1000亿公斤，年均增长0.5%①，供需缺口明显增大。联合国粮农组织预测，到2050年全球人口将增加23亿人，粮食需求将增长70%。另外，为了应对气候变暖和生物燃料的生产，粮食需求将日益增加，并将引发新一轮的粮食危机。

2. 世界粮食安全面临的主要问题

粮食安全问题是多种因素长期积累下来的结果，抛开固有的传统因素，当今世界粮食安全问题面临着前所未有的新挑战。

第一，自然灾害频繁发生，已经严重威胁了国际粮食生产。近年来，极端天气对粮食生产的影响越来越引起人们的关注。气候变暖引起的严重干旱、洪涝灾害、冰雪灾害都导致了世界粮食减产。粮食生产受气候条件影响十分重要，农作物生产因极端气候的频繁发生而有所减产。

第二，粮食市场受金融危机影响，不稳定因素增加。2008年的世界金融危机影响着世界粮食市场，增加了世界粮食市场的不稳定性，加深了全球粮食危机。在消费方面，由于美国股市低迷和美元疲软，农产品价格出现飙涨和剧烈波动，与此同时由于受到金融危机的影响，人们收入减少，购买力下降，这就导致了缺粮少粮人数不断增加。在粮食生产方面，如美国、巴西及一些欧洲国家等重要的粮食生产国，受到金融危机的影响，资金方面都面临或多或少的困难，从而导致世界粮食产量的大幅下降。

第三，世界生物能源工业的快速发展，加剧了粮食供求矛盾。目前，由于人们对保护生态环境日益重视，一些国家大力发展生物能源工业。在世界粮食供需不平衡的局面下，以农作物为生产原料的生物燃料被许多国家生产，粮食市场的供给因对农作物需求量的加大而不断减少。联合国粮农组织报告称，近一时期生物燃料生产几乎“吃掉”了近1亿吨谷物。有资料显示，为了生产生物燃料，美国在2007~2008年度至少用掉了8100吨玉米。正如俗话所说：“富人的汽车吃掉穷人的面包。”因为粮食收成被制造生物

① 刘涛：《金融危机中更应关注粮食安全》，《农产品市场周刊》2008年第43期，第10页。

燃料消耗，粮食短缺进一步加重。

第四，受到一些国家粮食安全的影响，全球粮食危机进一步加深。全球经济一体化，各国的发展联系日益紧密，一些国家的粮食安全状况必然会影响和波及其他国家的粮食安全状况，对世界粮食安全造成极大的影响，加深全球粮食危机，从而引发社会动荡和政治危机。由于全球粮食危机不断出现而无法购粮，第三世界贫困地区面临生存危机。据联合国粮农组织 2010 年报告，尽管近年来全球粮食生产总量已可满足世界人口基本需要，但全球饥饿人口仍呈上升趋势，2010 年达到了 9. 25 亿，全球大约每 6 秒钟就有一个儿童因饥饿而离开人间。[①] 因此，粮食安全问题仍然是许多国家面临的严峻的现实问题。

3. 世界粮食安全问题的发展趋势

第一，粮食需求量随着人口快速增长而不断提高。据联合国粮农组织预测，2030 年世界人口将达到 82. 7 亿人。若按人均粮食消费量 350 公斤计算，2030 年需要粮食 28. 95 亿吨。

第二，工业化和城市化进程的不断推进，占用大量农业资源，导致资源约束越来越突出。各个国家都在不断推进工业化和城市化进程，但是要想推进工业化和城市化就必然占用大量土地资源、水资源等农业资源，这就加剧了自然资源危机，使资源对于农业发展的约束越来越突出。如果得不到有效的重视、控制和缓解，必将威胁世界粮食安全。

第三，全球粮食价格将长期高位运行。受到诸多方面的因素影响，国际粮食安全形势非常严峻，粮食价格持续上涨、供给关系持续紧张，这些都对世界粮食生产造成广泛而深远的影响。

第四，生物能源将进一步挤占粮食生产资源。能源的需求量因经济社会的发展而持续增加，但是不可再生能源的储量在不断减少。以农作物为原材料的生物能源，在未来一定会有更加广阔的发展空间，这就会加重粮食生产负担，威胁世界粮食安全。

二　中国粮食安全的总体形势

粮食自古以来就是人类生存和发展的基础。中国历朝历代政府都把粮食

① 金丽馥、刘晶：《基于世界粮食危机的我国粮食安全问题的新思考》，《北京行政学院学报》2011 年第 1 期，第 79 页。

安全问题放在首位，新中国成立以来，特别是改革开放以来，我国取得了用占世界9%的耕地养活了占世界上19%的人口的辉煌成就。2004年起，中央已发出了多个关注“三农”的中央一号文件，相继出台了一系列惠农支农措施。如取消农业“四税”政策，实行农业“四补贴”政策，使农业和农民得以“休养生息”，减轻了农民负担，农民每年减负约1250亿元；初步建立了符合我国国情，财政综合补贴与财政专项补贴相结合，管理逐渐规范的农业政策补贴体系。2007年农民直接享受财政支农投入超过700亿元，2008年达到1100亿元。2009年、2010年的中央一号文件持续关注农民增收，补贴资金规模连年增长。2011年中央财政支农四项补贴达到1406亿元，比2010年增加180亿元，是2004年145亿元的9.7倍，初步构建起生产补贴与收入补贴有机结合、专项补贴与综合补贴配套实施的粮食补贴政策框架。全国粮食连续11年丰收，年粮食总产量达到5亿吨以上。粮食库存安全系数达20%以上，粮食总量基本实现自给，粮食安全基本得到保障。粮食安全水平仅次于加拿大、法国、美国、澳大利亚四个国家，高于世界平均水平。然而，粮食始终是一个弱势产业，本身受生长周期、气候条件、地理环境等因素的制约。从粮食需求上看，我国今后20~30年人口增长、耕地面积减少和粮食需求呈刚性增长的趋势不可逆转，世界粮食偏紧，形势严峻，对中国这样一个人口大国，必须保证自给；从粮食生产上看，耕地减少，单产产量难以进一步提高，粮食大幅度增产的可能性不大，经济比较效益低，农民种粮积极性不高；从社会发展的客观现实看，一部分贫困和失业人口短期难以消除，大部分居民消费水平正在提高，经济发展与工业转化用粮的增加和粮食生产资源要素的流失及转移所形成的粮食供需矛盾，将使粮食供求长期处于紧平衡状态，粮食安全面临严峻挑战。

（一）我国粮食供需状况

1. 粮食供给情况

近年来，我国不断加强农业的基础性地位，实施了一系列支农惠农的重大政策措施，大力发展粮食生产，粮食播种面积和产量均有所增加，粮食综合生产能力进一步提高。

20世纪90年代以来，我国农业生产迈上了新台阶，粮食进入供求基本平衡、丰年有余的新阶段，粮食供给水平不断提高。1998年以后，由于连年丰收，库存逐年增加，粮食播种面积逐年减少。2003年粮食播种面积降至9933.33万公顷，比1998年减少1440万公顷，粮食产量由1998年的

5123 亿公斤降至 4307 亿公斤，减产 816 亿公斤，主要是稻谷、小麦和玉米等谷物减产。2004 年以来，党中央、国务院采取一系列政策措施，调动了农民的种粮积极性，粮食生产实现恢复性增长。2007 年，粮食播种面积恢复到 10573.33 万公顷，比 2003 年增加 64 万公顷；产量达到 5016 亿公斤，比 2003 年增产 709 亿公斤。2010 年全国粮食播种面积为 10987 万公顷，比 2009 年增加 89 万公顷，增长 0.8%；2010 年全国粮食总产量为 54641 万吨，比 2009 年增加 1559 万吨，增产 2.9%。2014 年全国粮食播种面积为 11273.8 万公顷，比 2013 年增加 78.3 万公顷，增长 0.7%；2014 年全国粮食总产量为 60709.9 万吨，比 2013 年增加 516 万吨，增长 0.9%。

2. 粮食需求情况

我国是人口大国，也是粮食消费大国。居民口粮、饲料用粮、工业用粮和种子用粮是当前我国粮食消费的主要方式。近年来，随着我国经济的持续较快发展和人们生活水平的不断提高，粮食消费呈刚性增长态势，其中，间接粮食消费成为拉动粮食消费增长的主动力，直接粮食消费开始缓慢下降。根据国家粮食局等部门统计，2010 年我国粮食消费量在 51250 万吨左右，当年产需缺口约 1100 万吨。粮食消费结构升级，由动物性食品消费带动的间接性粮食消费量增加，工业用粮需求趋于平缓。食用植物油消费继续增加。

人口增加将使我国粮食需求保持刚性增长。有关预测表明，未来一段时间内我国人口仍将以年均 800 万 ~ 1000 万的速度增长。根据联合国粮农组织预测，2020 年，我国人口总量将达到 14.2 亿；2030 年人口数量基本达到峰值，约 14.25 亿。如果以人均 400 公斤的粮食需求量为标准进行计算，到 2020 年我国粮食需求量将达到 5.68 亿吨，2030 年将达到 5.7 亿吨。

城镇化的加快使我国城市人口以年均 1100 万人的速度递增，大批农村劳动力进城后由粮食生产者转变为粮食消费者，从而增大粮食消费量。同时，物质的丰富引起粮食消费结构的变化，对口粮的直接消费比重会逐步下降，而间接粮食消费比重会逐步提高，如肉、蛋、禽、奶、酒等消费比例将进一步升高，由此产生的饲料用粮和工业用粮的消费需求将以更快的速度增长。据预测，到 2020 年全国饲料用粮需求总量将达到 2.36 亿公斤，占粮食消费需求总量比重超过 40%。

3. 供给紧平衡状态持续，风险承受力相对较低

随着我国经济发展，粮食的用途由主要用于满足食用、饲料需求向满足

饲料和工业用粮需求转变，形成了口粮消费稳中有降、饲料用粮稳步增长、工业用粮快速增长的态势。此外，城镇化的发展使日益庞大的农村劳动力群体由粮食生产者向粮食消费者转变，这进一步加大了粮食供给压力。因此，未来我国的粮食供需将长期处于紧平衡状态。不过，对于不同的粮食作物，其供需形势也不尽相同：稻谷供需将维持在相对宽松的水平，小麦供需将由相对宽松转向紧平衡，玉米供需将长期维持在紧平衡状态，而大豆自给率低、高度依赖国际市场的局面难以改善。

此外，目前的紧平衡状态极易向不利于我国粮食安全的方向倾斜。第一，我国稻谷、小麦、玉米等主食之所以能够保持自给的平衡状态，在一定程度上还源于肉、蛋、奶等副食的支撑。如果生活中没有肉、蛋、奶等副食的消费，对大米、小麦等主食的消费量将大幅增加，主食的自给率也将随之降低。第二，国际粮食市场供给无法有效满足我国粮食消费。我国的口粮消费主要是稻谷，每年消费量为3700亿~3750亿斤，而国际市场稻谷贸易总量基本保持在600亿斤左右，仅占我国稻谷消费量的15%左右。因此，通过国际市场调节的空间有限。第三，目前全球粮食供给区主要集中在美国、加拿大、巴西、阿根廷等美洲国家。在此背景下，如果国际政治、经济、军事环境发生重大变化，形成世界性混乱局势时，一旦我国进口粮食的主要通道被切断，国内将面临严峻的粮食安全问题。

4. 供需在区域分布上失衡，粮食安全调控难度增加

一是粮食供给不平衡。我国的粮食库存主要集中在不缺粮的粮食主产区，而在主销区，库存则相对较少。二是传统的粮食主产区有向产销平衡区甚至销区转变的趋势，造成原本供给压力较大的销区面临更大的粮食缺口，如山东、江苏、江西、湖南、安徽等传统粮食主产区，现在正在向产销平衡区或销区转变。三是主要粮食品种在区域之间的供求错位严重。如玉米的主产区集中在北方，而对玉米需求较大的养殖业和饲料工业主要集中在南方。这些不平衡性延长了供求产业链，增加了供需的中间环节，从而加大了国家在调控方面的难度。

（二）依靠传统粮食生产方式提升产量难度加大，并易引发次生安全问题

从2001年开始，我国粮食产量基本保持稳定增长态势，并且从2003年开始实现粮食产量“十一连增”。但需要注意的是，这种增产主要是以大量投入化肥、农药等生产要素为支撑的。一方面，这种生产方式导致农产品成本迅速提高，降低了农民的边际利润，从而影响种粮积极性，导致增产难度

增加。据统计，我国粮食产量由8000亿斤增长到9000亿斤用了6年，由9000亿斤增长到10000亿斤用了3年，而由10000亿斤提高到11000亿斤却用了15年。借鉴历史经验，未来几年继续增产粮食的难度将越来越大。另一方面，这种生产方式付出了巨大的生态代价和环境代价，容易引发生态安全、环境安全和食品安全等次生安全问题。我国耕地面积约占世界耕地面积的7%，但我国的化肥消耗量占世界化肥消耗量的30%以上。根据世界银行数据库，2008年我国每公顷耕地的化肥施用量达到468公斤，是美国的4.54倍、法国的3.2倍、印度的3.05倍、德国的2.92倍、英国的2.25倍和日本的1.68倍。此外，我国农药施用量已达130万吨，是世界平均水平的2.5倍。

（三）农业生产配套设施落后，科技支撑力弱，粮食安全不稳定性增加

受气候变化影响，我国现在突发性极端天气增多，病虫害频发，旱涝灾害特别是干旱缺水状况呈加重趋势，而且农业基础设施建设仍然滞后，田间排灌设施陈旧老化，导致农业抗灾能力较低，在一定程度上依然是“靠天吃饭”。目前，我国农田有效灌溉面积所占比重不足一半，部分灌区工程设施配套差，且老化现象严重；农业生产仍然是以人力、畜力耕种为主，劳动生产率低下。这些因素势必影响到粮食的综合生产能力，成为影响粮食安全的不稳定因素。

科技贡献方面，由于农业科研与生产结合不紧密、基础性研究较弱、创新能力不强，我国农业科技贡献率仅为48%，而发达国家一般为60%～80%。特别是种子产业育种水平较低，使我国种子企业普遍缺乏竞争力，沦为外资企业的陪衬。此外，我国在仓储、运输、加工、消费过程中的浪费现象非常严重。据测算，我国从粮食收购到销售环节的损失率为8%～12%，远高于发达国家的5%，每年因产后损失的粮食超过500亿斤。这些损失和浪费使本就不富裕的粮食供给，向进一步紧平衡的趋势发展。长此下去，随着需求的不断扩大，我国粮食安全将面临更大的威胁。

三　中原在全国粮食安全中的战略地位

胡锦涛总书记在视察河南省时曾指出，“能不能保障国家的粮食安全，河南的同志肩上是有责任的”。抓好粮食生产，不仅事关全省近1亿人口的吃饭问题，而且事关国家的粮食安全。河南省是“国人粮仓”，也是“国人厨房”。因此，河南省农业发展的成败与否以及河南省粮食生产问题不仅关

系中原崛起战略能否顺利实施，而且对保证和加强我国农村实现小康，保持全国经济、社会的稳定发展，保障国家粮食安全，保持和加强我国在国际竞争中独立自主地位的战略要求也关系极大。

（一）河南省粮食生产发展历程及取得的成绩

1. 河南省粮食生产发展历程

河南省是个农业大省、人口大省，也是全国的粮食主产区之一。新中国成立60多年来，在耕地和粮食播种面积不断减少、人口逐年增加的情况下，粮食生产有较大的发展，粮食生产总量在持续跨越1000万吨（1951年）、2000万吨（1976年）、3000万吨（1989年）、4000万吨（1998年）和5000万吨（2006年）五个台阶的基础上，2013年达到5713.69万吨，1950～2013年河南省粮食生产总量平均年递增4.1%。20世纪80年代以来，河南省每年向国家提供1000万吨商品粮，尤其是从1983年开始由粮食调入省发展成为粮食调出省，平均每年调出100万吨。1996年河南省粮食总产仅次于江苏、山东两省，位次由1978年的第5位上升到第3位。1997年粮食产量首次跃居全国第1位。2003年，由于受洪涝和干旱重大自然灾害的影响，粮食收获面积、单产、总产大幅度下滑。2004年伊始，中央下发《中共中央国务院关于促进农民增加收入若干政策的意见》。这成为改革开放以来中央的第六个一号文件。2005年，河南省全面贯彻落实中央关于农村和农业工作的一系列方针政策，采取“多予、少取、放活”的方针，加大农业税减免力度、对种粮农民实行直接补贴、良种补贴、农机具购置补贴等“一减免三补贴”的各项扶持农业发展的政策得到完善和强化，通过不断提高农业综合生产能力，实现了粮食稳定增产、农民持续增收和农村的全面发展。2013年河南省粮食总产5713.69万吨，比2012年增加75.09万吨，创历史新高（见图5－6）。

2. 河南省粮食生产取得的成绩

作为我国三大粮食生产核心区之一和全国重要的商品粮基地的河南省，近年来，在国家一系列强农惠农政策的支持下，在河南省委、省政府的高度重视下，粮食生产取得了“十一连增”佳绩，夯实了我国粮食安全的基础。

（1）粮食播种面积稳定

2008年底，河南省耕地面积为792.64万公顷，占全省土地总面积（1654.78万公顷）的47.9%左右，占全国耕地面积的6.51%，居全国第

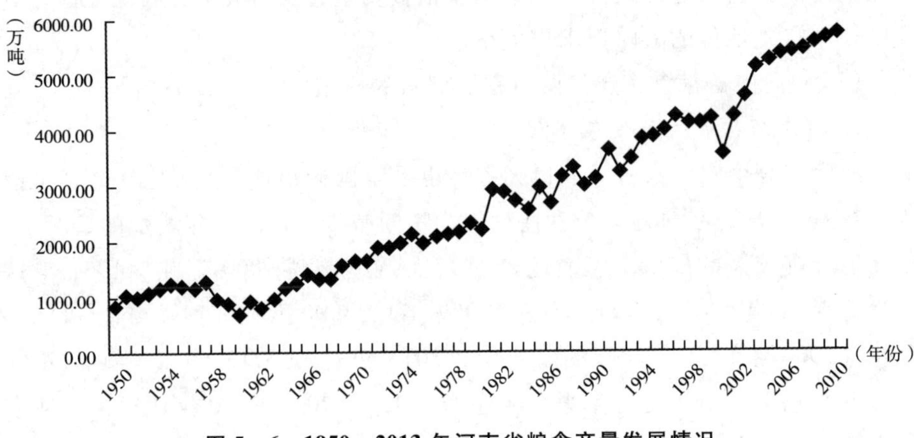

图 5-6　1950-2013 年河南省粮食产量发展情况

2 位，其中粮食生产核心区的耕地面积为 500 万公顷。从耕地类型看，河南省耕地以旱地为主。耕地集中分布在黄淮海平原、南阳盆地及豫西黄土区。耕地质量以五等至八等的高等地为主。2006~2009 年，河南省粮食播种面积平均维持在 955.10 万公顷左右，占全国粮食作物种植面积的比重为 9.0% 左右。2006 年后，粮食播种种植面积有所增加，但变化不大，在全国粮食播种面积中的比重略有下降，2010 年为 974.02 万公顷，占比为 8.9%；2011 年为 985.89 万公顷，占比为 8.9%；2012 年为 998.52 万公顷，占比为 9.0%；2013 年为 1008.18 万公顷，占比 9.0%，居全国第 2 位（见表 5-9）。

表 5-9　2006~2013 年河南省粮食播种面积及占全国的比重

年份	全国粮食播种面积（万公顷）	河南省粮食播种面积（万公顷）	河南省占比（%）
2006	10495.8	945.58	9.0
2007	10563.0	946.80	9.0
2008	10679.3	960.00	9.0
2009	10898.6	968.36	8.9
2010	10987.6	974.02	8.9
2011	11057.3	985.89	8.9

续表

年份	全国粮食播种面积（万公顷）	河南省粮食播种面积（万公顷）	河南省占比（%）
2012	11094.7	998.52	9.0
2013	11202.0	1008.18	9.0

资料来源：2007～2014 年《中国统计年鉴》。

（2）粮食生产实现了总产量和单产的双提高

近几年，在国家一系列强农惠农政策的支持下，在河南省委、省政府的高度重视下，河南省用占全国 1/16 的耕地面积，生产了全国 1/4 的小麦、1/10 的粮食，仅次于第一产粮大省——黑龙江省。不仅满足了全省 1 亿多人口的口粮需求和经济、社会发展的需要，而且有力地支持了其他省份的经济、社会发展，为国家粮食安全做出了卓越的贡献，为国家综合国力的提高提供了坚实的物质基础。2013 年，河南省粮食产量达到 5713.69 万吨，实现了自 2003 年以来的“十一连增”，人均占有粮食为 539 公斤，比全国平均水平（442 公斤）高 97 公斤，继续成为继黑龙江、宁夏、内蒙古、吉林之后第五个人均粮食拥有量超过 500 公斤的省份。粮食单产为 5667 公斤/公顷，比全国平均水平（5377 公斤/公顷）高 289 公斤。

（3）粮食产品结构逐渐优化

近年来，河南省不断调整粮食结构，加之党和国家的一系列强农惠农政策，粮食产量持续增加，为实现全国粮食生产“十一连增”做出了突出贡献。在种植结构上，对粮食作物、经济作物、饲料作物和绿肥作物进行了调整，提高了小麦、水稻和大豆等主产作物产量，在各地区增加相应的种植面积，播种面积稳定在 945 万公顷以上，列入国家粮食生产核心区的种粮大县有 95 个，实现了亩产的提高。

（二）河南省粮食生产在全国的地位

21 世纪以来，河南省的粮食生产在既有基础上取得了举世瞩目的成就，既奠定了自身作为我国重要的粮食主产区和商品粮供应地的地位，又强化了它在国家粮食供求乃至粮食安全战略体系中的重要作用。总体而言，无论是粮食播种面积、总产、单产、增产总量，还是粮食收购量、人均粮食占有量，河南省都显著高于全国水平，位居前列，无愧于其全国农业和粮食生产第一大省的地位。

2000 年以来，河南省粮食播种面积稳中有升，粮食总产和单产均呈稳定增长态势，且与全国水平相比，无论是总量还是增速，都凸显了河南省突出的粮食区位优势。其中，粮食播种面积占全国的比重由2000年前后的8.3%提高到2013年的9%，尤其是河南省中东部、北部和南部的黄淮海平原、南阳盆地等地区，在优质专用小麦和优质玉米、大豆的生产上拥有得天独厚的耕作条件和区位优势；粮食总产量至2010年已连续11年稳居全国首位，至2013年已连续8年超过5000万吨，占全国的比重也在波动中由2000年的8.9%逐步提高到近几年的10%左右，年均增长率高出全国水平1个百分点；河南省小麦产量更是连续六年超过3000万吨，占全国的比重达1/4以上，年均增长3%，高过全国水平1.5个百分点；人均粮食占有量已连续七年超过500公斤，高出全国水平1/4以上；粮食单产已连续七年超过5000公斤/公顷，超出全国水平12%以上。此外，河南省每年还为国家提供商品粮及粮食制成品1500万吨以上，并承担着未来1/7强的粮食增产任务。

进一步从河南省在中国13个粮食主产区的地位来看，根据梁子谦对中国综合生产能力与安全的研究，可以得到13个粮食主产区在水稻、小麦、玉米和大豆的规模、效率和综合比较优势指数。[①] 从水稻的各项优势指数看，河南省的水稻规模优势指数为0.18，在13个粮食主产区位于第10位；水稻效率优势指数为1.06，居第5位；水稻的综合优势指数为0.44，位于第10位。从以上数据可以看出在水稻的专业化、规模化生产上，河南省处于劣势，但是土地的产出率还是较好的，总的来说，河南省的水稻综合优势指数较低。从大豆的各项优势指数看，河南省的大豆规模和综合优势指数均略小于1，但是效率指数为1.00。这说明河南省虽具有效率的生产优势，但是大豆生产的专业化程度较低，其综合优势指数仅接近全国的平均水平。从小麦的各项优势指数看，河南省的小麦规模优势指数、效率优势指数和综合优势指数分别为2.06、1.25和1.58，分别位于第1位、第2位和第1位。这说明在小麦生产方面，河南省极具优势，不但作物的生产已具有一定的规模，而且专业化程度较高，土地的产出率和粮食的单产水平也较好。从玉米的各项优势指数看，河南省的玉米规模和效率优势指数处于13个主产区的中间靠下的地位，但均大于或等于1，玉米的综合优势指数为1.05，位于第7位。这说明河南省在玉米生产方面的优势虽然不及小麦，但是要高于水稻，具有一定的生产优势，玉米生产作业的过程还有待进一步提高。

---

① 梁子谦：《中国粮食综合生产能力与安全研究》，中国财政经济出版社，2007。

（三）河南省作为全国粮食供给系统稳定器的优势

无论从区域的地理环境、自然资源和农业生产历史看，还是从科技后备力量、社会经济环境和劳动力资源看，河南省都具有发展粮食生产、成为全国粮食供给系统稳定器的特定优势。

1. 资源禀赋总量大，生产条件优越

河南省耕地资源丰富，土地肥沃。2012 年末，河南省耕地面积达 825.68 万公顷，占全国耕地面积的 6.25%。2013 年末，农田有效灌溉面积达 496.91 万公顷，占全国有效灌溉面积的 7.82%，占全省耕地总面积的一半以上；化肥施用量（折纯量）为 696.4 万吨，占全国化肥施用总量的 11.78%；农作物播种面积达 1432.35 万公顷，占全国农作物播种面积的 8.7%；粮食作物播种面积达 1008.18 万公顷，占全国粮食作物播种面积的 9%，可利用土地比重较大，耕地利用率较高。而且，河南地处亚热带和暖温带，气候适宜，四季分明，日照充足，温和湿润，无霜期长（年均 250 天左右），大部分地区年均降水量在 1000～2500 毫米，而且雨热同期。这种丰富的气候资源为农业发展提供了优越的自然条件，能满足多种亚热带和暖温带农作物生长的需要，对农、林、牧、渔各业生产十分有利。

2. 农业生产的历史悠久

据历史记载，早在夏商时期，河南就是农业生产相当活跃的地区，是当时中国的政治中心、经济中心、文化中心。新中国成立后，随着一大批农田水利基础设施的兴建，河南省防洪抗灾的能力大大提高，农业生产能力得以迅速恢复和发展。经过近 60 年的发展，河南省农业取得了辉煌的成就，对河南省和全国经济的稳定发展做出了重要贡献。

3. 交通发达，区位优势明显，为农业的运输、销售提供了良好的便利条件

第一，河南省的区域优势明显。河南省是东部产业向西部转移的桥梁与纽带，也是西气东输、西电东送的必经之路，紧靠以京津为中心的环渤海经济圈，具有连贯南北、承东启西，居于周边辐射的良好区位，战略位置显著。

第二，河南省交通发达。河南省是中国内陆交通运输的重要枢纽。京广、陇海、京九等铁路干线纵横交错，新开通的从中国江苏连云港至荷兰鹿特丹港的亚欧大陆桥横穿全省。公路交通四通八达，9 条国道干线呈五纵四横分布境内。正是由于拥有良好的区位优势，河南省农产品运输和销售极为方便。

4. 农业地位突出，劳动力资源丰富，为农业发展奠定了坚实的基础

河南省自古以来就是全国重要的农副产品主产区，其农业基础设施较为完备，抗灾能力强，农业地位突出。2013 年，河南省的粮食总产量达到 5713.69 万吨，占全国的 1/10 强，其中小麦产量占全国的 1/4 强。

河南省农村劳动力资源丰富，为河南农业发展提供了丰富优越的人力资本。2013 年，河南省的人口总数为 10601 万人，其中乡村人口（指户口在农村的人口）有 5958 万人，占全省总人口数的 56.2%；2013 年，河南省第一产业从业劳动力为 2563 万人，占全国第一产业从业劳动力总数的 10.6%；在乡村从业的劳动力为 4851 万人，占全国乡村从业劳动力的 12.52%，占河南省人口总数的 45.76%。

第五节　南水北调中线重要工程所在地

中国水资源分布，具有南方水多、北方水少的特点。这决定了中国既是一个严重缺水的国家，又是一个洪灾发生频繁的国家。20 世纪 50 年代初，毛泽东主席曾提出“南方水多，北方水少，如有可能，借一点是可以的”。自此在中国揭开了研究和探讨大型跨流域调水工程——南水北调——的序幕。河南省是南水北调中线工程重要所在地，在南水北调中线项目工程的实施和维护中必将发挥重要作用。

一　南水北调工程的重大战略意义

（一）南水北调工程简介

经过多年的勘测、规划、研究，按照长江与北方缺水区之间的地形、地质状况，分别在长江下游、中游和上游规划了三条调水线路，形成了南水北调东线、中线和西线的总体规划布局。通过三条调水线路与长江、黄河、淮河和海河四大江河的联系，构成以“四横三纵”为主体的总体布局，以利于形成我国水资源南北调配、东西互济、可合理配置的格局。三条调水线路既有各自的主要供水目标和各自合理的供水范围，又是一个整体，可以互相补充。

东线工程从长江下游扬州附近抽引长江水，利用京杭大运河逐级提水北送，经洪泽湖、骆马湖、南四湖和东平湖，在位山附近穿过黄河后自流，经位临运河、南运河到天津。输水主干线长 1150 公里，其中黄河以南 660 公

里，黄河以北 490 公里。全线最高处东平湖蓄水位与抽江水位之差为 40 米，共建 13 个梯级泵站，总扬程 65 米。东线工程的供水范围是黄淮海平原东部地区，包括苏北、皖北、山东、河北黑龙港和运东地区、天津市等。主要任务是供水，并兼有航运、防洪、除涝等综合利用效益。

中线工程从汉江丹江口水库引水，输水总干渠自陶岔渠首闸起，沿伏牛山和太行山山前平原，京广铁路西侧，跨长江、淮河、黄河、海河四大流域，自流输水到北京、天津。输水总干渠长 1246 公里，天津干渠长 144 公里。中线工程的供水范围是北京、天津、华北平原及沿线湖北、河南两省部分地区。主要任务是城市生活和工业供水，兼顾农业及其他用水，输水总干渠不结合通航。

西线工程从长江上游干支流调水入黄河上游，拟定在通天河、雅砻江、大渡河上游筑坝建库，采用引水隧洞穿过长江与黄河的分水岭巴颜喀拉山入黄河。年平均调水量为 145 亿～195 亿立方米，其中从通天河调水 55 亿～100 亿立方米，雅砻江 40 亿～45 亿立方米，大渡河 50 亿立方米。西线工程的供水范围包括青海、甘肃、宁夏、内蒙古、陕西和山西六省（区）。主要任务是补充黄河水资源的不足和解决西北地区、华北西部地区工农牧业生产和城乡人畜用水。

按照目前规划，南水北调东、中、西三条线路都将建设并分期实施。目前开工建设的为东线一期和中线一期工程，2010 年，东线一、二期及中线一期工程完工后，可向华北、苏北及胶东半岛调水 200 亿立方米，其中新增供水 150 亿立方米；从 2010 年起，将实施南水北调东线二期、中线二期工程，并通过西线一期工程向黄河源头调水，到 2030 年，将为中国北方地区新增调水 108 亿立方米，年调水总规模将达到 318 亿立方米；从 2030 年起，将继续完成东线二期和中线二期工程，开始实施西线二、三期工程，到 2050 年实现调水总规模为 448 亿立方米。

（二）南水北调工程的重大战略意义

南水北调工程是从根本上解决我国华北、西北地区水资源短缺的一项战略性基础设施工程。从国家层次和区域层次上，其重大意义超过美国加州调水工程，可以与以色列国家调水工程相比，是中国可持续发展的支撑工程。南水北调工程通过三条调水线路与长江、黄河、淮河和海河四大江河的联系，逐步构成以“四横三纵”为主体的中国水资源网络布局，可基本覆盖黄淮海流域、胶东地区和西北内陆河部分地区，从此形成我国水资源南北调配、东西互济、可合理配置的格局。这对从整体上提升我国北方地区的承载能力具有重大的战略意义。

我国所处的地理位置和特殊的地形、地貌、气候条件，导致水资源丰枯时空分布极不均匀，从东南沿海向西北内陆逐步递减，与人口和土地资源分布不相适应。长江流域及其以南地区的河川径流量占全国的80%以上，耕地面积仅占全国的35%，是我国的丰水地区。海河、黄河和淮河三大流域河川径流量不到全国的6%，耕地面积却占全国的40%，均属缺水地区。这三大流域包括北京、天津、河北、河南、山西、山东、苏北、皖北、内蒙古和西北的省区，特别是京津冀等省市所在的海河流域，人口和耕地分别占全国的10%和12%，而径流量不足全国的1%。与长江流域相比，海河流域人均径流量是长江流域的1/10，耕地亩均水量是长江流域的1/17。海河流域的人均水资源量甚至低于中东地区著名干旱缺水国家的水平，是全国缺水最为严重的地区。不相匹配的水土资源组合必将影响国民经济发展和水土资源的合理利用。

黄河自古就是中华民族的象征。然而，就是这样一条曾经奔流不息的大河，在1972年至1998年的27年中，竟有21年下游出现断流。进入90年代，年年断流，1997年距河口最近的利津水文站全年断流达226天，断流河段曾上延至距河口约780公里的河南开封附近。黄河断流引起国人乃至世界的广泛关注：一条奔腾了千万年的大河，一条被中国人视为母亲的大河，一条创造了古老而辉煌文明的大河，会不会从此告别大海走向消亡？淮河流域自古就是鱼米之乡，然而，20世纪后期淮河水越来越混浊。淮河水“50年代淘米洗菜，60年代浇地灌溉，70年代水质变坏，80年代鱼虾绝代，90年代变成公害”，出现了“居在水乡无水喝”的现象。现在海河是“有河皆干、有水皆污”。与50年代末相比，全流域已累计消耗地下水储量近1000亿立方米，成为世界上最大的地下水漏斗。未处理污水的使用，使人们不得不严重担忧供水卫生和食品安全问题，依靠超采地下水和破坏生态环境维持生产和生活用水，带来的不良后果将难以挽救。种种迹象昭示一个人们不愿意面对但必须正视的现实：水危机已全面逼近中国，特别是中国北方地区。

改革开放以来，我国国民经济进入高速增长期，各经济部门对水资源的需求快速增长，其中城镇生活与工业用水年增长率更是高达6.2%，水资源供应跟不上经济高速增长带动下的需水量的快速增长，导致我国北方地区和沿海城市自20世纪80年代开始便出现水资源短缺现象，这种矛盾不断加剧，已经成为制约国民经济与社会发展的瓶颈。据统计，目前全国年缺水量已接近400亿立方米，造成工业产值损失近2000亿元，粮食减产200多亿公斤，400多座城市缺水，3000多万农村人口饮水困难。

20世纪80年代以来，北方地区依靠对当地水资源的过度开发，维持了社会经济的高速发展。海河流域水资源利用率已达95%，黄河超过了65%，淮河也超过了59%，造成河流断流、湖泊干涸、地下水超采、水环境恶化等现象，代价十分沉重。在被当今世界称作“全球问题”的人类生存危机中，三项属于人与自然关系范畴的问题，即人口膨胀、资源短缺和生态系统恶化，在我国的北方，全部可以看到。

“欲求木之长者，必固其根；欲求流之远者，必浚其源。”解决水资源短缺，节水、治污、挖潜、改造、提高水价、合理配置都是重要手段，但其前提是要有水可节、有水可管、有水可治。现实是，北方地区尤其是黄淮海平原地区的城市用水在最紧张时要限量供应，农业灌溉用水几乎全是污水，生态用水更被挤占得一无所有。有分析表明，即使将所有节水措施用到极致，到2010年黄淮海地区也只能解决290亿立方米的缺水量，还有319亿立方米的缺口，远远超出了当地水资源的承载能力。跨流域调水势必成为解决这些地区资源性缺水，保障水资源可持续供给的重要手段。改革开放以来，经过20多年大规模建设，曾经制约国民经济和社会发展的交通网、电网、信息网等“瓶颈”已在较大程度上被一一冲破，唯独关系国计民生命脉的水资源网建设还滞后于时代发展的需求。南水北调工程的实施，无疑将解除这个“瓶颈”制约，从根本上改变我国水资源分布不均的不利状况，构筑起全国水资源优化配置的基本格局，对我国经济社会的可持续发展起到重要的支撑和保障作用。

国内外许多已建调水工程的实践证明，建设跨流域调水工程是缓解缺水地区水资源短缺、促进地区经济繁荣和社会发展的有效途径，也是支撑缺水地区可持续发展的重要基础设施。南水北调工程的全面实施，将产生巨大的经济效益、社会效益和生态效益。①

二　河南省对南水北调中线工程的贡献

南水北调中线工程从国家一级水源地丹江口水库陶岔渠首闸引水，沿黄

① 王忠静、王学凤：《南水北调工程重大意义及技术关键》，《工程力学》2004年第12期，第180～189页。

淮海平原西部边缘开挖渠首，在郑州以西孤柏嘴穿过黄河，经太行山东麓、京广铁路西侧北上，到达北京团城湖终止。工程于2003年12月开工，2013年完成主体工程，2014年汛后通水。中线总干长为1432公里，其中涉及河南省安阳、鹤壁、新乡、焦作、郑州、许昌、平顶山、南阳8个省辖市，35个县（市、区）境内的731公里。南水北调中线工程总干渠自南向北纵贯了中原大地的核心区域。南水北调中线工程1267公里的总干渠，河南省境内的长度为731公里，占渠道总长度的58%。河南省是南水北调中线工程的水源地和重要受水区，河南境内既有渠道工程，又有水源工程、渠首工程和配套工程，是渠道最长、占地最多、移民征迁任务最重、文物点最多、投资最大、计划用水量最大的省份，在整个工程建设中处于极为重要的地位。可以说河南省是南水北调沿线各省市中任务最重的省份，从某种意义上讲，中原成则中线成。

（一）科学规划，强化水质保护和生态文明理念

南水北调中线工程成败在于水质。党中央、国务院高度重视南水北调中线工程水质和生态环境保护工作，明确提出南水北调中线工程应贯彻“先节水后调水，先治污后通水，先环保后用水”的“三先三后”调水方针。据此，河南省在规划阶段就把水质和生态环境保护放在更加突出的位置。紧紧围绕生态建设、产业结构调整、工业污染防治、面源污染治理、水土保持规划、水源保护宣传等工作，加强水质保护和生态文明理念。河南省政府下发了《河南省南水北调中线工程水源地水质保护实施意见》，不断强化水源地的水质保护工作。自2003年以来，水源区三市六县共关停并转移污染企业773家，尤其是下大力气治理了黄姜种植－皂素提取这一传统产业，在水源区三省中率先关闭了所有的黄姜加工企业。河南省还积极加强面源污染治理，大力引导库区广大群众科学施肥施药，提倡生物防治，推行无公害生产，减少库区农药、化肥等有害物质对水质的污染，确保丹江口库区水质始终保持在Ⅱ类以上。同时，河南省还专门编制了《丹江口库区及上游水污染防治和水土保持规划》，并已经报国务院批复，项目总投资194.33亿元，其中河南省27.5亿元。这些项目的落实极大地促进了河南省水源区的水土保持和生态环境保护。这些举措的实施，强化了水质保护和生态文明理念，促进了经济发展方式的转变。

（二）大力实施科技攻关和管理创新，提升整体自主创新水平

南水北调作为迄今为止世界上规模最大的水利工程，其规模及难度在国内外均无先例，在工程建设中遇到了一系列需要解决或者没有工程实例的技术难题。南水北调工程建设者们砥砺拼搏、自主创新，攻克了一个又一个技术难题，并将其转化为专利技术，加快构建自主创新体系，并将之积极推广应用到工程建设中去，提高了工程质量。如穿黄输水隧道工程。这是总干渠上难度和规模最大的控制性建筑物。为确保隧洞安全，长江设计院对穿黄隧洞因河床冲淤变化与地震引起的纵向变形进行了深入分析研究，研究成果有力地推动了隧道工程建设，保证了工程质量。穿黄工程是国内首次成功完成在砂层下做如此规模的输水隧道工程，多项科技成果填补了国内空白。

从管理上下功夫，不断创新管理机制。在招投标方面，建立了招标专家评审制，克服人为因素、长官意志对招标工作的影响，通过从国务院南水北调办公室专家库随机抽取专家组成专家评审组，然后由中介机构组织实施技术合同，保证招标客观公正，确保一流的施工队伍进入河南的主战场，确保实现“建设一流工程、锻炼一流队伍”的目标。在工程建设过程中，建立了省长办公会、秘书长协调会、建设环境与征地移民联席会、工程项目现场协调小组四个层次的工作机制，理顺各个层面的关系，确保各项工作的顺利进展，为工程建设积极营造良好的建设环境。

（三）和谐推进移民征迁

南水北调中线工程建设需要征用河南省土地 60.3 万亩，需要搬迁安置征迁群众和丹江口库区移民 21.7 万人。切实做好征地移民安置工作，是贯彻落实科学发展观的要求，也是积极稳妥地加快工程建设的需要。为搞好南水北调丹江口库区移民安置工作，河南省委、省政府制订并下发了《河南省南水北调丹江口库区移民安置工作实施方案》（豫文〔2009〕114 号），提出了移民工作“四年任务、两年完成”的目标任务。各级党委、政府和有关部门的高度重视和共同努力，坚持以人为本，科学编制规划，精心组织实施，保证了库区移民安置工作的顺利进行，取得了显著成效。2009 年 8 月底试点移民顺利完成搬迁，移民群众正在逐步融入当地社会。目前，第一批移民 6.49 万人集中搬迁工作圆满结束。搬迁期间，迁安双方共出动搬迁车辆 10859 台（次），工作人员 11586 人（次），实际搬迁集中安置的库区移民 76 批 13761 户 60886 人（不含投亲靠友和本村后靠等分散安置移民），圆满实现了“平安、文明、和谐”和“不伤、不亡、不漏、不掉一人”的搬迁目标。与此同时，第二批移民新村建设全面启动，新村“三通一平”已基本完成。

为了确保库区移民实现“搬得出、稳得住、能发展、可致富”的目标，河南省政府办公厅还下发了《关于南水北调工程丹江口水库移民安置优惠政策的通知》（豫政〔2008〕56号），对移民搬迁安置实行全方位倾斜政策，营造移民搬迁安置工作的宽松环境；省政府办公厅又下发了《关于进一步推进南水北调中线工程丹江口库区移民新村建设的意见》（豫政办〔2009〕11号），通过高起点定位、高标准筹划，把移民资金同新农村建设资金、各项支农惠农资金和城镇建设资金捆绑使用，做到“渠道不乱、用途不变、整合使用、各计其功”，促进了移民新村建设。将移民新村建设与统筹城乡发展有机结合起来，以工促农，以城带乡，在推进农业现代化、提高农民收入的基础上，努力建设生产发展、生活宽裕、乡风文明、村容整洁、管理民主的社会主义新农村。通过充分发挥移民政策和各项支农惠农政策的集成效益，引导移民发展第二、第三产业，扩大移民就业门路，提高移民收入水平，推动县域经济发展。如2009年8月试点搬迁到中牟县刘集镇姚湾村的移民，目前生活质量有了很大的提升，村里劳动力就业率比在淅川时高出近70%，通过培训劳务输出和自主创业的共有360人，人均每年可额外增加收入1万多元。同时还从丹江口库区试点移民村选出20名村支书、村主任，作为移民新村发展致富的“领头雁”，赴日培训21天。通过考察培训，移民村干部了解和掌握了先进的农村、农业、农产品发展成果和技术，提高了带领移民群众建好家园、管好家园和发展生产、创业致富的本领，在社会主义新农村建设和全面建设小康社会中发挥了示范带动作用。

三　河南省在未来南水北调中线工程中的重任

虽然河南省在南水北调中线工程实施过程中做出了突出的贡献，但南水北调中线工程建设仍然面临着一些深层次矛盾和问题。一是水源地面源污染还比较严重，治理面源污染是一项长期而艰巨的工作。二是水源区的生态环境保护意识有待提高，以生态文明建设加快经济发展方式转变理念有待加强。三是随着工程建设和征地移民工作进入攻坚阶段，协调难度不断增加，各种单元主体、利益主体的纠集，引发了一系列棘手的难题，使传统的管理模式出现了体制不顺、机制不畅。四是前期的理论研究及政策宣传略显不足，一些同志对移民新村建设、统筹城乡发展与促进社会主义新农村建设的关系认识不够深刻，阻碍了二者相互联结、相互融合、发展互补。五是目前较普遍的认识是，随着主体工程建设结束，工程对河南省国民经济的直接拉动作用也将逐渐消失，双方将顺序转入独立不相关的运营模式，从而忽略了工程的潜在价值。因此河南省在未来南水北调中线工程中仍有相当多的工作要做。

（一）加快建立生态文明建设示范区，建设“清水走廊”①

河南既是南水北调中线工程的水源地，又是重要受水区，肩负着水源保护、库区移民迁安和工程建设管理等重任。为了保证“一渠清水向京津”，必须全面规划，统筹安排，建立合理的政策体制机制，通过各级政府及相关部门认真落实，保护好生态环境，建设好工程，管理好工程，使中线工程真正成为“清水走廊”。作为水源地的南阳、洛阳、三门峡三个省辖市的淅川、西峡、内乡、邓州、栾川、卢氏六个县（市）要积极争取国家设立南水北调中线水源区生态文明建设示范区，形成既保护生态环境，又发展生态经济的双赢模式，为全国的生态文明建设做好示范。由此，应积极从优化生态环境、强化生态产业、发展循环经济、强化科技支撑、培植生态文化几个方面入手，抓住重点，破解难点，大力推进生态文明建设。

一要优化生态环境。实施工程措施与生物措施综合防治，高标准开展水土保持工作。在水源地大力开展封山育林、荒山造林、退耕还林、小流域治理，防治水土流失。在干渠两侧建立生态控制带，种植生态型防护林，防止点源污染，形成安全的整体生态流。二要做强生态产业。立足保护南水北调中线工程水源地及工程沿线的生态环境，大力发展生态农业、生态工业和以生态旅游业为主的服务业，努力形成经济效益较高、社会效益较好、生态效果明显的现代生态型产业体系。三要发展循环经济。推进资源节约和综合利用，积极推广资源节约、替代和循环利用技术，加快企业节能降耗的技术改造，大力推进节能、节水、节地、节材，完善再生资源回收利用体系。四要强化科技支撑。建立水土保持径流观测站、水土保持面源污染水质监测站、水源涵养林径流小区来提高防治工程效益。同时加强水土流失规律、治理技术及效益、面源污染防治模式及效益等观测研究工作，为保障水源地及工程沿线的生态安全和水质安全提供技术支撑。最后，要培育生态文化。以生态文化引领和支撑生态文明建设。将生态保护建设纳入经济社会发展的总体规划，列入领导干部政绩考核，并实行节能减排“一票否决制”，落实行政问责制，对新上项目赋予环保部门“第一审批权”和“一票否决权”。

① 李斌成、王延荣主编《河南水利年鉴（2010）》，方志出版社，2010。

（二）积极构建南水北调中线绿色经济带，建设“绿色走廊”①

绿色经济是以人为本，以发展为动力，在生态环境容量、资源承载能力范围内，实现自然资源持续利用、生态环境的持续改善和人们生活质量持续提高、经济社会持续发展的一种经济发展形态。河南省是全国农业第一大省，是国家的粮仓，发展绿色经济有利于走一条不以牺牲农业和粮食生产为代价发展工业的路子，同时更加有利于充分发挥农业大省这一得天独厚的自然优势。但是，由于各种条件的制约和种种历史原因，河南省绿色经济的发展并不理想。河南省要转变发展方式、实现可持续发展，必须大力发展绿色经济。

南水北调工程作为跨流域、跨区域联系的新载体，将河南省水源区和受水区 11 个省辖市紧密地联结在一起。工程的建设，有利于推动并形成互利互惠、相互促进、共同发展的利益共同体。南水北调中线一期工程在河南省境内的静态投资约为 670 亿元，在建设期内，中线工程将成为河南省“扩内需、保增长、促发展”的重要经济带，建成后的中线工程将极大地缓解河南省经济发展的瓶颈制约，为这一带经济的可持续发展注入新的活力。为此，结合河南省中原经济区建设的总体框架，构建一条纵贯南北沿输水线路辐射的南水北调中线绿色经济带对加快河南省的经济发展方式转变，助推中原经济区建设具有独特的战略意义。

一要以移民新村建设为抓手，积极主动地建设资源节约型和环境友好型社会主义新农村，加快新型城镇化进程。以产业集聚区为载体，构建现代产业体系、现代城镇体系和自主创新体系。二要做好“加减法”，推进产业结构优化升级。首先，做好“加法”，一手“固本”，着力壮大战略支撑产业；一手“育新”，积极培育战略性新兴产业。其次，做好“减法”，给控污减排戴上“紧箍咒”，下决心淘汰落后生产能力。做大做强县域经济，形成新的城镇增长极。三要以城镇化建设为切入点，统筹“三化”进程。以点带面，加快中原经济区建设，充分发挥中心城市的辐射、带动、引领、集聚等功能和作用。四要开展体制机制创新，奠定经济起飞的制度基础。在增大对水源地与干渠沿线区域开发财政扶持力度的同时，必须强化经济管理体制改革和推进制度创新，带动投资环境和企业经营环境的改善，促进水源地与干渠沿线区域整体经济竞争力的提升。五要以南水北调中线工程建设为契机，

① 李斌成、王延荣主编《河南水利年鉴（2010）》，方志出版社，2010。

加快促进工程沿线经济发达地区的人才、资金、市场、科技等优势同工程沿线经济欠发达地区的资源优势相互联结、相互融合，实现发展互补，形成合力。

（三）积极构建南水北调中线文化旅游产业带，建设“文化走廊”①

南水北调中线工程总干渠流经河南境内达731公里，占总长度的58%，纵贯了中原大地的核心区域。在淹没区和总干渠沿线及其附近分布着一系列具有丰富历史文化内涵的大遗址和文物点，既有旧石器时代的化石和古人类遗迹，也有新石器时代的大型聚落，更有数量众多、内涵丰富的不同文化风格和历史时期的古城遗址、墓葬群、古建筑和石刻艺术等。可以说，纵贯河南南北的总干渠，在广袤的中原大地形成了一条极为难得的融会各个文化发展时期和各种文化因素的古代文化廊道。经国家有关部门确认，南水北调工程涉及河南文物点330处，其中国家级文物保护单位4处。其中鹤壁刘庄遗址、荥阳关帝庙遗址、娘娘寨遗址、新郑唐户遗址、胡庄墓地、安阳固岸墓地被评为当年全国十大考古新发现，这些遗产是不可再造的珍贵公共资源，它是河南的，也是中国的、世界的。另外，这些文化遗产不仅是景观或遗址，而且充溢着先哲的灵魂，更包含着建筑、音乐、艺术等非物质文化符号系统，它有许多可以传世的故事。因此尽管它是逝去的古老文明，但总可以在我们心中得到活化。河南是这种文化的传承者、守护者，我们将责无旁贷地创造性地开发和经营、保护好这些资源。首先，在陶岔渠首兴建集移民纪念馆、纪念广场、百亩生态纪念林、纪念碑等于一体的南水北调纪念园。把陶岔渠首和纪念广场、九重阁、禹王宫、汤王庙等历史景观串联起来，打造出一条新的渠首生态文化旅游线路。其次，在南水北调穿黄工程南岸荥阳龙山脊上兴建包括穿黄工程仿真区、中国南水北调博物馆等在内的南水北调纪念园。穿黄工程位于我国历史文化和黄河文化的交汇点，同时穿黄工程也是人类历史上最宏大的穿越大江大河的工程，在此兴建一个集观景游览、科普教育等功能于一身的博物馆，把荥阳关帝庙遗址、娘娘寨遗址串联起来一同开发，打造出一个新的文化旅游风景区，有利于充分发挥南水北调穿黄工程独特的资源价值优势，带动河南文化旅游产业的发展。再次，在沙河渡槽北侧结合工程密集地区建立南水北调公园。沙河渡槽横跨沙河、将相河、大郎河三条大河，是南水北调中线规模最大、技术难度最复杂的控制性工程之

① 李斌成、王延荣主编《河南水利年鉴（2010）》，方志出版社，2010。

一，建成后将成为中原大地上的一个新景观。在南水北调公园建设中，注重水景观的营造，把它和东部白龟山水库以及鲁山境内的鲁山大佛、尧山等著名景点串联起来，加强交通连接，构建出一条新的休闲旅游线路。最后，把南水北调中线河南段从南阳经平顶山、许昌、郑州、焦作、新乡到安阳的一个个精品旅游景点，用一条绿色水线像串珠一样串联起来，打造出一条新的生态文化旅游产业带，同东西走向的沿黄“三点一线”历史文化旅游带结合起来，形成大中原“十字”形黄金旅游架构，将大大提高河南旅游的知名度和影响力。这些新的南水北调人造大型水利景观与原有的历史人文景观交相辉映，将使河南省的旅游业锦上添花。南水北调工程建成后，将成为海内外游客新的旅游目的地，为河南省走出一条新的文化旅游国际化之路奠定坚实基础。①

---

① 王树山：《南水北调工程为中原经济区助力》，《河南日报》2010年10月13日。

第六章
中原地区在全面深化改革中的战略目标

要全面深化改革，就必须从生产要素做起。无论是企业的发展还是产业集聚区的建设，都需要首先优化要素结构。为此，要在深入了解中原地区要素禀赋的基础上，从创新经济体制机制开始，使生产要素流动进入有序、快速、高效的运动状态，让公平、公正、自由的市场机制发挥基础性和根本性的作用。当生产要素在市场机制轨道上运行时，要按照不同地区发展特点和已有优势强化功能区建设，并使之日渐成熟起来，这是中原地区在全面深化改革中的重要战略目标。

第一节　优化要素禀赋结构

一　区域要素禀赋的内涵与作用

中原地区的要素禀赋具有一定优势，但是与发达地区的要素相比较还存在各种问题与不足，这使得中原地区在企业的区位选择行为中没有绝对的优势。企业区位选择又导致中原地区目前的产业聚集度、产业关联性、产业结构在全国范围来看处于凹陷状态。因此，中原在全面深化改革中的首要目标是要优化要素禀赋。区域经济发展的根本动力在于聚集经济，而聚集经济的承载物质则是区域所使用的要素。区域要素禀赋的优化是中原抓住全面深化改革这一历史机遇的首要条件，弄清楚要素禀赋的内涵与作用，是确定优化目标的前提条件。

（一）区域要素禀赋的内涵

1. 经典要素禀赋理论概述

关于要素禀赋，经典经济理论给予了不同的阐述。最早的是斯密在

《国富论》中关于分工理论和各国财富增长对于要素的理解，他认为特定地域空间的要素影响甚至决定着分工与专业化的结果，进而影响经济发展。[①]他所说的要素包含资本、劳动力和土地等其他自然资源，同时他也提出了国际贸易是由于各国要素禀赋的不同，所以每个地域空间都应按“绝对有利的生产条件”进行专门化生产，然后通过贸易交换使要素的使用效率提高，社会财富增加。后来的李嘉图在斯密的绝对优势理论基础上提出了“比较优势理论”，认为每个国家都应生产具有相对比较优势的产品，然后进行交换。在李嘉图那里，由于相对优势概念的提出，无形中就将自然要素禀赋“过滤”掉了，因为自然要素如矿产资源和地理特征要素只存在绝对优势，而不存在相对优势。因此，在这一时期经济学家们将资本、劳动力、技术和制度等都陆续地纳入要素研究的范畴，而将自然要素禀赋和地理特征要素束之高阁。人类认识自然和改造自然能力的不断增强也强化了很多经济学家的这种要素禀赋观。及至约翰·穆勒在其《政治经济学原理》中将生产要素分为劳动、资本、技术和适当的自然物品，关于要素的理解开始趋于完善。[②] 后来的伯尔蒂尔·奥林提出了 H－O 理论，认为两个地区要素禀赋的不同导致了供给能力的差异，进而引起商品相对价格的不同，根据比较优势原理，一个地区出口密集使用其丰富要素的产品，进口密集使用其稀缺要素的产品。在这里生产要素又包含了自然资源的成分。[③]

经典要素禀赋理论虽然在新古典国际贸易理论中获得了一定的发展，但从理论上讲，要素禀赋理论的前提是各区域的供给条件、生产条件不变；各种要素在空间上具有不完全流动性。但现实生活中的区域经济发展状况往往与这一前提相矛盾，除了土地和一些不可再生的自然资源外，大部分的生产要素在区域间的空间流动是不受限制的。也就是说，经典的要素禀赋理论并不能很好地解释区域尺度上的生产活动集中问题。

2. 现代经济学对于要素禀赋的理解

根据我国学者郝寿义对于要素的理解，要素禀赋是经济活动的客观基

---

① 〔英〕亚当·斯密：《国民财富的性质和原因的研究》，杨敬年译，陕西人民出版社，2001，第 24 页。

② 〔英〕约翰·穆勒：《政治经济学原理》，赵荣潜等译，商务印书馆，1991，第 53 页。

③ 〔瑞典〕伯尔蒂尔·奥林：《地区间贸易与国际贸易》，王继祖等译，商务印书馆，1986，第 75 页。

础，是生产活动必须具备的主要因素或在生产中必须投入的或使用的主要手段。[①] 它可以按照生产过程中的作用分为经济要素和非经济要素：经济要素是指直接影响经济行为的要素，包括资本、劳动、土地、技术、知识和制度等，这些要素都是决定经济行为的主要因素；非经济要素是指不直接影响经济行为的要素，包括自然要素和地理特征状况等。这两种要素之和构成了经济性要素，经济性要素影响或者决定经济活动和行为，而经济活动和行为反过来影响决定经济性要素，特别是其中的后天经济要素。经济性要素是动态的，随着经济性要素与经济活动的相互影响，经济性要素不断地增强自己的总量和质量。

由于经济活动离不开一定的空间区域，我们也可以将要素分为区域性要素和非区域性要素。其中区域性要素是指特定区域特有的要素，其他区域是没有的；非区域性要素是指可以通过要素流动、其他区域也能获得的要素。这样自然要素是非经济要素，也就是区域要素；资本、劳动和技术是典型的经济要素，也是一般意义上的非区域要素。

区域性要素和非区域性要素具有各自的特点。区域性要素具有非流动性、不可复制性、不可替代性、排他性、动态性的特点。区域性要素的这些特征并不是区分区域性要素和非区域性要素的唯一标准。区域性要素和非区域性要素本身是相对的概念，也是动态的概念。根据研究现状，我们对区域性要素的特性进一步描述如下。[②]

第一，非流动性。这是区域性要素的最明显特征之一。就空间角度而言，以往的理论把经济要素进一步区分为可流动要素和不可流动要素。与非区域性要素相比，区域性要素的流动性较低，并且，有的要素是根本不可流动的。第二，不可替代性。经济要素可替代，资本可替代劳动，劳动也可替代资本，有些生产要素或资源可替代另一种生产要素或资源。但是，有些生产要素是不可替代的，只能在某个区位才可利用，这些要素应该是区域性要素。第三，不可复制性。也就是不可模仿性。技术是一种重要的经济要素。但不可能全世界技术水平都是一样的，应该有高水平的，也有低水平的。如果一种技术谁都可以复制或模仿，这种技术就没有价值，也没有机会成本，不能称为经济要素，更不是区域性要素。与此相

① 郝寿义：《区域经济学原理》，上海人民出版社、格致出版社，2007，第55页。

② 郝寿义：《区域经济学原理》，上海人民出版社、格致出版社，2007，第55页。

反，有的技术就在某一个区位，其他的区位不会拥有这种技术，它就是区域性要素。第四，动态性。区域性要素具有要素累积的特征，这是因为它不是可流动的，也不是可替代的或可复制的。区域固有的或区域特有的要素不断地在某个区位累积自己的特征，并加强自身的价值。这也是自我累积或自我加强的过程。

3. 要素禀赋的动态演进

要素是区域形成和发展、演化的客观基础。

要素禀赋是指一个国家或地区所拥有的资源状况。它是要素的客观基础条件，包括量的条件和质的条件。经济学是在既定的资源条件下追求最大化的，其资源条件就是要素禀赋条件。这一基础条件的变化也是区域经济发展的根本动力。就其本质来说，所有的要素都处于动态变化之中，无论是先天存在的自然资源、地理特征，还是劳动、资本等各种非自然要素。

因此，我们也可以将区域要素从时间维度和空间维度上进行定义，具体来说，时间维度上要素禀赋可以分为原始要素禀赋、初始要素禀赋、现时要素禀赋、预期要素禀赋。原始要素禀赋是指特定地域空间纯自然状态下的要素禀赋，比如地域空间的气候条件、土壤环境等，这决定了人们最早的区位选择和区域选择行为。中原地区历来被称为华夏文明的发源地、炎黄子孙的诞生地，因此，中原地区的原始要素禀赋应该说是比较优秀的。初始要素禀赋是说特定的地域空间在给定时点的要素赋存状态，比如新中国成立后，中原地区的要素赋存情况就属于初始要素禀赋。现时要素禀赋是说某一地域空间在当前时点下要素的赋存状态，我们通常讲的要素禀赋即是指现时要素禀赋，现时要素禀赋是进行区域经济研究的直接依据。预期要素禀赋是指经济活动主题对特定地域空间未来时点要素赋存情况的预测或估计，预期要素禀赋对经济活动主体（企业、劳动力、资金）的区位选择和区域选择行为具有重要影响。现时要素禀赋和预期要素禀赋是经济活动主体进行区位与区域选择决策的主要依据。①

从空间维度上来看，空间是人类经济活动的载体，任何经济活动都不能离开空间而存在。由于要素在空间上是非均值分布的，也由于各个空间中的要素是非均质的，人类社会的经济活动才会在各个地域空间中表现出非平衡性。单个经济活动主体（企业、资本、劳动力）的选择对象是区位，其经

---

① 郝寿义：《区域经济学原理》，上海人民出版社、格致出版社，2007，第55页。

济活动的过程使其与其经济活动相关的要素在特定区位上聚集，形成区位要素聚集；在聚集动力的作用下，与占据优势区位的经济活动主体具有密切关联或具有共同的要素需求的经济活动主体将选择与之毗邻的区位，其结果是在特定的空间上由具有共同的要素需求或密切关联的经济活动主体形成经济功能区。社会是一个复杂的系统，人们的需求是多样的，单一经济功能区无法满足社会经济发展的需求，因而在特定的经济功能区周边将形成与其功能互补、具有有机联系的其他类型的经济功能区，再由这些经济功能区组成功能互补和完善的经济区域。

波特在赫克歇尔和俄林的基础上将要素分为低级要素和高级要素。其中，低级要素包括自然资源、气候、地理位置等，是自然赋予的；高级要素包括资本、通信设施、掌握高技术的劳动力、科研设施和技术诀窍、制度等，是个人、公司与政府投资和其他行为的结果。低级要素能够提供最初的优势，这种优势可以通过对高级要素的投资得以加强和扩展；相反，低级要素的劣势可以促进高级要素的投资，如韩国在20世纪六七十年代由政府投资建立国家科学技术研究体系并开展全民科技素质教育，为日后的经济发展奠定了基础。事实上，波特的低级要素和高级要素和我们前面所说的先天自然要素、地理特征状况以及后天经济要素在内涵上是相同的，都属于经济性要素。①

从短期来看，矿藏等自然资源和地形地貌都难以改变或者不能改变，我们可以将其视为既定的。而除了这些自然性要素以外，几乎所有的要素都处于明显的动态变化中，这种变化不仅在时间维度上有所体现，而且能够体现在空间维度上的累加效应。这种累加效应可以通过图6－1来表示，图中分为时间维度和两个空间维度。在时间维度上，要素无论在数量上还是质量上都处于运动变化中，劳动力数量的增加、质量的提高，制度的变迁以及资本的累积和内涵的扩展都会通过时间维度体现出来。在空间维度上，要素的累积可以表现如下一些效应。

第一，资本和劳动力的空间聚集效应。资本和劳动力的累积可以通过空间的集中和分散得到表现。当资本在某一区位获得稳定的超额利润时，向该区位的资本聚集就不会停止，当劳动力可以在某一区位获得高额报酬或者很高的实际工资时，高质量的劳动力也会不断地向这一区位聚集。

---

① 郝寿义：《区域经济学原理》，上海人民出版社、格致出版社，2007，第55页。

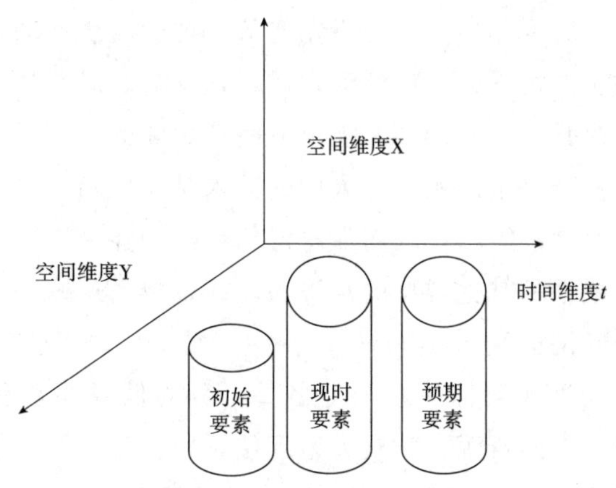

图6－1　要素禀赋的空间动态累积

第二，土地的内涵式使用。土地是承载经济活动的物质载体，由于土地资源的有限性，土地在空间的累积不可能无限扩展，而主要体现在内涵式使用上，不断提高土地的经济承载力。

第三，技术的创新效率。根据新经济增长理论，技术创新和知识的溢出是促进区域经济发展的重要动力。在一定地区，新知识的不断出现促进了技术创新，这种技术创新率先在某些企业和产业得到应用，之后向其他部门梯度转移，不断实现技术创新的企业和产业竞争力快速提高，会逐渐形成稳定的领先优势，而这又会促进其技术创新能力的进一步提升。

第四，制度的变迁效应。制度经济学认为制度是一种独立的生产要素，制度创新和变迁也是经济变迁的重要力量。新制度的产生既可能是对原有制度的改良，也有可能经过实践证明是不合理的制度。有效的制度变迁会产生累积效应，逐渐形成稳定的制度结构，并成为进一步制度变迁的基础。

（二）区域要素禀赋的作用

特定地域空间的要素禀赋是其经济发展的基础，也是其经济发展的结果。具体来说，特定地域空间的要素禀赋决定了经济主体区位选择行为，经济主体区位选择行为带来了经济主体本身的聚集，使分工效应、规模效应及外部效应得到加强放大，形成经济功能区，经济功能区的形成又使区域经济得到发展，区域经济发展的结果表现为特定地域空间的要素禀赋结构的改善。

1. 要素禀赋决定经济主体区位选择

空间是人类经济活动的载体，任何经济活动都不能离开空间而存在。由于要素在空间上的非均质分布，不同空间点满足人类经济活动的要素禀赋条件不同，基于理性经济人的假设，选择具有比较优势的空间是经济活动主体的必然选择。

要素禀赋既包括区域性要素，也包括非区域性要素。现时要素禀赋决定了单个经济主体的区位选择行为。比如土地肥沃的地方就会有农户进行农作物耕种，在人员流通比较密集的地方就会有商人进行商品的售卖；在科研院所比较密集的地方就会有企业家进行创新创业。这是由特定地域空间的现时要素禀赋所决定的。经济活动主体区位选择会导致经济活动主体的聚集。比如新兴技术产业会在科研院所的周围聚集，农业生产者会在肥沃的土地周围聚集，这又进一步使劳动分工深化，生产规模扩大，外部性增强。新生的经济主体就会选择与其具有共同要素需求或具有密切关联的经济活动主体毗邻的区位，这样在特定的地域空间上就会形成具有共同要素需求或密切关联的经济活动主体集聚区；由于人们需求的多样性，单一经济功能区无法满足社会经济发展的需求，因而在特定的经济功能区周边将形成与其功能互补、具有有机联系的其他类型的经济功能区。这些经济功能区将组成功能完善的经济区域，形成区域性要素聚集，改变特定地域空间的要素赋存状态。

改革开放之初，南方沿海城市具有独特的水运等区位优势，我国将大量的物质资本投向南方沿海城市，并给予了一定的政策优惠，这形成了南方沿海城市的初始区域性要素。在这些区域性要素的作用下，大量的外资企业入驻深圳、广州等城市，使原来的“蛮夷之地”“小渔村”一跃成为中国经济版图中的两大明星。而具有同样区位的广西，却在政策的缺失下与广东拉开了经济发展的距离。初始的要素禀赋差异虽然很小，带来的结果却是巨大的。

2. 经济主体聚集决定区域经济发展

经济主体聚集会在聚集力的作用下决定区域经济发展的轨迹。聚集之所以能够成为动力，是因为聚集效应的存在，而聚集过程之所以发生，是因为存在着流入、流出和乘数三种效应。这三种效应共同决定了区域经济发展过程中聚集的态势，并决定了区域要素禀赋的动态演进，也就决定了区域经济发展。以下分别将聚集过程的三种内在效应、三种效应的互动关系、聚集动力的传导机制介绍如下。

（1）聚集过程的三种内在效应①

聚集过程之所以能够发生、发展，以及聚集动力的作用过程和传导机制之所以存在，是因为聚集过程中存在着三种效应，即流入效应、流出效应和乘数效应。关于三种效应的讨论，是揭示聚集动力机制的关键。

a. 流入效应。所谓聚集的流入效应，是指客观上存在导致经济活动主体或要素向特定空间聚集的动机或力量。为说明问题，我们以厂商为例。企业的经济活动涉及“何时、何地、为何、如何”的问题。根据已有的研究成果我们得知厂商的生产目的是明确的，即追求利润最大化，当根据市场需求厂商决定生产什么和何时生产以后，厂商目标实现取决于价格、产量和成本。同等投入的情况下，劳动效率决定产量，并影响成本。要素价格决定成本。于是具有满足厂商生产可能性要求，能够提高劳动生产率，并具有较低要素价格的优势区位成为厂商的必然选择。即优势区位存在厂商间向其聚集的驱动力，也就是我们所说的流入效应。

b. 流出效应。与流入效应相对应的是流出效应，即经济活动主体或流动性要素由于某种原因从特定区位流出的现象。流出效应发生的原因主要有两个：其一，当经济活动主体的经济活动内容发生改变，而区位条件无法满足要求时发生的流出，如厂商生产新的产品，而原有区位的资源条件无法满足其生产要求时发生的流出；其二，更大空间领域存在着竞争，当其他区域的流入效应超过本区域的流入效应时发生的流出，如其他区域的特惠政策导致本区域的企业迁出等。

c. 乘数效应。任何经济活动主体的经济活动都必须与其他的经济活动主体发生联系，这种联系是经济活动主体劳动力价值实现的过程。任何生产要素都不会单独地发挥作用，生产的效率取决于要素组合及其内在的有机联系。因而，经济联系是实现经济活动主体目标的前提和基础。所谓乘数效应是指特定空间上聚集的经济主体之间的经济联系与经济主体的数量增加成倍数关系。比如一个区位有 N 个经济主体数，它们之间的经济联系数为 M，则 N 与 M 之间的关系可以写为：$M = N(N-1)/2$。

（2）三种效应交互作用的结果

流入效应、流出效应和乘数效应反映了聚集过程的内在机理，同时也

① 郝寿义：《区域经济学原理》，上海人民出版社、格致出版社，2007，第 55 页。

揭示了聚集能够成为经济发展动力的原因。聚集过程是在流入效应、流出效应和乘数效应的交互作用下完成的。流入效应导致了在特定空间聚集的开始，在乘数效应的作用下形成了新的流入效应，从而导致聚集度不断提高。

流入效应与乘数效应的交互作用，能够使我们清晰地解释在特定的区位为何城市、区域能够形成和发展，而不是在其他的区位。流出效应与乘数效应的交互作用，能够使我们清晰地解释在城市与城市和区域与区域之间的竞争中，为何有的城市或区域经济发展较快，而有的城市或区域经济发展则较慢，甚至出现倒退。

乘数效应是可逆的，既有正的乘数效应，也有负的乘数效应。当流入效应大于流出效应时，表现为正的乘数效应；当流出效应大于流入效应时，表现为负的乘数效应。

（3）聚集力在区域发展中的传导过程①

在流入效应、流出效应和乘数效应的综合作用下，聚集动力的传导过程见图 6－2。

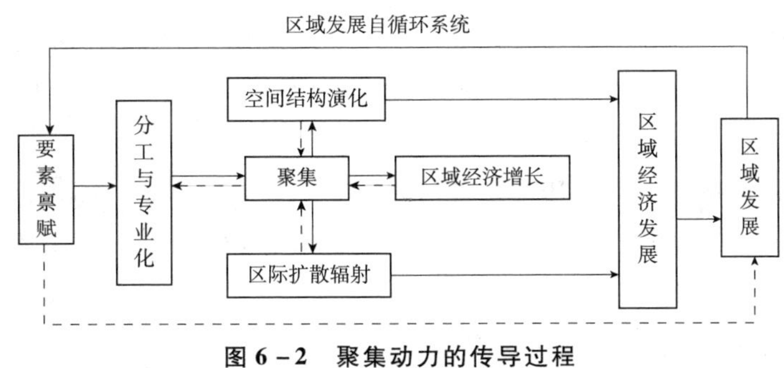

图 6－2 聚集动力的传导过程

第一，要素禀赋是聚集动力传导过程的发端，是产生流入效应的基础。在流入效应的作用下，特定区域的聚集开始。要素禀赋是区域分工与专业化的基础，要素禀赋中的主导因素决定分工与专业化的内容和发展方向。

第二，聚集使特定区域空间上的分工与专业化发展，乘数效应发挥作用，分工与专业化具有聚集需求，带来新的流入效应；聚集和生产过程引起要素禀赋条件的变化，个别厂商无法适应这种变化，进行新的区位选择，流

① 郝寿义：《区域经济学原理》，上海人民出版社、格致出版社，2007，第 55 页。

出效应产生。

第三，分工与专业化导致聚集，聚集程度的提高又会促进分工与专业化，两者表现为一种互动的关系。当流入效应大于流出效应时，正的乘数效应发挥作用，区域聚集度迅速增加；当流出效应大于流入效应时，负的乘数效应发挥作用，区域聚集度下降。

第四，聚集是区域经济发展的根本动力，其对区域经济发展的推动作用从时间维度来看表现为区域经济增长，从空间维度来看表现为空间结构的演化，从区域的交互作用来看表现为区际引力与辐射。区域经济增长、区域空间结构的演化和区域对外扩散与辐射能力的增强，均是区域经济发展的表现形式。

第五，聚集于区域经济增长、空间经济演化和区际扩散与辐射是相互作用的。首先聚集促进了区域经济增长，区域经济增长又会产生流入效应，出现更大规模的聚集；其次，聚集带来区域空间结构的演化，优化的空间结构也会产生流入效应，从而带来更大规模的聚集；最后，聚集形成了区域对外辐射与扩散的能量，是区际扩散与辐射形成的条件，区际扩散与辐射的过程使特定区域的影响力加大，产生新的流入效应，给区域带来更大规模的聚集。

聚集的动态过程将时间与空间有机结合，聚集的产生、发展与变化揭示了区域经济发展的一般规律。

第六，在聚集动力的作用下区域经济不断发展，并进一步推动了区域发展。

第七，区域发展的直接结果是区域的要素禀赋结构会被优化，这种优化体现在区域性要素和非区域性要素在数量和质量上的改进。这是区域发展的直接表现。

二　中原地区要素禀赋的优化目标

上文我们分析了要素禀赋的内涵与作用，对于中原地区来说，要想在全面深化改革中抓取战略机遇，需要从改善要素禀赋着手。自人类社会发展始，中原地区的原始要素禀赋是优良的，它具有盘踞大陆中部的区位优势，适宜人类居住和耕作的气候条件，但是在历史发展的过程中，中原地区形成了独特的农耕文化，以及在农耕文化基础上的人口条件、产业结构、社会形态。新中国成立以来，中原地区的初始要素禀赋就不算优良，既没有政治地位上的优势，也没有经济基础上的优势，在中国经济版图中的地位并不显著。及至改革开放，东部地区凭借门户通道的区位优势、经济特区的政策优势以及积累起来的人力资本优势和物质资本优势很快踏上了经济快速发展的道路，资本、劳动力等非区域性要素也从中西部地区向东部地区流失，中原地区的要素禀赋优势进一步丧失，在中国经济版图中地位趋于凹陷。也就是说，中原地区的现时要素禀赋对于未来经济发展的影响不容乐观，我们需要优化中原地区的预期要素禀赋，以吸引更多的经济主体在此聚集，进而促进区域经济发展。

从区域性要素来看，中原地区的文化、制度有制约创新、不利创业的消极方面，需要紧跟时代步伐进行变革，耦合时代发展的需要；从非区域性要素来看，中原地区一直是高级人力资本净流出地，这不利于高级产业的培育和发展，需要拿出具体的措施来留住人才，促进人财物的聚集和经济的发展。因此，我们提出以下三个方面的要素优化目标。

（一）优化中原文化，引领经济增长

1. 文化的内涵与作用

文化是较有争议的概念。社会学早已把文化因素当作社会发展的一个重要组成部分。相对而言，经济学对文化这一因素的认识要晚一些，但是已有越来越多的经济学家对文化这一看不见的因素产生了浓厚的兴趣。严格地讲，经济学对文化因素的认识是从文化经济学的诞生开始的。在此之后，主流经济学把文化因素处理为环境，这样一来，经典的经济学模型里就看不见文化因素了。再后来新增长理论将文化纳入人力资本这一要素里边，成为经济增长的重要原因。

现阶段，无论是经济学界还是社会学界都认识到了文化因素对于经济社会发展的重要性。经济学家更是给一个区域的文化因素起了一个专用的术语——文化资本。它是由社会学家率先提出，而后又被经济学家、政治学家以及法学家广泛采纳并用来解释和说明各自研究领域问题的综合性概念和研究方向。布迪厄（Bourdieu）在《资本的形式》（1989）这篇著名论文中，首次提出了完整的文化资本理论。文化资本这个概念不仅是描述文化与（经济）资本二者之间的关系，而且也用来表示本身，即作为资本形式的文化。文化资本在形式上表现为一种身体化的文化资源，本质则是人类劳动成果的一种积累，是以人的能力、行为方式、语言风格、教育素质、品位与生活方式等形式表现出来的，包括文化能力、文化习性、文化产品、文化制度在内的文化资源的总和。贝克尔和福尔克（Becker；Folke，1991）认为，文化资本指的是人类利用和改造自然环境的适应性能力（Throsby，1999）。贝克尔和福尔克考虑到了文化资本这个概念使用的具体性，并且特别考虑到

了人和自然环境之间的关系。但是这一概念所包罗的内容非常广泛，囊括了各式各样的文化，以至于概念的外延很难界定。[①]

美国当代著名社会思想家弗兰西斯·福山（Fukuyama，1998）提出“人的资本”概念，强调社会信任的文化资本蕴含，信任可以资本化、商品化并进入实际的流通。思罗斯比（Throsby，2000）认为，文化资本是以财富的形式具体表现出来的文化价值的积累，这种积累紧接着可能会引起物品和服务的不断活动。与此同时，形成了本身具有文化价值和经济价值的商品。他将文化资本定义一种资产，它除了拥有经济价值外，还储藏或提供文化价值。霍金斯（Howkins，2003）在其《创意经济》一书中提出除了人的资本、结构资本和智慧资本之外的第四项资本——创意资本。他认为，把创造力视为资产似乎是件十分合理的事。创造力具有实质的特质，是投资所产生的结果，对于未来的创造力和创意产品也是极大的投入量，它也是人力资本的一个重要的元素。我们可以把智力资本称为“闲置的点子”，对创意资本则可以称为“闲置的创造力”。而创意资本就是文化资本。巴雷特（Barrett，2003）在《文化资本——比较优势的前沿》一文中给出的文化资本的定义为：文化资本是一种价值，这种价值与组织的公共智力设计与规划相关联，文化资本价值有助于员工、消费者和社会关系的协调。它具有如下特征：文化资本价值可以评估和折旧；文化资本的创意过程复杂；文化资本价值很容易流失；文化资本价值在组织的资产负债表中不能体现出来；文化资本对文化组织的市场价值贡献显著。Pethig，R. 和 Cheng，S.（2000）在《文化商品消费和文化资本》一文中，假定文化资本对所有社会成员都存在正的外部性，文化资本价值随着文化资本的消费而递增，并通过时间折旧而减少。在非市场经济中，消费者容易忽视文化资本存量的增加，文化商品的消费对其他消费者存在正的外部效应，结果使文化商品的消费减少，文化商品的供给不足。有效的配置方法是通过对文化商品的适当补贴，以恢复文化商品的供给，刺激消费者对文化商品的需求，最终促进文化资本的积累。袁小婷、陈春花（2006）认为，文化资本是能够带来价值增值的一系列价值观、信念、看法和思维方式的总和，它一方面体现了人类行为的本质特征和决定人类选择的基本依据，另一方面又潜在地制约和影响着制度安排、技术

① 金相郁、武鹏：《文化资本与区域经济发展的关系研究》，《统计研究》2009 年第 2 期。

进步和物质利用。①

上述关于文化资本的论述中，有的覆盖范围非常广阔，以致难以比较清晰地界定，如贝克尔和福尔克的观点；有的只界定在精神、制度影响的层面上，如霍金斯、巴雷特和袁小婷、陈春花的观点。现在为学界广泛接受的主要是布迪厄、思罗斯比的观点，他们对文化资本的描述，兼顾了具体的、物质的方面和抽象的、精神的方面。在他们二人定义的基础上，此处认为，文化资本是以财富的形式表现出来的、作为人类劳动成果的文化价值的积累，是包括文化能力、文化产品、文化制度在内的文化资源的总和。

自新增长理论以来，文化被纳入区域经济增长的函数之中，作为一种要素对区域经济增长的速度起到举足轻重的作用。新经济地理学又将这一理论深化，将特定空间区域的文化作为其与其他区域进行“经济关联”和“知识关联”的基础，只有在“文化”的基础上，人们才能进行相互交流和学习，从而生产出新的知识和技术，“文化”基础薄弱则人们缺乏相互交流和学习的平台，如果长期囿于同一“文化”，则人们缺乏创新的动力，不利于区域发展。因此文化是决定区域发展的第一要素禀赋。

2. 中原文化的现状与优化目标

（1）中原文化的现状分析

中原文化源远流长，主要包括史前文化、神龙文化、政治文化、圣贤文化、思想文化、名流文化、英雄文化、农耕文化、商业文化、科技文化等②，但这些都属于文化存量。在现代经济快速发展的过程中，这些文化有其历史价值，但也有落后消极的一面。中原地区在对于经济增长颇为重要的创业文化、创新文化方面极为缺失，因此需要重新考量中原文化的现状，并提出优化目标。关于中原文化的现状已有太多的定性研究，但定量研究并不多见。金相郁、武鹏（2009）关于区域文化资本的定量化研究，也将中原文化进一步具象化为中原文化资本，列出中原文化资本存量的估计指标，并对这些指标进行横向的比较和分析，找出当前中原文化面临的问题。表6－1显示的是文化资本存量估计指标，分别设计了二级指标，用以定量化反映与经济增长密切相关的文化资本存量。

① 金相郁、武鹏：《文化资本与区域经济发展的关系研究》，《统计研究》2009年第2期。

② 徐光春：《中原文化与中原崛起》，河南人民出版社，2007，第4页。

表 6－1　文化资本存量估计指标

	一级指标	二级指标	说　明
文化资本 A	固体的文化资本 B_1	文化遗产 C_1	每万人文化机构固定资产累计投资额
		文化藏品 C_2	每万人文化藏品数量
		重点文物 C_3	每万人文物保护机构数
	产品的文化资本 B_2	文化产业 C_4	每万人文化产业增加值
		文化设施 C_5	每万人文化设施建筑面积
		文化就业 C_6	每万人文化产业就业人口数的比重
	身体化的文化资本 B_3	文化单位 C_7	每万人文化及相关产业法人数
		文化消费 C_8	每万人文化批发零售消费额
		文化交流 C_9	每万人组织文化活动次数
	制度化的文化资本 B_4	文化支持 C_{10}	人均文化事业经费
		文化管理 C_{11}	每万人文化行政管理部门工作人员数
		文化稽查 C_{12}	每万人文化市场执法人员数

资料来源：金相郁、武鹏：《文化资本与区域经济发展的关系研究》，《统计研究》2009 年第 2 期。

以上指标是典型的多层次指标，因此要确定文化资本时需要确定各层次指标的权重，根据金相郁（2009）的研究，以上各项指标的权重可以被确定出来，如表 6－2 所示。从表 6－2 中可以看出固体的文化资本和制度化的文化资本所占权重较低，而产品的文化资本和身体化的文化资本所占权重较高，这是由于固体化的文化资本和制度化的文化资本相较于产品化的和身体化的文化资本来说对于经济增长的作用更为间接。这也是经过科学的论证得出的权重结果。

表 6－2　文化资本各指标的权重

子系统层	一级权重	指标层	二级权重	从属一级权重
B_1	0. 076	C_1	0. 137	0. 010
		C_2	0. 623	0. 047
		C_3	0. 239	0. 018
B_2	0. 274	C_4	0. 260	0. 071
		C_5	0. 633	0. 174
		C_6	0. 106	0. 029

续表

子系统层	一级权重	指标层	二级权重	从属一级权重
B_3	0.455	C_7	0.591	0.269
		C_8	0.334	0.152
		C_9	0.075	0.034
B_4	0.195	C_{10}	0.539	0.105
		C_{11}	0.297	0.058
		C_{12}	0.164	0.032

资料来源：金相郁、武鹏：《文化资本与区域经济发展的关系研究》，《统计研究》2009年第2期。

为了进行区域间的横向比较，需要对各指标进行无量纲化处理，可以使用的方法有极差正规化方法、标准化法和均值法。此处采取均值化方法来对指标进行无量纲化。具体方法为：

令 $y_{ij} = \frac{x_{ij}}{\overline{x_j}}$，这样，均值化后各指标的均值都为1，其方差

$$\mathrm{var}(y_j) = E[(y_j - 1)^2] = \frac{E(x_j - \overline{x_j})^2}{\overline{x_j}^2} = \frac{\mathrm{var}(x_j)}{\overline{x_j}^2}$$

可见，均值法无量纲处理后的变量与原始变量的方差具有完全正相关关系，这样一来变量之间的差异通过处理后的变量也能够很好地得到体现。

各指标值可以从2014年《文化文物统计年鉴》和2014年《中国统计年鉴》中查找，在获取指标信息后先进行指标的无量纲处理，然后进行加权计算出各省的文化资本存量数值。这一结果虽然是估计的，只能窥见一省文化资本的状况，但足以体现区域之间文化资本的差异。

对各指标进行无量纲处理，全国31个省区市（港澳台除外）的各项指标及总的文化资本指标如表6－3所示。由表中所列数据可以看出，河南省的各项指标均低于全国平均水平，特别是在文化产业增加值、文化产业消费、文化财政经费方面低于全国平均水平较多，导致总的文化资本相较于全国水平较低，仅强于吉林省、黑龙江省和广西壮族自治区，这是根据2013年数据得到的结论，与金相郁使用2006年数据得到的结论基本一致。这说明中原地区特别是河南省的落后现状与文化资本的积累不足有密切的关系，而且近些年并无太大改善。从表6－3中也可以看出，北京、上海、广东、

浙江、江苏、天津等发达省份的文化资本在全国版图中居于强势地位。文化资本与区域经济发展状态呈正相关，这反映出文化资本既是区域经济发展的一种要素禀赋又是区域经济发展的一种结果的呈现。

表 6－3　全国 31 个省区市（港澳台除外）各项指标及总的文化资本指标情况

	A1	A2	A3	A4	A5	A6	A7	A8	A9	A10	A11	A12	A
北京	0.788	6.542	0.854	1.300	0.164	1.549	6.495	7.485	2.864	2.479	0.610	0.525	3.791
天津	0.728	2.261	0.599	1.294	0.428	0.826	1.909	1.007	0.829	1.258	0.597	0.243	1.184
河北	0.567	0.240	0.451	0.325	0.466	0.787	0.550	0.120	0.807	0.353	1.068	0.973	0.476
山西	0.984	0.795	1.117	0.455	1.016	1.421	0.549	0.262	0.941	0.815	0.961	1.671	0.732
内蒙古	1.016	0.680	1.147	0.439	0.793	1.206	0.528	0.071	0.764	1.460	1.346	2.012	0.741
辽宁	0.927	0.522	0.622	0.446	0.433	0.845	0.846	0.264	1.195	0.752	0.638	1.148	0.638
吉林	0.595	0.414	1.089	0.179	0.482	0.761	0.404	0.076	0.634	0.774	0.618	1.169	0.460
黑龙江	0.799	0.299	1.195	0.209	0.504	0.741	0.353	0.085	0.771	0.547	0.801	1.098	0.441
上海	2.202	5.019	1.642	8.644	2.939	1.971	2.233	10.154	2.871	2.705	0.345	0.784	4.040
江苏	1.505	1.003	1.477	0.629	1.725	0.872	1.671	1.000	0.940	0.843	0.636	0.634	1.238
浙江	2.215	0.618	1.331	1.187	3.789	1.394	2.177	1.554	1.410	1.462	0.707	0.869	1.951
安徽	0.622	0.457	1.031	0.474	0.757	0.989	0.817	0.564	0.647	0.338	0.645	0.555	0.658
福建	0.934	0.419	1.098	1.292	0.844	1.073	1.268	0.571	0.616	0.760	0.613	0.797	0.908
江西	0.709	0.473	1.062	0.759	0.758	0.728	0.489	0.259	0.518	0.397	0.837	0.969	0.565
山东	0.973	0.566	0.806	0.226	0.736	0.555	0.850	0.841	0.795	0.479	0.612	0.847	0.707
河南	0.535	0.674	0.843	0.237	0.405	0.846	0.521	0.237	0.771	0.359	0.743	0.782	0.472
湖北	0.759	1.016	1.224	0.476	0.558	0.771	0.814	0.375	0.649	0.538	0.672	0.907	0.653
湖南	0.727	0.420	0.626	0.456	0.675	0.619	0.753	0.351	0.789	0.429	0.725	0.493	0.592
广东	1.341	0.367	0.696	5.965	1.404	0.708	1.371	1.527	0.663	0.814	0.636	0.500	1.493
广西	0.581	0.286	0.738	0.286	0.450	0.479	0.519	0.102	0.904	0.561	0.572	0.627	0.443
海南	0.499	0.262	0.935	1.606	0.442	1.061	0.557	0.104	0.643	1.446	0.845	1.022	0.677
重庆	0.973	0.710	0.579	0.781	1.168	0.869	0.994	2.009	1.113	0.919	0.464	0.643	1.092
四川	0.966	0.520	0.826	0.627	1.352	0.780	0.454	0.192	1.306	0.763	0.956	0.735	0.706
贵州	0.710	0.156	0.831	0.276	0.630	0.598	0.397	0.072	0.619	0.624	1.822	1.201	0.524
云南	0.812	0.432	0.799	0.349	0.825	0.791	0.423	0.215	1.068	0.629	1.290	0.828	0.584
西藏	2.143	2.339	0.282	0.538	2.339	2.259	0.378	0.035	0.416	1.975	4.104	3.790	1.335
陕西	0.837	1.011	2.272	0.307	0.754	1.314	0.637	0.178	0.809	0.916	1.147	1.318	0.719
甘肃	0.995	0.726	2.543	0.186	1.268	1.141	0.480	0.129	0.814	0.793	1.749	0.667	0.739
青海	0.940	1.329	1.678	0.513	1.113	1.108	0.524	0.986	0.725	2.013	1.333	1.679	1.022
宁夏	1.171	0.445	0.606	0.158	0.544	0.861	0.591	0.054	0.859	1.543	1.550	0.241	0.630
新疆	1.447	0.000	0.000	0.383	1.240	1.079	0.450	0.123	2.251	1.256	1.357	1.274	0.756

资料来源：根据 2014 年《文化文物统计年鉴》和 2014 年《中国统计年鉴》中数据计算整理。

（2）中原文化的优化目标

通过以上分析，我们清楚地看到中原文化虽然历史渊源颇深，但在现代经济发展中，中原文化所凝结成的能够直接作用于人的活动的文化资本较其他省份落后很多，这也导致了中原地区经济发展的滞后。因此，将优质的中原文化转变为能够影响人民群众生产生活的文化资本就成为我们对中原文化的优化目标。

①保护传统文化的存在形态，积累固体的文化资本。

以中原地区的河南省为例。河南省的传统文化在中华版图中的地位不容忽视，传统文化的存在形态包括各种文献典籍、文物遗址、非物质文化遗产等，保护它们目前的存在形态是积累固体的文化资本的首要途径。历史文献典籍是民族精神和文化成果的重要载体，虽然20世纪80～90年代河南省图书馆逐步完善了保护设施，并对全省文献典籍进行了普查登记，对部分古籍善本进行了编目和修复，但总体看还存在一些令人担忧的问题，比如对文物古籍的保护现状堪忧。据报道，河南图书馆馆藏的50万册古籍超过半数存在不同程度的损坏，现有古籍书库条件设施简陋，没有恒温恒湿和杀虫设施，不能有效地防光、防尘、防有害气体等。

河南省文物遗址极为丰富，据第三次全国文物普查数据，河南省共有古遗址14607处，古墓葬10226处，古建筑23921处，石窟石刻693处，近现代重要史迹及代表性建筑16059处。河南省不可移动文物共计65519处，其中世界文化遗产3处，全国重点文物保护单位189处198项，国家考古遗址园5处，国家历史文化名城镇村17个，省级文物保护单位1047处，市县级文物保护单位6000余处。[①] 二里头遗址、偃师商城遗址、汉魏洛阳故城等都得到了有效的保护。国家文物博物馆“十二五”规划已将郑州与西安、洛阳荆州、成都、曲阜确立为国家重点支持的六个大遗址片区。郑州商城、郑韩故城、大河村、宋陵、古城寨、王城岗六处大遗址被列入国家重点保护的150处大遗址榜单。[②] 与此同时，随着经济建设步伐的加快，文物保护与现代工农业发展和城市建设的矛盾日益突出，特别是在城市建设和新农村改造中，文物遗址存在程度不同的被破坏现象。

河南省非物质文化遗产异常丰富。近年来，随着联合国及中国政府对非

---

① 余嘉熙、胡芷滔：《河南省图书馆超半数古籍损坏》，《工人日报》2012年6月23日。

② 李颖：《郑州大遗址保护全面提速》，《河南日报》2011年12月6日。

遗保护的倡导和扶持，河南省已建立了国家、省、市、县四级保护名录体系。河南省列入国家级非物质文化遗产名录的有 73 项，省级名录 372 项，市级名录 1587 项，县级名录 6728 项。[①] 对于列入名录的项目各级政府也都采取了一定的措施进行保护。河南省艺术研究院先后出版了《口述三团》《豫剧艺术总汇》等搜集、整理、保存了一个多世纪以来民间艺术的珍贵文献，包括数千册明清以来的手抄戏曲剧本、民间音乐、民间舞蹈、曲艺、戏曲原始录像及录音带等。一些艺人不断探索新的传承方法和模式。但调查表明，河南同时也还存在项目数量急剧减少、传承团体运作困难、传承人青黄不接、传统技艺大量失传等现象。诸如戏曲，河南省曾流行过的戏曲剧种有 80 多个，而至今尚存的仅 30 多个。[②]

保护传统文化的存在形态，建设新的文化设施是我们提高固体的文化资本的必经之路，固体的文化资本是产品的文化资本和身体的文化资本生长的原始土壤，只有将固体的文化资本做大做强，才能提升其他的文化资本。

②鼓励机构文化创新，提升产品的文化资本。

由于中国改革开放的航船是从东南沿海开始起航，地处内陆的中原地区社会改革和经济发展的步伐始终滞后于沿海地区，后发于西部开发地区，甚至错过了梯度发展的机会。任何一个特定地域空间的文化发展都与其经济发展息息相关，中部地区之后发展的一大特征集中体现在 21 世纪以来相对后发的经济社会发展阶段，挤压了文化的发展空间。因为经济社会的发展是文化发展的物质前提，相对滞后的经济社会发展阶段使中原地区一直忙于经济发展指标的追赶，导致其文化发展理念、发展步伐和发展程度都明显滞后于东南沿海和北京、上海等发达地区。同时民众限于收入水平和消费观念约束，文化市场建构也相对滞后。这在数据上体现得很明显，2013 年北京、上海等地的文化产业增加值远远高于其他省份，而河南省的文化产业增加值甚至低于全国平均水平。

这需要我们通过各种方式鼓励现有的文化类制造企业、文化传播公司进行体制机制创新，通过各种方式吸引投资，创新产品设计，将中原文化融入产品生产环节，将文化产业做大做强。文化产业的发展不仅需要生产方的努

① 卫绍生：《河南文化发展报告（2013）》，社会科学文献出版社，2013，第 55 页。

② 唐雪薇：《河南稀有剧种今起大汇演》，《北京娱乐信报》2004 年 10 月 30 日。

力，而且需要消费方的支持，因此需要从终端需求入手，引导民众进行文化消费。另外，需要政府出面引进多方投入来增加文化设施的面积。当前，群众的文化需求在不断上升，亟须解决日益增长的群众文化需求与供给有限之间的矛盾。将文化馆、博物馆、图书馆、文化广场等设施的建设纳入政府预算中，并努力于2020年超过全国平均水平。

③激励民众文化消费，增强身体文化资本。

文化消费是指人们根据自己的主观意愿选择文化产品和服务来满足精神需要的消费活动。随着经济社会的快速发展和群众生活水平的不断提高，人们的精神文化需求日益旺盛，广播、影视、书刊、报纸是提供文化产品的主要载体，各类文化设施和文化活动是展示文化产品的重要平台。统计年鉴的数据显示，河南省在2013年实现了公共广播节目在全省范围内97%的人口覆盖率，各种出版社出版的图书、报纸、音像、电子出版物也达到了空前的数量，全省范围内建设并开放了119个公共博物纪念馆、142个公共图书馆和202个文化馆，并向乡镇群众零门槛开放了乡镇街道综合文化站。这些都为大众的文化消费提供了载体和平台，但是相关调查显示，这些仍不能提高大众文化消费的层次。中原地区大众文化消费还存在以下几方面的问题。

第一，文化消费支出偏低制约文化产品选择。数据显示，2013年河南省民众在文化消费方面低于全国平均水平，每万人文化产品批发零售额为全国平均水平的1/4，这反映人们的消费结构受制于经济收入。

第二，文化消费层次不高，亟待培育消费热点。调查显示，中原民众业余时间大都选择看电视、上网、读书、看报等休闲娱乐项目，这些文化项目和产品简便易行且花费较少，但文化消费的层次不高，缺乏创意和消费热点，难以激发民间的消费潜力和消费欲望。这客观上要求要创新文化产品和服务，提高文化产品的核心竞争力，开发特色文化消费，培育新的文化消费热点。

第三，居民文化消费满意度走高，但尚有期待。调查显示，无论是在城镇还是在乡村，对文化生活基本满意的居民都占到半数以上，但表示很满意的仅有一成多。说明文化产品不仅要有量的满足，而且要有质的提升，以不断满足群众对文化产品不断增长的新要求和新期待。

第四，文化资源未得到充分利用，需要改善民众的消费习惯。党的十八大以来，河南省不断加大城乡公共文化服务体系的建设力度，截至2012年底，基本实现“县有图书馆、文化馆，乡镇有综合文化站”的建设目标，

“文化大院、文化中心、农村书屋”在全省5万个行政村基本实现全覆盖，省、市、县、乡、村五级公共文化基础设施体系初步建立。但由于文化设施的建设力度和管理力度不够，据相关调查显示有七成多的被调查者认为“当前村里文化设施很少，甚至没有”，农村居民认为“所在村办园条件很好能满足需求”的仅有22%，认为“村小学硬件设施和师资力量都很好”的仅有11%，城镇居民中表示经常去文化馆、博物馆、图书馆、美术馆、科技馆、体育馆的仅有6.71%，认为“城镇社区公共文化建设能满足居民休闲需求”的不足三成，六成以上的居民表示从来没去过社区文化活动中心。这说明文化资源并未得到民众的有效使用，对此需要进一步分析原因，加强对文化设施的管理，加强对民众习惯的引导。

另外，河南省传统人文精神的内容非常广泛，但总体来看中原传统人文精神中固有的勤劳善良、敦厚朴实、诚实守信、吃苦耐劳、崇尚正义、不甘落后等优良传统在外来文化的冲击下不断被淡化，中原人外在的整体形象遭遇挑战。所以，必须以社会主义核心价值为依据，尽快推出富有中原文化特色和时代内涵的中原人文精神，让传统人文精神在时代的土壤中生根发芽，代代传承，为中原经济区建设提供精神动力。这可以通过举办类似“北京精神”“天津精神”这样的活动来从民间提取中原文化的精髓，使中原文化的内涵在民众中口口相传，发扬光大。

④健全大众文化生成机制，完善制度的文化资本。

建立科学合理的体制机制是推动中原经济区文化建设健康发展的制度保障。根据中央推进文化体制改革的时间表和路线图，中原经济区相关工作稳步推进，各级政府通过新建剧场、购买服务等方式加大对国有文艺院团改革的支持力度。截至2012年底，河南省188家国有文艺院团已全部完成改制任务，39家非时政类报刊和大河网完成转企改制。与此同时，文化管理、投融资服务供给人才保障的体制机制等不断完善。但总体看还存在一些亟待解决的相关问题。

第一，文化管理体制有待于进一步完善，受计划经济体制影响，文化管理部门依然存在职能交叉责权不明现象，因此进一步推进政企分开、政事分开和管办分离，推进政府从“办文化”向“管文化”转变，由直接管理向间接管理转变，由微观管理向宏观管理转变，通过服务、咨询、监督、调控等方式建立责权明确、制度完善、机制灵活、管理规范的服务体系。

第二，投融资机制有待进一步多元化。当前中原经济区文化投入总体水平偏低、保障机制不够健全。2013 年河南省全省人均文化事业费为 35.6 元，还不足全国平均水平的一半，在全国 31 个省区市排序中居倒数第 5 位。文化建设资金严重不足源于投融资渠道的单一和不畅，当前仍然是以政府投融资为主体，政策投融资为补充，市场投融资为辅助。政府财力有限，市场投融资作用发挥局限以及专项基金、税收优惠政策、金融信贷支持不到位等因素导致投入严重不足，因此必须积极推动投融资的多元化，除进一步扩充政府主导的投资基金和产业发展专项资金外，还要通过财税杠杆、信贷支持等引导鼓励民间资本、金融资本等进入文化领域，逐步形成政府主导政策，鼓励市场调节多方参与的多元投融资体制。

第三，文化服务的供给机制有待多样化，近年来政府注重公共文化服务体系建设，积极推进文化民生工程和公共文化服务设施，逐步完善“三馆一站”免费开放，“欢乐中原”“送欢乐下基层”“舞台艺术送农民”“先进文化进基层”等公益文化活动实现常态化，“周口一元剧场”“邓州文化茶馆”“周末公益小舞台”等广场文化活动反响强烈，但尚存在文化下乡但未留乡，群众和文艺工作者自主参与度不高以及文化服务供给范围时空局限性大等问题。因此，一方面要借鉴“周口一元剧场”等的运作模式，充分调动群众和文艺工作者的创造性，推动文化服务供给主体的多样化，坚持政府主导全社会参与群众共建共享；另一方面要积极借助现代科技手段整合文化服务资源，打破时间与空间限制，扩大公共文化服务的供给范围。

第四，文化人才培养和管理机制有待完善。当前河南省文化人才队伍总量偏少且分布和结构不尽合理，领军人物、高端人才、新兴文化业态人才、农村文化人才和文化管理人才严重匮乏。调查显示，近八成的乡村文化站没有专职工作人员，兼职人员的专业水平和精力不足严重制约了基层文化场馆的服务质量和利用效率。因此，一要通过实施农村文化艺术人才培育工程，加强基层文化人才队伍建设；二要着力培养文化领军人物和专业人才，努力发掘和培育民间艺人、文化能人；三要依托高等院校和科研院所，大力培养掌握现代传媒技术的专门人才和懂经营善管理的复合型人才；四要依托重点文化工程和文化产业项目引进各类高层次文化人才，打造文化领域的人才交流合作平台。

（二）推进中原制度创新，促进经济转型

当前，中原地区的经济增长面临着一系列的问题，一是河南省的城镇化率低于全国平均水平，近一半的人口处于两栖状态，城市聚集经济所带来的设施共享、知识溢出、生活多样还没有被最广大的农村人口感受到，城镇化程度远远不够，但城镇化速度已经大幅下降；二是中原地区居民的边际消费倾向依然很低，消费结构偏向低质价廉的产品，这导致中部地区的产业结构升级缺乏需求方的支持，经济增长方式粗放；三是尽管东部地区的产业转移有助于河南省的产业聚集、产城融合、产业结构优化，但自 2014 年以来，河南省承接产业转移所带来的负面影响也集中爆发，郑州、新乡、安阳等城市的污染问题几次被中央问责，中原经济区核心城市郑州的 PM2.5 甚至一度排到全国前十位。这都表明依靠环境成本优势、资源成本优势、要素成本优势的投资结构、产业结构以及粗放型增长方式迫切需要转型。为此，需要在以下几方面进行制度改革。

1. 户籍制度改革

户籍制度改革是破解城镇化不足、城乡差异、人地脱钩等问题的关键，对于要素的重新配置具有至关重要的作用。户籍制度改革方面，要进一步调整户口迁移政策，根据国务院《关于进一步推进户籍制度改革的意见》（国发〔2014〕25 号）的内容，中原地区应该因势利导，合理引导农村人口有序向城镇转移，有序推进农业转移人口市民化。基本目标是通过统一城乡户口登记制度，全面实施居住证制度，使义务教育、就业服务、基本养老、基本医疗卫生、住房保障等城镇基本公共服务覆盖全部常住人口。到 2020 年，基本建立与全面建成小康社会相适应，有效支撑社会管理和公共服务，依法保障公民权利，以人为本、科学高效、规范有序的新型户籍制度，努力实现 1 亿左右农业转移人口和其他常住人口在城镇落户。

根据国务院的意见，中原地区所有城市的落户标准可以降低，在县级市市区、县人民政府驻地镇和其他建制镇有合法稳定住所的人员，本人及其共同居住生活的配偶、未成年子女、父母等，可以在当地申请登记常住户口；除郑州以外常住人口数在 50 万 ~ 300 万的其他城市，可以规定在这些城市中合法稳定就业达到一定年限并有合法稳定住所，同时按照国家规定参加城镇社会保险达到一定年限的人员，本人及其共同居住生活的配偶、未成年子女、父母等，可以在当地申请登记常住户口；城区人口数达到 300 万 ~ 500 万的城市，要适度控制落户规模和节奏，可以对合法稳定就业的范围、年限和合法稳定住所的范围、条件等做出较严格的规定，也可结合本地实际，建立积分落户制度。大城市对参加城镇社会保险年限的要求不得超过 5 年；城区人口数在 500 万以上的城市要建立完善积分落户制度，根据城市综合承载能力和经济社会发展需要，以具有合法稳定就业和合法稳定住所、参加城镇社会保险年限等为主要指标，合理设置积分分值。按照总量控制、公开透明、有序办理、公平公正的原则，达到规定分值的流动人口本人及其共同居住生活的配偶、未成年子女、父母等，可以在当地申请登记常住户口。为了有效解决户口迁移中的重点问题，应认真落实优先解决存量的要求，重点解决进城时间长、就业能力强、可以适应城镇产业转型升级和市场竞争环境的人员落户问题；不断提高高校毕业生、技术工人、职业院校毕业生、留学回国人员等常住人口的城镇落户率。

在人口管理方面，要进行几套制度创新。第一，建立城乡统一的户口登记制度，取消农业户口与非农业户口性质区分，统一登记为居民户口，体现户籍制度的人口登记管理功能。建立与统一城乡户口登记制度相适应的教育、卫生计生、就业、社保、住房、土地及人口统计制度。第二，建立居住证制度，公民离开常住户口所在地到其他设区的市级以上城市居住半年以上的，在居住地申领居住证。符合条件的居住证持有人，可以在居住地申请登记常住户口。以居住证为载体，建立健全与居住年限等条件相挂钩的基本公共服务提供机制。居住证持有人享有与当地户籍人口同等的劳动就业服务、基本公共教育服务、基本医疗卫生服务、计划生育服务、公共文化服务、证照办理服务等权利；以连续居住年限和参加社会保险年限等为条件，逐步享有与当地户籍人口同等的中等职业教育资助、就业扶持、住房保障、养老服务、社会福利、社会救助等权利，同时结合随迁子女在当地连续就学年限等情况，逐步让随迁子女享有在当地参加中考和高考的权利。各地要积极创造条件，不断扩大向居住证持有人提供公共服务的范围。此外，按照权责对等的原则，居住证持有人应当履行服兵役和参加民兵组织等国家和地方规定的公民义务。第三，健全人口信息管理制度。首先，建立健全实际居住人口登记制度，加强和完善人口统计调查，全面、准确掌握人口规模、人员结构、地区分布等情况。其次，建设和完善覆盖全国人口、以公民身份号码为唯一标识、以人口基础信息为基准的国家人口基础信息库，分类完善劳动就业、教育、收入、社保、房产、信用、卫生计生、税务、婚姻、民族等信息系统，逐步实现跨部门、跨地区信息整合和共享，为制定人口发展战略和政策提供信息支持，为人口服务和管理提供支撑。

当前我国已经有 24 个省份出台了户籍制度改革具体实施方案，但河南省由于各种因素的制约，目前户籍制度改革的具体实施方案仍然没有出台。

河南省应该根据国务院的意见，结合公安部门的工作，出台相关的实施方案，使人口的流动更充分，资源配置更合理。

2. 土地流转制度改革

人口的流动、产业的集聚、农业生产的规模化都离不开土地制度的改革。为此，首先，完善农村产权制度。土地承包经营权和宅基地使用权是法律赋予农民的用益物权，集体收益分配权是农民作为集体经济组织成员应当享有的合法财产权利。因此，要加快推进农村土地确权、登记、颁证，依法保障农民的土地承包经营权、宅基地使用权；推进农村集体经济组织产权制度改革，探索集体经济组织成员资格认定办法和集体经济有效实现形式，保护成员的集体财产权和收益分配权；建立农村产权流转交易市场，推动农村产权流转交易公开、公正、规范运行；坚持依法、自愿、有偿的原则，引导农业转移人口有序流转土地承包经营权。进城落户农民是否有偿退出“三权”，应根据党的十八届三中全会精神，在尊重农民意愿前提下开展试点。现阶段，不得以退出土地承包经营权、宅基地使用权、集体收益分配权作为农民进城落户的条件。

其次，鼓励农地使用权流转，构建农户土地承包权收益分享固化机制。根据目前的情况，农地使用权流转有利于解决单个农户的农地利用效率不高的问题，问题的关键是如何保障农户的利益。可以借鉴成都的模式提出四个具体的做法。一是以村为单位成立土地股份合作社，农户将其拟流转的土地入股，土地股份合作社再以各农户投入的具有永久使用性质的土地证等为凭据，在土地产权交易中心进行登记，有承包意向的种养大户或企业可到土地产权交易中心寻找适合自己的土地，并按市场行情确定地租。二是以村为单位成立土地股份合作社，采取“农户 + 合作社 + 职业经理人”的形式，运用“生产全托管”“服务大包干”等管理模式，建立利益联结机制，实现风险共担、互利共赢。这种模式解决了流入企业需要定期支付巨额土地流转费和农资投入的困难，有利于流入企业专心发挥农业职业 CEO 的专业管理才能。三是支持家庭农场发展，促进土地适度规模经营，具体的可以采用“家庭农场 + 合作社 + 参股龙头企业”的模式，让家庭农场以农民合作社为依托，与龙头企业采取订单形式建立利益联结机制，合作社仅充当家庭农场与龙头企业的中介，这样既可以保障利益联结机制的稳定性又可以使参股龙头企业与家庭农场的关系得到调解而稳定。四是引入互联网经营的理念，采取“家庭农场 + 合作社 + 互联网”的模式，使互联网企业的经营范围从传统商品扩大到包含农产品、农田景观、农家乐等多种产品组合，并将订单农业与现代商业经营业态有机结合起来，通过建立产品溯源体系，既保证了产品质量，降低了食品安全隐患，又减少了中间流通环节，节约了流通费用，提高了产业经营收益。①

最后，建立土地使用效率评价奖励制度。随着城镇化进程的加快，土地需求在不断增长，而供给越来越有限，为此，必须提高土地利用效率。可以以乡镇为单位，使用单位用地投入－产出效率来衡量农地使用效率，对于农地使用效率比较高的乡镇给予税收优惠或者财政补助等奖励，这样可以提高土地的使用效率，增加全社会的福利。

3. 收入分配制度改革

当前，我国在收入分配方面存在以下三个问题：①收入分配区域差异较大；②收入分配中劳动者收入分配较少，政府分配较多；③收入分配行业差距较大。这三大问题容易导致社会发展的不协调，导致城乡矛盾、官民矛盾、行业矛盾等社会问题。具体到中原地区，由于同处中部，在国家层面来看，存在着收入水平低于国家平均水平的现象，而且区域内部不同行业的收入差异同样较大，在劳动与资本的分配中劳动获得的收入较低。这导致中原地区人民的边际消费水平较低，抑制了内需的扩大及产业的升级。针对这些问题，根据中央文件有关精神，可以制定以下收入分配制度改革目标。

第一，实现公共服务均等化，缩小城乡间收入分配差距。当前，区域内部收入分配差距不仅体现为工资差距，而且体现为财富增长差距以及公共服务差距。其中，公共服务差距是区域内不同地理位置居民财富增长差距产生的基础，比如城市和农村的房产价值有很大差距，而且在不断扩大，首要的原因就是城市集聚了更多的公共服务，级别越高的城市集聚的公共服务越多。因此，从源头上遏制公共服务差距的拉大，缩小区域间财富增长的差距非常必要。对于中原地区来说，郑州作为河南省的省会城市，在发展的过程中得到了政府政策、财力、物资的不断倾斜，已经有了初步的发展成果，应该实行财政转移支付来帮助周边地区建设公共服务设施，这是缩小区域内城乡收入分配差距的最有效途径。

第二，改革初次分配，提高劳动的收入份额。虽然我国的国民生产总值

① 杨晗、赵平飞：《现代农业发展进程中农地使用制度的创新研究——以四川省成都市为例》，《农村经济》2015年第6期，第39～44页。

在不断提高，国民生产总值中分配给劳动者的份额却在逐年下降，这也导致了居民收入占国民生产总值比重越来越低，使我国居民的边际消费倾向较低，不利于内需的扩大以及产业的升级。因此，应该结合中央的意见，在国民收入的初次分配中提高劳动的收入份额。这需要政府在区域内建立一种企业之间互相竞争的机制，使企业以薪酬作为吸引人才的重要砝码，提高劳动对资本的竞争力，同时增强对劳动者的保护力度，制定合理的最低工资标准来迫使企业改进分配原则。在初次分配中还应注意，快速城镇化过程中产生了一批没有技术的失地农民，他们难以适应企业的工作环境，需要以个体户的形式维持生计，在城市管理中应该给这部分群体以生存的希望，降低税收并减少管理费等各种名目的政府收费。

第三，创新二次分配，构建橄榄形收入格局。在欧美等发达国家和地区，中产阶级在社会中的份额较高，以他们为核心的社会呈现出相对稳定状态。在北、上、广等发达地区，中产阶级的数量也在不断地增加，他们主要以大企业集团的员工为主体。在中原地区，由于大企业集团的发展比较滞后，中产阶级的数量远远低于其他地区，政府机关、事业单位工作人员的工资水平受到政策面的影响，整体偏低，也达不到中产阶级的水平。因此，中原地区的收入分配格局类似于金字塔式，在塔尖的是少数大企业家等，塔底的是广大农民群众，塔身是一般企业工作人员、政府及事业单位工作人员。如此的收入结构对于扩大内需、减少社会摩擦是无用的，社会矛盾在人民群众中累积，随时可能爆发社会危机事件。因此，在二次分配时，应该将更多的税收用于人的支出，在投资支出中可以适当进行缩减，要追求投资的质量和效率而不是数量。

4. 司法制度改革

司法是保障市场经济体制下经济主体顺利执行自己意愿的最后屏障。司法制度改革的主要目的有两个：一个是保障社会公平正义，一个是提高司法效率。为了达到这两个方面的目的，中央在十八届三中全会中明确地提出了推进司法制度改革的意见。根据中央意见，北京、上海、广州、深圳、云南、江苏等省市均已开始了试点工作，但河南省的动作还比较迟缓。司法改革的具体方案还迟迟没有出台。为此，在全面深化改革的过程中，中原地区特别是河南省应尽快出台相关的改革细则。从已有文献和相关新闻来看，司法制度改革需要在三个方面有所突破。

一是实现司法管辖区和行政区划的有序分离。这是保障司法公正的理论要求，也是提高司法效率的必由之路。伴随司法管辖区与行政区划分离的是司法经费的管理体制改革，按照有关学者的研究，需要将司法系统的人、财、物统一纳入省级财政统筹，经济发达地区的人、财、物由省级财政统筹，经济欠发达地区，以省级财政统筹为主，中央财政转移支付平衡预算缺口为辅。[①] 具体到河南省，可以争取后一种方案，将司法系统的经费统筹到省级财政，再争取中央财政的转移支付。

二是完善司法人员分类管理制度。这需要将现有司法系统内的工作人员分为三大序列：第一序列是法官、检察官，第二序列是司法助理官、书记官、司法警察、专业技术人员等辅助人员，第三序列是综合管理服务事务官。在这三大序列中，法官、检察官是司法权行使的主体，其他均为司法辅助人员，因此应该努力提高法官、检察官的待遇，尊重他们的职业选择，稳定司法队伍，在此基础上提高辅助人员的待遇水平。由于法官、检察官不同于一般的公务员，他们属于专业技术人员，给予其稳定的职业预期及职业发展道路是稳定队伍的关键。与其他省份相比河南省司法制度改革步履缓慢，这不利于良好的司法环境的构建，会影响司法效率的提高，也会间接影响到区域内企业的经营效率。

三是建立以审判为核心的司法体制。原来的司法体制中公、检、法三方，以公安为大，检察院和法院的地位被弱化，党的政法委成为公检法的统一监管方。这一体制使司法以侦查为中心，使法院的权威地位受到动摇，人民群众不再相信人民法院，司法公正成为一句空谈。要改变以往的状况，应将司法的核心由侦查转移到审判，这是司法相关方改革的第一步。而审判的体制机制改革应当以依法科学合理设置法院审判权、审判管理权和审判监督权一体化有效运行体制机制为基础，以建构审判案件流程管理、案件质量和效率评估体系、案件质量评价检查、诉讼服务中心、诉讼综合服务平台、案例数据中心研判体系、司法公开信息平台、法官业绩考评等制度建设为主体，以审判管理信息化技术和数据信息分析研判技术为手段，以权责清晰、管理科学、配置合理、多维度、立体化为目标，从理论与实证两个思维路径进行建构。[②] 更具体的就是要理顺审判委员长、院长、庭长、合议庭、法官

① 汪习根：《新一轮司法改革的理念创新与制度构建——全国“深化司法体制改革”高端论坛综述》，《中南民族大学学报》（人文社会科学版）2014 年第 3 期，第 131 ~ 136 页。

② 杨凯：《审判管理理论体系的法理构架与体制机制创新》，《中国法学》2014 年第 3 期，第 211 ~ 228 页。

之间的关系，将审判与审判管理区分开来，将审判责任具体落实到审判人员身上，并制定法官权力清单，将法官办案的责任与效能具体确定下来。这些都是以上海已经进行的司法改革经验为主进行的借鉴。

（三）蓄积人力资本，共谋区域发展

在所有的要素中，人是第一关键的，要素优化的最终目标会落到人的素质提高上。中原地区历来人口繁茂，人力资源充沛。此处我们将具有劳动能力的人口都定义为人力资源，将接受过一般高等教育的人口定义为人力资本。人力资本具有可以再学习、知识能力不断提高的特征。新中国成立以后，中原地区成为主要的人口流出地，人口流动的方向以东部沿海为主。根据相关研究，中国人力资本流动与其他发展中国家的情况是类似的，都是从欠发达地区向发达地区、从农村向城市、从劳动力富裕地向稀缺地流动，这是符合国际一般流动规律的。[①] 问题是，当我们站在欠发达地区的发展这一角度来考虑问题时，看到的可能更为长远，那就是人力资源的流动正是导致区域发展差异的一大诱因。改革开放之初，东南沿海发达地区所获取的政策资源、投资资源以及发展机会是人力资源流动的一大外因；历史发展到今天，欠发达地区的后发优势仍未凸显，劳动力在当地难以实现自身利益的最大化则成为人力资源外流的内因。在这两大因素的作用下，中原地区不断地向外输送着优质劳动力，而自身的发展却陷入了空洞化、贫困化的境地。

现有研究显示，人力资本的差异是区域经济发展差异的一大诱因[②]，人力资本对经济发展的作用路径也基本清晰。首先，人力资本能作为生产要素，随其携有者（劳动力）直接投入生产；其次，人力资本能促进新技术产生；再次，人力资本能吸引其他生产要素，尤其是物质资本；最后，人力资本能加快技术学习和模仿。[③] 基于上述路径，人力资本至少在两个方面存在区域关联：第一，劳动力在地区间流动会带来人力资本的流动；第二，人力资本创造的新技术会向其他地区扩散。黄燕萍等人则发现中国现阶段初始人力资本对经济增长的作用大于高级人力资本，且高级人力资本对中西部的

---

① 樊士德：《劳动力流动、经济增长与区域协调发展研究》，经济科学出版社，2013，第3页。

② 黄玖立、冼国明：《人力资本与中国省区的产业增长》，《世界经济》2009年第5期，第27～40页。

③ 谢呈阳、胡汉辉、周海波：《区域关联视角下的人力资本与地区经济发展》，《经济理论与经济管理》2015年第7期，第100～113页。

促进作用大于东部。[①] 谢呈阳等人的研究显示，“第一，高质量劳动力拥有更多地在地区间选择的权利，且人力资本的地区间流动不会无止境发生；第二，拥有更多人力资本的地区能吸引更多资本，且同一劳动力在人力资本总量更多或接受人力资本辐射更多的地区享有比其他地区更高的收入；第三，任何质量劳动力的流入都会增加地区实际产出，但只有高于流入地人力资本均量的劳动力才能增加地区产出潜力；第四，当地区土地完全供给时，唯有引入高于本地人力资本均量的劳动力才能实现经济持续增长，而此举必然带来相对低质量劳动力和相关产业的转出。在人力资本辐射作用随距离递减和劳动力转移成本随距离递增的双重作用下，人力资本和相关产出的转出总以初始地为中心，逐步向外扩散”。[②]

根据以上事实分析和文献梳理，我们认为中原地区应该乘着全面深化改革的春风，清醒地认识到人力资本在区域发展中的作用，同时认识到人力资本流动的规律，做好应对策略。事实上，高技能劳动力在北、上、广深等地高昂的房价压力下不是没有回流的主动性，而是中原地区的文化氛围落后，回流的劳动力往往感到难以适应慢节奏的生活和周围过于传统的文化环境，这是高技能劳动力带着高人力资本转移的“刚性”所在。中原地区蓄积人力资本的重点在于留住本地人口，难点在于吸引外地高技能劳动力人口。为此应当做好以下几方面工作。

第一，大力发展初、中、高等教育，提高人力资本流量。中原地区的河南省是人口大省，每年新增加的劳动力数量高达数百万，这部分劳动力的人力资本提高了，整体的人力资本水平也会得到提高。因此，首先，政府应该强化对于义务教育的保障责任，高水平、高质量地普及九年义务教育，提高初级教育的水平。具体的，就是实施城镇义务教育学校扩容改造工程，使城镇薄弱学校办学条件达到国家规定办学条件的基本标准。加强中小学教师队伍建设，继续实施农村义务教育学校教师特设岗位及教师全员培训计划，建设教师周转房，改善农村教师生活条件。到 2020 年，力争将九年义务教育巩固率提高到 98%。其次，政府应该深化省部合作，加快国家职业教育改革试验区建设，支持职业教育规模化、集团化、特色化、品牌化发展，把河

① 黄燕萍、刘榆、吴一群、李文溥：《中国地区经济增长差异——基于分级教育的效率》，《经济研究》2013 年第 4 期，第 94 ~ 105 页。

② 谢呈阳、胡汉辉、周海波：《区域关联视角下的人力资本与地区经济发展》，《经济理论与经济管理》2015 年第 7 期，第 100 ~ 112 页。

南省建成全国重要的职业教育基地。因此，应深入推进职业教育攻坚，加强职业教育基础能力建设，推进职业教育资源整合和布局调整，建设100所示范性中职学校、11所示范性高职学校、100所优质特色中职学校和200个职业教育实训基地，基本建成郑州、开封、周口、南阳、鹤壁等职业教育园区。加快调整职业教育专业结构，扩大战略支撑产业和战略性新兴产业急需专业技能人才的培养规模，鼓励学校突出自身优势，兴办特色学校、特色专业，实现差异化发展。普遍推行工学结合、校企合作、顶岗实习的办学模式，大力开展订单培养、定向培养、定岗培养，吸引大型企业、重点企业参股职业教育，形成一批校企合作、优势突出的职教集团。加强“双师型”教师队伍建设，完善职业教育毕业生“双证书”制度。完善落实支持职业教育发展政策，逐步实行中等职业教育免费制度。参照2015年的实际情况，预计到2020年，中等、高等职业教育在校生规模分别达到250万人和154万人，其中中等职业教育在校生占高中阶段比例达到55%。最后，政府应该加快高水平大学建设，继续推进郑州大学“211工程”建设，积极争取国家支持按照“985工程”标准建设优势学科创新平台；强化河南大学省部共建，努力实现优势学科高层次突破和跨越式发展；加大对河南农业大学、河南工业大学、华北水利水电学院等省部共建高校支持力度；鼓励河南科技大学、河南理工大学、河南财经政法大学、河南师范大学等省内其他骨干高校准确定位，办出特色，使其整体水平或若干学科、专业进入国内先进行列；鼓励和引导其他市发展提升高等教育；加强高校毕业生就业创业指导服务体系建设；加大高等教育对外开放力度，引进国内外优质教育资源，扩大与国内外知名高校、科研院所的学科共建、合作办学、科研交流，提升高等教育科研能力和整体办学实力。

第二，创新人才管理制度，吸收外来人力资本。一方面，坚持人才资源优先开发、人才结构优先调整、人才投资优先保证、人才制度优先创新，实施重大人才工程，大力开发经济社会发展急需的紧缺专门人才，推动河南省由人口大省向人才大省转变。壮大人才队伍，突出抓好创新型科技人才和重点领域急需专门人才队伍建设，实施高层次创新型科技人才队伍建设工程、产业集聚区人才开发工程、粮食生产核心区建设人才支撑工程、中原崛起百千万海外人才引进工程、技能人才振兴工程、创业人才推进工程、教育名师名家培育工程、全民健康卫生人才保障工程和现代服务业人才培养开发工程。统筹抓好党政人才、经营管理人才、专业技术人才、高技能人才、农村实用人才、社会工作人才和宣传思想文化人才队伍建设。努力培养和造就数以千万计的技能型人才、数以百万计的专门技术人才、数以十万计的创新科技人才和数以万计的高端人才。

另外，改革创新人才发展体制机制。建立科学化、社会化的人才评价发现机制，注重以实践和贡献评价人才。推动教育培训机构与用人单位有机衔接、联合培训开发人才，实现人才培养与有效使用有机统一。坚持“五重五不简单”，深化党政领导干部选拔任用制度改革，探索试行聘任制公务员管理制度，全面推行事业单位公开招聘、竞聘上岗制度。建成省委党校新校区。推进人才市场体系建设，大力发展人才服务业，逐步消除人才流动中的障碍。完善各类人才薪酬制度，健全以政府奖励为导向，用人单位和社会力量奖励为主体的人才奖励体系。进一步加大对人才开发的投入，优化人才发展环境。加大人才引进力度，吸引更多国内外高层次人才。

第三，完善继续教育体系，改善人力资本存量。比人力资本流量的提高更难的是人力资本存量的改善。相关研究表明，人力资本存量对于社会大环境的影响巨大。在人口老龄化的过程中，要足够重视对 30 岁以上存量人口的教育和岗位培训，需要构建学历与非学历教育并重的社会化、多元化、开放式的继续教育体系。健全面向全体劳动者的职业培训制度，开展就业技能培训、岗位技能提升培训和创业培训。大力发展现代远程教育，充分利用各级各类学校、科研机构、文化馆、图书馆、博物馆等公共资源开展继续教育。重视发展老年教育。广泛开展学习型机关、学习型企业、学习型社区创建活动，积极构建学习型社会。大力发展民办教育，完善财政、税收、金融、收费、土地等优惠政策，引导民办学校向成人教育领域渗透，鼓励和引导社会力量出资办学，提高存量人口的教育水平。

总之，在全面深化改革的过程中，中原地区应该抓住机遇，充分利用区域内的文化、制度、人力资本等重要区域性要素，以此作为实现后发区域经济发展赶超的切入点。当然，区域经济发展也会进一步使区域性要素得到充分利用。

第二节　创新开放型经济体制机制

从管理学的角度看，体制主要是指国家机关、企事业单位的机构设置和管理权限划分及其相应关系的制度，是指侧重于有关组织形式的制度；机制则是指有机体的构造、功能和相互关系，泛指一个工作系统的组织或部分之间相互作用的过程和方式。特定地域空间的经济社会发展依托于这个地域空间的经济体制机制，体制机制约束和激励经济体的行为选择，因此，在全面深化改革的战略机遇期，中原地区需要创新开放型经济体制机制，在要素流通、行政管理、区域合作发展等方面进行体制机制改革，以便为社会运行提供完善的机制保障和体制约束。

一　创新开放型要素流通体制机制

在全面深化改革的浪潮中，全国掀起了“创业创新”的热潮，“一带一路”战略也为中原的发展提供了契机。抓住这一机遇实现中原地区产业集聚、结构升级、区域发展是我们的战略目标。产业集聚、结构升级、区域发展不仅需要要素本身的优化，而且离不开要素流通的改进，要素流通是要素之间更好匹配的前提，因此需要要素流通体制机制进一步改革创新。要素流通包括劳动力流通、原材料流通以及商品流通，无论是人才的输出、输入，还是原材料、产品的销售和购买，都需要流通业的大发展。对于中原这个城镇化率不高、消费不振、需求不足的地域来说，流通业的大发展有可能刺激人口集聚、消费旺盛。这是因为流通业事关居民的吃、穿、住、行，是城市公共服务体系必不可少的组成部分，流通业能够提高城市对城市腹地的辐射和极化功能。因此，需要从宏观、中观、微观三个层面来打破体制机制的制约，强化体制机制的支持作用。

中原地区在流通方面存在的问题主要表现在以下三个方面：第一，流通产业发展的体制机制不健全，存在投资审批、执法监管、融资支持等权力缺失和规划无序的问题，这些问题不解决难免会引发诸如天津港化工仓储公司爆炸以及黑龙江省粮食仓储火灾等危及生产生活安全的事件，也会降低经济发展的速度；第二，城乡间、区域间流通资源配置不合理，基本情况是以郑州为中心的城市群内流通资源配置较为充分，但与其他省份相比，在流通基础设施、服务意识、人力资源储备等方面还有很大的差距，在中原地区的边远农村，比如豫西山区、豫东农村，专业化的市场物流中心和现代化商场、人力资源输出中介机构都相对稀少，造成这些区域的要素无法合理地向外流出，资金、信息也无法流入，导致资源配置效率低下；第三，中原地区作为农产品生产基地，在有关农作物的流通方面，基础设施及技术水平较为落后，这就弱化了自己的优势产业，强化了自己的“经济洼地”地位，因此在全面深化改革的机遇期要补上要素流通这一短板。

为此，我们将要素流通体制机制创新的具体目标定在以下几个方面。

（一）流通管理体制机制创新

1. 法律创新

通过检视河南省内外发生的各种要素流通环节的问题，我们可以发现国内要素流通领域的法律和标准相对滞后，这在很大程度上影响了流通效率的提升，所以需要结合目前要素流通的主要方式进行法律创新。一是加快推进电子商务立法，建立信用交易支付登记安全认证等约束机制，规范网上要素产品交易行为；二是要加快制定保护区域内流通企业的法律制度，对外资进入中国流通领域的投资行为进行规范约束，保障区域政府对流通渠道的可控制权；三是健全规范市场秩序方面的法律法规，如反零售企业垄断法、反大店法，制约大店的快速发展和单个零售企业规模的无限扩大，推行大型商业网点建设项目听证会制度；四是立法规范市场交易行为，研究制定规范零售商与供应商关系、商业促销、无店铺销售、商业会展、市场调控与管理等方面的法律法规；五是加快制订流通有关标准，以贯彻实施标准管理办法为契机，推进基础性标准和涉及群众生命财产安全健康等领域标准的制订和修订，逐步实现流通行业标准全面覆盖。

2. 管理体制创新

创新驱动是新型城镇化发展和现代流通业发展的强大动力。中国流通业改革发展至今，改革创新的重点已从过去完善微观体制深入到改革宏观制度上来：一是推进行业管理体制改革，当前，对流通业的管理由发改委、商务、工信、工商、农业、供销、食品、药监等多个部门来进行，属于分散管理、分工管理，这种管理体制有利于发挥专业管理优势，但不利于流通业的宏观调控和配合协作，建议在大部制改革的基础上，建立由某一省级大部门为总统筹的综合型、协调型管理机制，至少应该在流通行政执法领域整合行政资源，成立统一的市场监管机构，解决多头执法等问题；二是加快推进政事分开改革，探索开展行业协会（商会）承接政府职能转移和政府购买行业协会（商会）服务的改革试点，真正把行业协会（商会）在市场中的作用发挥出来，逐步将政府部门承担的行业标准制定、行业信息披露、行业纠纷裁决、资质资格认定、检验检测检疫、评估咨询认证等职能移交给行业组织和中介机构；三是加快推进放权扩权改革，着眼县域经济发展和小城镇建设，将部分集中于中央部委、省市级的流通业管理权限，通过扩权强县和扩权强镇改革，进行权力下放，提高县城、中心镇对区域经济社会发展的统筹协调和公共服务能力。

3. 规划体制机制创新

一是要强化规划的引领和指导，规划是发展的指南和规范，也是合理配置各类资源要素的载体，要在国务院《国内贸易发展“十二五”规划》的基础上，科学编制河南省流通节点城市布局规划和商业网点规划，并使之与国家和省主体功能区规划、道路交通规划、各行业发展规划以及各省市城市总体规划相互衔接，增强其渗透力和约束力；二是要制定、出台指导意见，结合近两年商务部制定的一系列“十二五”行业指导意见，制订五年行动计划，切实把现代流通业的各项举措落到实处，结合不同城镇的地域特点，做好流通与城镇化结合的形态、业态、生态、势态文章，进一步增强新型城镇的节点功能。

4. 融资体制机制创新

当前，要素流通的发展依赖于流通基础设施的建设，信息化、规模化、组织化已经成为流通业发展的大趋势。中原地区虽然是全国的地理中心，也是货物的集散地，但龙头性的流通企业并不多，郑州航空港经济技术开发区的建设为我们带来了机遇。建立一支组织高效、规模较大、连锁发展的商贸企业队伍是降低中原要素流通成本、提高货物集散地优势的重中之重。为此，要创新融资体制机制，引导社会资本通过参股收购等方式进入流通领域，破除民间资本进入大型流通基础设施建设的体制性障碍，将“互联网+金融”的模式引进来，争取推动中原地区流通业的技术升级，同时促进区域内龙头企业扩大规模、增强市场势力。

（二）流通产业业态创新

1. 制造业流通方式创新

在全面深化改革过程中，要积极探索现代流通产业与区域制造业协同发展的有效途径。一是要整合物流资源，构建面向区域的“基地+网络”物流平台和发展物流总包；二是要发展电子商务，搭建 B2B 特色交易平台，探索 B2C 交易模式，这可以借鉴浙江模式；三是发展现代流通方式，提高流通业现代化水平，加快发展连锁经营，推动连锁经营从传统商贸业向现代服务业拓展，由城市市场向农村市场延伸，切实提高连锁率。大力发展电子商务，依托产业集群和专业市场，推进行业电子商务平台建设，加快培育一批产品丰富、消费便捷、售后服务完善的购物网站，鼓励发展移动电子商务、社区电子商务和企业供应链电子商务，提高电子商务销售比重，加快商贸物流业发展。大力发展连锁企业和商品交易市场物流配送中心，完善商贸企业配送网络，加快建设城乡生活配送服务体系和生产资料加工配送网络，引导物流配送企业推广装卸机械化和配送自动化。

2. 商业业态创新

以商业创新和业态升级为重点，积极探索转变城镇居民生活方式和消费模式的新途径。一是着力推动城镇商业和社区商业的升级，以“千万工程”（指千镇连锁超市和万村放心店工程）建设为契机与主要载体，引导零售企业调整或重构城乡市场上的货源组织、品种结构安排、价格制定、时间安排等；二是科学合理进行商业网点布局和业态布局，把商业网点调整、业态优化和城镇建设有机结合起来；三是积极推进商业行业结构调整，调整批发和零售结构，发展连锁经营，逐渐实现各种新型零售业态和专业市场与连锁经营方式的结合；四是大力推动电子商务在城镇和农村的发展，形成“农业现代化公司 + 农户 + 网络”的发展结构，并通过购物方式的改变推动城镇居民消费行为的转变。

3. 产销模式创新

由于中原地区还处于半城镇化状态，中小城镇的要素流通效率普遍偏低，应以现代流通发展综合试点为抓手，探索中小城镇现代流通业发展的新模式。可以参照成都、重庆、浙江等地在城乡一体化中的做法，选取中牟县、新密市、新郑市、灵宝市、永城市等作为现代商贸流通改革发展试点，将试点建设成为中小城镇流通发展示范基地。具体试点的发展模式要根据当地的产业发展特征来定，比如新郑市的发展模式可以以“区域制造业 + 专业市场 + 物流基地”的工业品产销模式为主，中牟县的发展模式可以以“公司 + 基地 + 合作社 + 农户”的农产品产销模式为主，偏远的小城市如灵宝市的发展模式可以以“城镇综合体 + 特色街 + 社区商业”的综合流通网络为主，产业发展较有特色的县区的发展模式可以以“产业 + 电子商务 + 物流”的直销模式为主，有旅游特色的区县的发展模式可以以促进城乡要素平等交换和公共资源均衡配置为主，形成农村、城镇、城市互惠一体的新型城乡关系。

4. 农业流通方式创新

一是要推进区域制造业与农业的信息化建设，大力推进信息化改造、云计算服务平台、物联网、农村电子商务等平台和技术在流通产业中的应用，积极引导流通产业向农村地区下移；二是整合农业生产资源，在生产、销售等环节全面推动农产品供给规模化；三是完善鲜活农产品的冷藏、加工、运输和配送物流设施，大力发展冷链物流。积极培育第三方物流企业，有效降低物流成本。大力发展总经销、总代理等现代营销方式，推进商品交易市场经营户的公司制改造，提高市场集中度，推进大型商贸企业自有品牌销售，规范发展虚拟经营，提高流通的终端控制力和流通产业的现代化水平。

（三）流通政策创新

要素流通业的发展有助于控制企业的生产成本和消费者的消费成本，对提高产能、扩大内需具有重要的作用，因此区域政府需要重视这一产业的发展，将它作为抓手来促进区域内经济发展水平的提高。在政策层面，要素流通业需要几个方面的改进。

一是强化财税支持，积极落实现有的财政税收和产业扶持政策，积极发挥省市地方财政资金的促进作用，落实地方配套发展流通和扩大消费的专项资金，重点加大对流通设施建设、农产品流通和城镇市场体系建设、流通信息化建设、新型流通业态发展等项目的支持力度，对流通行业所涉税种进行全面梳理，实施结构性减税，出台相关减免缓政策。

二是强化价费支持，加快推进工商用电、用水、用气同价，规范流通环节收费，继续落实鲜活农产品运输绿色通道政策，扩大免费公路范围，降低高速公路收费标准，大力清理整顿零售商品供应环节、流通环节服务收费，开展对商贸流通领域行政事业性收费的专项清理，取消减免一批收费项目。

三是强化用地支持，统筹安排流通业用地，落实和完善支持流通业发展的用地政策。各地要将实施城镇规划、旧城改造和土地综合整治置换中收购储备的存量土地，优先用于发展现代商贸流通业。对重大商贸流通项目，实行与工业项目用地同样的供地方式。支持以划拨方式取得土地的单位利用工业厂房、仓储用房、传统商业街等存量房产土地资源发展商贸连锁、信息商务、电子商务、物流配送标准商业等现代新型流通业态，而土地用途和使用权人可暂不变更。

（四）配套制度改革

现代流通业与新型城镇化良性互动的核心在于人的集聚，而人的集聚并非简单的农民市民化，而是要统筹城乡要素资源，推进包含经济、社会、民生各领域的综合改革。为此，必须要加强调查研究，坚持试点先行，联合有关部门，协调推进各类配套制度改革。

一是推进农村土地制度改革。以推动土地流转和规模经营为重点，加快土地承包经营权流转市场和流转服务体系建设，探索推进集体建设用地使用权出让、转让、出租、作价入股等形式的市场流转，鼓励农民以农村宅基地置换城镇产权住房，以承包地置换城镇社会保障。

二是探索户籍管理制度改革。选取若干城市作为户籍制度改革试点，以在城镇就业和居住的农民工落户城镇为重点和突破口，探索建立以合法稳定住所或合法稳定职业为户口迁移基本条件，以经常居住地为户口登记基本形式的城乡统一的户籍管理制度，进一步放宽户口迁移政策，取消不合理的落户条件限制，推动人口在城乡间的双向流动。

三是深化农村产权制度改革。明晰的产权，不仅是产权流动的前提，而且是产权人流动的前提。要以全国农村集体土地所有权、集体建设用地使用权等确权登记和颁证为契机，探索建立农村房屋产权流转交易和处置机制。要加快农村集体经济组织股份制改革步伐，形成与户籍相分离、责权利明确的农村产权制度，实现农民经济身份与社会身份分离。

四是深化完善民生保障和服务政策。首先是要按照城乡统筹、全民覆盖、一视同仁、分类享受的原则，建立统一的制度框架；其次是要在统一的制度内，积极探索建立城乡公共服务标准差距、质量差距逐步缩小的机制和办法，逐步解决标准上的城高乡低、质量上的城优乡劣问题。

二　创新行政管理体制机制

区域的发展受制于一定的政治体制和经济体制，体制是约束经济主体行为选择的机构及它们之间的关系。在我国单一制的政治体制下，各地遵循同样的部门设置和法律规范，但又拥有一定的自主权。在全面深化改革的机遇期，中原地区要深化行政管理体制机制改革，就应将不利于区域经济发展的落后体制机制更新为高效兼顾公平的体制机制，将发达地区已经采纳的改革方案借为己用。根据现有研究现状，以及社会发展的情况，此处将行政管理体制机制划分为城市、农村及开发区三种类型，重点讨论这些行政区域的体制机制创新问题。

（一）城市行政管理体制机制创新①

当今世界，城市对经济社会发展的作用越来越大，城市成为人口、产业

① 高梅生：《创新城市管理体制》，《经营管理者》2006年第11期。

的聚集地，中原地区60%以上的GDP来自城市，城市的结构与功能日益复杂，城市管理的地位和作用更加突出。科学高效地管理城市，因势利导地发展城市已经成为区域政府的重要工作内容。城市管理的核心是体制，关键是机制，重点是运作。因此，对城市行政管理体制机制进行创新非常必要且紧迫。

按照城市管理体制创新的统一效能原则、属地管理原则、积极稳妥原则、技术支撑原则、依法管治原则，可以将城市管理体制创新的目标细化为以下几个方面。

1. 明晰权责，完善“两级政府、三级管理、四级网络”的城市管理新体制

这种管理体制有助于整合城市管理资源，发挥城市管理效能，强化城市管理服务功能，形成管理、监督、服务一体化的城市管理模式。

“两级政府”是指要形成市、区两级政府管理的新格局。具体来说，市一级政府要承担事关全局的城市规划编制、城市资源配置、政策法规规范和标准制定、监督检查等职能；区一级政府承担市一级政府以外的其他职能，为充分发挥区一级政府在城市管理中的主体作用，市一级政府应将城市美化、亮化、绿化和市政精品基础设施工程建设等具体职能赋予区一级政府，并做到“事权对称”。

“三级管理”是指要科学确定市、区、街道三级政府部门的管理职责与职权，形成管理重心下移和责权利相统一的层级管理框架。具体来说，市一级政府负责宏观决策、监督与协调，主要职责有：编制城市总体规划、分区规划和专项规划，拟定城市管理法规、条例；制定市容环卫、园林绿化、建筑工地等管理标准，规划并制定户外广告、门面牌匾和各类占道的总体布局与标准，监督指导各区、街执行城市管理法规情况，协调有关专业部门和区、街道工作。区一级政府负责全面实施决策，履行管理职能，主要职责是：贯彻执行城市管理的法规、条例；开展城市具体管理，如市政、市容环卫、园林绿化、市政设施、物业、建筑工地等的管理；监督检查辖区内建设项目的规划，协助规划部门做好违法建筑的检查、拆除、清理工作。街道一级负责操作执行，管理服务，主要职责是：依据法律法规和区政府的授权，对辖区内的市容、环卫、绿化、道路保洁、占道费和卫生费收缴工作负全责；指导协调小区物业管理，将管理延伸到基层。层级管理要强化属地管理意识，即一方面强化区一级政府属地管理的责任意识，解决不愿管、管理缺

位问题；另一方面强化市级部门和单位的属地管理意识，解决不配合、不服管的问题。

“四级网络”是指将管理拓展到社区，强调社区的自我管理、自我服务的自治功能，把社区管理与市场化物业管理有机结合起来，把市、区、街道三级管理真正落实到基层，落实到位，形成城市全面管理网络。

2. 理顺关系，建立“条块结合、以块为主”的管理体系

一是理顺“条条”之间的关系。首先，要理顺建设、管理之间的关系。城市建设与管理是城市正常运转的两个轮子，二者相互融合，相互促进，不可分割。建设与管理的辩证关系要求在城市发展过程中不能偏废任何一方。其次，根据城市发展状况和设区城市的成功做法，积极推进建管分列。建立城市综合管理机构，统一指挥、协调和处理城市管理的相关事宜。

二是要理顺“块块”之间的关系。要进一步理顺市管理和区管理的关系，从而建立起市政府统一领导，区政府全面负责，街道办事处具体落实的城市综合管理机制。理顺区与街道相关管理关系，街道作为区政府的派出机构，行使区域管理职能。

三是理顺“条”与“块”的关系。要坚持属地管理的原则，以“块块”管理为主，城市的“条条”管理职能部门各负其责，各司其职，积极主动履行部门法定职责，支持、配合“块块”管理，充分发挥城市各级政府在城市管理中的主导作用。

3. 管罚相对分离，建立健全城市管理集中执法与专业执法相结合的行政执法体系

改革城市管理行政执法体制，是规范整顿市场经济秩序、提高城市管理水平、加速城市现代化进程的客观要求，各级政府要建立健全城市管理集中执法与专业执法相结合的行政执法体系，按照制定政策、审查审批职能与监督检查、实施处罚职能相对分开的原则，设置专门从事城市管理的集中行政执法机构，实行“统一领导、分级管理、以区为主、重心下移、强化服务”的管理体制。市行政执法局主要侧重政策研究、监督指导和重大执法活动的指挥调度，区行政执法局承担具体执法任务，同时接受市行政执法局的指导，执法重心下移到区，相应人、财、权、责全部下放到区。行政执法局主要在城市管理领域集中行使原由建委、城管、园林、规划、市容、环保、工商、公安、交警等行使的执法监察权和部分行政处罚权，负责对授权领域的违法、违章行为进行监督检查和行政处罚。

4. 完善机制，建立起强有力的城市管理支撑保障体系

一是建立市场化运作机制。城市管理要改变政府包揽的格局，形成“政府引导、市场运作”相结合的市政公用事业多元化的发展格局。积极推进市政、环卫和园林绿化三支队伍的“事转企”改革，实现其用人、用工、分配三项制度改革，解决其医疗保险、养老保险与失业保险等问题。进一步向各区下放城建资金、人事和城市管理权限，强化区一级公共服务的权责利，统一管理。按照“政企分开、政事分开、建管分开、市场运作”的思路，进一步转变“政府包揽、垄断经营”的城市管理模式，开放作业市场，走专业化、企业化经营道路，建立政企分开、投资多元化的公用事业市场化的运转机制，实现自主经营、自负盈亏、自我发展的社会化服务。

二是建立公众参与的城市管理机制。公民参与法治化、制度化是城市管理创新，完善政府决策和执行机制的一项重要任务。公民参与法治化应以坚持党的领导和依法行政为原则，以实现广大人民群众的根本利益为宗旨，通过公民全方位参与城市管理的体制机制的建立健全，促进公民参与的有序和规范，确保公共政策的科学、稳定和高效，推动城市经济、社会全面协调可持续发展。我国的发达城市如上海、北京、广州等地在城市管理的公众参与方面进行了大量的积极探索，取得了显著的成果，但是在我国公民参与城市管理中仍然存在诸多问题。比如公众参与城市管理的法律法规保障不够，规范程度不高；公民参与机制的可操作性较低，参与度不够；在城市的总体发展规划和公共预算等重大议题方面，在法规制定和公共监督方面，公众的参与明显不足；等等。这些都需要进一步从法律和制度层面进行解决，并通过多种机制保障公众参与城市管理机制的建立。

为此，中原地区需要做到以下几点。首先，培育成熟的公民作为城市管理的参与主体，进一步通过新生人口教育、存量人口培训等方式使每个公民深刻认识到城市公共事务管理与自身利益密切相关。其次，从法律上明确公民参与城市管理的合法性，将公民参与的制度体系化、法制化，如将公众的知情权、参与决策权、监督权、舆论权、结社权、司法救济权等进一步立法细化并使之形成体系，以构成完整的公众参与权。同时，还应规定相应的法律责任，建立和完善违反公民参与权的司法审查和救济制度。最后，营造公正、公平、公开的市场环境，实行社区管理，推动环卫管理市场化、专业化，建立“政府花钱建机制，百姓花钱买服务”的管理机制，使城市管理形成市场化、专业化、社会化、规范化的长效管理机制，发挥新闻媒体在城

市管理工作中的舆论导向和社会监督作用，完善政务公开制度、群众举报制度、特邀监督制度。再次，建立起完善有效的保障机制。建立经费保障机制，将城市管理部门和执法机构所需经费列入财政预算，予以保障，确保城市管理工作责权一致。建立司法保障机制。完善管理的法规体系，用立法的形式将管理要素确定下来。最后，建立激励与人才培养机制。建立与完善全面、科学、公正的可操作的绩效评价体系和激励、制衡机制，实现城市管理制度化、科学化、长效化。建立人才培养与竞争机制。

5. 建立起以大数据为背景的智慧城市管理体制

智慧城市是知识社会环境下城市发展的高级形态，它基于大数据、物联网、云计算等新一代信息技术以及多种工具和方法的深入应用，有利于营造创新涌现的城市生态，推动信息化和工业化深度融合，实现城市可持续发展。智慧城市强调从行业分割、相对封闭的信息化架构，迈向作为复杂系统的开放、整合、协同的城市信息化架构；更强调通过政府、市场、社会各方力量的参与和协同，实现城市公共价值塑造和市场价值创造。当前，发达地区都已提出智慧城市建设的战略，中原地区也不能落后。在全面深化改革的过程中，中原地区要与其他区域同步前进，加快技术创新与制度创新协同推动城市内涵式发展，推动地方政府行政体制改革，加快政府职能转型，实现城市创新驱动发展。因此，智慧城市建设需要从以下几方面展开。

（1）加快体制创新，推动职能转型

建立健全“决策、协调、管理、执行、审计、咨询”六环节的信息化推进体制结构。构建强有力的常态化组织协调机制，落实市智慧城市建设工作领导小组决策，可考虑成立市智慧城市和信息资源管理办公室，或建立市政府首席信息官制度，与政府部门的职能相结合，贯彻实施市智慧城市建设工作领导小组决策。

加快信息化项目管理体制改革，建立全流程项目管理和工作机制，推动项目投资管理向整体规划主体工程、多部门联合申报、集中投资、科学管理的模式转变。创新项目顶层设计工作机制，发挥研究咨询机构在项目建设前期的指导作用，探索建立或引入第三方评估机构，完善项目评估论证机制和相关制度，提高项目决策的科学化水平。加快管理机构与监督机构职能分离，实现信息化项目审批归口管理。推动财政管理体制改革，适当增加市级财力，增强市、县两级财政资金统筹力度。进一步完善财政支出绩效评价制度，将信息化项目建设纳入绩效评价范围，以政府绩效管理取代现在的工程建设绩效管理。

智慧应用建设应向资源整合和数据共享，及民生服务、社会管理和决策支持的信息系统建设转变。在服务对象上，应用建设应从服务于部门向服务于部门管理对象、行业管理对象和公众转变。加强规划引导和环境建设，发挥市场机制的优势和作用，建立企业化运作、实体化运营的“两化”深度融合促进中心和智慧产业发展服务中心，加快部门和行业数据开放，鼓励和扶持业务创新、商业模式创新和服务创新。完善多元投融资机制，吸引各类企业参与项目建设，加快应用示范和智慧产业基地建设。

（2）加快制度创新，规范建设机制

加快制度创新，推动技术与制度协调发展。完善法律法规，营造政策环境，实施有效的制度建设和制度创新，固化行政改革成果，为实现智慧城市的科学发展提供可预期的、稳定的机制。在项目规划建设的同时，开展相应的管理办法和相关标准的研究，形成“建设一个项目、出台一部办法”的管理模式，推动技术应用与制度创新协调发展。

引入先进理念和方法，推动政策法规体系化建设。引入战略信息管理理念与方法，借鉴电子商务立法成果，围绕政务信息资源的采集、传送、处理、存储和利用等过程，从信息技术、信息体制和信息资源等方面加快政策法规的战略规划工作。遵照国际标准和惯例，着手统一的地方性信息化法规的制定，对电子政务法律体系的基本内容进行全盘规范和定性，推动政策法规体系化建设。重点加强信息基础设施建设、信息服务与信用体制建设、电子签章、个人隐私与数据保护、信息安全与保密管理等方面的立法工作，规范智慧应用建设与运行维护。

（3）加快基础建设，促进共享应用

加快平台建设，实现统一平台管理。加快基础支撑平台建设，整合信息化基础设施、基础数据库，推动数据交换平台和数据交换体系建设。构建全市集中统一的信息化应用支撑平台，满足全市信息化基础设施共性需求，以及不同行政层级的政府机关和部门的共性信息化需求，推动应用集群化、综合化、服务化发展，推进政务流程再造。着力于安全支撑平台、公共服务门户平台、辅助决策平台的建设升级，并逐步将全市的电子政务系统整合到统一的平台上，实现统一平台管理，以进一步推动前瞻性、综合性城市管理与服务的应用建设。

加快标准建设，推动标准规范融合。加强业务部门、管理部门、研究部门与行业联盟的协同，协作推进标准化建设，推动业务方案顶层设计与标准化建设方案顶层设计的双向融合。完善标准规范体系结构，加快数据标准、接口标准、业务流程标准、管理服务标准和绩效评估标准建设。充分发挥标准化建设对技术、业务、监管的规范作用，推动当前建设与长期发展相结合、流程优化与业务协同相结合、业务、制度、绩效相结合的项目标准化体系建设，促进技术与业务协同、业务与流程协同、业务与监管协同。

加强安全管理，提升安全保障能力。强化信息安全基础设施与技术手段体系化建设，建立有效的身份认证、数字签名、信息加密、责任认定机制和等级保护的分类措施。加强信息安全监察，加快统一威胁管理系统的建设和部署，完善重大活动保障和应急处置长效机制。健全信息安全管理制度，推进信息安全法律法规及标准的研究和制定。深入推进网络信息安全评估、安全防护、应急管理和分级管理、分级保护等工作。支持信息安全产业发展壮大，加快安全可靠软硬件的应用推广，提升智慧城市建设的安全综合保障能力。

（二）农村社会管理体制机制创新

众所周知，在我国的政治体制中，乡、镇政府为最低层级政府组织，农村治理以村民自治为原则，这使得农村的行政管理创新环节较少。而中原地区城镇化率较低，城市群发展整体态势较弱，农村、农民、农业问题仍然是困扰区域发展的重大问题，因此创新农村社会管理体制机制，振兴农村经济社会就显得尤为重要。党的十八大报告也指出，加强农村社会管理是农村发展的重要制度保障，因此，加强农村基层社会管理创新，构建与社会主义市场经济相适应的农村基层社会管理体制机制具有重要意义。

1. 我国农村社会管理体制机制经历过的改革

首先，改革体现在体制层面。从传统的“县政乡治”到人民公社体制的建立，从20世纪70～80年代“乡政村治”格局的初步构建到新时期村民民主自治体制的确立，再到以村民民主选举、民主决策、民主管理和民主监督为主要内容的村民自治制度的发展已成为中国特色社会主义民主政治制度改革的重要内容。在新的历史阶段，农村基层社会管理领域存在着乡镇政府的行政管理权与农村社区的自治权两种基本权力形式。农村社会管理的主体既包括基层乡镇政府，也包括农村具有公共管理职能的各类社会组织。有限行政是转变政府职能的客观要求，村民自治是我国农村基层社会自治化的基本形式。市场经济必然要求有限政府，有限政府的行政化和农村基层社会自治化的本质取向是一致的。转变基层政府职能，推进“有限行政”，发展农村基层民主，保障“村民自治”，实现政府行政管理与基层群众自治的有效衔接和良好互动，是进一步推进农村社会管理体制改革、发展和创新的基本途径。

其次，改革体现在机制层面。伴随着经济社会的发展以及改革开放的实践，尤其是随着市场经济体制的确立以及经济社会的全方位转型，与农村社会管理体制建设相适应，我国农村社会管理的具体机制亦随之不断发展和完善。仅就当前而言，社会结构特别是城乡社会结构剧烈变动、利益格局面临调整、农村社会稳定问题以及农村公共需求急剧增长等都对当前农村社会管理的具体工作机制创新提出了新的要求。基于基层政府有限行政与农村基层社会自治化（即村民自治）二者本质取向的一致性以及具体化，按照党委领导、政府负责、社会协同、公众参与的社会管理格局的要求，当前农村社会管理机制发展与完善的重点则主要体现在权力运行机制的发展、公共参与机制的完善、纠纷解决机制的健全以及社会保障机制的完善等方面。

2. 农村社会管理体制机制创新的三个方面

要加强农村社会管理体制机制创新就要从体制、机制两方面入手，再将体制、机制创新纳入法律保障的范围。具体而言有以下三个方面的创新。

（1）农村社会管理体制创新

要进一步完善乡村权力资源配置体制、深化乡村组织重构。基层社会管理格局和管理体制状况与社会的特定权力结构紧密相关；乡村权力资源配置模式的多元主体参与型转变必然要求农村基层社会组织重构。完善乡村权力资源配置、深化乡村组织重构，要全面推进有限政府建设，切实完善村民自治制度，进一步实现基层乡镇政府行政管理与基层群众自治的有效衔接和良性互动。

首先，要深化行政管理体制改革，进一步转变基层乡镇政府职能，创新政府管理方式。虽然转变职能是各级政府面临的共同课题，但是各级政府的职能定位不同。对基层政府而言，其职能定位主要体现在社会管理以及公共服务方面，并且要加快管理理论从管制理念向服务理念的转变，大力构建有限政府、服务政府。政府管理方式也绝不限于传统的行政管理手段，除了必要的管制职能之外，应大力提倡并积极采用行政给付、行政合同、行政指导等新型管理方式。

其次，要进一步发展基层民主，保障村民自治。特别是要促进农村社会组织发育，规范农村正式组织，依法发挥其职能；引导非正式组织健康发展，提高农民的组织化水平。要在最大程度上体现城乡平等统筹，切实维护农民的各项民主权利，特别是知情权、决策权、参与权、监督权。要正确处理好党的基层组织、乡镇政府与村民自治的关系，发挥农村民间组织的协调作用，依法化解乡镇行政管理权与村民自治权两种权力的冲突。

最后，要促进行政管理与村民自治的衔接和互动。现阶段，我国农村实行的是乡镇管理与村民自治结合的农村社会管理模式，此处要强调的是行政管理应为村民自治服务，村民自治应在乡镇政府认可的范围内来进行，这就是说，实现乡村社会公共利益最大化既需要发挥村民自治的主动性，又需要乡镇政府认可这一制约条件，如此才能实现灵活多变又被法律许可的社会治理。

（2）农村社会管理机制创新

首先，就权力运作机制的完善而言，应进一步规范农村基层行政权的运作，将政府的社会管理职能通过制定社会政策和相关法规下放到基层社会管理组织，把更多的资源转向公共服务领域，进一步改革基层政府绩效考核机制。要以农村基层社会的社区重建为基本依托，以构建农村社会发展政策为根本保证。

其次，就公众参与机制的完善而言，要扩大公众政治参与范围，拓宽其参与经济发展以及社会管理的渠道；以促进行政民主化、科学化为目的，在加大政府信息公开、政务公开的基础上，健全农村社会的利益诉求表达机制以及权力监督机制。在新形势下，要充分发挥信息网络的作用，注重民间网络意见表达、监督的作用。坚持人民主体地位，加大公民社会构建力度。

再次，就纠纷解决机制而言，要注重从源头上化解社会矛盾，完善社会矛盾调处机制；以非诉讼机制以及各种组织机构内部的纠纷解决机制等为重要补充，积极构建多元纠纷解决机制，完善公共突发事件应急机制。

最后，就社会保障机制而言，要完善农村社会保险、医疗保险、养老保险、社会救助、社会福利以及优抚安置等各项制度；要逐步推进城乡公共服务均等化；加大农村利益协调力度，缩小农村社会贫富差距，防止两极分化加剧；关注农村弱势群体保护以及农村流动人口问题；积极构建基层互助合作机制等。

（3）农村社会管理体制机制创新

农村社会管理作为农村社会建设的重要内容，无论是体制建设还是机制建设，农村社会管理的发展都应当与社会主义法治国家和法治政府的建设相结合，要“始终将社会管理置于法治化轨道之下，以法治理念为指导，以法律程序和法律规范为支撑，依法管理”。

可以说，制度化、法治化既是整体意义上的社会管理的要求，也是农村社会管理体制机制创新的必由之路。为此，要进一步健全农村社会管理的法律法规体系建设，尽快实现基层党组织的依法执政，不断完善基层政府行政程序的法律规范，切实维护农村群众政治、经济以及社会领域的各项合法权益，有针对性地完善农村基层民生领域立法体系。通过法律而非其他方式来协调社会关系，规范社会行为，解决社会问题，化解社会矛盾，促进社会公正，应对社会风险，保持社会稳定，从而切实保障农村社会管理体制以及各项具体机制创新的有效实施。

总之，农村社会的健康发展是中原地区健康发展的基本保障，创新农村社会管理体制机制需要从体制、机制本身着手，即将乡镇政府的职能进一步明晰化，使乡镇政府承担更多的服务功能；创新村民自治的方式方法，使农村社会的民主机制得到最大限度的发挥，实现有限政府与合法执政的统一。

（三）创新开发区行政管理体制机制

我国的国家级经济开发区已经设立了30多年，中原地区的各级、各类开发区也已成为带动经济发展的先头兵，河南省更是对开发区的发展寄予厚望。在《河南省人民政府关于促进高新技术产业开发区发展的意见》（豫政〔2014〕43号）中，河南省明确提出要把高新技术开发区建设成为发展战略性新兴产业和高新技术产业的核心区、体制机制创新先行区、高端创新创业人才集聚区、现代化新城区、创新驱动科学发展和生态文明建设示范区，并提出具体目标：到2017年，省级以上高新区达到30家，自主创新能力显著提升，经济保持较快增长，产业结构进一步优化，构建创业环境优越、创新资源集聚、创新体系完备、基础设施完善、环境质量优良、产业特色突出、覆盖全省的战略性新兴产业和高新技术产业核心载体；高新区主要经济指标的年均增长速度达到18%以上；高新技术产业增加值占全省高新技术产业增加值的比重达到50%，主导产业集聚度达到80%以上；高新技术企业达到1000家。

数量如此之多的开发区聚集了大量的生产企业和工人，开发区所面临的各类问题也日益复杂。开发区管委会的职能安排已经严重阻碍了开发区的发展，对企业运转的效率、开发区辐射功能的发挥等都产生了不利的影响，因此亟待体制机制创新。为此，需要将开发区目前面临的问题一一罗列，然后提出体制机制创新目标。

当前，开发区管委会在体制中的地位不明确，其职能发挥的机制也呈现出低效性的特征。具体表现为以下几方面。①

第一，法律地位不明确，职能权限不到位。开发区管委会是地方政府的派出机构，不是一级行政执法主体，不具备相应的法律地位和执法权限，因而不能进行合法的行政管理和行政执法。国家层面的《开发区法》没有出台，地方政府规章的法律效力相对较低，当地方法规、政府规章与上位法发生抵触时，地方法规、规章就失去应有的作用。河南省于 2014 年出台了《河南省人民政府关于促进高新技术产业开发区发展的意见》，但河南省在这一意见中仅提出了开发区发展的目标、体制机制改革的方案等，并未承认开发区的独立行政主体地位。由于缺乏法律保障，开发区管委会的体制、机制、政策缺乏稳定性和规范性，开发区不能以自己的名义进行合法的行政管理、行政执法，在行使有关行政审批职能时，往往不被政府部门认可，这极大地影响了执法效能。尽快从法律层面解决这个矛盾，是创新开发区体制机制的当务之急。

第二，简政放权难落实，审批隐性门槛多。虽然开发区管委会作为同级政府的派出机构，受同级政府委派，应行使同级政府赋予的经济管理权限和相关的行政管理职能，但在实际运行中，关键权力往往下放不到位，已享有的土地开发利用管理权、项目审批权、环境保护管理权等权限相继被收回，导致开发区管委会的职能权限严重缺位，自主权受到严重制约，缺少相应的行政审批、行政执法和行政处罚等权限。尽管政府多次简政放权，但目前开发区的一个项目从签订协议到开工建设仍需要办理立项、规划、土地、环评、节能评估、建设、安评等十几道手续，要到法定的政府部门报批，审批程序多、难度大、时间长，往往导致企业错过最佳的市场机遇期，甚至导致项目流失。

第三，财权与事权不匹配。多数经济开发区不具备一级财政功能，按照现行财政体制，开发区每年财政可用财力在扣除工资、基本运转经费后，无多余的用于基础设施建设，制约了园区的发展。不少开发区还遇到审批过程

① 张俊：《创新行政管理体制机制 推动开发区转型升级——第三届东方行政论坛·开发区行政管理体制机制创新研讨会观点综述》，《山东经济战略研究》2014 年第 12 期。

中办事前置条件苛刻、隐性条件较多的问题。由于开发区权限太少，所以，大部分事务需要到上级行政部门办理。上级行政部门近年来简化办事程序，缩短办事流程，各个环节普遍提速，但有的办事前置条件苛刻，办事过程中隐性条件仍然较多、隐形门槛过高。有的在法定条件外设置前置审批条件、增设审批环节；有的对同一事项互设前置审批条件；有的把登记、备案事项搞成变相审批；有的将已经取消的审批事项交给特定的事业单位、中介机构、行业协会、商会，以第三方评估评审等名义搞隐性审批，门槛高，有的收费比原部门的高出几十倍甚至上百倍。下放给基层的审批事项有的含金量不高，不配套、不管用；等等。这些问题严重制约着开发区的创新发展。

第四，社会管理负担过程，旧体制回归趋向明显。过去开发区的职能主要集中在土地开发、招商引资、企业服务等经济工作方面，如今还面临居民服务、流动人口管理、计划生育、文教卫生、劳动就业、民政福利、公共环境、社会治安、民兵武装等大量社会公共服务事项，开发区已不再是单纯的经济功能区，管理职能全能化趋势明显，普遍出现向“大而全”旧体制回归趋势。开发区不是一级政府，却要承担政府的许多功能。由于人员编制和机构受限，经费不足，行政和社会事务日益繁杂，成了典型的“小马拉大车”。特别是开发区的开发功能、经济功能和创新功能逐渐被淹没在繁杂的行政和社会事务中，分散和影响了其招商引资、开发建设、创新驱动、转型升级的精力，使其逐渐趋同于一般行政区，造成功能定位的扭曲。开发区创办之初精简高效、小机构大服务的管委会体制优势，明显被弱化和逐步丧失。

第五，开发区机构设置和编制管理不够规范。开发区在机构设置和领导干部配备上级别不统一，有的省级经济开发区管委会主任由乡镇党委书记担任。开发区编制管理不规范，一些开发区在机构规格、管理体制、内部机构设置、编制核定和使用等方面不尽合理，存在机构设置编制管理不科学、随意性强等问题。在河南省省级经济开发区中，因属地级别和各地编制总量的差异，行政编制数量差别较大，有的只有几个行政编制。一些开发区为完成繁重的行政管理、社会管理和公共服务等任务，在行政编制受限的情况下，不得不加大事业编制核定数量或者聘用大量编外人员。在实际工作中，行政编制人员、事业编制人员和其他身份人员混岗混编，不利于加强对各类人员的规范管理，而且在一些行政执法等方面存在执法人员无资格、执法程序非法等问题。

根据以上对开发区运行过程中存在的体制机制问题的剖析，设定以下创新目标。[①]

第一，推动开发区法律体系建设，明确开发区的法律地位。按照党的十八届四中全会《决定》关于深入推进依法行政、职责法定、法无授权不可为的有关要求，应尽快从法律上明确开发区的行政主体地位及组织管理体系、主要管理职能、基本管理权限，明确其行政管理、行政执法主体资格，理顺开发区与建成区行政管理体制的关系。在目前国家层面立法暂时难以出台的情况下，应加快推进省级和有立法权的市级的开发区立法步伐，组织相关部门、研究机构、专家学者成立开发区管理体制和运行机制研究课题组，进行联合攻关，对有关问题形成共识，在此基础上制定、出台省级《开发区条例》。通过国家法律和地方性法规的形式对开发区的功能定位、发展方向、管理体制、运行机制、设立撤销等予以明确，确保开发区在法制轨道上健康发展。

第二，推行权力清单制度，加大同级政府权力的下放力度。一是加快推进各级行政审批制度改革，加快建立权力清单、责任清单和负面清单制度，积极推进各级政府加快转变政府职能，加大政府行政权力的取消和下放力度，按照“依法合规、能放则放”的原则，通过授权、委托、代理等多种方式，将有关规划、建设、立项、审批管理和行政执法处罚等权限下放给开发区管委会；对于职责权限不便于下放的部门，可通过在开发区派出机构和在行政服务大厅设置服务窗口或派驻工作办公室等方法，方便企业办理审批等业务；对市、县（市、区）直部门在开发区设有派驻机构的，将本部门行政审批权限全部依法下放到派驻机构，实现“授权到位、办理到位”和“一口受理、一站式服务”，参照开发区内设机构管理对派驻机构实行管理，实行限时办结制或服务承诺制，增强开发区自主管理和服务能力。对有条件的地方，可参照自贸区做法，赋予国家级开发区管委会区域统筹管理权，集中行使行政审批权和行政处罚权，或参照天津滨海新区的做法，在开发区设立行政审批局和综合执法局，解决目前规章委托执法方式所带来的名义主体多、权责不一致等问题。

---

① 张俊：《创新行政管理体制机制 推动开发区转型升级——第三届东方行政论坛·开发区行政管理体制机制创新研讨会观点综述》，《山东经济战略研究》2014 年第 12 期。

二是加快推进各级行政审批和政务服务平台建设，积极推行网上审批、并联审批和集中审批，尽快建立完善全省统一的行政审批和政务服务平台，减少审批环节，提高办事效率。开发区管委会要充分依托全省统一的网上行政审批和政务服务平台以及各级政务服务中心、便民服务中心、社区服务中心，提升履职服务效能。

三是完善财政保障体制，加大财政支持力度。可建立独立核算的开发区财政体制，设立开发区金库，具体办理开发区财政收支业务。开发区财政收入除按规定上缴中央和省的部分外，市及市以下留成的新增财力实行“划分收支、核定基数、超收分成”的管理办法，按一定比例返还开发区，为开发区的滚动发展和各项民生事业提供财力保障。

第三，规范开发区设置和机构编制管理，建立开发区退出机制。在总结开发区体制机制创新经验的基础上，从省级层面研究、制定加强开发区机构设置和编制管理的意见。明确开发区设置条件、机构编制管理的基本原则，对开发区的管理模式以及管委会的主要职责、机构性质、机构规格、内设机构、人员编制、领导职数和审批程序等事项予以规范。管委会人员编制和机构总数，要按照“精简、统一、效能”原则，根据开发区的管辖区域、经济总量、发展潜力等因素综合研究确定。严格规范经济开发区机构编制管理，严禁超职数、超规格配备领导干部，严禁超限额、超规格设立工作机构。要以资源禀赋、发展前景、贡献评估、环保状况为主要标准，制定严格的开发区设立、升级门槛和末位淘汰退出机制，使各级开发区都不能只进不出、只升不降，增强开发区的危机意识和发展动力。机构编制管理部门要把紧关口，严格控制，严肃查处违规违纪问题。有关开发区设置、机构编制的事项，必须严格按照有关程序和权限报省级编办或中央编办审批。

第四，探索同型经济区管理体制整合模式，解决同质恶性竞争和行政资源浪费问题。目前，中原地区设有国家级经济技术开发区、高新技术产业开发区、出口加工区等。这些经济区虽名称不一、发展重点各有侧重，但在经济发展的形态上、功能上是趋同的，难免发生同质恶性竞争现象；对行政管理的要求是基本一致的，难免造成行政资源的浪费。针对这种情况，应该打破行政壁垒，对这些称谓不同、功能相近的经济区域，采取多区通用的行政管理模式，撤并、整合职能相同和相近的行政管理部门，营造区域内简明、便利、通用、高效的体制机制环境，形成完整统一的项目招商政策体系和管理合力，从体制机制上避免经济行为的同质化恶性竞争，充分发挥区域内公用基础设施资源的效能、效益，减少不同开发区间行政管理、行政执法的摩擦，以最高的行政效率满足不同商家、不同企业跨行业、跨领域投资的个性化和多元化需求。

第五，引导社会中介组织健康发展，减轻开发区的负担。政府有关部门要加强对行业协会和中介组织的监管，引导行业管理组织制定行业的执行准则、技术标准和职业道德、质量监督等制度，保证投资服务、人才招聘、劳动就业、财会、法律、社会保障等领域的社会中介服务组织的健康有序发展，使其更好地承接和履行开发区有关事务性职能，使管委会从繁重的事务中解脱出来，专心致志搞好经济开发，真正实现“小政府、大中介”“小管理、大服务”的建设目标。同时，有关部门又应加大对区内各中介社会组织的监管力度，定期组织专项检查，对故意在法定条件外设置前置审批条件，增设审批环节，把备案事项搞成变相审批，或者把审批事项转交由无资质、不规范的中介组织代办谋取私利的，要依法依纪追究责任。

第六，创新干部人事管理制度。积极探索“全员聘任、绩效考核、按岗定薪”的开发区灵活用人机制。建设干部人才管理改革试验区，面向国内外选拔高层次人才，建设干部人事制度改革先行先试的试验区和“人才特区”。对开发区管委会领导成员实行公开竞聘和任期制，有条件的地方可探索职业经理人制度；对内设机构负责人和对工作人员实行聘用制，面向社会公开选聘，内部实行竞争上岗，绩效考核，末位淘汰；对一些特殊岗位和优秀人才可探索政府雇员制。推进干部的纵向横向交流，建立经济开发区与市直或县（区）直机关干部交流机制，每年选拔一批后备干部和优秀年轻干部双向任职或挂职。探索多样化的分配激励机制，设立管委会领导班子成员发展质量目标考核奖，对一些领导岗位探索实行年薪制，对一般工作人员实行绩效工资制，以岗定酬、按绩定酬，适当拉开收入档次，着重向优秀人才、优质工作和关键岗位倾斜，形成用事业留人、用待遇留人、选优用优、效率优先的综合激励机制和用人导向。

三　创新中原城市群协调治理体制机制

中原地区的覆盖范围超出河南省全域，周边省份的一些城市在规划中也被纳入中原地区。这样一来中原地区的发展就不仅仅是一个省份的问题，更是多个行政区域的协调发展问题。《全国主体功能区规划》将中原地区纳入重点开发区域，并提出中原城市群的概念。当前，城市群的发展已经成为区域发展的核心，中原城市群的协调发展也成为中原地区发展的重中之重。就发展现状而言，中原城市群的发展活力相较于长三角、珠三角、京津冀、长株潭等城市群还比较弱，但是可以借鉴这些城市群发展过程中的经验，来就中原城市群的协调发展进行顶层设计和制度创新。

中原城市群的协调发展问题类似于大都市区的治理问题，目前中原地区还没有提出大都市区的概念，但其发展的方向无疑是成长为以中原城市群为核心的大都市区。由于这一区域的政府并不是统一的，区域内各级政府之间会出现双重目标和行动矛盾等问题，因此讨论区域协调治理是很有必要的。"治理"这一词最开始应用于公司领域，后来逐渐被应用到城市治理、区域治理、国家治理和全球治理中来。此处参考郝寿义给区域治理下的定义："内生于一个区域的正式和非正式的制度安排，通过这些制度安排，区域主体可以实现区域内部的集体行动，包括设定区域的目标和规则，做出区域公共决策，组织并协调区域的集体活动等。"①

参考国外的大都市区治理理念，讨论中国的区域治理问题是较为有效的。美国的大都市区治理先后出现了传统区域主义、公共选择学派和新区域主义三种理论，我国区域治理的过程与美国大都市治理理论的阶段划分存在某种程度的耦合关系。传统区域主义认为，在区域整合下成立区域政府，可以避免政府间不合作的竞争关系，同时又可以提供资源给原本较为贫困的地区，使其得以发展，从而有利于区域经济整体提升。公共选择学派将区域视为一个"公共市场"，欲把市场整合在区域内。公共部门（各级政府）、私人部门（企业、民间组织、非营利组织）、自治团体等具体公共服务提供者在区域内相互竞争。但是，传统区域主义过分强调政府的作用，而公共选择学派则过分相信市场的力量，它们不可避免地具有内在局限性。新区域主义试图综合这两种理论的优点，突破它们的局限，主张政府更多的是扮演组织者、调停者的角色，许多发展战略、规划纲要、合作制度的实施都需要政府、市场和社会相互协调。应当说，针对传统府际关系下的区域"治理失灵"，作为当前国外大都市治理的最新理论成果，新区域主义理论具有一定的优越性和合理性。②

① 郝寿义：《区域经济学原理》，上海人民出版社、格致出版社，2007，第 292 页。

② 曹海军：《新区域主义视野下京津冀协同治理及其制度创新》，《天津社会科学》2015 年第 2 期。

首先，新区域主义视角下的府际关系理论是对传统府际关系的超越。传统府际关系仅仅从中央政府与地方政府关系，以及地方政府之间关系的调整来探讨“公共议题的跨域性”，但受到行政区划的影响，地方政府无法超越自身的局限性来解决跨域问题。新区域主义强调治理而非统治。跨域问题不能借由传统国家由上而下的方式处理和解决，而是应该寻求一种由计划与市场、集权与分权、正式组织与非正式组织相结合的“新治理模式”来解决。在我国，区域政策的决策与执行过程都是在政府领导下完成的；在市场经济体制下，推动区域治理的重要角色仍然是政府。因此，借鉴新区域主义的理论来推进中原城市群的治理显然存在一种内在张力——既要考虑中原城市群政府主导的治理传统，也要避免行政力量过于强大干预中原城市群的自我调节发展。从宏观管理的角度来看，可以在中央层面成立高级别综合性区域发展议事协调机构进行区域协同，也可以构建有利于政府间协作的区域治理平台；从发挥地方积极性角度来看，应当鼓励地方政府间的行政协议和区域性立法，由此保障区域治理的成果。

其次，新区域主义注重区域文化共识。传统府际关系非常强调中央政府的宏观调控和地方政府的配合，这虽然能保证中央政府指令的畅通，但容易抑制地方政府的积极性。新区域主义注重信任和沟通，认为拥有高度信任关系的网络将有助于降低交易成本，不必再依赖高层级的权利结构介入或通过正式制度来化解集体行动的困境。新一届政府在谈到京津冀一体化时也提出“区域发展要从政府到社会形成区域共同体意识和同呼吸、共命运的区域文化，克服偏狭的利益本位”。这强调的正是，城市群区域的内部整合可以通过建立事权统一的区域规划体系形成有利于城市群协调发展的行政区划调整与兼并方案，通过中原城市群的空间协调组织与重组，优化中原城市群的治理，进而提升其整体利益。

最后，新区域主义还强调多元治理主体的作用。借助城市政体理论，新区域主义主张许多治理议题不能忽视私人部门的作用，甚至必须正视政府部门以外的组织在治理过程中的参与和合作，运用公、私部门多元互助模式的发展动力，塑造区域治理的有利条件。这显然区别于传统区域主义没有将私人部门纳入区域治理，以及公共选择理论忽视了非政府部门与政府部门之间的合作关系，而新区域主义的优势在于用区域治理化解传统府际关系理论的缺陷。通过建立跨域性功能型政府，推动建立单一议题或项目的战略性伙伴关系，以及建立公民和社会组织充分参与的平台，弥补政府和市场的区域

“治理失灵”。

总之，在新区域主义视野下，中原城市群协同治理的顶层设计应该具有一种全观性的视野，区域内公共问题的解决或是公共政策的推动，应该寻求从中央到地方、从政府到社会、从规划到市场、从正式制度到非正式合作的结合，通过多主体的协作式治理统领全局，推动中原经济区协调发展。

借鉴京津冀一体化的规划方案以及新区域主义的理论，中原城市群协调发展的制度创新可以做如下战略规划。

1. *在中央层面成立超政府的综合性区域发展协调机构*①

从中原城市群的发展进程来看，其发展主要来自中央与地方政府的强力推动，是一种自上而下的运作方式。这往往导致对地区利益协调的忽视，造成市场分割、政府功能碎片化、结构和职能不能互补，无法实现有效整合。区域治理的制度和整体意识没有真正形成，自组织能力缺乏支撑。新区域主义认为，中央政府的总体布局和统筹规划是区域协同治理顶层设计的核心，成立高级别综合性的议事协调乃至决策机构，是协调中央和地方各级政府以及企业、社会组织和公众等相关者的利益关系，化解各级政府、政府内各部门各自为政的本位主义、地方主义，凝聚区域意识和合作精神，充分调动各利益相关者实现合作共赢的政治前提和制度保障。

中央成立的超政府的综合性区域发展协调机构具有以下几方面的作用：①建立跨域性补偿机制；②制定鼓励性、示范性规划；③促进合作事项协调；④赋权核心城市以使其发挥辐射带动作用；⑤推动建立正式与非正式的双轨合作机制；⑥编制经济合作的专项规则；⑦设置专门的经济协作管理机构；⑧中央和地方形成对口关系推展协作工作；⑨提供专项资金、信息服务；⑩建立区域经济合作组织；等等。

2. *构建有利于政府间协作的区域治理平台*②

在美国等西方国家，网络化的地方合作是常见的大都市区治理模式，特别是20世纪90年代以来，在新区域主义学派的大力推动下，这种治理模式得到更为广泛的应用，其中政府联席会和区域联盟两种方式较为常见。政府联席会是大都市地区制度化的跨政府合作的最新形式，是地方政府的资源联

---

① 曹海军：《新区域主义视野下京津冀协同治理及其制度创新》，《天津社会科学》2015年第2期。

② 曹海军：《新区域主义视野下京津冀协同治理及其制度创新》，《天津社会科学》2015年第2期。

合平台，不是具有独立权威的能制定法律或捆绑决策的政府部门，主要职能是对整个大都市区的事务提出建议。政府联席会也为一般性问题提供一个研究和讨论的区域论坛。作为对话和协商平台，城市群区域内政府联合会可以推动地方官员之间针对区域问题的经常性讨论，从而能提高对区域范围的长期综合性规划及在短期问题上进行合作之价值与必要性的认识，同时也有助于加强地方官员之间的沟通与信任。

3. 推动城市群区域内部整合，建立事权统一的区域规划体系①

区域规划是对协调区域内部发展具有影响的单一决策，是推动联合解决区域内部协同治理问题的有效手段，其重要职能是揭示区域内部公共问题，建立共同协商的治理平台，促进区域内部公共政策的决策与执行。区域，特别是城市群的发展需要制定涉及经济、社会和环境等的综合性规划方案，而地方政府受制于管理权限，无法制定综合性规划，这就需要上级政府或部门介入统筹。中原城市群内的府际关系决定了其发展尤其离不开区域规划。当前长三角、珠三角和京津冀都市圈都从规划层面对大都市区域的发展进行了长远的空间安排和配置，中原城市群刚刚成为国家认可的七个国家级城市群之一，其事权统一的区域规划体系还没有形成，需要借鉴其他地区的经验，成立区域规划委员会，将制定“区域规划”作为实现“国家战略”的首要步骤。

4. 形成有利于城市群协调发展的行政区划调整与兼并方案

由于我国政治体制的影响，行政级别高的区域在发展中享有主动权，容易形成高级别区域“蚕食”低级别区域的情况，如京津冀的区域发展不平衡，主要是北京造成的。就中原城市群的发展来说，应该避免区域内部的剥削与蚕食，通过行政区划调整与兼并方案的实施，增强核心城市的辐射能力，从而避免行政机构过度膨胀、效力低下等问题。具体的，可以使用“撤县设市”“撤县设区”“撤市设区”等工具来调整行政区划。

5. 建立跨域性功能型政府，推动建立单一议题或项目的战略性伙伴关系②

功能型政府与一般的政府组织不一样，并不是一个政权组织，其建立不是要改变现有的政府结构，它是政府行政放权下的一个区域整合机构，是在

① 曹海军：《新区域主义视野下京津冀协同治理及其制度创新》，《天津社会科学》2015 年第 2 期。

② 曹海军：《新区域主义视野下京津冀协同治理及其制度创新》，《天津社会科学》2015 年第 2 期。

目前现有的地方政府机构之上建立的组织协调机构。美国大都市区治理的经验显示，完全依靠市场的自发调节机制，并不能有效地治理城市，而功能型政府却能克服市场失灵的弊端，推动单一议题或项目的战略性伙伴关系的建立。目前来看，中原城市群急需成立针对环境治理的功能型政府。它的职权应该比较广泛，既可以制定跨行政区域的环境管理规划，也可以对城市区域内的环境污染企业发放许可证，并对污染企业进行监督和罚款。

6. 区域性立法①

制度经济学家诺斯认为："制度是为约束在谋求财富或本人效用最大化中的个人行为而制定的一组规章、依循程序和伦理道德行为准则。"跨域的特征决定了城市群治理的过程是一个集体选择和行动的过程。各个主体之间既存在合作，也存在竞争，而通过制定有效的制度与规则，避免彼此之间的恶性竞争乃至冲突，促进区域合作，也就成为城市群治理的核心内容。城市群治理是涉及所在区域范围内公共、私人和社会等主体参与的社会协调过程，要保证这一协调机制的正常有效运作，就必须要有完善的制度基础作为保障。一方面，政府部门必须具有公众认可的合法地位，这样才能长期有效地行使权力，合法性不足甚至缺失，必然削弱公众对政府部门规划和决策的信心和支持力度，从而影响政府对社会的掌控；另一方面，对于非政府部门而言，由于缺乏政府的强制权威和对公共资源的控制力，赋予其法律认可的权威地位就更为重要，这样才能保障非政府部门的独立性与公正性。

中原城市群是一个区域，与国家和城市层面的地域不同，这类区域在中国由于不隶属于任何行政辖区或地域性政区，其相关管理、管制措施问题都无法运用简单的政治或行政方式予以解决。目前可行的方案是通过立法的方式，制定区域性专项法律法规，确定协同治理的方式、法制架构、执行机构、经费负担方式、人力资源配置，以及合作事项的范围和权责等，形成区域性的法制基础。区域性行政立法具有权威性和强制性，能弥补地方政府间行政协议（部门性协商和协议）的不足。

7. 建立公民和社会组织充分参与的平台②

根据成熟城市群发展的经验，官民共建是区域经济发展到一定阶段后的

① 曹海军：《新区域主义视野下京津冀协同治理及其制度创新》，《天津社会科学》2015年第2期。

② 曹海军：《新区域主义视野下京津冀协同治理及其制度创新》，《天津社会科学》2015年第2期。

必然结果，利用“互联网+治理”的模式使公民充分参与到区域协调治理中来，能够使区域发展更加符合民众利益，也可以使政府的治理具有民众基础，这对于后发区域来说尤为重要。公民和社会组织参与的平台可以是各种民间学术团体、研讨会以及政府构建的电子问政平台等。公民是区域治理不可或缺的一元，只有将公民、政府、社会纳入统一的议事协调机制中，社会的发展才能保持平衡和高效。

四　创新生态文明体制机制

国家“十二五”规划纲要明确提出，要“健全激励与约束机制，加快构建资源节约、环境友好的生产方式和消费模式，增强可持续发展能力，提高生态文明水平”。中原地区处于中部内陆，以平地为主，山地环绕，环境承载力较强，但也需要承认，其相对封闭的环境对于污染物的排放是不利的，在承接产业转移的过程中，中原地区生态文明维护的难度、重要性可能更甚于东部地区。

现有的环境治理体制机制存在着种种问题，主要表现在以下几个方面：①环境产权制度不明晰，环境经济政策体系不完善；②环境与经济发展综合决策机制和全社会参与机制尚未建立；③环境执法成本高、违法成本低，监管监督机制不完善；④在现行领导干部政绩考核体系中，生态环保指标权重低；⑤行政管理体制不顺阻碍了生态文明建设的进程；⑥生态文明技术支撑体系尚未建立，技术创新机制不完善。生态环境的恶化会导致高素质、高技能人才的流失和知识密集型企业的外迁，对于区域发展极为不利，因此应该从以上几个方面出发，创新体制机制，加强生态文明建设。具体的创新方案可以从以下六个方面着手。

1. 建立资源环境产权制度，完善资源与环境经济政策，促进环境外部成本内部化

（1）建立和完善排污权、碳排放权、节能量交易市场

一是完善节能减排机制，科学制定和分配节能减排指标。节能减排指标的分配要考虑不同主体功能区以及东中西部在自然条件、资源禀赋、产业结构、经济发展阶段等方面的差异与特征。二是完善排污权交易制度。修订相关法律法规，明确排污权交易制度的法律地位；加强排污权交易市场体系建设；转变政府职能，强化排污权交易监管；加快排污权交易支撑体系建设。三是逐步建立碳排放交易市场。借鉴我国排污权交易试点经验，建立国内碳

交易市场；建立国际化的碳交易所，促进国内碳排放市场与国际碳排放市场接轨；积极发展碳金融市场。四是探索建立节能量交易市场。所谓节能量交易，即用能单位通过合同或者节能量购买协议等形式，获得节能量额度，用于实现其节能目标。在我国，能源统计与检测体系比碳排放更为完善，因而节能量交易比碳排放权交易更为可行。节能量交易模式可以借鉴排污权交易和碳排放权交易模式。

（2）适时开征环境税，建立绿色税制体系

一是厘清环境税与环保收费的关系，以二氧化硫和二氧化碳排放为对象，开展环境税征税试点。采取先易后难、循序渐进的办法，从易于征管的课税对象及重点污染源，包括各种废气、废水、废渣、工业垃圾等污染物和温室气体等入手，在未来条件成熟后再逐步扩大征税范围。近期可以考虑选择部分地区，先将二氧化硫和二氧化碳排放纳入征税范围，进行试点，总结经验后再向全国推广。二是以开征环境税为契机，建立绿色税制体系。统筹增值税、消费税和关税等税制的改革，调整和优化整体税收结构，尽量不增加企业的整体税负，形成一套完整的、有助于促进资源节约和环境保护的税制体系。

（3）完善生态补偿机制

一是加快生态补偿立法进程，进一步明确实施生态环境补偿的资金来源、重点领域、补偿方式、补偿标准，确定相关利益主体的权利义务；二是加大中央财政的转移支付，主要用于限制开发区、禁止开发区的生态环境保护，以及对完成国家生态环境保护目标的地区和生态保护优良地区进行补助和奖励；建立资源、能源输入地区对输出地区的补偿制度，即横向财政转移支付；三是加快资源税改革，适时开征环境税，为生态补偿提供稳定的资金来源；四是拓宽投融资渠道，鼓励社会资本参与生态环境建设和修复。此外，应加强生态补偿资金的分配使用和考核管理，提高资金使用效益，审计部门要加强对资金使用情况的审计和监督。

（4）完善资源产权制度，理顺资源性产品的价格形成机制

推进资源性产品价格改革，建立反映市场供求关系、资源稀缺程度的资源性产品价格形成机制和有利于促进资源节约和环境保护的资源价格体系。一是完善资源产权制度，建立资源有偿使用制度，充分体现资源所有者权益。二是统筹各种资源税费和环境税费改革，重构资源税费和环境税费体系。三是加快资源行业市场结构改革，降低中间环节成本。四是通过合理利

用价格管控手段，建立以市场为基础，政府适当干预的资源性产品价格调控机制。五是在理顺资源性产品价格形成机制的基础上，提高资源性产品的价格，降低再生资源价格，提高废弃物排放成本，建立起有利于资源节约使用、废弃物循环利用的价格体系。

2. 建立环境与发展综合决策机制，转变政府指挥棒，引导全社会参与生态文明建设

（1）建立多方参与的政策制定机制，必要时实行生态环保“一票否决制”

中央在制定宏观经济政策时，要有资源、环保、生态部门和其他有关部门共同参与，确保国家经济发展总体战略、规划和政策充分考虑生态环境因素；中央在制定宏观经济政策和环境政策时，要有地方政府参与，使地方政府能够表达自己的利益诉求；组建跨学科的研究队伍，进行环境经济政策研究，为政策制定提供咨询服务；广泛听取利益相关者和公众的意见，由此形成一个多方参与的环境与发展政策制定机制，提高决策的科学性。对没有通过环境影响评价的政策、规划实行一票否决制；对超过污染物总量控制指标的地区，暂停审批新增污染物排放总量的建设项目；对生态破坏严重或者尚未完成生态恢复任务的地区，暂停审批对生态有较大影响的建设项目。

（2）充分发挥环境影响评价制度在环境与发展综合决策中的作用

一是依法开展环评，明确评价重点。近期规划环评的重点是高能耗、高污染的重点行业、产业园区、重点城市以及水电基地等。从长远来看，我国应修订《环境影响评价法》，扩大环评范围，加强对法律法规、宏观经济政策、规范性文件的环评。二是完善环评编制内容、程序，促进环评与相关制度的衔接。细化规划环评的程序和要求，完善分类管理、分级审批、规范过程管理；建立规划环评和项目环评的联动机制，将区域和产业规划环评作为受理审批区域内项目环评文件的重要依据；完善新建项目审批与污染减排相衔接的管理模式，促进主要污染物减排工作顺利展开。三是推进环评编制机构与审批部门的脱钩，建立真正具有独立法律地位的环评机构；清理、规范各级专家库，明确参与环评项目专家的准入门槛和责任制度。四是明确界定环评各方责任，加大对违法行为的处罚力度。

（3）建立促进生态文明建设的公众参与机制

一是不断丰富环保宣传教育方式，针对不同人群采用不同的方式，寓教于乐，采取更加贴近公众生活、更加生动的教育形式。二是完善相关法律法规，明确公民个人和非政府组织的环境决策参与权、环境监督权和环境诉讼

权。三是加强环境信息披露，保障公民的知情权。政府相关部门应该通过网站、公报、新闻发布会以及报刊、广播、电视等形式公开生态环境信息，完善企业环境信息披露制度，根据企业对环境造成污染的级别及潜在危害程度，进行分级管理。四是尽快制定和完善关于环境保护非政府组织（NGO）的法律法规体系，加大对环保 NGO 的扶持力度，搭建政府与环保 NGO 的对话平台等。

3. 强化生态文明建设的监督管理，形成倒逼机制，促进经济发展方式转变

（1）提高环境违法成本，建立对环境违法的严惩机制

一是按“排污费标准高于治理成本”的原则提高收费标准，可以考虑对违法超标排污行为实行按照超标的倍数加倍缴纳排污费的方法。二是大幅度提高违法行为的罚款额度，如对违反“环评”和“三同时”制度的行为，按照建设项目投资总额的一定比例，决定罚款数额。三是创新环境违法行为的惩罚手段，如对于未经环评审批擅自开工建设、未经环保验收擅自投产使用、擅自闲置环保设施、超标排污、偷排污水等具有连续性的违法行为，实行“按日计罚”，上不封顶。四是完善环境污染事故追究制度、环境污染损害赔偿制度和环境公益诉讼制度。

（2）加强环境执法能力建设

一是建立健全环境执法机构，形成省、县、乡（镇）三级环境执法监管网络。二是加大环境执法建设投入，提高执法装备水平。三是加强环境执法队伍建设，加大培训力度，不断提高执法人员的专业水平和执法能力。四是规范环境执法制度程序，建立环境案件审核、环境执法公开等制度，保证环境执法的客观、公正、快速、高效。五是加强部门合作，创新执法机制。

（3）对生态文明建设的监督

一是加强各级人大对生态文明建设的监督。人大在生态文明建设中提出的意见、批评、建议，在落实的过程中具有法律强制性，更有利于问题的发现和解决，能更快捷地体现在政府的决策中和行动中，进而能在全社会形成生态文明建设的强大合力。二是加强司法监督。通过对资源环境法治文化的大力宣传，激发社会公众积极参与生态文明建设的热情，强化企业对资源环境保护的社会责任意识；通过建立受理公民对行政行为申诉的机制，推进政府问责制度的落实，积极推动环境影响评价制度的严格规范开展。三是强化社会监督。充分发挥新闻媒介的舆论监督和导向作用，提高广大公众积极参与生态文明建设的积极性和责任感，监督有关部门依法行政。

4. 建立有利于生态文明建设的考评机制

（1）科学制定干部政绩考核指标体系

要根据不同区域、不同行业、不同层次的特点，建立各有侧重、各具特色的考核评价标准。按照主体功能区的定位，针对不同主体功能区，选择不同的考核指标，实行差别化评价；对党政领导班子，要加强节能减排、循环经济等方面的考核。从长远来看，应建立以绿色 GDP 为导向的干部政绩考核制度。

（2）完善政绩考核方法

进行生态文明政绩考核，就是要在政绩考核中加入资源节约、生态环保的要求，将实现生态环境保护和可持续发展作为论证考虑的要素。实行政府内部考核与公众评议、专家评价相结合的评估办法。

（3）将政绩考核结果与干部任免奖惩挂钩

按照奖优、治庸、罚劣的原则，把生态文明建设考核结果作为干部任免奖惩的重要依据。把生态文明建设任务完成情况与财政转移支付、生态补偿资金安排结合起来，让生态文明建设考核由“软约束”变成“硬杠杆”；对不重视生态文明建设、发生重大生态环境破坏事故的，实行严格问责，在评优评先、选拔使用等方面予以一票否决，以激励各级领导干部进行生态文明建设。

5. 进一步深化资源环境行政管理体制改革，破除生态文明建设的体制障碍

（1）建立跨部门协调机构，进一步明确部门职责分工

设立生态文明建设领导小组，其主要职责是：协调国务院各部委的环境保护和生态建设工作；制定环境保护与经济发展相协调的环境政策，促进可持续发展中各部门的协同作用；负责牵头组织召开环境保护部际联席会议。

由于我国还处于工业化中期，防止资源对我国工业化进程的约束，与环境保护同样重要，将资源部门撤销或弱化在目前是不现实的。因此，应分步进行资源环境管理体制改革。近期改革重点是强化和完善环境保护部的现有职能，明确各部门的职责分工。中长期改革目标是成立综合性的环境部或环境资源部，主要职能包括污染防治、生态保护、核安全监管、气候变化应对。

（2）合理划分中央与地方环境保护职权，加强基层环保机构建设

合理划分中央与地方环境保护职权。按照“权责匹配，重心下移”原

则，合理划分中央与地方政府管理环境事务的权力，凡属于跨越区域、流域和领域的环境问题，以及危害较大和影响较深的环境问题，由中央政府来负责，而属于地域性的环境问题，由当地政府来解决，但中央政府负有监督和指导职责；灵活选择地方环境管理体制，在条件适宜地区推行省以下环境保护主管机构垂直管理模式。

加强基层环保机构建设。根据实际情况，可以在重点乡镇设立县（市、区）环保局的派出机构，由县（市、区）环保局垂直管理，或者在乡镇政府内部挂环保办公室或监察中队牌子，指定专管人员从事乡镇环保工作。

（3）强化跨区域环境管理

强化华东环境保护督察中心、西北环境保护督察中心、东北环境保护督察中心、华南环境保护督察中心和西南环境保护督察中心的职能，真正发挥其环境监管作用。首先，要保障环保督查中心机构的能力建设和经费支持，扩大其人员编制，增加其人力财力投入，逐步健全中心机构设置；其次，要明确区域环保督查中心的职能，清晰界定环保督查中心与地方环保主管部门之间的环境事权；最后，要建立健全信息公开报送系统，保证督查中心与基层环保主管部门之间的信息通畅，促进环保督查中心充分发挥其职能，以提高行政效率。

6. 建立生态文明技术创新机制

（1）加快生态文明技术的研发

将资源节约、能源替代、循环利用、污染治理和生态修复等先进适用技术的开发纳入国家和地区中长期科技发展规划。加强产学研合作，充分发挥大专院校、科研院所、骨干企业的科研优势，共同研究解决资源节约与循环利用、污染治理与生态修复等关键技术问题。建立健全知识产权保护体系，加大保护知识产权的执法力度，保护企业自主开发节能环保技术和产品的积极性，引导企业研发节能环保实用技术。

（2）加强生态文明技术的示范与推广

重点支持节能减排、共伴生矿产资源和尾矿综合利用、废物资源化利用、有毒有害原材料替代、循环经济产业链接、污染治理、生态修复等关键技术和装备的产业化示范。通过举办生态文明国际博览会等形式，展示国内外节能环保产品、技术与装备，积极开展生态文明建设的交流与合作。

（3）建立生态文明技术咨询服务体系

依托国家级实验室、工程技术中心、科研院所、高校、行业协会以及企业，开展生态文明法规政策研究和技术开发，为企业、园区、城市提供生态文明规划制定、问题诊断等方面的咨询服务。以各地再生资源回收体系为基础，建立区域性的废弃物交易中心、再生产品交易中心。定期举办国家级或区域性的生态文明博览会，推动节能环保技术、装备、产品的交易。

第三节　打造成熟的经济功能区

中原地区的要素优势在于区位、劳动力资源、资本等，基于这些要素的结构优化及区域内体制机制的改革，中原地区完全可以在现有基础上打造出成熟的经济功能区，让经济功能区带动腹地的发展，最终形成真正的经济区域。这是中原地区在全面深化改革中的最终发展目标。

一　经济功能区的概念、特征及发展路径

经济功能区是由同类的经济活动在空间上高度聚集、连片分布形成的空间区域。这种功能区一般是以某种经济功能为主，兼有其他功能。由于各种经济活动需要占有或利用一定的地域空间，而地域空间因其附着的要素的差异而表现出不同的异质性，因此，各种经济活动之间必然发生空间竞争，导致各种经济功能区的形成。

1. 经济功能区的主要特征

（1）主导要素的优势度

主导要素的优势度，即经济功能区内某一经济要素占据主导地位，主导要素在空间上的聚集度要明显强于其他地区，从而形成一个特色空间区域。如果落实到实际中，即其地均主导要素拥有量要高于其他地区。正是这种主导要素的聚集度的差异，决定了其与其他经济功能区的边界。

（2）组织上的同质性和群体性

经济功能区的组织方式分为两种情况，相应地表现为组织上的同质性和群体性。一种情况是，区内经济活动属于某一类的经济活动，并且所依赖的主要资源和要素的基础相似，因而经济功能区内的经济活动具有同质性。另一种情况是，区内某一经济活动占据主导地位，但包含了若干项其他关联的经济活动，它们依据经济上、技术上的联系而组成经济系统，从而使经济功能区内的经济活动具有群体性（结节区域）。但是，无论哪种情况，经济功能区在组织上都是一个有机的整体，是区域经济中相对独立的组织单位。

(3) 空间上的相对独立性

经济功能区具有一定的空间边界，就同类、同层次的经济功能区而言，一个经济功能区在某一时间上所占据的地理空间具有独立性。但是，不同性质或层次的经济功能区则有可能在同一时间内部分或完全共享同一个经济空间。

(4) 对外联系的开放性

经济功能区是开放的经济系统，一方面，经济功能区内部的经济活动需要从区外获得资源和要素，需要利用区外市场，并经常受到来自外部环境的影响；另一方面，经济功能区也需要通过对外联系来扩散影响，提高自己的地位，寻求发展的机遇。开放性是经济功能区改善发展条件，获得发展机会和动力的一个源泉。

2. 经济功能区的发展阶段

在经济发展过程中，经济行为主体根据特定空间的要素禀赋差异进行区位选择，不同经济主体的区位选择导致经济活动在特定空间上的聚集。这一动态过程促成了经济功能区的形成。要素禀赋的差异构成了经济功能区形成的客观基础；社会经济行为主体通过区位选择，遵循相应的聚集规律，构成了经济功能区形成的内在机理。经济功能区的内在表现是各种要素在空间上的流动及相应的聚集，而经济功能区的外在特征则表现为各种各样的集群的形成。经济功能区的形成过程与集聚的形态有关，具体的可以分为四个阶段。①

第一阶段，要素聚集。要素禀赋的差异导致不同区域在吸引力上有所差异，要素聚集随着经济主体逐渐形成。区域性要素的聚集包括区域内要素向不同层次极点的聚集，也包括区外要素向区内聚集的过程。区域性要素的聚集以要素流的形式出现，例如，人口流、物质流、技术流、信息流以及资金流等。这些要素流在空间上的固化往往使区域土地的利用类型、区域内城市群以及其功能发生变化。这种要素流在空间上的聚集一般可能表现为两种方式：一种是一定的空间形态上要素的聚集度提高；另一种是一定空间形态上要素流动的级别发生变化。

第二阶段，区域企业集群。企业是要素的组织机构，企业的活力是吸引要素集中和促进区域经济发展的微观源泉。区域企业集群可以作为分析区域

① 郝寿义：《区域经济学原理》，上海人民出版社、格致出版社，2007。

聚集的另一种途径，但是这种以中小企业为主的企业集群最合适的分析区域应当是那种专业化区域。一方面，那种专业化区域形成的企业集群可以充分利用地方组合资源优势和相似的基础设施；另一方面，更为重要的是，类似的企业集群在特定空间上的形成和发展有利于发挥规模效应以及促成彼此之间的学习和创新。特定区域内企业集群的形成导致相同企业和相关配套企业在空间上的聚集和发展，在一定程度上带动了区域经济发展，同时促成了区域在空间上的拓展。

第三阶段，区域产业集群。区域产业集群是建立在企业集群基础之上的，产业集群所形成的产业区一般来说是由历史和自然共同限定的区域，其中的中小企业积极地相互作用，企业群与社会趋向融合；区内的生产活动不是自给自足，而是劳动分工的不断细化，生产力迅速提高，促使区域与外部经济空间建立持久与广泛的联系。培育区域特色产业、发展专业化产业区是提高区域产业竞争力的关键。区域产业集群可以看作是区域聚集的另一种表现形式。这也是区域经济发展强调主导产业、支柱产业重要性的原因所在。产业聚集在一定程度上能够有效地促进区域经济的发展以及区域竞争力的提高。而这种产业聚集也会因为产业自身的升级要求而推动区域产业结构的演进。产业结构的高级化要求产业集群在发展中不断提升技术水平和不断淘汰低级产业。

第四阶段，区域城市群的形成和发展。区域城市群可以被看成区域聚集的最高级形式。城市本身是区域聚集的核心。城市群，特别是大都市连绵区则更是区域内聚集的最高级表现形式。城市群体可概括为三圈层空间结构。城市群以首位城市为核心依次向外推移，城镇的规模、城镇密度、城镇及城镇组群的等级依次降低。空间分布的节点在相似的背景条件下的吸引和排斥作用使其分布趋于均匀，由于各节点生长机会和能力不均衡，相互作用强度存在较大差别，因此城市规模和分布存在梯度差异。在这一系统中，能量向较高的区域或个体聚集，导致城市规模增长而城市个体数目的逐级减少，规模较大的个体占据和影响的空间越来越大，最终形成有序的等级序列。从圈层结构分析，城市群体结构可划分为核心首位城市带、城市组群发育带、城市个体分布带、城市群腹地带。核心首位城市带：位于城市群中心，发展历史悠久，规模最大，由首位城市及其卫星城组成，第二、第三产业发达，非农业用地所占比重较大，交通通达性好，具有极强的集聚和扩散功能。城市组群发育带：围绕核心区形成的规模不等的次级城市聚集区，城市发育程度高，具有一定的系统性，在城市群中承担特定的功能，交通便捷。城市个体分布带：分布于城市组群外围，城市个体差异明显，无集聚性功能，与前两个圈层有一定的交通联系，城市分布相对均匀，农业用地所占比重较大，以区域性集聚为主。城市群腹地带：由于交通通达性等因素的影响，核心扩散未能在此形成要素集聚，以农业用地为主，第二、第三产业不发达。

从要素集聚—企业集聚—产业集群—城市群四个层次的分析可以看出，要素聚集是分析其他几种聚集的基础，正是要素聚集的发生和变化，才引起企业、产业以及区域形态的变化，因此要素聚集是构建经济功能区的逻辑起点。①

二　构建经济功能区的步骤

经济功能区具有强大的辐射功能，对于中原这一腹地发展落后的地区来说，构建成熟的经济功能区有利于区域进入快速发展的航道，也有利于实现后发优势的集中爆发。按照经济功能区的形成过程，我们提出以下具体的目标。

（一）加强基础能力建设，促进要素聚集②

基础设施和人力资源是要素聚集的重要支撑。坚持按照突出重点、弥补短板、强化弱项、综合提升的原则对区域内现有基础设施进行改进，增强其服务功能，吸引要素聚集，积蓄发展后劲。

第一，加强现代交通系统建设。交通地位的变化往往决定一个地方的兴衰，保持一个区域的竞争优势，首先要保持交通优势。对于河南省来说，就是要加快“米”字形快速铁路网、轮辐式航线网、内捷外畅公路网建设，提升水运通道功能，打造现代化综合交通网络，形成多式联运的大交通格局，率先基本实现交通现代化。推进以“三港四枢”为支撑的郑州现代综合交通枢纽建设，改造提升地区性枢纽，实现零距离换乘、无缝化衔接，形成覆盖中西部、辐射全国、连通世界、服务全球的现代综合交通枢纽优势。推进公众出行服务、货运与物流服务现代化，建设智慧交通。

第二，加强信息网络系统建设。信息网络系统建设事关国家安全和现代

① 郝寿义：《区域经济学原理》，上海人民出版社、格致出版社，2007，第241～242页。

② 转引自《河南省全面建成小康社会加快现代化建设战略纲要》，http://www.henan.gov.cn/jrhn/system/2015/01/05/010517961.shtml。

化大局，是抢占未来竞争制高点的战略性举措。把发展强大的信息化能力放在突出位置，坚持泛在先进与普遍服务并重，建设网络强省。要充分发挥郑州国家互联网骨干直联点的综合带动作用，加快建成区域互联网交换中心和连接国际通信出入口局的高速通道，打造通达世界、国内一流的现代信息通信枢纽。推进“宽带中原”工程实施，建设高速便捷无线接入网、大容量智能骨干传输网、海量数据处理系统，大规模部署和商用下一代互联网，推进其与公众通信网、广播电视网业务互联。建设引进大数据公共服务平台，完善应用服务网络，加快政府数据开放，扩大行业应用，建设大数据产业基地。加快构建以互联网为基础的平台化、分布式、智慧化社会治理信息系统。完善信息网络安全保障体系。

第三，加强水利支持系统建设。水是重要的战略性资源。水利支持系统不仅关系到防洪安全、供水安全、粮食安全，而且关系到经济安全、生态安全、国家安全。坚持兴利除害并重，加大水利基础设施建设力度，推进黄河与海河、黄淮、江淮水系连通，形成由水库、灌区、河道及城市生态水系组成的复合型、多功能的现代水利网络体系。立足当前，着眼长远，推进一批重大引调水工程、大型水库和节水灌溉骨干渠网建设。创新农田水利设施建设体制机制，解决好农田灌溉“最后一公里”的问题。落实最严格的水资源管理制度，全面建设节水型社会。

第四，加强能源支撑系统建设。河南省是能源生产和消费大省，面临着能源需求压力巨大、省内能源供给比较优势减弱等挑战。为此，要坚持实施“内节外引”的能源战略，推动能源生产和消费革命，构建安全、清洁、高效、可持续的现代能源支撑系统。厉行能源节约，强化能源消费强度和总量双控，全方位提高能源利用效率，抑制不合理消费。积极引入省外清洁能源，谋划建设电力、天然气等的入豫新通道和储备设施，打造全国电力联网枢纽、重要煤炭储配中心和区域性油气输配中心。科学开发省内能源，突出发展清洁能源和非化石能源，积极发展分布式能源，推进大型煤炭基地、超低排放火电基地、中原炼化基地、先进生物质能示范基地建设。统筹完善电力、燃气、热力、油品等的供应网络，构建智能互动、绿色低碳的能源互联网。

第五，加强生态环境系统建设。生态环境保护是利国、利民、利子孙后代的长远大计，因此要增强全社会的危机意识和责任意识，着力树立生态观念，完善生态制度，维护生态安全，优化生态环境，努力建设美丽河南。实施主体功能区规划，优化国土空间开发格局，加快构建“四区三带”区域生态格局。全面加强资源集约、节约管理和综合利用，大幅降低能源、水、土地、矿产资源消耗强度，推动绿色、循环、低碳发展。扎实做好水污染、大气污染、土壤污染等的防治工作，加强农业面源污染治理，实施蓝天、碧水、乡村清洁等工程。生态环境问题归根结底是经济发展方式问题，因此要坚持源头严防、过程严管、后果严惩，治标治本多管齐下，实现空气质量和重要江河湖泊水质明显好转。推行节能量、碳排放权、排污权、水权交易，完善生态补偿和环境污染损害赔偿制度，建立吸引社会资本投入生态环境保护的市场化机制。

第六，加强人力资源强省建设。全面提升劳动者技能素质，加快从人力资源大省向人力资源强省转变。坚持以经济社会发展需求为导向，着力培养技术技能人才、重点领域紧缺人才和创新创业型人才，提升劳动人口培训质量水平，培养和造就规模宏大、结构合理、素质优良、富有活力的人才队伍。坚持立德树人，实施素质教育，深化教育改革，强化基础教育的普惠性和公平性、职业教育的实用性和专业性、高等教育的适应性和创新性，显著提升教育质量。坚持“六路并进”和“三改一抓一构建”，加快国家职业教育改革试验区建设，深入实施全民技能振兴工程和职教攻坚工程，深化产教融合、校企合作。推动高等教育内涵式发展，加强高水平大学和骨干特色高等学校建设，推动一批普通本科高校向应用技术类高校转型。制定实施更加开放的人才政策，引进与培养并举，加快实施重大人才工程。创新人才培养选拔、评价使用、流动配置、激励保障机制，让人才的潜能充分释放，让创新的智慧竞相涌流。

（二）构建现代市场和创新体系，推动区域企业集群

区域企业集群的主要原因是集群可以促使资源配置更有效率，在市场环境和创新环境较好的区域，企业集群可以节约区域内企业的交易成本、运输成本和学习成本；在市场环境和创新环境较弱的区域，容易形成垄断性企业和寡头式企业，企业集群便难以形成，区域内资源配置的效率就会较低。因此，建设统一开放、有序竞争的市场体系和开放完善的创新体系是促进企业集群的必要条件。

1. 构建现代市场体系的举措

第一，大力发展金融市场。金融市场发展滞后是中原地区经济发展的突出短板。拓展金融、资本市场的广度和深度，打破金融服务实体经济的瓶颈

制约，是构建现代市场体系的当务之急。加快建设郑东新区金融集聚核心功能区，积极引进境内外金融机构，支持郑州商品交易所丰富期货品种，把郑州建设成为全国重要的区域性金融中心。发展壮大银行、保险、证券等地方金融机构，加快发展民营银行等中小金融机构，繁荣金融主体。健全完善多层次资本市场，推动企业境内外上市，扩大债券融资，争取地方政府自行发债和专项债试点，支持在重点领域发起设立创业投资和产业投资基金。规范发展各类区域性产权交易市场。推进农村金融改革综合试验区建设，创新农村金融服务。大力发展新型金融业态，探索发展离岸金融。

第二，建设城乡一体的人力资源市场。加强公共就业和人才服务能力建设，整合现有人才市场和劳动力市场的资源，发展综合性和专业性人力资源市场，完善县乡基层就业和社会保障公共服务设施，加强信息化建设，实现人力资源公共服务全覆盖。深化人力资源市场体制改革。大力发展人力资源服务业。

第三，建设城乡统一的土地市场。完善国有建设用地使用权出让市场，推动一级、二级土地市场有效整合，建立全省统一的土地交易平台，对土地市场实行统一管理。按照国家部署，审慎试点，探索建立城乡统一的建设用地市场。推进农村土地综合整治、城乡建设用地增减挂钩、工矿废弃地复垦利用、人地挂钩等政策试点，促进土地集约、节约利用。

第四，完善提升商品市场。结合特色商业区（街）建设，推动大中城市中心城区批发市场外迁整合，完善社区商业网点配置，推进中小城镇商贸中心建设。优化市场布局和结构，做大做强一批在全国有影响力的规模市场，做优做精一批区域性专业市场，高标准改造老旧市场，完善农产品流通网络。提升市场功能，引导大型商品批发市场拓展物流、仓储、加工、金融、会展、检验检测等增值服务，使之逐步向综合商贸服务中心转型。

第五，培育壮大新兴交易市场。以信息技术为基础，以整合资源、规模化发展为手段，以降低成本、提高效率为目的，大力发展平台经济。促进线上线下结合、有形市场与无形市场融合发展，构建大平台、大市场、大流通格局。加快培育一批本土骨干电商企业，吸引一批境内外知名电商企业，建设电商集聚园区，实现实体经济与电商平台联动融合。积极推进跨境电子商务发展，努力打造国际网购物品集散分拨中心，形成电子商务全球供应链服务体系。推动大宗商品现货交易平台、农产品流通平台、配套服务平台等的建设，促进平台型企业集聚发展，形成一批具有全国或区域影响力的平台型交易中心和市场。

第六，营造统一透明、有序规范的市场环境。建立公平、开放、透明的市场规则，实行统一的市场准入制度，推行负面清单管理模式，建立完善政府部门行政审批权力清单和责任清单；改革市场监管体系，统一市场监管，实行更加严格的市场退出机制；深化产权、国有企业、财税等的改革，大力发展非公有制经济；建立健全社会征信体系，加强政务诚信、商务诚信建设；完善主要由市场决定的价格形成机制，进一步缩小政府定价范围，放活市场主体，放活生产要素，提升公共服务能力和服务效率，提升资源配置科学化和集约化水平。

2. 构建创新体系的举措

培育新的增长动力和竞争优势，创新是根本和关键。构建现代创新体系，实施创新驱动发展战略，是弥补传统比较优势减弱，保持经济中高速增长并向中高端水平迈进的根本之策。要围绕建设创新型省份的目标，抓住主体、平台、载体、机制、专项、人才等关键点，推进以科技创新为核心的全面创新，推动创新能力整体跃升，努力实现由要素驱动为主向创新驱动为主转变。

第一，强化企业创新主体地位。鼓励企业加大研发投入，提高研发支出占销售收入的比重，引导企业在技术创新方面发挥主导作用。改进政府支持技术创新项目的组织方式，加强产业技术创新战略联盟建设，鼓励创新资源向创新主体流动，推动企业成为研发投入和成果转化的主体。

第二，推动重点领域创新。全面研判世界科技创新和产业变革大势，坚持主动跟进、精心选择、发挥优势、有所为有所不为，更加注重把创新成果转化为实实在在的产业活动。推动传统产业技术工艺创新、信息技术融合和商业模式创新，实施高端装备、信息网络、生物与健康、新能源与节能环保等领域的重大创新工程，推动现代种业、农业物联网和装备智能化发展。大力扶持新一代信息技术引领的颠覆式创新、跨代创新，促进云计算、大数据、物联网与现代制造业结合，推动电子商务、文化创意、互联网金融等产业融合发展，培育新兴业态，打造新的产业增长点。

第三，丰富完善创新载体和平台。积极创建中原城市群国家自主创新示范区，推进国家创新型城市建设，集聚高端创新资源，形成在全国具有较强辐射能力和核心竞争力的创新高地。推动产业集聚区成为产业创新策源地，打造一批产业创新中心。实施大中型企业省级研发机构全覆盖工程。依托产业创新中心和创新网络，形成实施重大科技项目的新平台，推进研发机构、实验室和设施设备向社会开放，提高原始创新、集成创新和引进消化吸收再创新能力。

第四，推进开放式创新。拓展创新合作的深度和广度，提升吸纳利用国内外创新资源的能力，借力缩小创新差距。推动企业与国内外同行、知名院校深度合作，引进或共建创新平台，参与新兴产业规则和技术标准制定，主动融入全球和全国创新网络。加强省部（院）合作。加快形成创新人才集聚机制，面向全球吸引科技领军人才和高水平创新创业团队，支持国内外一流大学、科研院所和世界500强研发中心在豫设立分支机构和科技成果转化基地。探索产业技术研究院、协同创新中心等多种形式的协同创新模式，促进跨部门、跨区域、跨领域协作。搞好国家技术转移郑州中心、国家知识产权专利审查河南中心建设。

第五，完善激励创新的体制机制。营造有利于大众创业、市场主体创新的政策环境和制度环境，培育市场化创新机制，在保护产权、维护公平、改善金融支持、强化激励机制、集聚优秀人才等方面更好地发挥政府作用。运用国家自主创新示范区试点政策，及时跟进国家科技创新体制改革，加快科技成果使用、处置和收益权改革，全面落实研发费用加计扣除等普惠性政策，建立向创新者让利的利益导向机制。加大对小微企业创新的扶持力度。

（三）以产业区建设为抓手，促进区域产业集群

推进粮食生产核心区建设。通过稳定面积、主攻单产，改善条件、创新机制、完善政策，提高粮食生产的规模化、集约化、产业化、标准化水平，实现内涵式增长，建立粮食生产稳定增长的长效机制，把河南建设成为全国重要的粮食稳定增长的核心区，解决自身的吃饭和发展问题，为保障国家粮食安全做出贡献。

推进中原经济区建设。持续探索不以牺牲农业和粮食、生态和环境为代价的新型工业化、信息化、城镇化、农业现代化四化同步科学发展道路，推动区域协同发展，加速中原城市群一体化进程，建设先进制造业、现代服务业基地和现代综合交通体系，形成全国重要的经济增长板块，建设亚欧大宗商品商贸物流中心、丝绸之路文化交流中心、能源储运交易中心，增强自身在丝绸之路经济带建设中的战略支撑作用，打造“一带一路”战略核心腹地，在支撑中部崛起、服务全国大局中发挥更大作用。

推进郑州航空港经济综合实验区建设。探索以航空经济促进发展方式转

变新模式，构建航空、铁路、公路三网联合、多式联运的现代综合交通枢纽，促进高端制造业和现代服务业集聚发展，推动物流、投资、贸易、监管便利化，建设陆空高效衔接的国际物流中心、引领带动全省转型升级的现代产业基地、内陆地区对外开放高地和全省体制机制创新示范区，打造战略突破口和核心增长极。

推动产业集聚区提质转型、创新发展。产业集聚区（包括经济技术开发区、高新技术开发区）、商务中心区和特色商业区（街）等科学发展载体，是调整产业结构、优化城乡结构、转换动力结构的基础性工程。要坚持把科学发展载体作为全面实施三大国家战略规划的有效抓手，对其持续加以完善提升，使其实现更大规模、更高水平发展，使其在推动经济结构战略性调整、培育形成新的增长动力上发挥更大作用。推进产业集聚区总体规划与土地利用总体规划、城市总体规划、生态环境规划、区域公共服务基础设施规划“五规合一”。深入推进企业集中布局、产业集群发展、资源集约利用、功能集合构建、人口有序转移“四集一转”，推动产业集聚区上规模、上水平、上层次，提高其吸引力、竞争力、带动力。推行专业化、产业链、集群式承接产业转移新模式，解决产业配套、金融支持、土地保障、人力资源、公共服务等方面的突出问题，提升转移企业的生存竞争能力。坚持推进产城互动，以产兴城，以城促产，实现产业集聚区发展与城市建设有机对接，互促互进。坚定不移地推进创新驱动发展，培育创新型产业集聚区，形成区域创新和科技成果转化基地。合理规划布局专业园区，培育产业集聚区后续力量。

加快商务中心区和特色商业区（街）建设。“两区”是带动服务业发展、提升城市现代化水平的主要载体。坚持集聚、特色、融合，以商务楼宇、特色商业街、综合商业设施和现代专业市场建设为重点，培育壮大服务业集群。突出商务中心区生产性服务功能，注重企业总部集中布局，引导商务服务业集聚发展，形成区域综合商务服务平台。突出特色商业区（街）生活性服务功能，注重差异化、集群化发展，促进其商业、旅游、文化及休闲功能融合，打造城市现代商业新名片。支持有条件的地方，布局发展服务业特色园区。

（四）构建现代城乡体系，促进城乡统筹发展

城镇化是现代化的必由之路。城镇化水平低、质量不高仍是制约河南省经济社会发展的主要症结。积极稳妥推进新型城镇化，是“牵一发动全身”，关乎全局的战略性任务。要坚持以新型城镇化引领城乡统筹发展，以城带乡、以工促农，构建以中原城市群为主体形态，大中小城市、小城镇和新农村协调发展的现代城乡体系。

生产力发展是统筹城乡发展的决定因素。要实现河南省战略目标，就必须立足省情，聚焦实施粮食生产核心区、中原经济区、郑州航空港经济综合实验区三大战略规划，着力推动“一个载体、四个体系、六大基础”建设，夯实物质、技术基础。把三大战略规划与国家“一带一路”战略密切结合起来，通过建设无水港，发展铁海联运、公铁联运，推动陆海相通，实现向东与海上丝绸之路连接；通过提升郑欧班列运营水平，实现向西与丝绸之路经济带融合；强化郑州航空港国际物流中心作用，以航空网络贯通全球，培育壮大中原城市群，建设连接东西、沟通南北的运输通道和中心枢纽，构建“一带一路”战略支撑点。

1. 科学推进新型城镇化

城镇化是一个历史过程。要遵循规律，稳妥推进城镇化，走科学发展之路，坚持以人为本，把农民市民化作为核心目标，使城镇居民公平参与发展、公平分享城镇公共服务和文明成果；坚持循环节约、紧凑集约、绿色环保可持续发展方式，实现高效城镇化；坚持把城市群作为城镇化的主体形态；坚持保持和创新城镇文化特色。产业集聚和人口集中是城镇化的基础，要以城镇集聚产业的规模和提供的就业岗位决定农村劳动力和人口向城镇转移的规模和城镇化进程。强化“一基本两牵动三保障”，坚持产业为基、就业为本，住房和就学牵动，完善社会保障、农民权益保障、基本公共服务保障体系，推动具备条件、有意愿的农业转移人口落户城镇。改善城镇棚户区和城中村常住人口的居住条件，加快农村人口向城镇转移，为未落户的农民工提供更加均等化的基本公共服务。建设节约型城市、生态宜居城市、人文城市。全面提升城市规划建设管理水平，积极推进智慧城市建设，应用数字化，推进法治化，加快建筑产业现代化。加快中原城市群一体化发展，坚持核心带动、轴带发展、节点提升、对接周边，构建以快速铁路为支撑的“半小时交通圈”和“一小时交通圈”，打造“米”字形发展轴带，聚焦发展提升省域中心城市、市域中心城市、县域中心城市、乡镇区域中心小城市（中心镇）四级节点，推动产业链接、服务共享、生态共建，形成放射状、“葫芦串”、集群型、网络化的城镇空间格局。巩固提升郑州的全国区域性中心城市地位，推动它与毗邻城市形成组合型大都市地区，深入推进郑汴一体化。推进中心城市组团式发展，支持省际交界地区中心城市做大做强，提升其对区域合作发展的核心带动力、辐射力。把县城作为吸纳农业人口转移的重要载体，推动省直管县（市）和纳入中心城市组团的县（市）城区发展成为50万人口以上的中等城市，推动县城发展为30万人口以上的小城市。推动省直管县（市）建成地区副中心城市，打造全省区域经济新的战略支点。选择一批产业基础好的乡镇，培育形成10万人口以上的小城市。按照有效保护、合理利用、科学管理的原则，挖掘历史文化内涵，弘扬传统文化和地方特色，保护历史文化遗产，提升城市品位。完善加强城市社区建设，增强居民认同感和归属感，建设具有亲和力的居住社区。开展新型城镇化试点，探索规律，总结经验，示范引导。

2. 分类推进新农村建设

农村问题仍是全面建成小康社会的难点。解决农村问题，目标是逐步缩小城乡差距，突出任务是促进劳动力转移和人口集中，关键是统筹城乡发展，核心是增加农民收入。要顺应城乡关系、农业生产方式、农村劳动力转移趋势、农村生活方式的变化，把握农村发展和农民分工、分业趋势，因地、因时、因势推进新农村建设。按照产业、村庄、土地、公共服务和生态规划“五规合一”的要求，以产业规模、生产方式、生产性质决定新村的位置、规模和形态，完善新农村建设规划。对城中村、城郊村、产业集聚区内的村庄，要有步骤地推动村民转市民；对深山区、滩区等不具备开发发展条件的村庄，要结合产业扶贫实施搬迁；对不确定性较大的平原地区村庄，要根据产业基础和前景选择引导点，规划村庄布局。对缺乏产业基础的村庄，要有效控制规模扩张，支持开展人居环境综合整治和美丽宜居乡村创建。加强对具有历史文化等价值的传统村落和民居的保护，保留历史文化传承。

3. 加快城乡一体化示范区建设

实现城乡发展一体化，是现代化建设的重要内容和发展方向。城乡一体化示范区是局部区域科学发展，率先实现工业化、信息化、城镇化、农业现代化的综合试验示范样板区，要积极推进其建设，为实现全面城乡一体化积累经验。坚持复合型发展的先进理念，推动城乡统筹布局、产业融合链接、基础设施和公共服务均衡覆盖、生态共建共享，建成工业、服务业和都市高效农业协调发展的复合型经济发展区和经济、民居、生态功能兼具的综合性科学发展试验区。要把握综合性特点和先进性要求，以工业化、城镇化为前提，局部先行，循序渐进，科学推进示范区建设。以打造现代化建设样板为目标，在产业转型升级、基本公共服务均等化、生态宜居、全面深化改革、扩大对外开放等方面发挥示范引领作用，形成改革发展综合领先优势。城乡一体化试点市要选择局部先导区域开展探索试验，逐步推进全域一体化发展。[①]

① 摘自《河南省全面建设小康社会加快现代化建设的战略纲要》。

第七章
中原地区实施全面深化改革的战略举措

河南省不仅是农业大省，而且是新兴工业大省，其 GDP 已连续五年位居全国第五名。2015 年，在全国经济增长下滑压力下，河南省集全省力量，奋力拼搏，勇担重任，使 GDP 排名前进一位。为了更好地促进经济增长质量的进一步提高，河南省试图通过全面深化改革来实现经济稳步增长。具体来讲，就是用协调发展理念促进农业现代化和新型城镇化的发展，用创新发展理念来引领科技学术进步和产业结构升级，用绿色发展理念来推动生态建设，用开放理念开拓展发展空间。

第一节　农业现代化

一　农业现代化的特征

农业现代化是“四个现代化”的构成要素之一，也是“四个现代化”的基础和前提，同时还是建设新农村，推进农村经济、政治改革的突破口。了解农业现代化的特征是实现农业现代化的首要前提。农业现代化具备四个典型特征。

（一）动态发展性

现代化是个动态发展的过程，农业现代化作为现代化的重要一部分，其概念和内涵也随着经济发展和技术进步而被赋予新的内容。因此，农业现代化的目标并不是固定不变的，而应该根据外在条件的变化对其做动态调整。同时，由于发达国家和发展中国家的经济发展水平不同，因此发达国家和发展中国家在同一时期的农业现代化目标并不相同，实现农业现代化的措施也不相同。所以，一个国家、地区或民族要推进农业现代化进程，必须明确其外在的环境条件，并制定出适合本国农业发展的政策。

（二）整体协调性

农业现代化包括农业生产条件、农业生产技术和农业生产组织管理等方面的高度发展，农业资源配置方式的优化，与农业发展相关的制度建设的完善。因此，在推进农业现代化的过程中，“硬件”和“软件”建设必须协调发展，如果忽视“软件”建设，“硬件”建设将无法顺利实施，“硬件”也无法发挥应有的作用。总的来说，农业现代化是诸多因素协调推进的共同结果。

（三）区域差异性

因为农业生产具有地域性差异，各国的资源禀赋、气候禀赋、文化禀赋、农业技术积淀和社会制度不同，各个发达国家实现农业现代化的道路都不同，所以农业现代化具有农业向前发展的一致性，但也具有发展道路的差异性，所以农业现代化的区域差异性也成为农业现代化一个很重要的特征。

（四）世界性和时代性

任何国家都有权利享受农业现代化的果实，所以农业现代化具有开放性、历史过程性特征。

二　农业现代化的判断标准

由于不同国家、地域的经济发展条件不同，农业现代化的判断标准也应不同。目前工业发达国家基本实现了农业机械化，而发展中国家的农业还是以传统农业为主，所以本书所说的农业现代化标准是参照发达国家所定的标准。

（一）农业经济结构现代化

充分利用各地资源禀赋，根据区位、经济、人文等综合优势，发展特色农业产业生产区，形成具有经济规模和市场竞争力的农业支柱产业、品牌产品和特色农业产业带。

（二）农业基础设施现代化

发达国家充分利用“绿箱”政策，对农业基础设施进行投资。发展中国家应根据本国国情，建立适合当地实际、设施配套、功能齐全的机电排灌设施和农田水利工程体系。同时进行绿化、增加植被，防止水土流失，加强农业硬件建设，增强农业的抗灾和减灾能力，形成稳产高产的农田和自然环境保障体系。

（三）农业生产机械化

用农业机械替代人力、畜力，使农业生产主要环节普遍实现机械化，以提高劳动生产率，把人力解放出来。积极发展环境友好型农业，同时研制生物化肥、农药，使化肥、农药、农膜朝着高效、低毒、低污染的方向发展，以满足人们追求健康农产品的需要。

（四）农业科学技术现代化

以农业科研作为提高农业生产效益的后盾，国家对农业进行大量投资，研究出既能提高农业生产，又能持续发展的新成果，使先进的农业科学技术在生产中得到广泛应用。

（五）农业经营产业化

提倡农业规模经营，使农产品生产、加工、流通诸环节形成产业链。农产品加工依靠龙头企业，采取公司加农户等灵活多样的经营方式，使农业产业产生最大的经济效益和规模效益。

（六）农业信息化

主张把现代信息技术作为农业宏观调控的重要手段，基本建立起农业地理信息系统、生产统计信息系统、农产品市场信息系统，政府依据全面可靠的信息反馈，运用财政、价格、信贷等杠杆对农业产销进行有效调控。

（七）农民思想现代化

农民是农业生产的最终主体，是农业发展最重要的软件之一，所以农民素质的提高是农业现代化最重要的标准之一。农民素质的现代化包括思想观念现代化和科学技术知识现代化。现代农业要求劳动者具有一定的专业知识，具有接受和应用现代农业技术的素质和技能，有较强的现代市场意识和管理才能，能熟练地使用农业先进机械和设备，还要具备现代化的法律知识和道德修养等。

（八）农业资源环境现代化

随着人们生活水平的提高，公众对环境、食品安全的要求将不断提高，因此，环境友好型农业必将成为农业发展的方向。

三　发达国家农业现代化的经验

（一）美国农业现代化的经验

美国是个地多人少、劳动力资源相对稀缺的国家。美国非常重视引进技术，吸收外国的农业生产经验，改进生产工具，推行农业机械化。美国土地辽阔、可耕地多、土质肥沃，利用这一优势，美国发展出一个农林牧并举、能生产多种农产品的比较完整的农业体系。首先，美国农业发展中的技术改革从生物科学开始，对引进的农作物和牲畜进行改良。其次，美国还非常重视推行农业机械化。美国的农业机械化进程中出现过两次重要的改革：第一次改革是推广马拉农具，主要是为了开垦广阔的西部草原；第二次是推广轮式拖拉机以及配套农具，传统的劳动力作业改为机械作业，大大提高了农业的作业能力。二战后，工业化、城市化飞速发展，导致地价和工资飞涨，为了竞争，农场主将新的科学技术和新的生产设备应用于农业生产，使劳动生产率和单位面积产量大大提高，实现了农业机械化和农业技术改革的同步发展。在农业现代化进程中，美国政府功不可没。此外，美国的科研和教育在农业现代化进程中也发挥着主导作用。美国建立了完整的公共科研、教育体系，注重基础研究与应用研究，鼓励广大农民和农村青年积极学习科技知识，提高总体素质。

（二）西欧农业现代化的经验

西欧国家的农业现代化以提高土地生产率和劳动生产率为目标，既利用现代工业装备农业，又重视农业教育、科研和农业技术的推广，将生物技术和机械技术有机结合。这方面代表性的国家有英国、法国、德国等。

1. 英国农业现代化的经验

英国的农业生产属于地少人多的类型，因此较为重视农业土地生产率和单位面积产量的提高，随着农业科技的进步，英国的农作物单产增长很快。英国的农场都实现了机械化，各种作物的整地、播种、田间管理、收割、运输、加工、储存等全部环节都实现了机械化。在农业现代化的进程中，英国政府发挥了极其重要的作用，颁布一系列农业法规法令来保护和支持农业发展，鼓励农场向大型化、规模化发展；实施优惠的农业政策来扶持农业发展，政府除了加大对种植业、畜牧业等的支出，还实行农产品价格保护政策，即对本国生产的农产品都规定了最低保证价格，如果这些农产品的实际销售价格低于国家最低保证价格，则由政府负责补贴中间的差额；用共同农业政策促进本国农业的发展，积极利用国际市场发展本国农业生产等。这些做法大大激发了农民的主动性和积极性。同时，英国政府高度重视农业教育、科研和农业技术推广，建立了完善的农业科研及教育体系，打造了强大的科研队伍。此外，英国还设有农学院、农校和综合性大学三大类学校，鼓励农民、农业工人等参加农校的学习，实施科技兴农战略来稳定和发展农业，以知识经济为核心，推进农业的高级现代化。

2. 法国农业现代化的经验

法国基本上是一个平原国，地少人多、土地分散、农场经营规模小。法国工业发达，利用这个先决条件，以工业化来带动农业现代化。工业的发展导致农业机械化和先进技术的推广，而传统的、分散的家庭式小农场难以采用现代技术装备来组织生产，不能适应农业现代化的要求。为改变这一现状，法国政府实行土地集中政策，改造小农经济的生产机构，扩大农场规模，并制定了一系列法令法规来确保农业生产的健康发展。同时，法国实行了农业专业化政策，以发展农产品加工工业。法国有 80% 的农产品加工工业都设在农村，产品经过加工后外运。这种做法，既有效地利用了农产品资源，又增加了农民收入，促成了农业和工业的密切联系，有利于农业经济的发展。在农业现代化的进程中，法国政府还实行了低息贷款和生产价格补贴政策。法国农业发展迅速，除得益于政府的扶助与政策支持外，科学研究和普及教育起了很大的作用。法国有较完整的农业科研体系和强大的科研队伍，有充足的科研经费和先进的科研手段。无论是政府还是私人企业，都非常重视农牧业的科研工作，建立和健全了各种农业科研机构和技术推广体系；在法国，培训农业技术人才被列为一项重要工作。

3. 德国农业现代化的经验

德国农业以中小型家庭农场为主，农户经营的土地不仅平均规模小，而且大多数农户的地块极其零碎分散，“插花地”现象十分严重。为了改善这一状况，德国政府鼓励农地合并经营，于 20 世纪 50 年代中期实施了《土地整理法》，调整零星小块土地，使之连片成方，使农场规模不断扩大，从而使劳动生产率大大提高。① 农地合并对于推进农业机械化，改善农田基础设施，实现农业的规模经营起到了重要作用。同时，德国政府加大科技投入，促进土地集约化经营，发展农业经济合作组织，以提高农业组织化和产业化程度。为调整农业结构，德国大力发展生态农业、环保农业和生物农业，实施农业可持续发展战略。如规定生态农场严格按照生态农业的标准进行各项生产活动，不施用化肥、农药和除草剂，上市产品需贴生态食品标识等。重

① 李学勤：《德国农业和农村发展的特点及启示》，《吉林农村农业信息》2005 年第 7 期，第 26 页。

视农业生态环境保护，鼓励农地休耕，把技术集约型的农业经营同土地粗放型利用有机结合，既保证了农业经济效率，又保护了生态环境。德国还积极实施农业支持和保护政策，力图在维持现有产业结构和经营模式下提高农业生产者的收入。另外，德国还建立了完善的农村社会保障制度和公共服务体系，发展农业教育，加强农民的教育和培训，提高农民的科学技术水平。为适应新形势的需要，政府出台了加强农业教育的计划。该计划强调要全面更新农民的专业知识和生产技能；培养高级专业人才和更多新型农民；采取各种措施，鼓励具有高学历的年轻人进入农业企业。根据德国的有关法规，农业经营者在经 10 年普及教育后，必须经 3 年农业技术培训，通过考试，取得证书，才能从事农业生产和有资格得到欧共体或本国政府的资金补贴。

（三）日本农业现代化的经验

日本是个岛国，地少人多，水利资源丰富但土质不肥。在这样的客观条件下，日本农业的发展、农业现代化的起步，首先从水利化、化学化入手，而后抓机械化。日本的农业技术主要是多投劳动与节约资本和土地的技术，因此其重点是对品种改良、施肥和栽培技术的改进。日本在采用和推广良种的工作上下功夫，建立了一整套的良种选育和繁育制度；重视品种资源，从世界各个地方收集多种多样的农作物品种进行研究；水稻品种改良在不同的时期采用不同的育种方法，主要以抗寒、抗病为主，向耐肥、丰产方向发展。日本是施用化肥最多的国家之一。由于追求高产，大量施用化肥，土壤结构被破坏，造成减产，于是日本采取了增加化肥品种，改进施肥方法，改良土壤的措施和方法。日本从 1950 年开始抓农业机械化问题，研制了乘坐式水稻插秧机，以小四轮拖拉机代替手扶拖拉机，发展了立式、自动控制的水稻干燥剂机械等，这一系列做法大大提高了农业的劳动生产率和机械化水平。日本长期以来就非常重视农业科研和教育工作，从中央到地方都设有农业科研领导管理机构，建立了健全的农业科研和技术推广组织，制定颁布了一系列的教育政策和法令，不断增加初中、高中的职业教育课程，设立了很多农业学校。另外，日本政府进行大量投资和发放低利息贷款来扶持农业发展，这也是日本实现农业现代化的一个重要条件。

四　中国农业现代化进程中存在的共性问题

（一）农村剩余劳动力转移的复杂性、艰巨性与长期性

在工业化过程中，中国采取了城乡隔绝的户口政策，形成了二元经济社

会结构，这虽然避免了西方资本主义国家农民破产，“羊吃人”的“圈地”运动，农民被逼进城、成为失业后备军的悲剧，但也造成了中国农村大量隐性失业，其结果是劳动力剩余、劳动生产率低、农民阶层收入低。现在虽然允许农民进城，但长期积累的矛盾难以在短期内解决。目前，即使农业就业人员在农业就业结构中的比重下降，但是农业就业人员绝对量仍在增长。从中长期发展看，我国农村剩余劳动力的存量仍很大。因此，在研究农业现代化战略时，需考虑农村劳动力转移的艰巨性与长期性，否则，政策措施难以有效落实。

（二）人地矛盾突出，制约了农业规模化发展

我国农村人均占有土地的数量本来就少，随着各地大搞工业开发区建设、城市规划建设和私人建房，非农用地不断增加，大量耕地被占用，人地矛盾日益突出。同时农村社会保障体系不健全，尽管土地效益比较低，但多数农民仍把土地作为其生活的最后保障，即便是进城农民也不愿轻易放弃土地。这种状况导致土地资源很难集中，难以形成规模经营，制约了农业现代化发展。

（三）农业投入大、效益低，农民增产难增收

美国华盛顿州州立大学农村发展所对中国农业投入－产出比进行研究的结论是，中国农业全要素投入产出比，近20年来是下降而不是提高的。这种高投入、低效益的增长与农业现代化相背离。如果扣除对农业生态环境的破坏和对不可再生资源的消耗，绿色GDP可能比公布的GDP要低4%。更为严峻的是，日益加剧的沙漠化、荒漠化、水土流失和土壤、水体、大气的污染，将给中国农业可持续发展带来长期的负面影响。同时，近年来农副产品价格一直呈下滑趋势，存在农业增产不增收的问题。

（四）农业财政投入不足，结构不合理

财政对农业给予有效补贴是当今世界许多国家，尤其是发达国家和地区采取的旨在保护和促进农业发展的一项重要政策。我国财政对农业的补贴始于20世纪50年代末的国营拖拉机站的“机耕定额亏损补贴”，之后扩展到农用生产资料的价格补贴、农业生产用电补贴、农业贷款贴息补贴等方面。从2004年起，国家财政调整粮食风险基金使用结构，对种粮农民实行直接补贴，并不断加大对种粮农民的综合补贴力度。这些措施增加了农民的种粮收益和提高了农民的种粮积极性。

我国财政补贴支农政策经过多年的演变和调整，其框架体系已经显现。

但是我国财政补贴支农政策还存在较多问题。①支农财政补贴总量偏小，补贴总量根本达不到WTO《农业协定》中“黄箱补贴”允许的8.5%的水平，同时，“三农”财政补贴数量虽不断增加，但年度间补贴不均衡。②各地方补贴标准和办法混乱。③管理体制运行不畅，补贴成本高。农业补贴涉及财政、农业、外经贸、粮食、民政和银行等多个部门，部门协调困难，交易成本高，农业补贴中的“跑、冒、滴、漏”现象经常发生，降低了农业补贴效率。一般情况下直补工作成本约占直补资金的10%。④补贴方式及结构不尽合理。主要表现为：农业直接补贴政策目标短期化；补贴重点不明确；忽视对农业保险的补贴；农业出口贸易补贴不足。

（五）农技人员短缺、农业科技含量低，机械化水平低

科技含量高、劳动投入少、市场竞争力强的产品种类和数量不多，低值的“大路货”产品所占的比例仍然偏大。农业生产手段还比较落后，特别是植保机械化水平、机收水平、工厂化育苗水平低。农业科技水平和机械化水平与现代化存在较大差距。农业劳动力占劳动力总量的比重仍然过大。在城镇化的推动下，中老年人、妇女是留守劳动力的主力。他们文化素质不高，现代化生产意识不强。

（六）环境污染严重，制约现代农业发展

随着生态文明建设的推进，国家环境规制日益严格，一些高污染企业为了躲避城市严格的环境规制迁入农村，造成农村环境恶化。农村环境的恶化将降低我国农产品的国际竞争力，竞争力差将降低农产品的市场收益，导致农民从事农业活动的激励弱，农民增加农业投入的积极性弱。如果农业投入微弱，则难以实现农业现代化。同时，如果环境污染严重，消费者将减少对中国农产品的需求，增加对外国农产品的需求，这样外国农产品将挤占中国农产品市场。这样即使有社会资本暂时进入农业，没有市场利润拉动，中国农业现代化也将难以实现。

五　中原农业发展现状及困境

中原地区是我国小麦、油料、棉花等农产品的重要生产基地，也是食品深加工业的重要地区。以河南省为例，现阶段，河南省的粮食产量占全国粮食总产量的1/9、油料产量占全国油料总产量的1/7、棉花产量占全国棉花总产量的1/6、牛肉产量占全国牛肉总产量的1/7。河南省在农业生产大省的基础上，积极发展农产品深加工产业，目前三全食品、思念食品、云鹤食

品、科迪集团、四季胖哥等速冻食品品牌占据了该产业市场的第一方阵。据统计，目前全国大超市的每10个饺子中就有4个、每10个汤圆中就有6个来自河南；方便面、饼干等产品品牌如白象、斯美特、南街村等的市场占有率也是全国第一；河南省的双汇集团、众品集团、大用集团、志元食业、永达集团、华英集团、伊赛牛肉等占据全国行业前10强。另外还有莲花味精、张弓酒业、宝丰酒业、赊店酒业、金星啤酒、航空啤酒、汇通食品、天方食品等农产品深加工品牌企业。粮食大省和农产品深加工大省地位既为河南省发展农业循环经济提供了物质基础，又提出了紧迫性的要求。在农业生产过程中，河南省面临着资源紧张的约束，河南省农业人口众多而资源相对紧缺。河南省粮食产量占全国粮食总产量的1/9，而耕地面积只占全国耕地总面积的6.24%，人均耕地不足1.22亩。与此同时，在追求经济增长过程中还存在着乱占滥用、未征先占、耕地过度浪费等现象。河南省的水资源较为短缺，是全国最缺水的15个省份之一。人均水资源量仅为全国人均水平的18%，居全国第24位。河南省的农业水资源利用率也非常低。[①] 目前，发达国家的农业灌溉水利用系数多在0.8以上，我国多数地区的农业灌溉水利用系数为0.4~0.6。而河南省多数地区依然采用落后的大水漫灌浇地的灌溉技术，导致其灌溉水利用系数还不到0.4。目前，河南省节水灌溉农田面积仅占全国节水灌溉农田总面积的0.6%。

现阶段，河南省在农业发展过程中也面临着农业生态环境恶化不断加剧的困扰。一是滥用化肥、农药、农膜导致土壤板结、生态破坏和农产品质量下降。现阶段，河南省化肥有效利用率仅为1/3，大量的化肥残留在土壤之中，在下雨或者灌溉的时候就会渗透到地下或随地表径流进入池塘、河流，造成水源污染。难以降解的农膜的大量施用也会对土壤和水源造成污染。残留农药的高毒性也给土壤和农产品的质量安全造成极大危害。滥用化肥、农药、农膜造成了土壤污染、耕地质量下降，水质下降，生态环境面临被严重破坏的危险。[②]

随着新农村建设的快速推进，河南省农业发展环境得到了巨大改善，但现阶段，一些地区的农村尚未建设无害化处理的垃圾处理场，导致含有有毒

① 李中元：《中国中部地区发展报告（2012）——加快转变发展方式与中部崛起》，社会科学文献出版社，2012。

② 孙兆刚：《中原生态经济区的建设与规划分析》，《当代经济管理》2011年第12期，第54~57页。

有害物质的废电池、塑料制品废弃物等垃圾对环境造成污染。农村多数地区没有建设“生态厕所”，本来可以作为有机肥料的人畜粪便被直接排放到了河流、池塘之中，造成了水源和生态环境的污染。农业生产、农产品深加工过程中产生了如玉米芯、麦秸、玉米秸秆、烟叶秸秆等大量的废弃物，这些农业生产废弃物如果不进行循环利用，就会造成资源、能源的浪费和生态环境的污染，如果利用现代循环经济技术实现秸秆等农业废弃物变废为宝，就能产生显著的经济效益和生态效益。

六　中原农业实现现代化的路径

（一）以“互联网 + 农业”的战略思维发展现代农业

“互联网 + 农业”是利用大数据、云平台、物联网等现代互联网技术，整合物流、金融等各类现代服务资源，实现农业产业链与制造业产业链、服务业产业链的有机融合，提升农业生产流通效率的现代农业发展平台，更是用工业化方式发展农业的重要内容。2015 年的中央一号文件指出：“大力支持电商、物流、商贸、金融等企业参与涉农电子商务平台建设，开展电子商务进农村综合示范。”作为农业发展的重要地区，中原地区要以“互联网 + 农业”发展的战略思维发展现代农业，通过“互联网 + 农业”战略思维整合农业产业链。对于电商而言，“互联网 + 农业”拓展了其发展空间。鼓励互联网电商入住中原地区，发挥其优势，积极在农业领域大展拳脚，有助于拓展“农产品网上卖”的巨大市场空间。通过大力发展“互联网 + 农业”促进农户、农业企业与消费者的互联互动。提升农产品质量，优化农产品流通渠道，降低农产品流通成本和价格，实现农户、农业企业和消费者的互利共赢。互联网的开放、快速、传播特性，倒逼农业企业、农户更加注重品牌、产品特色，有助于提升农产品质量和增加农户收入水平。依托“互联网 + 农业”的发展，推动产业链延伸，支持农产品深加工产业的快速发展。让科研院所等其他各方都积极参与进来，农业产业链上下左右联动，才能实现信息和资源的无缝对接，推动中原地区农业发展实现新突破。

（二）有效的制度供给为农业现代化提供制度保障

农业技术是推动农业现代化的重要动力支撑。可持续的农业技术创新活动包括新技术的研发、推广应用和市场实现三个主要过程。在整个创新过程中，需求拉引力、技术推力、政府推动力这三个基本力量作用于创新主体并与其内在创新需求相结合，成为促成创新行为产生的现实力量。可持续农业技术创新的宏观环境要素是指促使创新动力形成、影响创新动力相互作用的各种外部环境，它主要包括经济环境要素、社会环境要素和人文环境要素。从经济学角度看，它主要包括制度环境、政策环境、市场与法制环境。总之，要提高中原地区的农业技术水平，就应该针对创新主体实施明确的激励机制、推动机制，并制定完善的宏观政策。

（三）提升农业技术，为农业现代化提供动力支撑

一是完善农业科技创新机制，整合科技创新资源。深化农业科技创新体制改革，加强对公益性农业科研机构和高等院校的财政资金与政策支持，建成中央、高校和中原地区各科研院所有机结合、优势互补、联合协作的新型农业科技创新体系。现阶段，中原地区的农业科技创新工作既要加大政府的支持力度，又要充分调动市场机制作用，形成政府主导的、多元化的新型农业科技创新机制；既要积极适应全球农业科技的发展趋势，又要立足中原地区农业发展实际，积极对实用先进技术进行配套组装和大范围推广；既要提高农业现代化技术研究水平，又要注重解决农业现代化面临的现实问题；既要提高农业现代化科技自主创新能力，又要有效引进和吸收、消化发达国家先进的农业现代化技术与经验，缩小我国农业科技与先进国家的差距，提高我国农业科技创新系统的整体功能和效率，使科技创新实实在在地提升我国农业的效益和竞争力。①

二是强化农业科技发展能力建设。科技发展能力建设是促进科技自主创新的重要保障。要加强农业及粮食科技平台基地建设。从农业科技的公益性、多学科、多部门、区域化等特点出发，按照加强投入、完善功能、合理布局、避免重复的原则，着力增加对已有涉农的重点实验室、工程技术中心、野外基地（台、站）的投入，进一步改善基础条件。要加强农业科技创新型人才培养。在加大国家各类人才计划对农业及粮食科技创新人才支持力度的基础上，进一步加强人才队伍建设，创新人才培养机制，要组织实施国家“农业高层次科技创新人才专项计划”，培养、造就一批具有世界水平的领军人物和一大批中青年高级专家与学科带头人，占领国际农业先进技术

---

① 张雪娥：《当前我国农业科技创新能力的问题及出路》，《市场论坛》2008 年第 8 期，第 9 ~ 11页。

研究创新的人才高地，推动我国农业及粮食科技人才队伍建设。

三是统筹兼顾农业高新技术研究和基础研究。这是提升农业技术的核心。为了保证河南省农业现代化进程的健康发展，既需要积极进行高新技术研究，也离不开基础研究，前者是关键，后者是基础，只有具有坚实的基础研究才可能实现核心技术突破。因此，要做好以下的工作：要瞄准国际农业科技前沿，重点推动农业生物产业发展；加强数字农业技术研究，提高农业信息化水平；加强环控农业技术研究，提高农业环境质量和生态安全控制技术水平；加强智能农业技术研究，提高农业装备的自主制造能力；加强食品生物技术研究，带动食品产业技术升级，引领河南省农业及粮食产业技术升级，增强现代农业技术的国际竞争力；积极依托国家“863”科技计划、“973”科技计划等，组织实施农业重大基础研究项目。

（四）完善土地制度，推动农业现代化进展

土地制度只有与农业发展相匹配才能有效释放劳动力，激活生产力，实现农业生产的飞跃。美国的土地制度从小农制到租佃制再到大农场制的演化发生了多次变革，农地制度改革对美国农业现代化起到了非常深刻的推动作用。同样，法国、日本也根据社会和政治关系的变化及时调整了土地政策，为农业现代化发展铺平了道路。我国现阶段土地流转数量不断增多，但由于土地流转市场不太健全，土地流转速度的加快、劳动生产率的提高和农业现代化的实现都受到阻碍，因此，我国应进一步规范土地流转市场，加速土地使用权流转。

（五）增加农业财政投入，提高财政资金使用效率

第一，改善农业补贴管理，保护农民利益。建立健全农业补贴法规，使财政对农业的补贴成为一项长期稳定的制度；建立农业补贴综合管理体制，整合财政补贴资金，解决农业补贴多头管理，避免使用中的“跑、冒、滴、漏”问题。第二，增加补贴额度，改进补贴方式。首先，应探索建立“政府出资，市场运作”的新型财政资金运作模式，加快将财政资金从一般竞争性领域退出来的步伐，采用补助、贴息、奖励、保险、物资援助、风险补偿、减免税费、购买服务等政策工具和激励措施，支持农村公共产品建设，把钱用到农民直接受益的项目上，提高财政资金使用效益。其次，激励社会资本投入农业。最后，增加直接补贴使老百姓真正得到实惠。第三，在补贴对象上实现从全面补贴向重点选择的转变。我国财力有限，所以，我国的农业财政补贴应突出重点，提高农业生产效率。今后我国农业财政补贴的重点应为：①重视粮食等主要农产品的仓储建设和出口补贴，缓解农产品的过剩问题；②注重对农业保险业务亏损的补贴，强化农业保险的防灾补损职能，健全农业风险补偿机制；③重视农业生态补贴；④重视对农村人才引进、培养的补贴。现阶段我国财政资金的农村教育补贴主要是对农村义务教育阶段的学生补贴，今后应加大对农村教育工作者、农业科技人员的补贴，加大补贴农业科技职业学院与农业生产的联盟活动，促进科技成果转化和农业科技推广。

（六）改变农业高污染，实现低碳环保的战略措施

目前，农业污染已成为重要的面源污染源。农业的高污染主要来自农村工业企业的污染和农业生产中存在的高污染生产行为。在农业生产中，目前最为常见的污染行为为农药、农膜和化肥的过量使用。农村生态环境的改善最终需要依靠在农村生活、生产的主体的行为改善。针对农民本身的高污染生产行为，应区分不同的主体，采取针对性措施①。

第一是针对分散的、小生产者的实现低碳环保发展的措施。首先，严格监管农药的生产和销售。政府应从源头上实施严厉监管以防止企业生产和销售剧毒、高毒农药；其次，研发高效的低毒农药或生物农药，并对此类农药的销售和施用实施一定补贴；再次，加强宣传培训工作；复次，建立完善的县乡级病虫测报网络，确切了解病虫害的发生动态和规律，把握最佳的农药喷洒期；最后，强化农药经营人员的农药专业知识培训，并要求其在售卖的过程中向购买农民讲解正确的农药施用方法。

第二是针对规模化经营的生产者的实现低碳环保发展的措施。规模化经营的农业生产者并没有显著降低农药施用量。这说明单纯依靠农业生产者组织形式和经营方式的变化并不能有效降低农药施用量，应从更深层次上研究降低农药施用量的方法。首先，制定严格、详细、可操作的农药残留检测标准。其次，防止监管者被俘获。再次，防止监管者不作为。最后，加强农药监察信息透明度，加大对违法施用农药处罚的宣传，让农民意识到过量施用农药的严重后果。农村工业企业的污染随着农村城镇化的推进和工业集聚区的建设将有所缓解，但是政府还应该加大对农村残留的工业企业的治理力度。

① 农药、农膜和化肥过量施用的道理接近，本文主要阐述农药过量施用的治理措施。

第二节 产业技术创新

一 现代产业体系构建

（一）现代化产业体系概念的提出

党的十七大报告正式提出了现代产业体系的概念。党的十七大报告提出要“发展现代产业体系，大力推行信息化和工业化融合，促进工业由大变强，振兴装备制造业，淘汰落后生产能力”。报告将促进两化融合、发展先进制造业作为我国实现经济转型、产业结构优化升级的重要手段。2011年《中华人民共和国国民经济和社会发展第十二个五年规划纲要》（以下简称《纲要》）再次提出发展现代产业体系的要求：“发挥我国产业在全球经济中的比较优势，发展结构优化、技术先进、清洁安全、附加值高、吸纳就业能力强的现代产业体系。”《纲要》表明，我国发展现代产业体系的关键在于继续发挥我国产业的比较优势，并以此为基础，增加技术创新，实现我国产业价值链高端化。2012年，中共十八大报告强调要通过推动信息化和工业化的深度融合，即三次产业融合共生，增强创新驱动发展新动力，来促进战略新兴产业、现代服务业和现代农业的协调、同步发展，以构建符合国内外经济形势新变化的现代产业发展新体系。

（二）现代产业体系的特征

1. 创新性

创新是现代产业体系的首要特征，也是发展现代产业体系的第一推动力。面对未来激烈的竞争环境和日趋严峻的资源约束，知识的创造和传播，新知识向产业渗透的进程将日益加快，构建现代产业体系必须把创新摆在第一位，通过理念创新、制度创新、知识创新、技术创新、管理创新等多维度的创新来化解产业发展中的各种矛盾，使我国摆脱长期处于国际产业链低端的困境。

2. 开放性

开放性是经济全球化的内在要求。只有开放才能促进生产要素的合理流动，只有开放才能在竞争的环境下促进产业的培育和发展。在全球化背景下，发展现代产业体系需要更深、更广地参与国际产业分工，充分利用国际、国内两种资源，充分发挥国际、国内两个市场的作用，逐步形成引进来和走出去平衡发展的局面，充分利用国际产业分工体系，在进一步发挥我国的比较优势的同时，不断增强我国产业体系的核心竞争力，使之逐步实现由比较优势向核心竞争优势转变。

3. 融合性

融合互动是现代产业体系发展的重要特征。这种融合互动表现在多个方面。首先是信息技术对包括工业、服务业和农业在内的几乎所有产业的嵌入和渗透；其次是服务业对工业、农业的融合和渗透，在现代工业和农业的发展过程中，服务业的价值链越来越长，现代制造业应包括从市场调研开始到售后服务直到产品报废回收的全过程；最后是各产业内部行业间的相互渗透和融合，它使行业界线趋于模糊，如汽车产业就涉及几乎所有的工业行业。

4. 生态性

生态性是现代产业体系的基础特征。构建现代产业体系必须从生态伦理的角度来考虑问题，不断探索经济建设与环境保护双赢的发展道路。现代产业体系是生态文明下的一种经济组织形态，具体表现为各个产业发展循环经济。循环经济不仅要求企业内部、企业之间和产业内部生产过程的循环，而且要求产业之间生产过程的循环，并在产业内部和产业之间建立完善的生态关系。

5. 集聚性

集聚性是现代产业体系的空间特征。从 20 世纪 80 年代开始，产业集群化的趋势日趋明显，基于产业链联系、运输成本节约、公共设施成本的分摊、信息沟通的便捷和包括技术扩散效应和学习效应在内的多种形式的正外部性，产业的集群发展已经成为企业获得竞争优势的一个基本途径，特别是对于处于价值链各个环节的中小企业来说，集群已成为其生存和发展的必要环境。

6. 可持续性

现代产业体系应该是可持续发展的产业体系。高质量、高效益和低消耗、低污染是现代产业体系持续发展的重要标志。可持续发展作为标志人类文明史进入一个新阶段的发展观和发展模式，被提到全球战略的高度，成为世界发展趋势。可持续发展要求我国一方面要加快发展现代服务业，另一方面要逐步做到制造业所提供的产品全生命周期无污染，资源低耗及可回收、可重用，用最小的资源代价和环境代价来保持经济的快速发展。

7. 动态适应性

传统产业体系的基本特征之一是标准化和大批量。在现代经济发展过程中，随着技术进步速度加快，消费者需求个性化、多样化趋势不断增强，市场需求也表现出越来越明显的多变性和动态性，现代产业体系必须不断适应消费结构和市场需求结构的发展趋势，使生产方式和生产组织形式更具有灵活性和动态适应性。

（三）国外现代化产业体系的发展模式

现代产业体系最早产生于英、美等发达国家，它是促进一国各产业融合互动发展、提升产业的自主创新能力、促进高端产业发展、优化产业结构、提升国家经济实力等的重要手段。以下是国外现代产业体系发展的四种主要模式。①

1. 政府推动型现代产业体系

政府推动型现代产业体系是指政府在该国现代产业体系的形成和演化过程中发挥着引导者、支持者、推动者的作用。现代产业体系是一个国家综合实力和国家经济安全的基础。日本的现代产业体系便是最典型的政府推动型现代产业体系。在推进工业化、城镇化的过程中，日本政府在法律法规、资金、外贸、军事等方面积极发挥主导作用，大力发展现代产业体系，推动国家现代产业体系向更高阶段演化。例如二战后，日本分阶段制定了不同的战略和政策。1946 年日本政府提出了以“倾斜生产方式”为主的产业复兴政策，20 世纪 50 年代初期，日本政府提出了“产业合理化政策”，大力发展钢铁、煤炭、电力和造船四大产业，通过更新设备和技术进步降低生产成本，刺激民间企业增加现代化设备的投资。日本的劳动生产率在 1951 ~ 1955 年提高了 76%。从 20 世纪 60 年代开始，日本政府确立了“贸易立国”战略。20 世纪 70 年代，受环境和石油危机的影响，日本的经济发展方向转向知识密集型产业。20 世纪 80 年代，日本政府在《80 年代通商产业政策构想》中提出了“技术立国”的方针。1994 年日本政府提出了“新技术立国”的方针，1999 年提出了技术产业创新基本战略。② 这些政策的制定和实施，在最短的时间内带动了日本生产力的发展和产业结构的优化升级，促进

① 詹懿、李晓渝：《国外现代产业体系的发展模式研究》，《商业经济研究》2015 年第 9 期。

② 李远：《美国、日本产业政策：比较分析与启示》，《经济经纬》2006 年第 1 期，第 48 ~ 50 页。

了日本现代产业体系的完善。英国、美国、德国在现代产业体系的发展过程中也多次采用政府推动的方法，如席卷英国全国的“国有企业私有化”浪潮。

2. 企业主体带动型现代产业体系

企业主体带动型现代产业体系是指依托部分技术创新能力强的科技型中小企业和规模效应突出的综合型企业，通过发挥其创新引领效应、技术扩散效应、产业链延伸效应、产业关联协作效应、产业协同效应等的作用，实现产业成链发展、产业技术创新能力提升、产业竞争力增强、产业结构优化升级等目标，从而形成以关键核心企业为中心节点，其他相关企业和产业为外围节点等组成的现代产业体系。在经济全球化的时代背景下，这表现为核心企业掌握关键核心技术，控制该产业的生产、销售等关键环节，从而实现在产业纵向发展上能够依托对关键核心环节的控制，掌控上下游及整个产业链，在产业间的横向联系上能够依托在关键产业方面的领导地位，引导、支配其他相关产业发展，在世界产业系统中形成以本国的现代产业体系为核心、其他国家产业体系为外围的世界产业发展新格局。

南北战争后美国掀起的第一次工业革命所采用的发展模式是最典型的企业主体带动型现代产业体系发展模式。以铁路为例，内战后伊利铁路公司、中央铁路公司和宾夕法尼亚铁路公司等铁路企业在促进铁路建设和铁路运输的过程中，通过发挥其产业的前向、后向关联作用，为美国现代产业体系的发展做出了积极贡献。铁路企业的大力发展促成美国全国性市场最终形成，1900 年前后，美国已成为世界上最大的市场。[①] 同时，铁路企业的发展又通过产业关联带动了为铁路建设提供原材料和设备的工业部门的发展，这些行业的发展又带动了相关产业的技术进步。据记载，“1910 年前后，除了在钢铁工厂就业的 25 万工人外，还有 100 万工人在用钢铁做原料来制造耐用生产品和消费品的各种工业中就业。所有这些行业的扩大，在桥梁和房屋建筑业中广泛使用钢材都推动了煤和铁矿等采矿业的发展，推动了铁路运输和苏必利尔湖航运业的发展，也促进了其他工业活动的展开。”[②] 随着美国经济的发展，以福特、通用汽车、克莱斯勒等企业组成的汽车产业，以及由波音公司、通用动力公司、普·惠公司等组成的飞机和导弹等国防工业进一步替

① 李庆余等：《美国现代化道路》，人民出版社，1994。

② 王宏伟：《美国的军民一体化》，《中国军转民》2004 年第 5 期。

代钢铁产业，成为驱动美国现代产业体系发展的新的核心产业。通过产业之间的关联联动，美国的产业不断分化、演进，最终形成了美国的现代产业体系。

3. 军民融合推进型现代产业体系

军民融合推进型现代产业体系是指以民养军、以军带民，国防工业体系和民用工业体系相互促进、互动发展的现代产业体系。随着21世纪信息化时代的到来，各种高新技术迅猛发展，这些技术有的来自军事领域、有的来自民用领域，通过军民融合，可促进军事技术和民用技术的双向转移，提高高新技术在军用领域和民用领域的配置效率，降低国防工业体系和民用工业体系相互分割给国家安全和国家经济竞争力带来的不利影响，充分发挥国防工业技术和民用高新技术的扩散效应，提高国防工业体系的技术开发能力和资金保障能力，以及提高民用产品的技术水平和市场竞争力。

军民融合推进型现代产业体系发展模式在美国冷战后的军民一体化发展战略中表现得最为典型。冷战结束后，美国削减了军费开支，国际军工市场开始出现萎缩的态势。在这种情形之下，首先，美国要保证对于军民两用技术研究与开发的投资，使美国继续在电子技术、生物技术、信息技术、制造和工艺技术、先进材料技术、软件技术等关键技术领域里保持优势；其次，美国要通过军转民将相对过剩的军工生产能力消化掉，同时保留军工生产的核心能力；最后，美国要通过民转军引进先进的生产技术，降低军品的生产成本。[①] 为此，美国制订了“技术再投资计划”“两用技术应用计划”“高技术计划”等促进军民一体化的计划措施。这些措施整合了美国的国防工业基础与民用工业基础，在保障国家安全需要的同时，也提升了美国经济在全球的竞争力。美国军民融合战略的一个成功案例是战后波音公司利用其雄厚的军用飞机研发能力研制出波音系列的民用客机。波音客机的订单量剧增，波音飞机的强大竞争力使其获取了高额垄断利润，而高额垄断利润又为军用产品的研发提供了大量的资金支持，真正实现了“以民养军、以军带民”。最重要的是，美国的国防工业体系和民用工业体系逐渐融合成为一个一体化、相互依赖、相互促进的现代产业体系，这个现代产业体系由于融合了国防工业和民用工业的尖端技术和人才，使产业体系内的技术创新能力和产业体系的演化升级能力大为增强，提高了美国的国防实力和在全球经济中

① 金志奇：《美国信息产业革命与宏观经济目标》，《新东方》1999年第2期，第29～32页。

的影响力。

4. 关键技术推进型现代产业体系

关键技术的产生和扩散对现代产业体系的发展和演化发挥着重要的作用，关键技术的产生和扩散可以改造提升原有的传统产业和催生出大量新兴产业，从而改变原有产业体系中的产业种类数量、产业技术水平、产业结构和产业间的关联方式，使原有产业体系中各产业之间的结构和比例关系失调，各类产业逐步在新的、更高的技术水平上形成新的结构和比例关系，从而实现以新的技术水平为基础的现代产业体系在产业技术升级的基础上向更高的阶段演进。而这种新的现代产业体系便是关键技术推进型现代产业体系。

关键技术推进型现代产业体系发展模式在20世纪90年代于美国发生的信息技术革命中表现得最为典型。信息技术革命给美国的经济、社会、军事、文化等方面带来了极大的变化，其中最重要的是，在经济方面，信息技术革命使美国的信息产业得到突飞猛进的发展。一方面，信息产业作为新兴产业创造了巨额的产值。据统计，美国信息产业的增加值从1991年的3466亿美元增加到1996年的6579亿美元，1992～1997年，信息产业对实际经济增长的贡献率平均高达28.2%。[①] 信息产业逐步成为美国产值最大的产业，取代汽车、建筑业、钢铁等传统产业成为美国新的最大的支柱产业，并成为美国经济新的增长点。另一方面，美国信息产业的发展推动了国民经济体系中其他产业的发展。随着美国信息产业的发展，信息技术被广泛应用于国民经济中的各个部门和生产生活中的各个环节，信息产业的发展带动了传统产业的更新换代，使它们重新焕发了勃勃生机。如CAD、CAPP、CIMS、PDM、CAM、ERP、SCM、EC等信息化技术在产业链中的应用，使制造业企业实现了生产的自动化、管理的信息化、产品的智能化等，极大地提高了企业的生产经营效率及其产品的市场竞争力；同时，金融、保险等服务业也大量采用信息技术以提高产品服务质量。美国整个经济体系的信息化改造，提高了整个产业体系的技术水平，美国将以信息产业为核心抢占更高的经济制高点。

① 朱式毅、傅政：《信息产业与美国经济——以信息科学和信息技术装备起来的美国经济》，《国际商务研究》1997年第1期，第44～46页。

（四）中原地区现代产业体系的构建与优化①

1. 中原地区推进现代产业体系优化的动因

中原地区的产业体系无论是在全球分工格局中，还是在全国产业价值链中都处于“微笑曲线”的低端，在承接产业转移过程中亟须加强自身技术与知识积累，构建一个市场开放、结构优化、布局合理、具有较强内生动力和动态优势的现代产业体系。中原地区在承接产业转移过程中推进现代产业体系优化的动因主要包括以下几方面。

一是推动产业结构优化，实现中原地区经济转型升级。中原地区承接产业转移除了追求规模的增长之外，还要实现产业结构优化和转型升级。尽管近年来以河南省为代表的中原地区的经济增长速度超过了10%，但其经济发展总体水平相对于长三角、珠三角地区来说依然显著落后。在产业结构方面，长三角的上海、江苏、浙江2012年的第三产业产值在国民经济中的比重分别为60%、43.5%、45.2%，三个省份的第二、第三产业产值之和在国民经济中的比重都已超过或者接近95%，工业化程度相对较高。而河南省的农业产值在国民经济中的比重在2014年依然高达11.9%，第三产业产值在国民经济中的比重仅为36.9%，远远低于长三角地区。中原地区与长三角等发达地区的产业结构梯度差异是促使中原地区积极承接产业转移并根据自身优势推动产业体系优化的重要动因，这就要求其着力推进现代制造业、现代服务业和现代农业的优化协调发展。

二是推动产业组织结构优化，发挥资源禀赋优势。承接产业转移的产业组织的结构优化动因主要体现为企业在市场竞争机制的优胜劣汰压力下，积极进行组织创新、管理创新来推进资源禀赋升级和进行服务创新、产品创新来改善企业市场行为。随着全球市场竞争的加剧，追求长期价值最大化的企业的理性选择就是寻找新的市场竞争优势，用升级后的生产要素生产和提供能够激发市场需求的更高层次的产品。资源禀赋是产业发展获得比较优势的基础，建立一个能够发挥区域资源优势的现代产业体系，提升要素禀赋等级和实现知识经验积累是关键。中原地区与长三角、珠三角地区相比，土地、劳动力、原材料等各类生产要素的数量与价格优势明显，但在技术、管理和资源等要素的质量上，显著落后于长三角、珠三角地区。在承接产业转移的

① 刘英基：《中西部地区承接产业转移中的现代产业体系优化研究——以安徽省承接长三角地区产业转移为例》，《华东经济管理》2013年第9期。

过程中，积极推动产业组织结构优化，完善市场竞争机制，刺激企业改进技术、提升管理创新能力，从而实现要素禀赋升级，这是推进现代产业体系优化的又一动因。

三是推动产业链优化，提升产业竞争优势。产业体系优化的核心动力在于提升产业内生性比较优势和改善产业在全球产业价值链分工中的地位，通过自主创新实现要素禀赋升级，促进人力资本、知识经验积累，形成动态比较优势，增强产业价值链的治理能力。[①] 承接产业转移对现代产业体系优化的直接作用在于刺激产业转移承接地企业积极学习和积累知识，在研发、生产和营销等环节进行技术和管理创新，增强中原地区在整个产业链中的竞争优势。高速铁路、郑州航空港综合经济实验区建设使河南企业与长三角、珠三角乃至海外发达国家企业在技术、知识和信息等方面的相互流动更加频繁，承接技术、管理经验先进的发达地区的产业转移有助于刺激河南企业进行知识、经验积累和提升自主创新能力，提升其在产业链治理中的“话语权”。

四是推动跨区域产业联动机制优化，为产业发展提供市场空间。跨区域产业联动机制为产品、要素流动提供了统一的更大范围的市场体系，为产业转型升级和现代产业体系优化提供了较好的资源与市场支持。跨区域产业联动机制需要以区域间科学合理的产业分工为基础。中原地区与长三角、珠三角等地区的产业结构相似系数较小，存在显著的强互补性关系。现阶段中原地区产业梯度差异明显，承接来自长三角、珠三角地区的产业转移是进一步健全跨区域产业联动机制的内在要求，有助于推动中原地区现代产业体系优化。

2. 中原地区在承接产业转移中的现代产业体系优化效应

以河南省为例，2013 年，为优化产业体系，河南省制定了《河南省人民政府关于加快推进产业结构战略性调整的指导意见》（豫政〔2013〕65 号），以求通过承接产业转移、创新驱动、产业融合、集群发展、改革重组等途径推动优势产业发展，推动产业结构优化升级，建设先进制造业大省。在产业政策方面，通过对公共服务平台的建设和完善，鼓励企业进行技术创新，吸引企业和大项目落户。大力实施高成长性制造业发展、战略性新兴产

---

① 刘明宇、芮明杰：《全球化背景下中国现代产业体系的构建模式研究》，《中国工业经济》2009 年第 5 期，第 57 ~ 66 页。

业培育和传统支柱产业转型三大工程，聚焦重点方向，实施重大专项，以发展优势产业为主导推进产业结构优化升级，构建集聚度高、竞争力强、带动力强、吸纳就业能力强、资源环境友好的现代产业体系。经过多年的努力，河南省承接产业转移战略成效显著，2011 年，外商在河南省的投资金额首次突破百亿美元，为 100. 82 亿美元，与 2010 年相比增长 60%，总量和增速均居中部首位。2012 年，河南省实际利用外资金额达到 121. 18 亿美元，前来河南省投资的世界 500 强企业达到 72 家，在全国利用外资下降 3. 7% 的大形势下实现实际利用外资增长 20. 2%，外商直接投资总额及增幅均居中部六省前列。省外资金规模不断扩大。2005 ~ 2010 年，河南省引进省外资金额分别为 880 亿元、1146 亿元、1432 亿元、1565 亿元、1867 亿元和 2429 亿元。2011 年，河南省实际利用省外资金 4016. 3 亿元，与 2010 年相比增长 46. 4%；2012 年，河南省实际到位省外资金 5027 亿元，与 2011 年相比增长 25. 2%。2014 年，全省新批准外商投资企业 328 个，实际利用外商直接投资 149. 27 亿美元，比 2013 年增长 10. 9%；实际利用省外资金 7206. 0 亿元，比 2013 年增长 16. 3%。

2015 年 1 ~5 月，河南省承接产业转移新签约项目 136 个，合同引进资金 671. 06 亿元。从规模上看，签约的大项目较多。10 亿元以上项目有 21 个，合同引进省外资金 327. 7 亿元，占总签约资金的 49%。1 亿 ~10 亿元项目有 106 个，合同引进省外资金 335. 61 亿元，占总签约资金的 50%。从承接地域情况看，承接长三角地区项目 37 个，合同引进省外资金 165. 45 亿元，占总签约资金的 25%。承接珠三角地区项目 31 个，合同引进省外资金 174 亿元，占总签约资金的 26%。承接环渤海地区项目 18 个，合同引进省外资金 121. 8 亿元，占总签约资金的 18%。从行业分类情况看，电子信息、装备制造、汽车及零部件、食品、建材、现代家居六大高成长性产业签约项目有 80 个，合同引进省外资金 374. 32 亿元，占总签约资金的 56%。

在政策导向上，河南省对承接产业转移是有选择的，这种选择性政策要求对承接产业转移产生了重要影响。河南省承接产业转移坚持了数量与质量并重的原则，加快推进了现代产业体系优化进程。承接产业转移的现代产业体系优化效应主要包括产业集群升级效应与产业价值链升级效应。近年来，河南省形成了产业门类较为齐全和相对完善的产业体系，在全国的产业格局中初步形成了一定的比较优势。2014 年，规模以上工业 40 个行业大类中，河南省规模居前 10 位的行业产值增长速度为：非金属矿物制品业产值比上年增长11.7%，农副食品加工业产值增长8.6%，煤炭开采和洗选业产值增长7.2%，黑色金属冶炼及压延加工业产值增长8.6%，化学原料及化学制品制造业产值增长16.5%，专用设备制造业产值增长16.7%，通用设备制造业产值增长13.0%，计算机、通信和其他电子设备制造业产值增长29.7%，纺织业产值增长6.7%，电气机械和器材制造业产值增长16.9%。电子信息、装备制造、汽车及零部件、食品、现代家居、服装服饰六大高成长性产业产值平均比上年增长13.8%，对全省规模以上工业产值增长的贡献率为53.2%。冶金、建材、化学、轻纺、能源等传统支柱产业产值平均比上年增长9.2%，对全省规模以上工业增长的贡献率为40.1%。高技术产业产值增长22.6%。煤炭开采和洗选业、化学原料及化学制品制造业、非金属矿物制品业、黑色金属冶炼及压延加工业、有色金属冶炼及压延加工业、电力热力的生产和供应业六大高耗能行业产值平均比上年增长9.7%，比规模以上工业的产值增长速度低1.5个百分点。电子信息、装备制造、汽车及零部件、食品等应用领域广泛、产业链长、产业关联度高的产业的快速发展有助于催生众多产业转移承接载体。

现代产业体系优化效应主要包括两方面内容。

一是产业结构优化与升级效应。河南省引进了一批产业关联度高、辐射带动能力强、吸纳就业量大的制造业，如电子信息业、材料和新材料业、汽车和装备制造业、食品医药业、纺织服装业等能够带动农业、采矿业、建筑业、运输、仓储、包装等快速发展的产业。河南省在承接产业转移过程中坚持走新型工业化道路，围绕高技术产业培育、产业园区建设和推动科技服务业发展等，把培育“百千万”亿级优势产业集群作为建设先进制造业大省的重要支撑，依托产业集聚区，强化承接转移，推动各县（市、区）集中发展百亿级特色产业集群，各省辖市打造若干千亿级主导产业集群，构建省辖市、县（市、区）上下游衔接的区域产业链。强调引进龙头，承接配套。把招商引资作为推动先进制造业集约集聚发展、跨越式发展的重要途径，抢抓产业转移新机遇，瞄准产业发展重点领域和优势地区，着力引进一批龙头企业和龙头项目，带动关联配套产业协同转移，以形成产业配套优势，增强产业整体素质和竞争力。

二是技术创新与产业联动效应。伴随着技术、人才、先进管理观念与方法等技术创新因素的大规模流入，河南省涌现出一批积极进行自主创新的技术创新型企业，其中以宇通、东风日产等为代表的汽车企业和以格力、新飞等为代表的家电企业建立了积极对关键技术进行研发的自主创新体系。河南省高技术产业保持了又好又快的良好发展趋势，2014 年，河南省高成长性制造业和高技术产业增加值增速分别高于全省规模以上工业增加值增速 2.6 个、11.4 个百分点，这二者的增加值占全省规模以上工业增加值的比重分别为 45.0%、7.6%，同比分别提高 2.7 个、1.2 个百分点。投资结构不断优化，高成长性制造业投资增长较快，占比提高，全省高成长性制造业投资为 8331.67 亿元，增长 22.8%，高于全省工业投资增速 5.7 个百分点，高于传统支柱产业投资增速 12.6 个百分点；高成长性制造业投资占工业投资的比重为 54.2%，同比提高 2.5 个百分点。第三产业投资增长较快，占比提高，全省第三产业投资为 13361.87 亿元，增长 19.6%，占总投资的比重为 44.5%，同比提高 0.1 个百分点。节能降耗成效显著，全省单位工业增加值能耗下降 11.3%，降幅较上年增加 2.9 个百分点。为了搭建良好的承接产业转移平台和消化、吸收先进技术和管理经验，河南省积极与周边地区在公共基础设施和公共服务体系建设，科技创新，产业配套能力、技术与体制创新，政府管理体制机制创新等领域进行合作与对接，从而更好地推动区域一体化和形成产业联动发展机制。

3. 中原地区构建现代产业体系的优劣势及目标选择

在承接产业转移的过程中推进现代产业体系优化需要根据资源禀赋、产业基础、现代产业发展目标等进行。为此，有必要对中原地区推进现代产业体系优化的优势与劣势进行分析。

（1）中原地区推进现代产业体系优化的优势

第一，资源禀赋优势。资源禀赋结构是现代产业体系优化的基础，中原地区人口多、劳动力富裕、资源丰富，为推动现代产业体系优化提供了重要条件。中原地区丰富的煤炭等资源为有效承接东部和发达地区先进制造业和发展现代制造业提供了重要的能源基础；黑色金属、有色金属等矿产资源优势及由此发展起来的采选、冶金产业基础，为积极发展现代金属加工业、装备制造业等提供了条件；丰富的自然景观和历史文化名胜等旅游资源，使中原地区具备发展以现代旅游业为代表的现代服务业的优势。

第二，要素成本优势。中原地区劳动力资源丰富，劳动力要素价格显著低于东部沿海地区，如 2014 年全国城镇非私营单位就业人员年平均工资为 56339 元，私营单位就业人员年平均工资为 36390 元，而河南省的城镇非私营单位就业人员和私营单位就业人员年平均工资分别为 42179 元和 27414

元，均远远低于全国平均水平。中原地区的生活成本和流动成本较低也为发展现代产业提供了劳动力的成本优势，为中原地区积极发展劳动密集型制造业、现代服务业提供了优势。中原地区的土地成本也显著低于东部沿海地区，房屋租赁成本，水、电等商务成本都显著低于东部沿海地区。这有助于降低发展现代产业的运营成本。

第三，产业基础优势。中原地区已经基本形成了门类相对齐全、符合资源禀赋优势的产业体系，初步形成了以机械电子业、冶金业、能源业、食品加工业、汽车业、纺织业、化工业、建材业为主的制造业体系，以粮食深加工业、肉制品业、烟草业、果蔬深加工业为主的现代农业工业化体系，以旅游业、教育业等为主的现代服务业体系。郑州等成为中西部地区航空航天、新型汽车、现代装备制造、新材料、生物医药等高技术产业的集聚区。中原地区是我国重要农业品和粮食主产区，为我国现代农业的发展提供了良好的发展平台，为有效构建现代产业体系打下了扎实基础。

第四，区位与产业政策优势。《推动共建丝绸之路经济带和21世纪海上丝绸之路的愿景与行动》（简称《愿景与行动》）将河南省定位为“内陆开放高地，航空港、国际陆港，跨境贸易电子商务服务试点”，这必将给河南省实现快速发展带来新的战略机遇。在“一带一路”战略中，河南省省会郑州是中欧国际铁路物流中心城市和丝绸之路经济带主要支点，也是丝绸之路经济带和21世纪海上丝绸之路“东连西进”的重要节点，将成为国家对外开放的战略枢纽和重要门户。中原地区在“一带一路”战略中将更具有承接发达国家及中国东部地区产业转移、西部资源输出枢纽的区位优势。目前，河南省在推动中原城市群建设的基础上已初步形成了以郑州为中心，以洛阳、开封为副中心，以新乡、焦作、许昌等地区为支撑节点的紧密联系圈，大郑州都市圈建设已初步成型。目前，河南自贸区总体思路是以郑州航空港、中原国际陆港、海关特殊监管区、国家级开发区等为载体，以促进流通国际化和投资贸易便利化为重点，以国际化多式联运体系、多元化贸易平台为支撑，打造对外开放高端平台，发展成为“一带一路”战略核心腹地，最终建成多式联运的国际物流中心、引领流通消费国际化的创新发展示范区、投资贸易便利的内陆开放高地、监管服务模式创新先行区。河南自贸区建设将以郑州航空港经济综合实验区为战略突破口，带动郑州都市区及其辐射区的发展，推动中原城市群核心圈（大郑州都市圈）产业的合理布局、分工与协同发展，并以“米”字形高铁为联系轴线，实现区域产业协作发展，推动中原地区现代产业体系优化升级。

（2）中原地区推进现代产业体系优化的劣势

第一，公共配套设施和服务体系建设相对不足。很多地方政府为了扩大招商引资规模，加速推进本地区经济的快速增长，选择在土地供给、税收、财政补贴等方面加大优惠措施，但在公共服务体系和配套设施建设方面的投入则相对不足。中原地区教育、医疗设施落后，劳动力工资水平相对较低导致该区域难以引进高素质技术人才和管理人才，对承接有助于本地经济发展的东部沿海地区产业造成制约。缺乏完善的市场经济体制和市场体系，土地、技术、资本和人才供给市场不健全，存在不合理的要素流动壁垒，交易环境差，交易成本高。难以发挥本地的资本、劳动力、技术、土地等比较优势来承接东部沿海地区的产业转移。

第二，技术创新与要素升级能力较弱。不同区域生产要素禀赋比较优势的差异性变化会影响到对具有市场竞争优势的产业的承接和本地区现代产业体系的优化进程。现阶段，中原地区劳动力素质和技能水平相对落后，且各区域之间的发展差距相对明显，因此在承接产业转移过程中，对迁入产业的新技术、新方法、新理念进行消化、吸收和再创新的难度较大。由于过于强调招商引资规模和产业引进速度，而对要素升级和技术创新的重视不够，中原地区产业自主创新能力不强。由于要素升级和技术创新能力不强，中原地区依然处于产业价值链的低端位置，产业价值链体系中的低端环节产能过剩与高端环节产能不足的并存局面依然严峻，限制了承接产业转移对本地区现代产业体系优化的促进作用。

第三，对产业转型升级重视不够。在能源、土地等日益稀缺和劳动力成本持续上升，劳动密集型产业和资本密集型产业比较优势不足的情况下，一些地方政府过度强调承接规模较大的制造业，而对现代农业、服务业的引进较少。现阶段，中原地区承接的主要是化工、装备、电子、食品等高物耗、高能耗和低赢利的传统产业。而企业在进行跨区域选址时倾向于选择环境规制强度较弱的地区，导致中原地区在承接产业转移过程中容易出现低端产业的路径依赖和锁定效应①，引发资源投入高、高能耗产业增加等风险。发达地区的污染型企业向环境规制标准低的中原地区迁移，在我国能源、原材料

① 何龙斌：《我国区际产业转移的特点、问题与对策》，《经济纵横》2009 年第 9 期，第 55 ~ 58 页。

对外依存度大的背景下，存在着忽视结构优化与污染型企业迁入门槛较低的问题。[①]

第四，区域经济联动发展机制不健全。现代产业体系优化要求现代农业、工业和服务业通过市场、技术、要素与产品的交流互动实现良性互动与协调发展。在纵向发展上，逐步提高对产业价值链高端环节和关键环节的治理能力，推进产业结构高度化；在横向发展上，提升市场效率，增强产业发展的协同性，消除地方保护主义，构建和完善产业合理分工与优势互补的产业联动发展机制。[②] 现阶段，中原地区存在着基础产业支撑能力较弱，制造业的低端环节与高端环节衔接不够，现代制造业与服务业协调程度低等现象，其产业与东部沿海地区的高端制造业和现代服务业在技术、设备、市场、服务等方面的联系也相对不足。由于缺乏区域一体化和产业支撑，中原地区失去了系统整合能力与自我优化的能力。[③]

第五，尚未掌握全球价值链“控制权”。近年来，中原地区在招商引资和承接产业转移过程中，过度追求高技术产业，而忽视了产业价值链治理能力的提升。[④] 由于现代产业体系的构建与优化关键在于提升产业价值链的治理能力和竞争优势，即使引进了高技术产业，如果这些产业只是处于价值链的低端环节和低附加值领域，那么对本地区的产业体系优化和产业竞争优势提升的意义不大。反之，即使承接的是传统但处于产业价值链高端的产业，如果其产业附加值高，那么它就具有市场竞争优势，这对促进本地区产业体系优化就具有非常大的促进作用。在承接产业转移过程中，中原地区如果忽视了要素禀赋优势和提升本地区企业在产业价值链中的控制权，就会导致其在产业价值链中被低端锁定，造成承接产业转移对本地区现代产业体系优化的作用弱化。

（3）中原地区现代产业体系优化的目标选择

中原地区推动现代产业体系优化的主要目标是在承接产业转移过程中，

---

① 陆旸：《从开放宏观的视角看环境污染问题：一个综述》，《经济研究》2012 年第 2 期，第 146～158 页。

② 刘友金、胡黎明：《产品内分工、价值链重组与产业转移》，《中国软科学》2011 年第 3 期，第 149～159 页。

③ 詹懿：《中国现代产业体系：症结及其治理》，《财经问题研究》2012 年第 12 期，第 31～36 页。

④ 张耀辉：《传统产业体系蜕变与现代产业体系形成机制》，《产经评论》2010 年第 1 期，第 12～20 页。

依托自身比较优势，推动技术创新和禀赋升级，着力发展现代农业、先进制造业、现代服务业，培育和发展战略性新兴产业等，实现现代农业、先进制造业和现代服务业的联动和协调发展。这要求：一是避免低效率和污染型产业的引进和发展，在技术创新和禀赋升级的基础上积极发展资源型产业和旅游业，提升产品附加值；二是工业基础较好的地区要充分利用本地工业基础较好、熟练工人较多的优势，有意识地推动技术创新和发展先进制造业；三是充分发挥资源优势，着力培育和积极发展新材料、新能源、电子信息、生物医药等战略性新兴产业；四是科研院所集聚、人力资源丰富、技术创新优势明显的地区在大力发展先进制造业、战略性新兴产业的同时也要加快发展现代服务业，尤其是生产性服务业；五是粮食主产区省份，在保障粮食安全的基础上要重点发展现代农业和农产品深加工产业。

（4）中原现代产业体系优化的政策措施

中原地区在承接产业转移过程中推动现代产业体系优化要结合自身的优势与劣势，克服制约因素，遵循科学的产业发展路径，建议采取以下几个方面的政策措施。

第一，加强公共服务体系和配套设施建设。中原地区在承接产业转移和推动现代产业体系优化过程中要深化行政体制改革，完善公共产品供给机制，着力打造服务政府、责任政府和廉洁政府，减少政府审批项目，优化办事流程，通过完善公共服务体系创造优良软环境。积极建设电子通信、网络等现代信息基础设施，构建完善的铁路、公路、航空和港口等现代化交通运输网络体系，通过对公共配套设施的建设，为承接产业转移提供硬件保障。进一步完善市场经济体制，消除不合理的产业进入壁垒，加强市场诚信建设，优化交易环境，为推动现代产业体系优化提供良好的市场环境。

第二，完善技术创新与资源禀赋升级促进机制。现代产业体系优化要求在已有资源禀赋和依托外生比较优势的产业价值链分工体系的条件下，通过技术创新形成具有规模经济、绝对成本优势和资源禀赋高级化的产业竞争优势。[①] 中原地区企业要通过产业网络进行技术、市场和管理知识的学习与积累，推动技术创新和要素升级。高级人才是促进技术创新和要素升级的核心要素，中原地区要着力提高人才培养质量，创新高层次人才引

① 张纯记：《我国区际产业转移的制约因素与对策》，《经济纵横》2012 年第 1 期，第 76 ~ 79 页。

进、使用、激励机制，促进技术创新和要素升级，从而推进现代产业体系优化。

第三，推动产业转型升级。中原地区在承接产业转移过程中注重以资源消耗低、环境污染小、市场潜力大为标准优化区域产业结构①，建立健全公共资源交易市场、排污许可证拍卖市场、产权交易市场和生产要素市场体系。强化对生态环境的有偿使用来解决生态环境外部性问题，提高产业的准入标准和企业的环境成本，实现承接产业转移过程中的产业结构优化和转型升级。

第四，构建区域产业联动发展机制。中原地区在承接产业转移过程中，要鼓励现代农业、现代制造业和现代服务业之间的协调发展，支持企业进行跨区域合作，如以股份合资与契约合资的方式承接产业转移，构建区域内产业与东部地区高端产业之间，区域内部制造业与服务业之间，区域内低端制造业与高端制造业之间的产业联动机制。迁入企业可以与中原地区企业合作建立新的工厂，也可以在中原地区原有的生产企业厂房设备的基础上进行改造升级。产业联动发展体制有助于延长中原地区的产业链，增强中原地区与东部沿海地区的产业互动联系，加速中原地区产业体系升级。

第五，促进产业价值链“控制权”提升。现阶段，中原地区在承接产业转移过程中需要在原有产业体系的基础上，积极承接和吸纳具有市场、技术前瞻优势的产业高端环节，促进本地区产业向产业价值链高端进军，而非仅仅强调发展高端产业。积极培育新的产业比较优势，促进企业在全球产业价值链分工中由低附加值、低技术含量的低端环节向高附加值、高技术含量的高端环节转型升级，着力提升本地区主导产业的产业价值链“控制权”。中原地区在承接来自发达国家和东部沿海地区产业转移的过程中，要积极整合各种资源，根据自身的资源禀赋与比较优势选取有效的产业转型升级路径，突破传统的产业价值链分工中的低端锁定，通过禀赋升级与产品升级进入产业价值链的高端环节，提升产业价值链“控制权”，构建以具有产业价值链“控制权”的产业为主体的现代产业体系。②

---

① 高波、陈健、邹琳华：《区域房价差异、劳动力流动与产业升级》，《经济研究》2012 年第 1 期，第 66 ~ 79 页。

② 刘英基：《中西部地区承接产业转移中的现代产业体系优化研究》，《华东经济管理》2013 年第 9 期，第 28 ~ 32 页。

二　培育战略性新兴产业

2010 年，国务院下发《关于加快培育和发展战略性新兴产业的决定》，明确将战略性新兴产业定义为“以重大技术突破和重大发展需求为基础，对经济社会全局和长远发展具有重大引领带动作用，知识技术密集、物质资源消耗少、成长潜力大、综合效益好的产业”，并按领域将战略性新兴产业分为节能环保产业、新一代信息技术产业、生物产业、高端装备制造产业、新能源产业、新材料产业、新能源汽车产业七类。

（一）新兴产业的特点

1. 更迭性

新兴产业是相对于传统产业而存在的。新兴产业具有更迭性。首先，从时间上看，新兴产业具有动态性，对一个国家或地区而言，新兴产业经过一段时间的发展，可能会渐次成为主导产业、支柱产业，当新技术出现后则被替代，“沦落”为传统产业。其次，从空间上看，由于区域经济发展的不平衡性，某些产业在发达国家或地区可能已经步入成熟期并被归于传统产业的行列，但对于落后国家或地区而言，这些产业尚属新兴产业，从而表现出新兴产业在空间上的更迭性。

2. 高技术性

新兴产业既然代表了经济系统整体的新要求和产业结构转换的新方向，其承载的技术也就应该属于当前最先进的技术。如三次产业革命中出现的新兴产业，都体现了当时最先进的技术：纺织产业体现的是蒸汽机技术，机械制造业体现的是以电力和内燃机技术为主的先进技术，第三次产业革命的航空航天业体现的则是电子、信息技术等，而或将到来的第四次产业革命将以生物、新能源、新材料等技术为标志。如果没有高技术作为支撑，产业就难以有持久的生命力，就难以有广阔的市场前景。

3. 高增长性

新兴产业在发展初期可能会由于消费者的认识时滞、接受时滞、转换成本等因素而产品市场规模较小。但由于新兴产业处于产业导入期或成长期，其需求增长必然较快，即市场成长性较高。一个产业成为新兴支柱产业，其未来的市场前景相当重要，否则，这样的产业也只能是昙花一现。

4. 不确定性

不确定性包括技术上的不确定、市场的不确定和战略的不确定性。首先，技术不确定。技术不确定是指在尘埃落定之前，对于研发是否能够取得成功、设计是否优越、技术上能否超过已有产品的工艺、制造成本能否达到商业化的要求等，无人能给予答案。其次，市场需求不确定。新兴技术产品或服务在被推向市场时，能否向顾客提供更多更好的服务并让用户尽快地接受，或者使新兴技术向其他领域进一步扩展等存在较大的不确定。① 最后，战略不确定。任何一个企业都不可能知道所有竞争者、竞争对手的销售量和市场份额等信息。②

（二）新兴产业的发展路径

1. 市场自发培育式

新兴产业形成之后，依靠自身的素质和创新优势，与其他产业进行生存竞争，博得市场自发式的拉动与培育，获取产业发展所必需的生产要素和稳定的市场，从而实现产业的成长、发展和市场地位的确立。市场自发培育式新兴产业一般不属于政府视野范围内关系到国计民生的战略性产业，但它往往拥有强劲的市场需求。也正是因为如此，该类产业才具有较强的生存能力、应变能力和自主创新能力。这种通过市场自身力量发展新兴产业的方式在市场经济相对比较完善的欧美国家出现较多。但市场自然选择和自发式培育的过程往往比较漫长，而且市场本身所具有的盲目性、波动性，亦将影响新兴产业的稳定发展，是该种模式不可避免的缺陷。

2. 政府培育式

政府培育式新兴产业属于政府关注的可能对国民经济增长、产业结构升级和国际竞争力提升等有着重大影响的新兴产业。这类新兴产业在政府的倾斜政策扶持下与其他产业展开市场竞争。这种方式的新兴产业在日本、韩国、中国比较多见。由于政府产业政策目标明确、投入集中，它可以缩短新兴产业从萌芽到市场地位确立的时间。但由于所培育的新兴产业未经历市场残酷的竞争与考验，其市场生存能力不高。这一模式新兴产业致命的缺陷是，政府预见对新兴产业的发展有决定性的影响，如果出现政府预见错误，将导致整个新兴产业培育战略的失败。

3. 市场自发与政府扶持相结合模式

这种模式是指在新兴产业的发展过程中，一方面发挥市场机制在资源配

---

① 林书雄：《新兴技术的内涵及其不确定性分析》，《价值工程》2006 年第 9 期，第 31 ~ 33 页。

② 〔美〕迈克尔·波特：《国家竞争优势》，李明轩、邱如美译，华夏出版社，2002。

置中的基础性作用，使各种资源在新兴产业与其他产业之间合理流动，从而实现产业自由竞争，另一方面政府对新兴产业的发展方向给予一定引导，制定相应的公共政策尤其是一些保护幼稚产业的产业政策对其予以支持和培育。新兴产业在市场与政府政策共同构筑的环境中形成与发展，该模式是一种市场推动与政府拉动相结合的模式。这种模式可以克服单纯市场形成模式和单纯政府培育模式的不足，把二者的长处结合起来，形成市场推动和政府拉动的合力，更有利于新兴产业的发展。

（三）影响新兴产业发展的因素①

新兴产业的形成与发展虽然有其内在根据性，但在整个演进过程中，它还要受到诸多因素的影响和制约。一般而言，制约新兴产业形成与发展的主要因素有以下几方面。

1. 新兴产业的市场容量及发展前景

新兴产业的形成与成长和产业的市场容量及其扩展前景有着密切关系。首先，新兴产业的形成受到最小市场容量的影响。分工产生的前提是分工的需要和分工的收益，即最低限度的产业市场容量。只有经济系统具备最低限度的市场容量，相应的产业分工才可能出现。其次，新兴产业的发展也受到市场容量及其发展前景的影响。新兴产业的成长离不开其内部各部门、企业间分工的深化。新兴产业的成长过程就是产业内部各部门、各企业之间分工水平不断提升的过程。而产业分工的程度和速度，很大程度上取决于市场容量的扩展程度和速率，因此，新兴产业的成长速度是受市场容量扩展的水平和速度的直接影响的。

2. 新兴产业的创新条件与环境

最主要的创新条件和环境包括新兴产业内的企业家才能状况、经济系统现有的技术水平和条件、经济系统的运行机制以及相应的社会文化环境等。新兴产业创新的条件及环境对新兴产业的形成与发展有重要影响。企业家才能既影响新兴产业的创新能力，又影响创新的方向和创新的潜在空间。现有技术条件为新兴产业创新提供技术基础，从而也影响创新的能力、方向和创新的潜在空间。经济系统的运行机制决定新兴产业创新的运行方式，从而影响创新的制度成本。社会文化环境影响新兴产业创新的价值观念，从而影响创新的选择。

---

① 方家喜：《新兴产业金融大战略》，经济管理出版社，2013。

3. 新兴产业投入要素的供给状况

新兴产业投入要素的供给状况是指新兴产业形成与发展所必需的投入要素的供应状况。它既包括劳动、资本等硬要素的供给状况，也包括技术、知识、信息和企业家才能等软要素的供给状况。

4. 有关新兴产业的政府政策

新兴产业的政府政策主要包括旨在促进新兴产业形成的培育政策，旨在促进新兴产业成长的扶持政策和旨在保护新兴产业利益的保护政策等。作为一种重要的外部因素，政府政策对新兴产业的形成与发展有着重要影响：政府政策影响新兴产业的成长环境，影响新兴产业内企业的经济行为从而影响着新兴产业的形成、发展。可见，政府的有关新兴产业培育、资助、扶持与保护等各项政策措施，对新兴产业的形成与发展是有着重要的推动与导向作用的。

（四）国外新兴产业的发展规律

1. 经济衰退是孕育新兴产业“机会窗口”的战略机遇

经济衰退孕育着新兴产业的“机会窗口”，在“机会窗口”期抢先进入是引领新兴产业发展的关键所在。20 世纪 70 年代至 80 年代，传统工业如化工、汽车行业对经济支撑乏力，由于缺乏新的经济增长点，美国经济陷入“滞涨”。90 年代，克林顿政府开始实施“网络新政”和“信息高速公路计划”，大力发展网络技术和信息产业，1991 ~ 1999 年美国实现了“两低一高”的增长奇迹。而作为世界第二大经济体的日本，由于政府产业政策的失误，没有抓住产业转型的“机会窗口”，资金大量流向了传统产业和房地产市场、资本市场，导致经济长期陷于停滞，1991 ~ 1999 年日本 GDP 年平均增长率仅为 1.3%。[①]

“机会窗口”的开启主要有两种方式。一是由技术断裂造成的。当旧技术不能满足社会需求时，出现技术中断。技术轨迹需要历经“技术断层—技术酝酿—主导标准”几个阶段的演化，技术断层期是进入新兴产业的最佳时期，即“机会窗口”开启时期。如克林顿政府就是看到了传统工业技术断裂开启的“机会窗口”，才引导产业向知识和技术密集型的信息产业转移的。二是由新技术的平行性造成的。新技术产生之后，往往会沿不同

① 赵雪燕、郭世信：《90 年代以来日本经济萧条的原因分析》，《现代日本经济》2004 年第 1 期，第 6 ~ 10 页。

的技术轨迹进化。[①] 例如，在宽带领域，有线网和无线技术是平行的。这种新技术的平行性，由于没有技术壁垒，使其成为进入新兴产业的又一种方式。新兴产业产生之初在空间上是随机的。但当先进入窗口的国家或地区在确立了新兴产业的技术标准之后，机会窗口就会关闭，产生进入壁垒。美国在实施信息高速公路计划以后，信息网络技术趋于成熟，一大批信息电子产业巨头如微软、雅虎、谷歌、英特尔、思科等成长起来，基本垄断了网络和信息领域的技术和市场，其他国家想在该领域赶超，困难重重。由于先进入国家或地区在地缘、经济、技术方面领先，产业便自然地向这些国家或地区集中，随机性消失，世界新兴产业的发展便以这些国家或地区为核心，向四周扩散，这些国家或地区就成为引领世界经济发展的火车头。美国在实施“国家信息基础设施计划”之后，继续引领世界经济发展，便是很好的例证。因此，把握新兴产业“机会窗口”开启的机遇，抢先进入，对国家经济社会发展至关重要。

2. 需求和市场决定了新兴产业的发展方向和技术方向

新能源产业是奥巴马政府科技新政的核心所在，奥巴马政府拟将新能源产业打造成为一个总产值达二三十万亿美元的大产业。[②] 世界其他发达国家也纷纷加大对新能源产业的投资，从政策上予以大力支持，这主要是由社会需求决定的。一方面，总人口不足世界15%的发达国家消耗着世界60%以上的能源和50%以上的矿产资源，而中国、印度、巴西等发展中国家正处于后工业化的建设阶段，对能源的需求量巨大；另一方面，不可再生资源面临枯竭，国际能源价格急剧攀升，传统能源消耗造成全球变暖，各国竞相开发绿色新能源。这些都决定了新能源产业是新兴产业发展的重中之重。

从新兴产业技术进化的途径看，不同的市场需求会导致新兴产业技术发展侧重点不同，进而衍生出不同的技术发展路径。在移动互联网发展初期，欧美国家将这一产业定位于服务高端商务人士，市场需求以商务应用为主，偏重安全性和邮件收发等功能。而日、韩则将其定位于大众消费，市场需求以娱乐为主。不同的发展方向导致了二者发展模式的不同，欧美国家注重商务应用的便利，而日、韩则更注重界面的娱乐功能，从而带动了JAVA、音

---

① 段小华、刘峰：《政府科技投入支持新兴产业的若干问题探讨》，《决策咨询通讯》2009年第6期。

② 黄南：《世界新兴产业发展的一般规律分析》，《科技与经济》2008年第5期，第31～34页。

质、蓝牙等技术的发展。[①]

3. 产业聚集与产业延伸是新兴产业走向成熟不可缺少的环节

新兴产业的发展不仅需要自身的发展，而且需要一系列配套产业和政府政策的支持。新兴产业的集中有利于政府给予税收、投资、服务等方面的优惠，而新兴产业在地理、资金、人力资本等方面的集聚将形成产业簇群。通过产业集聚发展新兴产业是当今世界很多国家和地区扶持新兴产业发展的普遍做法。同时，产业集聚也便于政府集中管理。例如，美国在发展以信息产业为主的新兴产业的过程中，围绕科研院所形成了硅谷这样的产业集群，有效缩短了技术溢出的空间距离，为科技成果的转化提供了便利；此外，美国也吸引大量生产性服务业向硅谷集中，为新兴产业发展提供了良好的配套服务。日本则通过吸引大量的新兴产业和大学、科研机构入驻相关地区，形成了“产、学、住”三位一体的技术密集型城市群。[②] 德国、法国等发达国家也通过产业园区等空间聚集形式，帮助新兴产业成长。依托工业园区，聚集大量的社会科研力量和高新技术企业，通过集群效应，加速新兴产业的发展，是西方国家普遍采用的模式。

（五）新兴产业对传统产业的影响

第一，新兴产业对产品研发设计环节的影响。现代信息技术、网络技术使制造业、服务业企业与其他相关主体形成共生网络，实现信息、知识和资源共享，推动制造业、服务业企业通过协同创新进行研发设计与产品创新。新产业革命将催生一大批新的产业群体和经济增长点，工业机器人、可再生能源、新材料、3D 打印机、纳米技术、生物电子技术等新兴产业将不断成长为新的主导部门。这些产业在装备制造业、产品研发部门和相关生产性服务业中将起到主导作用，从而进一步拓宽制造业、服务业的重点领域和范围，为这些产业的发展创造出更广泛的机会。这要求构建产学研创新联盟，坚持企业的创新主体地位，让高校资源融入企业的创新之中，政府通过政策引导、扶持和激励产学研合作进行产品研发设计。

第二，新兴产业对生产流程环节的影响。新产业革命将推动数字化、信息化、互联网和智能化支撑的制造业的生产流程变革。在数字化的条件下，

① 姜黎辉、张朋柱、龚毅：《不连续技术机会窗口的进入时机抉择》，《科研管理》2009 年第 2 期，第 131～138 页。

② 蔡孝箴：《城市经济学》，南开大学出版社，1998，第 50 页。

个性化产品的大规模定制生产在技术上已经成为可能；互联网既是信息平台，又是交易和生产控制平台；智能化意味着人工智能被嵌入到制造设备中，从而使生产设备能够更快地自我反应、计算判断、分析决策和操作。在新产业革命中，制造业、服务业生产的底层是高效能运算、超级宽带、激光黏结、新材料等“通用技术”；中层是以人工智能、数字制造、工业机器人为代表的制造技术和工具；高层是应用了新的通用技术和制造技术的大规模生产系统、柔性制造系统和可重构生产系统。[①] 在智能计算机技术、网络信息技术和云计算技术的支持下，3D 制造技术将全面改变制造业、服务业，数字设计、智能支持和数字加工技术将对制造业、服务业企业生产过程进行全面渗透，现代信息技术与数字化服务技术将成为制造业、服务业流程优化的重要技术支持。制造业、服务业企业为了应对新的经营环境，选择将流程优化作为产业高端化的重要内容。

第三，新兴产业对品牌营销环节的影响。新产业革命推动的信息化、数字化、智能化和现代交通运输技术进步，使制造业、服务业企业可以通过在线获取生产和销售所需要的各类信息和协作服务，形成“集中生产，全球分销”的现代生产组织方式，促进“分散生产，就地销售”，使企业只需要 3D 打印机就可以真正做到本地生产、本地销售，使生产要素的配置成本降到最低，从而有效提升制造业、服务业的品牌销售能力。[②] 在新产业革命背景下，企业可以借助网络使最新产品在短时间内行销全球，促使企业在品牌营销中提供的服务价值比重超过产品实体价值的比重，提供与该产品配套的包括信息系统、配套软件、操作程序以及维护服务等在内的一个完整的服务系统，促使制造业、服务业超越传统的产品销售，向高服务含量、高附加值比重的品牌营销发展。

第四，新兴产业对全球价值链重构的影响。当前制造业、服务业价值链的构成环节、内容和形式在持续发生着变化。绿色能源、智能网络、节能环保等战略产业率先获得突破，将实现对通信、交通、制造、材料等主要产业的全面带动，引发全球产业结构重大调整。可再生能源技术、信息网络技术的发展，制造业、服务业能源绿色化和用能高效化的实现，将从根本上改变

---

① 黄群慧、贺俊：《“第三次工业革命”与中国经济发展战略调整——技术经济范式转变的视角》，《中国工业经济》2013 年第 1 期。

② 芮明杰：《新一轮工业革命正在叩门，中国怎么办？》，《当代财经》2012 年第 8 期。

制造业、服务业对传统能源和能耗方式的依赖，帮助制造业、服务业摆脱制约其向前发展的能源桎梏，推动制造业、服务业向以可再生能源和信息网络为基础的高端方向调整。现代网络技术、信息通信技术和交通运输技术所支撑的制造业、服务业跨区域联动机制逐步深化，为企业产品和要素的流动提供了统一的更大范围的市场体系。制造业与配套服务业将实现深度融合，产品从设计、生产到销售各个环节的联系更加紧密，这将有力地推动制造业、服务业的高端化进程。

（六）新兴产业发展存在的问题

近年来，我国新兴产业发展取得了较快发展，但是其平均水平仍落后于世界发达国家，我国新兴产业发展的现状和问题具体表现在四个方面。

1. 研发资金投入不足，对基础研究重视不够

在内生增长模型中，技术创新是研发人员和研发资金投入的函数，研发人员和研发资金的增加可促进技术创新。从技术进步的供给角度看，科学知识的发现、技术被发现的概率、研发人员的数量、研究机构的效率等因素都是影响技术进步的重要因素。目前世界各国都将研发的投入作为提高国家竞争力的战略性投资，其中，研发（R&D）经费占 GDP 的比例可反映一国经济的集约化水平。根据一般规律，R&D 经费在 GDP 中的占比不到 1% 的国家，是缺乏创新能力的；R&D 经费在 GDP 中的占比为 1% ~2%，国家才会有所作为；R&D 经费在 GDP 中的占比大于 2% 表明该国创新能力比较强。我国 R&D 经费占 GDP 的比重很长时间都处于世界较低水平。20 世纪 90 年代，我国 R&D 经费占 GDP 的比重始终在 0.6% ~0.7%。日本、韩国等国家 1997 年的这一指标就已分别达 2.83% 和 2.79%，瑞典 2007 年的这一指标则高达 3.59%。我国的 R&D 经费占 GDP 的比重在 2013 年才首次突破 2%。这说明我国在 R&D 领域的投入虽然不断增多，但是我国 R&D 经费占 GDP 的比重仍然低于发达国家。

基础研究是应用研究的先决条件和催化剂，是技术创新的根本驱动力。核心技术的突破与创新大都基于科学原理，只有企业深入了解自然现象，掌握产业技术的核心原理，才能实现技术突破。近年来，美国政府为了鼓励创新，出台了一系列政策措施，如 2007 年的《美国竞争法》、2009 年的《美国复兴与再投资法案》、2011 年的美国创新战略等，越来越强调基础研究所发挥的基础性作用。尤其是在 2011 年经济复苏步履蹒跚的环境下，尽管奥巴马政府削减了联邦政府的多项开支计划，但 2012 年美国在科技领域内的

公共预算计划仍然达到了1479亿美元的规模，其中在基础科学和应用科学方面的投入的增长幅度还达到了两位数。可见，美国政府对基础研究的支持和投入是不遗余力的。[①] 但是，中国企业长期以来忽视基础研究，导致其在越靠近基础研究的产业技术领域（如生物医药），创新能力越薄弱。基础科学知识虽然是一种公共品，但基础研究并不是免费的，科学知识不是容易扩散的信息。没有相应的知识和技能资源，企业不可能理解和利用别国基础研究的成果尤其是其所包含的隐性知识，企图通过“搭便车”来获取发达国家的科学知识无益于中国产业实现核心技术突破。因此，我国的产业技术要想有所突破就必须加强基础研究。近几年我国的基础性研究费用连年增加，但我国基础研究投入占GDP的比重仍然低于发达国家。

2. 部分公共科研机构异化

基础研究的核心主体应该是谁在理论界存在一定的争议，但主流的观点是：由于基础研究所具有的公共品属性或知识溢出效应（Nelson和Arrow），所以市场体制不能使研发投入的资源配置达到最优化；由于企业不能从自身的基础研究中获得全部的收益，且研发的风险极高，所以企业大多不愿意从事基础研究。我国和发达国家都是由国家的科研机构承担基础研究。但是调研数据显示，我国部分科研机构的科研工作出现了一定程度的异质化的现象[②]：机构经费来源以企业性收入为主；以应用性研究为主。

3. 技术进步的压力传导机制存在障碍，技术进步动力不足

我国的企业缺乏主动提升技术水平的动力。这一状况产生的主要的原因有以下几点。①我国的大型企业少，中小企业缺乏研发的实力。②中国市场需求大，市场情况瞬息万变，而自主研发的时间通常较长，以引进技术的方式推出新产品的速度快，很多企业为了先占有市场多采用引进技术的方式。③技术创新具有自我累积性和马太效应，老牌企业的技术研发程度高，其衍生出来的科技产品多，推出的时间更快，同时其强大的市场科技品牌效应，使新企业的技术创新产品很难被市场认同。如我国国产汽车的境遇即是如此，弱小的市场需求削弱了国产汽车企业自我研发的动力。④国家政策导向削弱企业自我研发的动力。比如近10年来我国实行以房地产为主导的经济发展模

① 刘云、安菁、陈文君、张军：《美国基础研究管理体系、经费投入与配置模式及对我国的启示》，《中国基础科学》2013年第3期，第42~52页。

② 郑霞、吴新玲：《公共科研机构异化研究——广东省科研机构问卷调查分析》，《科技管理研究》2014年第22期，第76~78页。

式，房地产行业利润量大，很多企业转行进入房地产，减弱原有产品的研发。同时，房地产行业的高度发展，对其他行业发展形成挤占，降低了其他行业的利润，导致企业研发的费用降低，研发力量减弱。⑤市场竞争不充分，某些企业借助其垄断地位获取高额利润，研发的积极性弱。⑥政府监管不严格，技术进步激励机制不健全导致一些技术落后的企业也能继续生存。⑦我国劳动力成本在过去较长的时间内较低，导致企业利用先进技术设备的积极性低。

4. 相关配套制度落后，制约企业技术进步

技术进步需要完善的配套制度，而这些制度的缺乏导致企业技术创新落后。以金融支持体系为例，企业技术研发需要大量资金，但是企业很难获得相应的金融支持。原因有三：首先，用于技术进步的财政资金的批复方式为行政审批，行政审批环节过多，行政权力滥用的现象多，很多企业没有机会获得财政支持；其次，资金使用缺乏有效的监督约束机制，投资效率不高，浪费了有限的资金；最后，从融资渠道看，社会融资渠道不畅，风险投资不发达，民间资本难以有效参与技术进步，资本市场的融资功能未能得到充分发挥。以风险投资为例，在我国已经转化的科技成果中，获得风险投资资助的仅占2.3%，而美国的这一指标则高达50%以上。

（七）中原发展新兴产业的目标指向与战略措施

1. 明确中原发展新兴产业的目标指向

生物医药产业。紧跟国际生物技术制药发展趋势，抓住国内市场快速增长和骨干企业布局调整的机遇，扩大与国内外优势企业的战略合作，积极引进国内外高端创新人才及团队，以生物技术药物、化学创新药物、现代中药为主攻方向，打造生物医药产业集群。到2017年，力争规模以上生物医药产业主营业务收入超过3000亿元，建成国内一流的新型医药产业基地。

节能环保产业。重点突破能源高效与梯级利用、大气灰霾治理、废水深度处理、土壤污染修复和再生资源回收利用等关键核心技术，突出开发高效节能、先进环保和资源循环利用的技术装备和产品，培育一批节能环保工程总承包企业。到2017年，力争规模以上节能环保产业主营业务收入达到2500亿元，打造河南省重要的节能环保装备制造和服务基地。

新材料产业。以高性能化、轻量化、绿色化为主攻方向，突破关键技术，加强产业链上下游的衔接，重点研发新型合金材料和新型功能材料，加快开发高品级超硬材料及制品，提升新材料产业精深加工水平。到2017年，力争规模以上新材料产业主营业务收入超过2500亿元，建成全国重要的新

材料产业基地。

新能源产业。抢抓新一轮能源技术革命的机遇，加快发展风电和光伏发电，积极建设先进生物质能示范省，带动风电、光伏、生物质能等新能源装备产业发展。到2017年，力争非水可再生能源发电装机容量突破600万千瓦，纤维乙醇产能达到50万吨。

2. 中原发展新兴产业的战略措施

（1）增加研发的财政投入，集中研究重点，提升技术进步水平

研发是技术进步的“源头活水”，它的薄弱和落后必然会导致新兴产业前行困难。高新技术的开发和应用既需要高投资又面临高风险。目前，我国企业的规模较小，实力有限，大多数企业难以承担研发所需费用也不愿投入。因此，企业资金和社会资金仍无法取代国家财政资金在技术进步中的作用。国家投入的重点之一是科研基础设施，但应提高其利用效率。目前，我国有限的科研设施闲置、浪费现象比较普遍。共性技术和重大关键性技术也是国家投入的重点。要实现经济和技术的跨越式发展，就要集中有限的资源于重点领域，通过重点领域的突破，以点带面扩散，突破产业结构瓶颈，为产业结构优化升级提供动力。要把国家投资的重点由生产性投资转向技术投资，由扶持特定产业转为扶持特定技术。与此同时，要保障和提高国家技术进步投入的效益，实行技术进步责任制，严格财政资金的使用管理，对因审批不严、管理不善造成技术进步项目失败的有关负责人要追究责任。

（2）建立多元化的投融资体系，为技术进步提供金融支持

良好、有效的投融资体系不仅能为技术进步提供足够的资金，而且有助于企业治理结构的完善和研发效率的提高。技术进步资金来源要多元化，在加大国家财政支持的同时，注意对银行贷款和企业自筹资金投资的导向，鼓励有条件的企业直接融资，利用资本市场发行股票或债券筹集技术进步所需资金，并引导民间资金加大对技术进步的投入。同时，要积极利用外资，提高外资利用质量，鼓励企业与国外公司特别是跨国公司进行技改项目的合资或合作。在技术投融资中，应逐渐消除对民营企业和中小企业的歧视，通过多种途径，包括无偿资助和贷款贴息等方式，刺激这些企业进行技术创新。

（3）完善国家创新体系，改革科研行政管理体制

国家技术创新体系是由公共和私人部门组成的组织结构网络，这些部门的活动和相互作用决定着一个国家的技术创新能力和知识扩散能力。完善国家创新体系要从以下方面着手。①制定激励制度，激励企业成为技术创新的

主体。政府要为企业技术进步提供制度保障，保证技术进步的利益传导机制畅通，使企业成为技术创新的主体，并能从技术创新中获得利益。制定合适的财税政策和产业政策，鼓励企业技术创新并用先进技术改造传统产业。要将市场机制和政策引导相结合，充分发挥各类中介服务机构对技术进步的推动作用。②改革和完善科研管理体制，建立科研管理部门和经济管理部门互动的机制，改革行政审批制度，引入市场竞争机制，鼓励科研机构加强基础性科学研究，并努力与企业联合，形成创新驱动型产业发展模式。

（4）以人才开发为根本，积蓄产业发展后劲

第一，加强各类专业和管理人才的引进。大力引进海内外高层次人才，是建设创新型领军人才队伍的急迫任务，是提升和优化人才结构的特殊需要，是参与经济全球化和国际人才竞争的战略举措，也是应对当前国际金融危机，化危机为机遇的积极对策。引进一批能够突破关键技术、发展高新技术产业、带动新兴学科的科技创新领军人才，为新兴产业发展提供有力的人才支撑。第二，营造优秀人才创新创业的良好环境。落实科技专家、企业家参与高新技术研究开发和高新技术企业创业优惠政策。整合新兴产业的优秀人才，积极筹建新兴产业专家委员会。第三，做好人才培训工作。加强与国际先进技术机构的合作，组织专业技术人员参加相关技术培训，促进国际先进技术在我国新兴产业发展中的推广和应用。

（5）自主创新与技术引进结合，多途径提高我国整体技术水平

我国现阶段宜采用自主开发为主、引进为辅的模式，使引进服务于自主开发。适宜的技术引进策略可以起到节约时间和资金的作用。有人估计，以日本20世纪五六十年代引进的技术量计算，倘若由日本人从头做起，大概需要花费四倍的时间和几十倍的科研发展投资。技术引进不是为引进而引进，要重在提高自身的技术水平，通过对引进技术的消化、扩散和孵化，促进自身效率的提高，最后形成自身经济结构整体的竞争优势。同时，技术引进要有利于发挥自身资源比较优势，提高资源配置效率，提高自身技术水平。在现实经济活动中，技术水平的进步是通过技术结构的改善来实现的。通过技术引进、吸收、创新，达到自主开发能力的提高，在这一点上可以借鉴我国台湾地区的经验。台湾地区企业技术结构的改善主要是通过消化和扩散外来技术、孵育独立开发新技术的能力来实现的。台湾地区技术引进的明确指导思想是“以我为主”推动自身“经济自强”，所以它十分重视引进的有形和无形技术的消化和扩散，并借助这一过程带动当地企业的技术成长和

行业结构升级。台湾地区企业在技术结构的升级为孵化新技术奠定了基础之后，便努力使自身发展能够体现自身的开发能力。到 1995 年，台湾地区用自己的品牌商标生产的台式电脑的比例已达 44%，笔记本电脑的比例达到 21%。1996 年，在台湾地区生产的电子信息产品中，本地品牌产品的销售额已占 27%。在我国新型工业化过程中，要借鉴台湾等地的成功经验，以自我创新为主，因为引进技术是为了提高自身水平，自主研发也是为了这一目的，二者都服务于促进新型工业化进程。

（6）完善国家工业体系载体，提升产业发展效率

科技园区、高新技术产业开发区、产业集聚区是建立现代产业体系、现代城镇体系、自主创新体系，发展区域经济，在经济新常态下支撑经济发展的重要载体，其建设是全面实施国家三大战略规划的重要抓手。国家应持续推进园区和基地建设。为加快三大园区的发展，政府应做好以下工作。第一，建立合理的项目督导机制。具体内容为：采取定量、可实施的措施对招商引资和在建项目序时进度进行监测和考评；实施土地利用闲置预警制度，对恶意圈地闲置项目进行预警；实施企业项目清盘退出制度，重点对假项目、恶意圈地项目、长期停产项目实施清盘退出机制。第二，加大招商力度，增强产业集聚功能。首先，要继续招大招强，提高龙头企业的带动能力；其次，针对主导产业进行延链、补链、强链的招商，招商不仅要招大招强，提高龙头企业的产业带动能力，而且要引进一些小规模企业，建立健康的产业链生态群；最后，要根据经济形势适时变换和调整主导产业。第三，应完善产业集聚区的功能，培育产业的集聚能力和承载能力。第四，继续推进由产业集聚区集中建设环保设施的措施。第五，提升三大园区的节约、集约发展水平。第六，推进机制创新，提升其综合服务水平。第七，稳定国家金融政策，避免企业因金融机构断血而面临震荡性风险。第八，优化加大优秀人才的吸引力度，优化人力资源结构。

第三节　新型城镇化

一　新型城镇化建设对中国经济、政治体制深化改革的意义

2013 年底召开的中央城镇化工作会议对中国城镇化的意义做了精辟论述："城镇化是现代化的必由之路。推进城镇化是解决农业、农村、农民问题的重

要途径，是推动区域协调发展的有力支撑，是扩大内需和促进产业升级的重要抓手，对全面建成小康社会，加快推进社会主义现代化具有重大现实意义和深远历史意义。”同时，纵观世界各国，没有一个发达国家是以农业为主，没有一个贫穷国家建有发达的工业化体系。发达国家都实现了高度城镇化，而贫穷落后国家的城镇化率还非常低。联合国2012年4月发布的《世界城市化展望2014》明确指出：从2011年到2050年，世界城镇人口将从现在的36.3亿人增加到62.5亿人，城市化率将由52.08%提高到67.13%，其中较发达地区的城镇化率将提高到86.26%，而欠发达地区的城镇化率将提高到64.08%。城镇化是推进我国经济、政治、社会、文化和生态“五位一体”建设的关键着力点。党的十八大已将新型城镇化建设确定为未来10~20年中国经济增长的重要引擎。

更为重要的是，我国的改革已经进入经济体制改革和政治体制改革的深水区，中国的改革进入攻坚克难阶段，新型城镇化的推进将是中国经济体制深化改革的有效切入口，它将带动中国全方位的改革。[①]

（一）新型城镇化建设有助于完善产业体系，推动经济发展方式转变

劳动分工和专业化生产的前提是人口集聚。目前在我国农村，家庭仍是生产劳作的基本单位，在我国家庭规模日渐变小的情况下，专业化的分工难以实现。城镇化导致人口的集聚，将推动分工细化。分工拓展意味着经济体系的复杂化，行业的多样化。行业多样化是促进经济结构转型和升级的重要途径，也是经济创新的重要表现形式。工业化创造供给，城镇化则创造需求，拉动新兴产业发展。新型产业向来是推动经济发展和结构转型的主导。20世纪后期，美国的信息产业成为引领世界经济潮流的新型产业，至今方兴未艾。目前，全球在新能源产业、生物医药产业、智能机器人产业、新材料产业、互联网服务业等多个新兴产业领域展开激烈的竞争。2012年国务院通过的《“十二五”国家战略性新兴产业发展规划》将战略性新兴产业作为我国经济转型的重要抓手。实施新型城镇化就是我国政府在推进经济转型、转变经济增长方式方面所做的努力。

（二）新型城镇化有利于调整利益格局，理顺社会、政府和市场的关系

城镇化过程是经济社会发展的过程，也是市场经济作用不断推进的过程。随着经济的发展，社会阶层分化和贫富差距的拉大，政府不得不承担起

---

① 田明：《城镇化对于中国的意义及存在的问题》，《学习时报》2014年8月4日，第10版。

对底层民众的保护，缓和社会矛盾，理顺政府、社会与市场的关系，促进社会公平。西方现代意义上的社会保障制度的形成和发展都与城镇化相伴。欧洲城镇化初期，人口大量涌入城市，一方面，劳动者失去了传统农业社会中的收入保障和生活依托；另一方面，又面临着可能因失业、伤残、老龄而丧失工作能力的风险，并且伴随着资本的积累，社会财富集中到少数人手中，家庭保障和宗教慈善保障机构的福利和扶助已力不从心，必须由国家立法建立社会安全网和稳定器。比如，德国于1883年制定颁布了西方——也是世界上第一部社会保险法，即《疾病保险法》，这是西方现代社会保障制度产生的标志。1884年和1889年德国相继制定颁布了《工伤保险法》和《养老、残疾、死亡保险法》，从而建立了当时世界上较为完备的社会保险体系。德国之所以建立社会保障制度，乃是因为这一时期德国城镇化快速发展，城镇人口超过农村人口，城镇化引起社会结构剧烈变化。此后，美国、英国和日本也在城镇化水平达到50%左右的加速发展期建立和完善了社会保障制度。到20世纪50年代后期，几乎所有西方发达国家都建立了较为完善的社会保障制度。

（三）新型城镇化的推进有利于我国民主政治改革，推进政治现代化进程

在城市，由于人口密集，任何人的行为都可能对他人造成影响。这就要求每个人必须考虑这种影响的后果，约束自己的行为，并按照一定规则和秩序行动，由此促进了公民意识的觉醒。在城镇化过程中，随着越来越多的人口转移到城市，人们之间的交流会更频繁，思想会更丰富，公民社会进程不可扭转。一方面，城镇化能够促进公民自律，提高其遵纪守法的程度。城市的教育包含了当前社会的一系列规则，如道德规则、法制规则等，使每个人明确自身拥有的权利以及需要承担的责任。经过这种教育，个人成为社会人，有助于培养市民的法律意识，有利于法治社会的建设。另一方面，由于公共领域的存在，众多的利益相关者将共同行动，维护自身利益，这样就促进了市民参与政治议程，推动了政治程序的开放、公开和透明。因国情的差异，虽然民主的形式和实现民主的机制有所不同，但这个趋势不会变。城镇化为具有中国特色的政治民主的发展和完善提供了舞台，把自下而上和自上而下的改革动力结合起来，促进了政治民主的深入发展。

（四）新型城镇化建设有利于优化国土开发的空间秩序，保护生态环境

如果没有城镇化，以目前人类对自然环境的索取力度，环境质量会更差。与分散的工业化相比，集中建设把人口由环境脆弱地区转移出来，是对环境的最好保护。环境脆弱的广大农村地区，尤其是西部地区，通过城镇化把人口转移出来，可有效减轻生态环境的破坏和压力，恢复植被，这是从根本上缓解我国生态环境恶化的重要途径。城镇化可以把污染由面上转移到点上，有利于集中治理，降低治理成本。

二 “他山之石，可以攻玉”——可借鉴的国内外城镇化发展模式

城镇化水平是衡量一个国家和一个地区社会经济发展水平的重要标志。2011年中国城镇化率历史性突破50%[①]，但是中部地区的城镇化率偏低。截至2011年底，我国中部地区城镇人口达到16278万人，城镇化率提高到46.3%。其中，2011年山西省、安徽省、江西省、河南省、湖北省和湖南省的城镇化率分别为49.7%、44.8%、45.7%、40.6%、51.8%和45.1%，河南省的城镇化率排在最后一位。截至2012年底，河南省城镇化率已达到42.4%，较2011年增加1.8个百分点。河南省的城镇化率在2013年仍将保持1.8%左右的增速，达到44.2%。[②] 可以看到，河南省城镇化率近年来有较大幅度提高，但增速低于全国平均增速，城镇化水平低于中部地区其他省份，河南省城镇化进程任重道远，大有可为[③]。2011年国庆前夕，中原经济区上升为国家战略，自此，河南省的新型城镇化建设也找到了载体和抓手。2012年11月，国务院批复了《中原经济区规划》，这标志着河南省的新型城镇化建设将步入大规划、大战略、大效率、大成就的新时期。西方国家已经基本完成了城镇化建设，为世界城镇化建设积累了不少经验。

城市化[④]模式是社会、经济结构转变过程中的城市化发展状况及动力机制特征的总和。在城市化发展的具体实践中，世界各国由于历史文化传统、经济发展战略和经济体制的差异以及在世界经济体系中所处的地位不同，它们的城市化呈现出多种形态和发展模式，在经济发展过程中的效果也不一

---

① 每年发布一次的《中国城市发展报告》是目前中国较为权威的系统研究中国城市发展的综合性年度报告，汇集了中国科学院、中国工程院的诸多知名院士的研究成果。报告显示，2011年中国城镇人口首次超过农村人口，达到69079万人，比上年末增加2100万人；城镇人口占总人口的比重达到51.27%，首次超过50%，实现历史性突破。

② 据2013年5月19日河南省社会科学院发布的《中国中部地区发展报告（2013）》（2013年中部蓝皮书），见王俊伟《中部六省城镇化率河南垫底　呼吁重视城镇化质量》，《河南商报》2013年5月20日。

③ 中原区人民政府区长王东亮：《政府工作报告——2013年1月15日在区第十五届人民代表大会第二次会议上》。

④ 西方国家并没有城镇化的说法，其统一的说法是城市化，此处遵循西方著作中的原本叫法。

样。关于世界城市化模式的分类有很多种，比较流行的分法是根据城市化与经济发展水平的关系将世界城市化分为同步城市化、超前城市化和滞后城市化三种模式。

（一）同步城市化

同步城市化是指城市化进程与工业化程度、经济发展水平基本趋向一致的城市化模式。这里的一致是指城市化与经济发展呈正相关关系，城市化率（城市人口占总人口的比例）与工业化率（工业劳动力占总劳动力的比重或工业总产值占 GDP 的比重）互相协调，城镇人口的增长与人均国民收入的增长比较一致，农村人口城市化的数量与经济发展提供的城镇就业量大体平衡，城市化的发展与农业提供的剩余产品基本适应。这是一种比较合理的经济发展推动型的城市化模式，它能够实现城市化与工业化及社会经济的适度同步发展，大部分发达国家的城市化基本属于这种模式。

发达国家尤其是欧美发达国家的城市化是在工业化发展过程中完成的，工业化与城市化相互推进、相互支撑，共同促成了国家产业结构的转变和居民生活方式的转变。欧洲老牌资本主义国家，在产业革命的推动下迅速实现了国家工业化，与此相伴，为了获得工业化发展所需的原材料和劳动力，它们通过“圈地运动”，辅之以法律措施，完成了劳动力的城乡转移和职业转换。在整个工业化中期，发达国家工业化与城市化的相关系数极高。据测算，1841～1931 年英国工业化与城市化的相关系数为 0.985，1866～1946 年法国工业化与城市化的相关系数为 0.970，1870～1940 年瑞典工业化与城市化的相关系数为 0.967，整个发达国家工业化与城市化的相关系数为 0.997，这些国家的工业化率曲线与城市化率曲线几乎是两条平行上升的曲线。

欧美发达国家的同步城市化模式呈现出三个明显的特点。一是以市场化手段推进。欧美国家在推进工业化、城市化时基本上已经确立了市场经济体制，因此，欧美发达国家的城市化进程，均是通过市场化手段完成的。二是大中小城市协调推进。在法律框架下，通过城市规划、功能定位、区位划分等多种方式，总体保持了大中小城市协调推进。三是“城市病”问题出现。在推进城市化的过程中，欧美发达国家大多出现过城市基础设施、公共服务无法满足大量进城人口需求的情况，导致出现交通拥挤、环境污染、疫病流行等一系列经济社会问题。

（二）超前城市化①

超前城市化又称过度城市化，是指城市化水平明显超过工业化和经济发展水平的城市化模式。其主要表现为城市化的速度大大超过工业化的速度，城市化主要是依靠传统的第三产业来推动，甚至是无工业化的城市化，以及城市化水平超过了国家经济所能承受的水平和经济发展水平，大量的乡村人口在推力因素作用下盲目向城市——特别是大城市——迁移，城市却不能为居民提供就业机会和必要的生活条件，从而导致城市人口过快膨胀、城市失业问题严重、交通拥挤、环境与卫生状况恶化、城乡差别扩大，形成二元社会结构，一系列“城市病”也随之产生。过度城市化形成的主要原因是二元经济结构下形成的农村推力和城市拉力的不平衡（主要是推力作用大于拉力作用），而政府又没有采取必要的宏观调控措施。

过度城市化以拉丁美洲和南部非洲的城市化为代表。第二次世界大战后，拉美国家实施“进口替代”战略，在政府保护下，资本密集型企业迅速发展，人口也由农村向城市大量转移，短时间内城市化水平迅速提高。例如，1990 年阿根廷的城市化水平高达 86%，超过了日本（77%）、美国（75%）、法国（74%）等发达国家。墨西哥、巴西等国家的城市化水平也都在 70% 以上，与欧美诸强并驾齐驱。但是 1982 年，拉美地区爆发债务危机，经济严重恶化，整个 80 年代人均 GDP 下降了 8.3%。而实际上，这些拉美国家的经济发展水平大大低于发达国家。1980 年，尽管拉美国家的城市化水平已经赶上发达国家，但以人均国民生产总值衡量，前者还不到后者的 1/4。例如巴西，1990 年其城市化水平为 75%，而在制造业部门的就业者只占就业者总数的 15%，工业化水平与城市化水平相差甚远。这些数据说明这种城市化不是由工业化所推动的，而是由大量失去土地的乡村移民和人口高度失业所造成的，是典型的超前城市化，或者可以把它称为虚假城市化。在那些臃肿的超级城市里，贫民窟蔓延，社会秩序混乱，基础设施不足。

拉美地区的城市化进程明显呈现出两个特点。一是大城市主导。大城市集中了大规模的农村外迁人口，严重超出了城市的承载能力，形成大量的贫民窟，使大量入城农民成为社会的边缘群体，从而导致社会混乱、环境破坏和城乡分割。二是工业化基础薄弱。拉美地区的工业化是在政府的保护下发

① 孔凡文、许世卫：《中国城镇化发展速度与质量问题研究》，东北大学出版社，2006。

展起来的，在资本短缺的情况下，通过发展资本密集型工业推进工业化，导致企业债务负担沉重，市场竞争力差，政府无法解决进城农民工的就业问题，难以支撑城镇化的健康发展。

（三）滞后城市化

滞后城市化或低度城市化指的是城市化水平落后于工业化和经济发展水平的城市化模式。滞后的原因主要是政府为了避免城乡对立和“城市病”的发生，采取种种措施来限制城市化的发展，结果不仅使城市的集聚效益和规模效益得不到很好的发挥，使城市化发展和工业化发展不能同步，反过来又影响了工业化和农业现代化的进程，而且还引发了诸如工业乡土化、农业副业化，离农人口“两栖化”和城镇发展无序化等“农村病”现象。这是一种违背工业化和现代化发展规律的城市化模式，印度、孟加拉国、印度尼西亚等一些南亚、东南亚国家的城市化就属于这种状况。改革开放前的中国城市化也是这种城市化的突出代表。1980 年世界城市化率为 42.2%，发达国家的城市化率为 70.2%，发展中国家的城市化率为 29.2%，而中国的城市化率仅为 19.4%。从城市化与产业结构的关系看，我国城市化明显滞后于工业化，与第三产业呈低水平上的相适应。1996 年我国城市化率与工业化率（指工业增加值占 GDP 的比重）之比仅为 0.69，远低于该比值 1.4 ~ 2.5 的合理范围的下限。据有关专家测算，我国城市化率落后工业化率 10 多个百分点。这一方面说明了我国城市化的滞后；另一方面表明我国工业化过度地孤军深入。

滞后城市化模式主要具有以下三个特点。一是政府主导。无论是土地的城镇化过程还是城镇的设置、扩大，都具有明显的政府主导性，通过行政力量实现农村土地的非农化，造成“土地财政”问题；通过政府出台优惠政策推动招商引资，造成资源浪费和环境污染，甚至通过行政手段设置障碍限制农民工的市民化过程，导致城镇化呈现明显的“半城镇化”或“伪装城镇化”特点。二是城市偏向。从“城市”利益需求的角度推进城镇化，在推进土地城镇化和资本城镇化的同时，未采取有效措施推进农民的城市化；在不为农民工提供基本公共服务、基础设施和各种社会保障以及降低城市支付成本的情况下，单纯利用农村劳动力，推进城市经济发展。三是层级控制。城市之间不仅有大、中、小之分，而且有行政级别之分，一般是“城市管理农村”，大城市管理小城市，从而导致城市剥夺农村，大城市剥夺小城市，造成城乡差距扩大，中小城市财力不足，出现大、中、小城市发展失衡的现象。

三　中原新型城镇化的发展历程

以河南省为代表的中原地区是中华民族文明的发源地，承载着中华民族历史长河中的辉煌成就。在中华五千年的文明史中，有三千年时间全国的政治中心、经济中心、文化中心在以河南为核心的中原地区；在全国八大古都中，中原地区就有四个。新中国成立初期，河南省仅有128个城镇，其中超过10万人的城镇只有开封市1个，人口为5万~10万人的城镇只有6个，人口为3万~5万人的城镇有3个，其余100多个城镇人口都低于1万人，城镇人口占全省总人口的2.6%。经过60多年的发展，到2014年底，河南有省辖市18个，县级市21个，建制镇1014个，全省城镇化率达到45.2%。新中国成立以来，河南省城镇化的发展经历主要包括以下四个阶段。

（一）1949~1957年：河南省城镇化的起步阶段

新中国成立初期，我国社会经济得到快速恢复和发展，社会经济、文化医疗和城市建设得到快速发展，人民群众的生活质量得到显著改善，城镇化进程开始进入起步阶段。中国共产党七届二中全会根据中国社会经济发展实际，将国家的工作重心由农村转移到城市，第一个五年计划提出优先发展重工业的政策，河南省成为全国经济发展战略的重点建设地区之一，苏联援建的156项重点工程中有10项落户在河南，这有效地提升了河南省的工业化水平。郑州、洛阳被列为重点建设的工业基地，新乡、焦作、平顶山和三门峡等地也得到国家投入的一定规模的工业建设项目。国家人力、物力、财力和各种资源的支持使河南省各市获得了较好的发展机会，在国家强制性行政措施和计划经济的实施过程中，围绕工业项目实施和在工业化的带动下，大量的人口与各种资源被集中起来，有效推动了河南省城镇化的快速发展。这一时期的河南省城镇人口年均增长率高达10.9%，截至1957年，河南省城镇化率为9.3%，城市数量达到16个。

（二）1958~1978年：河南城镇化的波动阶段

这一时期以1966年为界分为两个阶段。1958~1966年，在“大跃进”运动的推动下，河南省的城镇化先是随之“大跃进”，1958~1960年，大量农村劳动力向城镇转移，河南省城镇人口净增加30多万人，但这一阶段的城镇化和工业化缺乏有效的农业支持，导致国民经济失调。尤其是在中苏关系恶化和自然灾害的影响下，河南省的城镇出现了人口膨胀、物质短缺和供应紧张等一系列问题。从 1962 年起，在全国推动经济调整过程中，河南省紧缩基本建设规模，撤销个别城市，下放职工，强化农业生产，一些城市人口开始被动员返回农村，出现了“逆城市化”浪潮。到 1965 年，河南省的城市被撤销 3 个，城镇人口比重下降到 7.7%。而进入“文化大革命”之后，由于过度强调“政治挂帅”，工业生产遭受巨大创伤，城镇化失去了核心动力，河南省的城镇化进入停滞状态。轰轰烈烈的“上山下乡”运动更是加剧了这一状况，城镇人口比重从 1965 年到 1978 年，保持在 7.7% 左右。

（三）1978～1992 年：河南省的城镇化进入稳定发展阶段

1978 年，党的十一届三中全会召开，我国开始实行改革开放战略，党和国家将工作重心由“以阶级斗争为纲”转移到“以经济建设为中心”上来，农业技术和经济得到快速发展，乡镇企业也雨后春笋般蓬勃兴起。与此同时，城市经济体制改革开始同步实施，工业和服务业得到快速发展，吸引了大量农村剩余劳动力进城就业。河南省积极确立了优先发展中小城镇的战略方针，城镇化进入稳定发展阶段，城镇人口由 1978 年的 963 万人上升到 1992 年的 1430 多万人。

（四）1992 年至今：河南省的城镇化进入快速推进阶段

党的十四大提出了建立社会主义市场经济体制的战略目标，市场经济开始在资源配置中发挥基础性作用，发展大大激发了我国长期被压抑的经济活力，工业化和城镇化在新的时期重新焕发出勃勃生机，开始实现高速增长。在工业化方面，河南省在 1992 年开始实施“十八罗汉闹中原”的县域经济发展政策，将招商引资作为改革开放的重点内容，这在一定程度上对县域及其周边地区的经济起到了辐射与带动作用。为推动招商引资和工业化进程，基础设施建设、新城建设和旧城改造如火如荼地进行。随着国家中部崛起战略的提出，中原地区迎来了更大的发展机遇。河南省在 2003 年提出了“中原崛起”战略，继而提出建设“一极两圈三层”“中原城市群”的总体框架和建立以郑州为中心，涵盖中原地区 9 个城市的大都市圈，由此河南省经济获取了新的腾飞突破口。在市场经济和政府战略推动下，河南省城镇化进程得以健康发展，截至 2014 年底，河南省常住人口中的城镇人口达到 4265 万人，城镇化率达到 45.2%，相较于 1992 年提高了 29 个百分点。现阶段，中原地区的城镇化正处于加速推进阶段，社会经济结构也会随之发生重大变革和调整。

四　中原城镇化发展中的共性问题及突出难题

（一）中原城镇化发展中的共性问题

在中原推行城镇化的实践中，由于城镇化的实践少，地方政府缺少对城镇化内在发展演化规律的深层次认识，城镇化的推进速度普遍较快，推进方式简单，结果导致中原城镇化过程中问题丛生。这些问题的存在，使城镇化的发展偏离了预期方向。中原城镇化发展中存在和其他地区一样的共性问题。

1. “有城无市”的新型城镇化遭遇产业缺失阵痛

从“城市”的本源看，“城”是代表场所、空间，“市”代表的是能够把买卖双方连接在一起的市场，两者交融才能形成真正的“城市”。如果仅仅是人口聚集和空间的扩展，没有成熟产业的支撑，经济要素就难以在“城里”聚集，城市的经济功能无法充分发挥，城市也无法持续发展。从城市发展本源来看，政府主要提供城镇公共产品和公共服务，而人流、物流、资金流、信息流等经济要素在城镇的集聚主要由市场调节，市场主导产业发展、城镇建设等领域。目前，中国的城镇化主要由政府来推动，政府的力量集中于“人口的城镇化”，即“造城”，但造“城”容易，造“市”难，“有城无市”导致出现大量的“空城”或新的“农村”。只讲“城”不讲“市”，就抽掉了城镇化的精髓。“空城”“假城”的存在并不能真正实现城镇化的效率功能。同时，有些地方把城镇化理解为就是盖像城里一样的房子，“城”的选址还是在靠近农村的地方，“新城”没有规模、没有产业，这样的做法不仅带不来集聚效应，而且浪费了大量的农田，把城镇化带入歧途。

2.“有城无镇”的单一城镇化格局

我国城镇化的建设目前仍处于发展的初期阶段，城市格局和产业布局缺乏整体考虑，所以出现了目前城镇发展的不均衡，即大城市膨胀、小城市滞后，对人口有序转移，对城镇化的稳定推进形成了较大的制约。更为重要的是，我国城市规模、城市发展能获取的资源，一般都与其行政等级相关。大城市长期以来由于其行政等级高，通过政府系统支配着更多的资源，在一系列倾向性政策的安排下取得显著的发展，很多特大城市和大城市的发展甚至超出了其承载力。相反，在以政府为主推动城镇建设的过程中，中小城市和城镇难以获取资源，发展受限，结果导致我国城镇发展极不均衡，大城市过大，小城市太小。其实，“城”和“镇”是相辅相成的，“城”发挥扩散效应和辐射效应，“镇”承接产业转移和人口转移，减少大城市的人口、资源、环境压力，缓解“大城市病”。同时，中国是个人口大国，农民人口众多，大城市的高房价，意味着并不是绝大多数的人都有能力在大城市生存。同时，缺少小城镇，大城市也无法实现产业的空间重组。如果没有产业支撑，城镇化对区域经济增长的引擎作用和对产业结构调整的抓手作用就会大打折扣。如果中小城市和小城镇的优势得不到发挥，不同规模和不同类型城镇的功能就不能互补，城镇空间结构将混乱和失序。

3.“重物轻人”的城镇化

目前，我国城镇化的过程多重视“人口的城镇化”，对于“人的城镇化”重视不够，城的公共服务也还不是很到位，导致“半城镇化”情况突出。这主要表现在以下几个方面。①大城市的房子供应、工作岗位供应缺乏层次性，普遍的高房价阻碍人口向城市流动。②教育、医疗、社会保险依然存在区域分割，阻碍人口流动。③农村宅基地的拆迁，一些地方的赔偿方式单一。如一些地方拆除原有的宅基地并不赔偿现金，只打白条，等购买拆迁房时抵用，这样的赔付方式就阻碍了部分人群向其他地方迁徙，不利于人口集中。④不注重人的教育和职业技能的培训。城镇化尤其是县域城镇化，对人才的需求很大。目前大量的留守儿童不能有效地学习，导致其文化层次不高，职业技能不高，所以，一方面，他们去大城市后，不能稳定地安定在一个地方，这就不利于产业的发展；另一方面，一些好的企业不敢到中小城市落户，扣除交通成本、市场等因素，更为重要的原因是，很多企业担心招不到期望的人才。这样就会形成恶性循环，企业不到县城落户，农民向大城市流动，没有经济和人口集聚做支撑，小城市中其他附属的公共服务就难以发展起来，其城镇化的发展也将是困难重重。⑤人的思想意识、风俗习惯的改变。长期在农村生活的人，其时间观念、规则意识弱，另外农村的风俗习惯多，导致其不能适应工业化、城市化的生产、生活方式。比如，一些到附近工厂工作的农民经常要忙于农村的婚丧嫁娶等事务，经常请假，导致出工率不高，进而导致一些企业不愿到县城附近建厂。

4.“无文化内涵”的城镇化

城市的产生和持续发展需要一个综合的、复杂的由人口、空间、产业、公共服务和城市管理、文化“五位一体”组成的要素支撑系统，其中人口的城镇化是主体，城市的空间扩展是载体，产业是城市发展的支撑，教育、医疗等公共服务和城市管理是城市持续发展的保障，文化是城市的灵魂。这“五位一体”的要素系统是在城市发展过程中长期积累形成的，是各要素协同发展的复合系统，城镇化的顺利推动有赖于该系统的健康运行。人口、空间、产业、城市管理和公共服务、文化等要素都是实现城镇化的基本要素系统的有机组成部分，每个要素都在其中担负着一定的机能，而各个单一要素组合在一起形成合力，发挥“1 加 1 大于 2”的作用。人口、空间、产业、城市管理和公共服务等支撑要素之间是相辅相成、协同发展的，任何一类要素的缺失都会导致城镇化基本要素系统的不完善。文化形成城市的灵魂，“文化传承，彰显特色”不仅能够增加城市的吸引力和核心竞争力，而且能够为城市的经济发展开拓新的发展思路。而在中国目前的城镇化建设中普遍缺少城市文化、伦理文化的建设。

（二）中原城镇化发展中的突出问题——城镇化和工业化融合问题

1. 河南省城镇化与工业化融合现状的实证分析

发达国家和地区城市化与工业化的发展历程表明，城镇化与工业化存在着显著的相关性。城镇化为工业化提供了资金、技术、人力资源和公共服务支撑体系等，工业化引发的产业集聚则能够通过促进产业发展、人口集聚、城市空间结构优化等推动城镇化进程。改革开放以来，河南省的城镇化与工业化均取得了较大成绩，但城镇化与工业化总体上尚未实现良性互动和协调发展，制约了中原地区社会经济的持续、协调和健康发展。对于城镇化与工业化的协调状况，已有专家进行了诸多研究，但主要是定性分析，而定量分析较少见。“耦合”最初是物理学的一个概念，是指两个（或两个以上）系统或运动形式通过多种相互作用而彼此影响的现象，耦合度即是描述系统之间这种彼此相互作用的影响程度。本研究借鉴陈雁云《产业发展、城市集聚耦合与经济增长的关联度》一文中的实证研究模型，见公式（1），对河南省的城镇化与工业化融合效应进行实证研究，以求较为系统、全面地把握现阶段河南省工业化和城镇化的协调发展状况。

$$G = a + \beta_1 IND + \beta_2 URB + \beta_3 IND \times URB + \varepsilon \tag{1}$$

其中，被解释变量 G 是河南省的 GDP 增长率，解释变量 IND、URB 和 $IND \times URB$ 分别代表河南省的工业化程度、城镇化程度和河南省城镇化与工业化相互作用的耦合效应。反映城镇化发展水平的指标为城镇化率

（*URB*），它为年底城镇总人口数占年底总人口数的比重。工业化发展水平的提高，不只表现为工业产值所占比重的上升，也表现为非农产业总体所占比重的上升，并且后者对工业化、城镇化发展的影响意义更大，由此，这里选择的反映工业化发展水平的指标工业化率（*IND*）即非农产业增加值占 GDP 的比重。按照公式（1）构建 GDP 增长率 *G* 与工业化程度（*IND*）、城镇化程度（*URB*）及二者耦合互动效应的回归分析模型。用可比价格计算 GDP 增长率，以消除价格变动因素的影响。本研究数据来源于 1980～2013 年的《河南统计年鉴》，运用 Eviews 6.0 进行计量分析，结果如下：

$$G = -0.31 + 0.26 \times IND - 0.06 \times URB + 0.12 IND \times URB$$

$$P = (0.013) \quad (0.036) \quad (0.136)$$

$$R^2 = 0.936 \quad Adj - R^2 = 0.912$$

由上述实证结果可知，工业化程度（*IND*）、城镇化程度（*URB*）及二者融合效应（*IND* × *URB*）的回归系数分别为 0.26、-0.06 和 0.12，这说明，河南省的工业化、城镇化和城镇化与工业化融合效应对经济增长都具有一定的促进作用。而工业化对经济增长的回归系数为正，且显著，其原因是改革开放以来，工业在国民经济中的地位和作用日渐突出。城镇化对经济增长的回归系数为负，且显著，其主要原因在于河南省的城市分布相对分散，城镇化率低于全国水平，近年来的城镇化发展速度相对落后于全国城镇化发展速度，制约了城镇化对经济增长的促进作用，但随着中原地区城镇化进程的加快，城镇化对经济增长的促进作用将日渐显现。*IND* × *URB* 对经济增长的回归系数为 0.12，但不显著，这说明城镇化与工业化的融合效应对经济增长具有一定的促进作用，但二者的融合程度及其效应与经济增长的相关性尚不明确。事实上，工业化、城镇化及二者的融合效应对经济增长的影响都可能存在一定的滞后期。

改革开放以来，河南省城镇化与工业化率变动呈相似态势，但二者的变动序列是否存在因果关系，需进行 Granger 因果检验。考虑到只有具有协整关系的同阶单整变量才能做 Granger 因果检验，故先检验两变量序列的单整性，然后检验其协整关系，最后进行 Granger 因果关系检验。在此，采用 ADF 检验法对城镇化与工业化序列的平稳性进行检验，结果见表 7-1。

表 7-1 工业化率（*IND*）与城镇化率（*URB*）的平稳性检验结果

变量	ADF 值	临界值	检验形式（C，T，K）	结论
IND	-1.73	-2.63	（C，T，1）	非平稳
dIND	-4.68	-2.63	（0，0，1）	平稳
URB	1.76	-2.63	（0，0，1）	非平稳
dURB	-1.63	-2.63	（0，0，2）	非平稳
d^2URB	-6.36	-2.63	（0，0，3）	平稳

注：①检验形式中的 C 和 T 分别表示常数项和趋势项，K 表示滞后阶数；
②d 表示变量序列的一阶差分；
③d^2 表示变量序列的二阶差分。

由表 7-1 可知，工业化率 *IND* 是一阶单整 Ⅰ（1）变量，城镇化率（*URB*）是二阶单整 Ⅰ（2）序列，而城镇化率（*URB*）的差分序列 dURB 为一阶单整 Ⅰ（1）序列。对工业化率（*IND*）序列和城镇化率（*URB*）的一阶差分序列进行协整检验表明，河南省工业化率与城镇化率的差分序列具有相同的阶数。为此，运用 Eviews 6.0 软件对 *IND* 序列和 *dURB* 序列进行协整检验，结果见表 7-2。

表 7-2 *IND* 序列和 *dURB* 序列的协整检验

假设	特征值	T 统计值	0.05 显著水平临界值
None*	0.3632	28.1362	15.6347
At most 1	0.0307	1.7154	3.8415
* denotes rejection of the hypothesis at the 0.05 level			

由表 7-2 中的协整检验结果可知，改革开放以来河南省的城镇化与工业化存在着协整关系，对二者可以进行 Granger 因果关系检验。基于上述实证结果，分别对 *IND* 序列和 *dURB* 序列进行不同滞后期的 Granger 因果关系检验，结果见表 7-3。

表 7-3 工业化与差分城镇化的 Granger 因果关系检验结果

	K=2	K=3	K=4	K=5	K=6
H_0（1）	1.26*（0.336**）	0.86（0.368）	0.67（0.623）	0.52（0.686）	1.28（0.323）
H_0（2）	5.48（0.006）	5.32（0.003）	7.69（0.000）	7.96（0.000）	8.03（0.000）

注：K 为滞后期，* 为 Granger 因果检验的 F 值，** 为对应的 P 值；H_0（1）表示差分城镇化率不是工业化率的 Granger 原因；H_0（2）表示工业化率不是差分城镇化率的 Granger 原因。

由表7－3中的Granger因果关系检验结果可知，对于原假设“差分的城镇化率对工业化率不存在Granger因果关系”，从K＝2到K＝6所有滞后期检验式的F值均落在原假设接受域，即差分的城镇化率不是工业化率的Granger原因；对于原假设“工业化率对差分城镇化率不存在Granger因果关系”，所有滞后期检验式的F值均落在原假设拒绝域，即工业化率是差分的城镇化率的Granger原因。由此表明，推进工业化进程能够以滞后时间的方式显著推进城镇化进程，而样本数据表明城镇化进程对工业化的推进并不显著。工业化通过推动产业结构优化升级推动农村剩余劳动力转移和非农产业比重增加，进而带动城镇化，但工业化对城镇化的推进存在一定时滞。

2. 河南省城镇化与工业化融合发展的制约因素

现阶段，在推动中原城市群建设的基础上，河南省已初步形成了以郑州为中心，以洛阳、开封为副中心，以新乡、焦作、许昌等地区为支撑节点的紧密联系圈，大郑州都市圈规划已初步成型。在推动河南自贸区建设和融入“一带一路”战略的过程中，推动中原城市群尤其是核心圈（大郑州都市圈）的产业合理分工与协同发展，实现区域产业协作发展，推动城镇化和工业化协调发展还存在许多问题和制约因素。

第一，城市公共基础设施和公共服务体系明显不足。目前，由于在土地制度、行政区划体制、行政体制、财税体制、农村组织化程度等方面存在一定缺陷，河南省城镇化的推进及城镇化与工业化的协调发展受到制约。如现行户籍制度与农村土地制度严重束缚农民向城市的转移；中央和地方之间的财政分配关系的不合理，地方土地财政制约着土地制度的改革。由于城市教育、医疗、社会保障、保障性住房等公共服务的供给能力薄弱，大量进入城市的农民工并没有享受到与城市居民均等的公共服务，城镇公共服务和社会保障制度不健全，制约着进城农民工转化为城市居民的进程。在城市工作的农民工及其家属已经成为产业工人的主体，却不能完全融入城市生活，处于“半市民化”状态，这严重制约了城镇化与工业化的协调发展。

第二，城镇化发展空间差异大，中心城市不突出，产业集聚效应与辐射带动作用不足。改革开放以来，河南省在通过郑州航空港综合经济实验区和郑州国际铁路货运班列逐步形成内陆开放高地和加快外向型经济发展的同时，也形成了人口经济集聚程度较高的中心城市，这将有效带动河南省城镇化和工业化快速发展。区域性中心城市作为要素配置中心、信息流转中心和产业扩散中心，具有较强的企业、人口集聚效应和增长极效应，能够增强和带动其他中小城市的聚合功能。然而，在现阶段，河南省城镇空间分布和规模结构不合理，中心城市数量不足与质量不高并存，中小城市潜力尚未得到充分发挥，小城镇数量多、规模偏小，集聚产业和人口的能力有限。郑州作为中原城市群的中心城市，城市布局得到调整，经济规模与实力逐渐增强，产业结构逐步得到优化，但是与周边其他大中城市相比，经济首位度不高，综合竞争力仍偏弱，这影响其辐射带动作用。根据中国社会科学院对基于综合经济竞争力、产业竞争力、财政金融竞争力、商业贸易竞争力、基础评估体系设施竞争力、社会体制竞争力、环境/资源/区位竞争力、人力资本教育竞争力、科技竞争力和文化形象竞争力等在内的 10 项一级指标 50 项二级指标 217 项三级指标进行测算后发布的 2015 年中国城市综合竞争力排名，在 50 座城市中，郑州居第 19 位，落后于中、西部省会城市武汉、成都，在非省会城市中，洛阳排名第 62 位。作为省会城市和区域中心城市，郑州的经济总量偏小，2014 年其 GDP 为 6782 亿元，占全省 GDP 的比重不足 1/5，占中原城市群 GDP 总量的比重不足 1/3；作为副中心城市的洛阳和作为新兴副中心城市的开封的经济实力尚不足以完全支撑其区域城市定位，二者 GDP 占中原城市群的比重仅为 15.7% 和 7.1%。郑州、洛阳和开封的经济首位度过低，产业融合度不高，影响了中原城市群一体化发展进程，制约了对人才、资金和技术等生产要素的吸引，难以有效形成区域资源整合和产业集聚效应的强大辐射力。

第三，中原城市群的组团式发展和功能分工尚未形成。河南省是中部经济大省，建设大郑州都市圈，将真正发挥河南省对中部地区的引领带动作用，有效提升郑州的全国中心城市地位，对于推进航空港、自贸区建设和“米”字形交通枢纽建设具有重要意义。中原城市群建设需要走组团式发展道路，只有依靠合理的功能分工和高效的功能融合，而不是简单的规模扩张和城市拼图，才能真正构建和提升大郑州都市圈的整体竞争力。郑州航空港是河南省乃至中部地区对接全球经济网络的战略通道，其辐射空间有待进一步拓展。郑汴一体化拓展了大郑州的空间规模，但难以提升大郑州的产业规模和产业链竞争力。中原城市群半小时圈内的许昌、新乡、焦作等具有良好的工业基础，其先进制造业和一些战略新兴产业比较发达。许昌、新乡、焦作可以以类似企业并购和合并的方式，从南北两翼与郑州形成组团式发展格局，在较短时间内提高大郑州都市圈的产业竞争力，化解制约大郑州发展的建设用地不足矛盾，但中原城市群的组团式发展和多极化功能分工尚未有效构建起来。目前中原城市群的城市化进入加速发展阶段，但各城市发展水平不均衡，城市间缺乏有效的功能分工和组合式发展机制。目前，郑州城镇化率最高，达66.3%，处于第一层级；济源、焦作、洛阳、平顶山、新乡城镇化率在45.7%和54%之间，处于第二层级；许昌、漯河、开封城镇化率为40%至43%，处于第三层级。第一层级的郑州与第三层级的开封的城镇化率相差20多个百分点，可见，中原城市群内部城镇化水平差异显著，最终会对中原城市群组团发展和功能分工形成障碍。

第四，城镇化与工业化发展尚未实现有效结合。中原地区正处于工业化中期阶段，工业体系中重工业所占比重较大，产业的资本密集度总体较高，按照配第－克拉克定理，工业对劳动力的吸纳能力将逐渐让位于服务业。而在推进城镇化与工业化发展的过程中，过分关注工业升级，服务业特别是现代服务业发展相对滞后，工业与现代服务业的互动融合发展有待强化，都限制了城镇化与工业化的协调发展。现代服务业的发展对城镇化要求较高，二者的良性互动对中原城市群可持续发展具有巨大的推动作用，但是中原城市群的城镇化滞后于工业化。根据发达国家城镇化与工业化融合发展的经验，在工业化的中期阶段，“城镇化率/工业化率”比值的合理范围一般为1.4～2.5。2013年中原地区城镇化率与工业化率的比值为0.9，远低于合理范围的下限。城镇化滞后于工业化程度较大，对要素集聚、公共服务与配套设施建设等都会带来消极影响，进而严重影响城镇化与工业化的良性互动和健康发展。

3. 中原地区新型城镇化与工业化融合发展实现路径

新型城镇化与工业化的融合发展与耦合效应对区域经济发展水平的提高具有决定性作用，较高的新型城镇化与工业化融合发展与耦合效应是提高区域经济实力与竞争力，促进产业升级，扩大就业以及增强区域可持续发展能力的重要途径。现阶段，中原地区的新型城镇化与工业化融合发展程度还需要进一步提升，为此，提出以下政策建议。

第一，优化城市空间布局，提升中心城市的辐射功能。推动新型城镇化与工业化融合发展的关键在于优化城市空间结构，针对现阶段中原城市群建设中的城市空间结构不完整和特大城市缺失，中心城市辐射功能缺失的局面，应积极对其空间结构进行优化。2015年国家的《推动共建丝绸之路经济带和21世纪海上丝绸之路的愿景与行动》（简称《愿景与行动》）将河南定位为“内陆开放高地，航空港、国际陆港，跨境贸易电子商务服务试点”，这必将给河南省实现快速发展带来新的战略机遇。在“一带一路”战略中，郑州是中欧国际铁路物流中心城市和丝绸之路经济带主要支点，也是丝绸之路经济带和21世纪海上丝绸之路“东连西进”的重要节点，将成为国家对外开放的战略枢纽和重要门户。为了进一步提升中原地区在全国战略中的地位，要进一步完善中原城市群一体化发展机制，构建以郑州为中心，以郑汴一体化区域为核心层，以“半小时经济圈”城市为紧密层，以“一小时交通圈”城市为辐射层的“一极两圈三层”的空间开发格局。应加快形成郑州与新乡、焦作、许昌之间“两干三城”的交通、电信、金融一体化格局，发挥其空间一体化作用，扩大对周边城市和地区的辐射带动，推动各城市间的产业联动发展，促进人口和产业集聚。在强化郑州的中心城市地位的同时，要提升洛阳和开封的副中心地位，应加快洛阳城乡一体化建设，继续推动郑汴一体化进程，增强新乡、许昌、焦作、平顶山等重要节点城市的支撑能力，积极发展中小城市和中心城镇，加快形成大、中、小城市和小城镇协调发展的格局，构筑中原城市群合理高效的空间体系。

第二，优化各城市功能定位，推动中原城市群功能组团发展。促进中原城市群地区新型城镇化与工业化融合发展，应通过提升中原地区各城市的专业化分工效率来培育新型城镇化与工业化融合发展环境。提高城市群专业化分工效率的关键在于明确各城市的功能定位，即各城市根据自身的基础和特色，承担不同的职能分工，从而使城市群具有区域综合职能和产业协作优势。中原城市群的各城市应通过各自城市功能的错位，实现资源的有效配置，提高城市群专业化分工水平。在郑州高铁和轻轨半小时经济圈内，以功能分工和组团发展构建大郑州都市圈，充分发挥郑州航空港区的枢纽和强劲辐射作用，通过高效的产业链、创新链分工，提升大郑州的产业竞争力，强化大郑州都市圈作为内陆开放高地对国家“一带一路”战略的支撑作用，这不仅是郑州一市的全局，而且是经济新常态下河南经济快速转型、超常规发展的战略全局。中原地区在推动新型城镇化与工业化融合发展过程中，要优化各城市功能定位，实现中原城市群功能组团发展，要在基础设施建设、公共服务体系构建、产业布局等方面，进行统一规划，逐步形成“以大带小”、梯级功能明显的城镇化发展格局，推动城镇化发展实现由速度扩张型向质量效益型转变，由主要依靠廉价劳动力和土地等要素供给推动新型城镇化与工业化融合发展向靠制度创新、产业升级推动新型城镇化与工业化融合发展转变；由主要依靠低成本公共服务推动城镇化发展向主要依靠加强公共服务体系建设，提升服务体系支撑功能促进城镇化发展转变。

第三，通过优化产业结构与布局推动中原地区新型城镇化与工业化融合发展。促进中原地区新型城镇化与工业化融合发展，要根据中原地区城市与工业发展的空间结构与布局，合理促进产业空间布局与集聚。推进中原地区新型城镇化与工业化融合发展的中原城市群各城市均分布在纵向的京广铁路、焦枝铁路、京珠高速、107 国道和横向的陇海铁路、漯阜铁路、连霍高速、310 国道等轴线上，各城市沿纵横轴线形成了各有侧重和特色的空间结构与产业布局，且已经形成了全方位、全覆盖的铁路、公路交通网络体系。京广铁路沿线的安阳、新乡、郑州、许昌、漯河、驻马店和信阳等城市的农副产品加工、深加工产业较为发达，其中中原城市群核心城市新乡、郑州、许昌、漯河等的高新技术产业、汽车工业也获得了较快的发展；陇海铁路沿线的开封、郑州、洛阳等城市形成了发达的食品、电子、机械装备制造、纺织、化工等产业体系，成为郑汴洛城市工业走廊，是河南省重点推出的“三点一线”旅游品牌城市；焦枝铁路沿线的新乡、焦作、济源、洛阳等城市已经具备了发展机械装备、能源、冶金、化工等行业的工业基础体系，形成了新焦济南太行工业带。漯阜铁路沿线的漯河等城市具有发展煤炭业、化工业、食品加工业等的工业优势。中原地区新型城镇化与工业化融合发展的重点是，要处理好发展高新技术产业、战略性新兴产业与发展劳动密集型产业的关系，在着力发展高端产业、提升产业国际竞争力的同时，大力发展具有比较优势的劳动密集型产业，吸引更多的农村剩余劳动力就业。此外，还要大力发展服务业特别是现代服务业，吸纳更多的农村劳动力就业，提高农业劳动生产率，加快农业产业结构调整，进一步转移出大量农村剩余劳动力，提升中原城市群发展水平，加快推动新型城镇化与工业化融合发展，形成带动区域产业发展的核心增长极。

第四，以中原城市群建设为依托，走产城融合、产业集聚发展道路。在国家“一带一路”战略和郑州航空港综合经济实验区战略实施过程中，中原地区推进新型城镇化与工业化融合发展的重要思路在于以中原城市群建设为基础，推进“产城一体化”战略建设，即以工业园区为依托，走产城融合、产业集聚发展道路。产业集聚是实现人口集聚、企业集聚进而推动城市发展的重要动力源泉，城市是企业集聚和产业发展的载体和支撑，因此“产城一体化”是新型城镇化与工业化融合发展的重要途径。在新产业革命背景下，“产城一体化”必须和新产业革命带来的产业变革相契合。新产业革命以数字化、信息化、智能化和新能源技术为标志，以“互联网+新能源”为聚合动力，将对全球价值链分工和生产方式产生深远影响。发达国家纷纷瞄准高新技术和先进制造业，实施“再工业化”和“工业4.0”战略。中原地区“产城一体化”要以工业产品研发设计信息化、工业生产过程自动化、企业管理和行业服务信息化、产品流通和市场信息化为切入点，以产品的智能化、装备的智能化、流程的智能化和服务的智能化为重点，以云计算、物联网、大数据、移动互联网等新一代信息技术的应用为手段，以大企业信息集成创新和各具特色的中小企业公共服务平台建设为着力点，通过两化深度融合，促进信息消费，提升产业层次和产品技术含量，发展“四新经济”（新技术、新产业、新模式、新业态）。积极支持战略性新兴产业和装备制造、食品加工等支柱产业率先实施“中国制造2025”战略，推进互联网与工业融合创新，培育智能制造、云制造等产业新模式、新业态。建议加快“宽带城市”建设，超前规划，引导运营商加大投入，满足企业升级转型与新型城市建设的需求。根据《2014年河南省加快产业集聚区建设专项工作方案》的指导思想，应进一步完善中原城市各工业园区的功能，加快产业集聚区建设，提高集聚区的凝聚力和承载力；突破要素瓶颈制约，合理引导人才、土地、资金和产业政策等城市发展资源投入；因地制宜培养主导产业，延长产业链条，做大做强主导产业集群，在郑州、洛阳、新乡、焦作、许昌、漯河等城市依托工业园区培育千亿元级别产业集群。中原城市群核心城市要依托现有工业园区，通过提升自主创新能力，建设特色鲜明和具有竞争力的产业集群；在推进产业对接与空间集聚发展过程中，要注重研究并规划如何通过拉长主导产业链条推动产业集聚水平；推动企业协作形成多元化企业协同发展体系，并不断完善产业配套，实现大企业带动小企业，小企业积极配套大企业、跟进发展，逐步扩大产业集群规模，形成有效的“产城一体化”推进新型城镇化与工业化融合发展的良好格局。

（三）中原城镇化建设的政策建议

1. 尊重城镇化发展规律，及时修正城镇化路径

目前，部分地区农村具有人为加速城镇化的趋势。城镇化建设的初衷是实现要素的规模经济效应、区域的集聚效应和政府公共服务的有效性。但是一些农村城镇化的格局依然局限在原有框架下，不能实现规模化经济效应。一些县城，在产城融合的旗号下，大规模建立产业集聚区，但由于县城集聚能力有限，招不到大的企业，造成大量良田闲置。一些地方建造大量低密度

别墅，周围群众根本买不起。总之，不能为了城镇化而城镇化，单纯看城镇化的指标，而忽略城镇化本身的发展规律。确定城镇化目标必须实事求是，不能靠行政命令层层加码、级级考核，不要急于求成、揠苗助长。推进城镇化既要积极、稳妥，又要方向明确、步子稳健、措施要实。

2. 具备全局观念，统筹发展

城镇化的发展应置于社会发展全局下，与工业化、农业现代化统筹推动。只有具备全局观念，才能持续地推动城镇化健康发展。要明确农村城镇化的推进是社会制度全面推进的结果，忽视其他制度的推进，农村城镇化将举步维艰。例如，目前，在农村城镇化的过程中，一些走出农村时间早、在城市发展不错的人，在城市已经购买了住房，但也不愿意放弃农村的承包土地和宅基地。因此，政府可以出台在城市购买房屋，必须出让农村宅基地的政策。因为，如果农村土地的流转率低，则土地不能集约使用，农业难以实现现代化，农村城镇化难以保证。另外，要想让农民搬离农村，主动住到城镇，其前提是他们在城市里能够生存下来，所以居住地必须能够提供为其发展而存在的第二、第三产业。如果没有产业的支撑，搬到城镇的农民有可能会返乡，影响已经承包土地的稳定经营，不利于农业现代化的发展。这方面典型的例子是四川阿坝州政府为了改善牧民居住条件、提高牧民的教育水平，就在远离牧场的地方建造大片的房屋免费发放给牧民，但是由于搬来的牧民不能被新的产业所吸纳，生活没有保障，很多牧民又搬回了原有的居住地。再如，如果国家不重视食品安全、政府监管问题，中国的现代化农业就发展不起来，社会资本就不会大量进驻农业，土地大规模流转就不可能普遍发生，农民就不能从土地流转中获取收益，农民放弃土地的积极性就弱，农民离开土地、离开乡村的意愿就会降低。同时，应处理好政府引导与市场推动的关系。推进城镇化，要注意处理好市场和政府的关系，既要坚持使市场在资源配置中起决定性作用，又要更好地发挥政府在创造制度环境、编制发展规划、建设基础设施、提供公共服务、加强社会治理等方面的职能；注意处理好中央和地方的关系，中央制定大政方针，确定城镇化总体规划和战略布局，地方则从实际出发，贯彻落实总体规划，制订相应规划，创造性地开展建设和管理工作。总之，农村城镇化是个牵一发而动全身的事情，只有从全局的角度出发，制定全面的政策，才能有效推动农村城镇化。

3. 推动产城融合，强化产业支撑力

产业支撑是新型城镇化的内在动力、解决就业创业的关键、维护社会和谐稳定的保障。城镇化建设如果缺乏现代产业的培育和支撑，就会出现“睡城”“空城”“鬼城”，新建城镇就难以形成持续的生命力、创造力和竞争力。因此，应做好以下几方面的工作。首先，要根据城市的地理位置、资源禀赋和比较优势，以产兴城、以城促产，推进产业功能、城市功能融为一体。其次，各区域应确立不同的发展模式与产业结构形态，走各具特色的区域协调发展之路。各地应结合当地实际情况力争形成各具竞争力的特色经济，形成“各守一块、共同发展”的区域分工格局。这样，就可以避免区域产业同构、恶性竞争的情况。最后，应提升产业发展的就业弹性，增加产业对劳动力的吸纳能力。能够有效吸纳劳动力是农村城镇化的关键前提，为此，要营造有利于服务业发展的政策体制环境，着力推进现代服务业发展，提高城镇现代服务业比重；推进生产性服务业和生活性服务业发展，推进劳动密集型服务业与资本密集型及技术密集型服务业有机结合；引导以物流、金融、保险等为主的生产性服务业向制造业密集区域及中心城镇集聚，促进制造业和服务业融合，提升我国在国际分工中的地位，提高服务业整体竞争力，促进产业结构优化和经济增长方式转变；不断拓展服务业新业态、新领域，形成城镇化、工业化与服务业发展良性循环的格局，提高产业发展吸纳就业能力。

此外，还应鼓励中小企业发展。中小企业在技术革新、解决就业、促进经济增长方式转变中发挥着不可替代的作用。中小企业为中小城市特别是小城镇提供了产业基础，是加快城镇化建设的主要依靠力量。新型城镇化建设为创业者创办企业及壮大企业提供了良好契机，特别是为农村转移劳动力在中小城市及小城镇实现创业梦、城市梦带来了难得的机遇。在新型城镇化建设的推进下，农村转移劳动力将其打工期间所掌握的技能与当地资源相结合，创办企业，这不仅有助于产业梯度转移，实现产业布局优化，而且拓展了就业渠道，有助于解决农村转移人口就业问题和实现农民工市民化。因此，要鼓励农村转移劳动力以及高校毕业生、城镇困难人员、退役军人到中小城市创业。为促进中小企业发展，要进一步优化中小企业发展环境：完善有利于中小企业发展的法律法规；提供财税优惠政策；加大金融支持力度，使其突破创业融资瓶颈；完善城镇商业环境和专业基础设施；深化创业教育与培训，提升全民创业意识与创业能力；要形成政府激励创业、劳动者勇于创业、社会支持创业的机制，以创业带动就业，解决城镇人员的安居乐业问题。

4. 具有前瞻性眼光，构建生态城镇

新型城镇化是统筹城乡发展、提升城市和乡村品质的重要手段。推进新型城镇化，既要优化宏观布局，又要搞好微观空间治理，提升规划品质，科学设置开发强度，促进城市与自然和谐相融，把绿水青山留在城市、留给市民、留给后代。新型城镇化要按照“资源节约和环境友好”的要求，依托城镇的资源和环境承载能力聚集产业和人口，努力发展低耗经济、低碳经济、循环经济，节能减排，保护和改善生态环境；按照城市标准，对垃圾、污水、噪音等污染物进行达标处理和控制，增加绿地、林地面积，突出城市生态建设，推动城市与自然、人与城市环境和谐相处，建设生态城市。

5. 建立完善的城镇体系

新型城镇化是大、中、小城市与小城镇协调发展的城镇化。以适应资源环境承载能力和公共服务功能配套完善为原则，合理控制大城市过度扩张，加快健全中小城市硬件设施和软件服务，注重产业的合理布局与配套集群发展；注重做大做强新型产业，尤其是现代服务业；注重生产方式和工艺流程创新升级，推动城镇向数字域、信息域、智能域、知识域方向发展，引导人口和产业集中、集聚，形成大、中、小城市合理有序发展格局，促使城镇地理空间优化、中心城市与卫星城镇共同繁荣，造就城镇宜居宜业宜游的环境。引导和带动社会资本和生产要素加速向农村和小城镇集中，使农村和小城镇的交通、通信、卫生、教育、文化等各项事业年年跨上新台阶，让农村和小城镇的农民和市民一样普享改革发展的“红利”。同时，应强化城镇间专业化分工协作，充分发挥城市资源要素禀赋与比较优势，按照大、中、小城市和小城镇、城市群协调发展战略格局，做好城镇间产业分工与协作，培育城镇特色鲜明和具有较强竞争力的优势产业，逐步形成大、中、小城市和小城镇优势互补、特色突出的产业发展格局，为构建科学的城镇发展体系奠定基础。

第四节　拓展区域发展空间

一　拓展国际经济合作空间

对外经济合作是中国经济融入世界经济体系的重要渠道，是中国经济实现迅猛增长的助推剂。改革以来，中国不断扩大对外经济合作。我国的对外经济合作大致历经四个发展阶段：第一阶段为改革开放后至20世纪80年代末、90年代初，是中国对外经济合作的探索期；第二阶段为20世纪90年代初至2001年中国加入世界贸易组织，是中国对外经济合作的调整期；第三阶段为2001年中国成功加入世界贸易组织至2007~2008年国际金融危机的全面爆发；第四阶段为2009年至今，是中国对外经济合作的积极主动的深入发展期。2012年11月，中国共产党第十八次全国代表大会报告明确把“全面提高开放型经济水平”作为实现“加快完善社会主义市场经济体制和加快转变经济发展方式”的五大支柱之一。报告指出：“适应经济全球化新形势，必须实行更加积极主动的开放战略，完善互利共赢、多元平衡、安全高效的开放型经济体系。创新开放模式，促进沿海内陆沿边开放优势互补，形成引领国际经济合作和竞争的开放区域，培育带动区域发展的开放高地。……统筹双边、多边、区域次区域开放合作，加快实施自由贸易区战略，推动同周边国家互联互通。”党的十八届三中全会《决定》指出：“适应经济全球化新形势，必须推动对内对外开放相互促进、引进来和走出去更好结合，促进国际国内要素有序自由流动、资源高效配置、市场深度融合，加快培育参与和引领国际经济合作竞争新优势，以开放促改革。”因此，在今后一段时期内，继续对外开放将是我国经济发展的必然趋势。

（一）国际经济合作的新趋势

目前，随着国际贸易的发展，信息交通技术的进步，国与国之间的经济联系越来越密切，以生产要素国际转移为主要内容的国际经济合作也出现了前所未有的发展势头。国际经济合作呈现出新的趋势。

1. 竞争日趋激烈

（1）资本要素市场上呈现出买方竞争的趋势

各国都在为吸引更多的资本流入本国，为自身的经济发展而想方设法。首先，世界上各个国家，无论是发达国家还是发展中国家，都在为吸引更多的外商投资而推出新政策。其次，各国也都在为外商创造良好的投资环境，以增强自己的竞争能力。

（2）劳动力要素市场上呈现的是卖方竞争的趋势

总体上看，国际劳务市场的供给远远大于需求，劳务输出国之间为争夺劳务市场竞争激烈。竞争比较激烈的领域如下。①海员输出。菲律宾拥有100多家海事学校，每年培养数千名海员，绝大部分派往国外。印度非常注重对海事教育的投资，目前印度的外派高级海员约有1.2万人，普通海员约有2万人。波兰的传统海事教育力量很强，每年海事院校的毕业生数以千计。中国目前共有海员40多万人。②计算机服务人员输出。在计算机海外人员输出上竞争比较厉害的国家有印度、巴西、日本和中国。③医疗服务人员输出。印度是世界医护人员的主要供应国，菲律宾的医护人员输出也很多，中国也是医护人员的输出国，其多数医疗服务人员被派往中东和东欧国家。④建筑类服务人员，科教服务人员等的输出。

2. 集团化趋势日益明显

由于生产要素移动趋向集团化，经济集团与经济集团之间的经济贸易往来和经济合作业务开始不断增加。世界各大洲区域经济集团化的步伐显著加快，大大小小的区域性经济合作组织也雨后春笋般地涌现出来，遍布世界各地，形成了一个以各个区域为活动范围和联系主体的经济网络。参加区域经济合作组织的国家，依靠本地区的有利条件，寻求更广泛、更深层次的合作，以取得加快本国经济发展的有利条件。1997年时，世界上就已经存在着24个大小不等、形式各异的区域性经济集团，参加的国家和地区达140多个。到目前为止，区域性经济和贸易合作组织已有100多个。目前，各个国家都在积极地找寻适合自己的经济集团并想方设法成为其中的一员，可见集团化趋势是今后国际经济合作的一大主流。

3. 经济合作形式多样化

目前国际经济合作形式除了以前的国际直接投资、国际信贷合作、国际租赁等形式，又诞生了很多新形式。①非股权形式的国际投资。早期企业海外投资多采用股权形式的投资，现在非股权形式的投资也日益增多。最常见的非股权形式的投资形式有技术授权、管理合同和生产合同等。②BOT投资方式。目前，BOT投资方式还出现了一系列的演变形式，如建设－拥有－经营（Build-Own-Operate）；建设－拥有－经营－转让（Build-Own-Operate-Transfer，BOOT）；建设－转让－经营（Build-Transfer-Operate，BTO）等。③带资移民。④其他形式。如带资承包工程、联合研究与开发新技术或新产品、劳务支付形式的补偿贸易、跨国性经济特区等新形式。

4. 国际经济政策协调趋于经常化、制度化

随着各国对外经济活动的规模和范围的扩大，国与国之间的经济依赖性在不断增强，生产要素在国际上的移动也开始加快，改善外部条件和利用国际资源已经成为各国的重要任务。而跨国的物质资源流动，不能单靠某个国家的政策干预，需要国家利益的平衡，因此，国际经济政策的协调必将频繁

发生。任何一种国际经济行为都反映了行为主体所追求的价值利益目标，各行为主体在目标实现过程中，必然会发生摩擦和冲突，甚至对立，国际经济关系中的矛盾普遍、大量、经常性存在是一种长期现象。解决矛盾需要协调，国际经济协调是国际经济关系中不同行为主体、国际经济组织为制定共同遵守的协议和法律法规等而进行协商的途径和机制，协调推动了合理竞争，缓解了矛盾冲突，最终促生合作。在全球化的进程中，国家间经济联系加深，一国的宏观经济政策的实施受到的外界干扰因素增多，宏观政策实施的难度加大，单靠个别国家的努力已无法解决问题，缺乏国际经济政策协调将代价高昂。

（二）中国参与国际经济合作的原则

改革开放以来中国积极参与国际经济合作，不仅铸就了中国经济大国地位，而且向世界展示了“负责任大国”的胸怀。但真正的负责任大国，只有强国才能担当。依据当代国际经济合作中出现的一系列新特征，融入相互依存的世界，以开放大国姿态积极参与全方位国际经济合作是实现由大国向强国转变的必由之路。

1. 运用前瞻性思维，主动应对

当前世界经济正在经历着一个深度调整期，各国都在考虑下一个增长点在哪里，技术突破点是什么，在这期间，大量新技术在孕育，新标准在制定，新规则在产生。而对 TPP 和 TTIP 制定的新标准，不能简单地认为“美国主导的新一轮国际规则将更加严格，更具有针对性，实际上主要意指中国”，按照如此思路，我们不是被打击就是跟在别人后面跑。对于市场规范、产业政策、贸易政策、法律框架，以及技术、劳工、环境、知识产权等泛贸易标准，我们不能总是认为自己是发展中国家，就应该采用低标准，而要认真思考和全面清理目前的市场规范和行业技术标准，站在超前的角度来重新制定与国际接轨的标准。作为开放大国，我们对世界经济中出现的新问题应进行前瞻性的研究，并制定前瞻性的解决方案。

2. 寻求更有效的途径化解日益增多的国际摩擦

2008 年美国爆发金融危机以来，各国经济都受到不同程度的影响。各国刺激经济的手段大同小异，欧美等发达国家也开始挖掘经济增长的潜在红利，都认识到国际贸易对经济发展的重要意义。美国促进经济增长最强劲的方法之一就是确保美国生产、制造的商品和服务能够销售到其他国家。欧盟也将贸易看作是未来促进增长的重要源泉。可以预见未来的国际贸易摩擦也将频繁起来。“劳心者治人，劳力者治于人”，制定掣肘别人的规则是最好的办法，所以 TPP 和 TTIP 的出现并不是一件偶然或者意外的事情。我们要做的不仅要对其经济恢复思路，以及背后彰显出的政治战略意图有清醒的认识，而且要调整对外经济策略，以更有效的路径参与国际经济协调和化解新的矛盾。

3. 制定切实可行和趋利避害的长期经济成长方略

中国的日益强盛或将影响到传统的世界政治经济均衡，引发一些国家的抵触情绪，一些国家经常将中国经济问题与政治问题搅在一起。对此，我们要有明确的立场和态度。第一，政治上需要强硬，不该让步的坚决不能让步，对一些与经济相关的政治问题，要谋定而后动，避免因急于发声而陷入被动；第二，应在政治互信和经济互利的基础上与其他国家展开合作；第三，从自身国情和发展条件出发，制定切实可行和趋利避害的长期经济成长方略。

4. 联合金砖国家集体发声，主动参与国际规则制定

从整体经济实力看，金砖国家 2012 年的国内生产总值占全球的 20%，贸易额占全球的 15%，对全球经济增长的贡献率超过 60%。IMF 预测，2015 年金砖国家经济总量将超过美国，GDP 增量将占世界增量的 1/3。从发展前景看，作为新兴的经济体，金砖国家的增长潜能巨大，它们完全有可能成为全球经济复苏的领跑者。从政治诉求看，金砖国家在全球治理方而有着共同利益，都希望通过广泛的合作获得更多话语权。目前，金砖国家合作机制日趋成熟，在影响世界经济与政治格局的同时又都被排除在 TPP 和 TTIP 之外，所以不断提高金砖国家的合作水平，联合金砖国家集体发声，主动参与国际规则制定是一个好的选择。需要注意的是，金砖国家同为发展中大国，虽然经济相似性高，然而发展水平不均衡，而且政治和社会意识形态差距较大，合作中必有摩擦，所以，包容互信是在合作中应坚持的长期原则。

（三）河南省拓宽国际经济合作新空间的措施

2013 年 9 月，习近平总书记首次提出共同建设“丝绸之路经济带”的战略构想。2013 年 10 月，习近平总书记又首次提出了共建“21 世纪海上丝绸之路”的战略构想。2013 年 12 月，党的十八届三中全会通过的《中共中央关于全面深化改革若干重大问题的决定》明确提出：“加快同周边国家和区域基础设施互联互通建设，推进丝绸之路经济带、海上丝绸之路建设，形成全方位开放新格局。”因此，在未来一个时期，推进“一带一路”建设将

成为中国建设开放经济新体制的重要立足点和着眼点。中国实施“一带一路”具有重要的战略意义。“一带一路”建设的战略决策，既为我国在新时期全面开创改革开放的新局面构建了优越环境，也有力地提升了河南省所具有的独特战略地位，为河南省释放新的经济增长潜力，培育开放发展新优势提供了难得机遇。在新的历史机遇下，河南省的应对措施有以下四个方面。

1. 加快基础设施建设，全力提升物流枢纽地位

要把基础设施互联互通作为优先领域，大力推进路网、水网、电网、信息网和生态系统建设，培育区域核心竞争优势。以发展航空、铁路、公路等基础产业为重点，构建现代综合交通体系，不断强化河南省在“一带一路”沿线区域中的交通枢纽地位。特别要充分发挥郑州航空港、郑欧班列、国际陆港等开放平台的作用，加快陆空联运体系建设，使航空、公路、铁路高效衔接，培育形成区域核心竞争能力。以加大国际性物流枢纽建设为目标、以实体网络为依托、以信息化为纽带、以现代物流技术为手段，构建物流产业的新优势。特别要以郑州航空港区为载体，大力推进国际现代物流基地建设，实现客运“零距离换乘”和货运“无缝衔接”，以提升河南省与“一带一路”沿线国家和地区的互联互通能力。

2. 加强合作交流，推进开放发展

加大面向“一带一路”的招商引资，突出招大引强，创新招商方式，优化招商环境，强化招商实效。抓住当前“一带一路”建设的重大机遇，坚持“引进来”和“走出去”相结合，处理好向东开放和向西开放的关系，深化交流合作，加速转型发展。做好产业承接和产能转移，优化产业结构。丰富和完善产业集聚区、中心商务区、特色商业区等载体的功能，积极构建有影响的、高水平的合作交流和开放发展平台，加大项目引进和建设力度，夯实发展的产业基础。着力引进关联企业，拉长产业链条，促进优势和特色产业集聚集群发展。鼓励外资投向先进制造业、高新技术产业、现代农业及物流、商贸、旅游、医疗、金融、教育、科技、文化等服务业产业。转变外贸发展方式，利用好国际国内两个市场、两种资源，大力开拓海外市场，在更高层次、更大范围上参与国际合作和竞争。优化进出口商品结构，重点支持高新技术产品的生产，扩大劳动密集型产品和特色农产品的出口。巩固旅游、运输等传统服务贸易的出口，加强与沿线地区的合作，支持化工、有色、钢铁、建材、纺织等传统产业创新发展，积极到“一带一路”的省外区域拓展产业空间。鼓励优势企业在“一带一路”沿线建立生产基地、批

发市场及售后服务体系。鼓励优势工程机械、装备制造企业和施工企业走出去，在“一带一路”沿线区域开展经贸和工程承包业务。要用开放的思维增强城市对区域合作的支撑实力，着力提升郑州、洛阳、开封等主要节点城市的辐射带动作用，强化它们与其他战略节点城市的产业对接与发展合作。

3. 深化体制改革，增强发展活力

以改革激活力，促发展，着力破解体制机制障碍，构建融入“一带一路”建设的优越环境。应认清河南省的省情实际，以实现政策沟通、道路联通、贸易畅通、货币联通和民心相通“五通”为取向，面对对外开放出现的新特点，全面深化改革开放。要以构建开放型经济新体制为目标，破除制约开放发展的制度性障碍，不断提升贸易便利化水平。全面放宽市场准入，在郑州、洛阳等重要的节点城市探索实施负面清单管理制度，放开一般制造业，有序开放金融、文教、医疗等服务业，放开育幼养老、建筑设计、会计审计、商贸流通、电子商务等行业的外资准入限制。特别是郑州市要加速推进自由贸易区的申报工作，认真学习上海自贸区的成功经验，构建开放发展新格局。特别要继续创新海关监管模式，进一步完善综合保税区功能，增强通关能力。同时，深化资源配置、行政审批、收入分配等方面改革，营造宽松发展环境。

4. 强化人文交流，实施人才战略

“一带一路”沿线国家与地区的发展阶段不一，历史文化宗教不同，自然禀赋存在较大差异，搞好开放发展，必须进一步推进教育文化的合作交流，创建人才和智力优势。要充分发挥河南省拥有的文化资源优势，深入开展与沿线国家的文化艺术、科学教育、体育、地方经贸合作等领域的友好交往，加深同沿线各国人民的友好感情。同时，挖掘中国民间及海外华侨华人的潜力，创造出更多沿线区域喜爱的优质产品。依托郑、汴、洛等地丰厚的历史文化底蕴，发展特色文化旅游创意产业，开辟精品旅游线路，吸引众多的沿线国家游客到河南省内观光旅游，促进人员交往，夯实与这些国家及地区合作的人文与经济社会基础。以人才兴业、兴区为突破口，大力推进“一带一路”战略实施中的高素质人才建设。采取培育本土人才与引进外地人才相结合的方式，围绕区域合作对经贸、文化、科技及各类项目建设等多方面的实际需求，通过院校培养、办班与出国培训，加大涉外人才培养力度，特别要着重培养一大批具备娴熟的外经外贸专业技能、熟悉知识产权规定的各类专家型优秀涉外人才，形成高水平的涉外人才队伍，为加快河南省融入“一带一路”的建设步伐，促进区域开放发展与合作共赢提供有力的智力支持。

二 扩展国内区域合作新空间

（一）国内城市群概况

城市群是以单个或若干个中心城市为核心，依托区位优势、交通通信等基础设施优势、科研和人力资本优势，辐射和带动周边城市与区域，形成的城乡一体化协调发展的新型城市功能地域。在经济全球化和区域经济一体化的大背景下，城市群已经取代单一的大城市或都市区成为新的空间区域支配形式，代表了我国经济发展战略格局中最具活力和潜力的战略支撑点。

自新中国成立至20世纪80年代，我国区域开发政策坚持“均衡发展战略”，并未形成城市群发展格局；我国城市群真正形成是在改革开放之后。20世纪80年代，我国确立外向型经济发展战略，区域开发政策转向“非均衡发展战略”，东部地区依托较好的区位条件，率先获得发展。在此过程中，各种经济资源开始逐步向东部沿海地区聚集，都市圈开始出现，长三角城市群已具雏形。90年代，我国各类开发区开始密集出现，成为推动我国经济发展的一个重要地域单元。在这一过程中，我国三大城市群开始形成。21世纪初，随着区域发展差距的逐步扩大，我国区域开发政策适时进行了调整，由“非均衡发展战略”转向“区域协调发展战略”，而“西部大开发”“中部崛起”“东北振兴”等战略的相继提出，为我国城市群快速发展提供了有力支撑。现阶段，新型城镇化发展战略的提出更为我国城市群持续发展提供了战略保障。目前，我国已经形成了几个大的城市群。国内著名的几大城市群如下。

1. 长江三角洲城市群

1982年，中央政府决定成立上海经济区规划办公室。1983年3月，国务院常务会议正式做出建立以上海为中心的长江三角洲经济区的决定。后因南京等地没有被划入经济区，因此将其改称上海经济区。上海经济区包括上海市及其所属10个县，江苏省苏州、常州、无锡、南通四市及其所属18个县，浙江省杭州、嘉兴、湖州、宁波、绍兴五个市及其所属29个县、区。1984年12月，国务院批准上海经济区的范围由上海市及江、浙两省九市扩大为四省一市，即江苏、浙江、安徽、江西四省全部和上海市。上海经济区包含了当时的上海都市圈、南京都市圈和杭州都市圈等，随着城市间经济联系的不断增强，上海经济区逐步演变为世界六大城市群之一的长江三角洲城市群。

长江三角洲城市群的形成与发展和我国工业化进程是高度契合的，伴随着国际产业大规模向长三角地区转移，20 世纪 90 年代后期，该地区逐步成为全球重要的制造业产业基地，域内各城市进行了诸多的产业分工协作，联系密切，长江三角洲城市群开始形成。长江三角洲城市群区位条件优越，处于我国长江“黄金水道”与东部“黄金海岸”的交叉地带，无论是对外贸易，还是对内经济联系都极为方便。

2. 京津冀城市群

京津冀城市群是典型的“双核心”城市群，域内有两个人口规模超过千万的“超大城市”。在京津冀城市群的发展过程中，北京与天津之间的竞争关系一直左右着地区发展方向。1949 年之前，天津市一直是华北地区的经济中心和航运中心，人口规模和经济总量均超过北京。1953 年，北京市编制了《改建和扩建北京市规划草案要点》，指出：“首都应成为我国政治、经济与文化中心，特别是要把它建设成为我国强大的工业基地和科学技术中心”，随后北京市工业增加值占 GDP 的比重逐年上升，并超越天津。两地关于北方经济中心的争夺一直持续到“十五”末期，直到北京在《国民经济和社会发展第十一个五年规划纲要》中将城市定位进行改变，“默许”天津作为北方经济中心，两地竞争关系才开始逐步缓和，区域合作也开始加速。

按照国家发改委的界定，京津冀城市群包括北京市、天津市和河北省的石家庄、保定、秦皇岛、唐山、廊坊、承德、沧州、张家口八个地级市及其所属的通州新城、顺义新城、滨海新区和唐山曹妃甸工业新区。京津冀城市群区域面积为 16.68 万平方公里，人口为 6400 万人。

3. 珠江三角洲城市群

1994 年 10 月 8 日，广东省省委首次正式提出“珠三角”概念。“珠三角”最初由广州、深圳、佛山、珠海、东莞、中山、江门 7 个城市及惠州、清远、肇庆三市的一部分组成。后来，“珠三角”范围调整扩大为由珠江沿岸广州、深圳、珠海、中山、惠州、江门、佛山、东莞、肇庆 9 个城市组成的区域。珠三角地区拥有我国第一批 4 个经济特区中的 2 个——深圳和珠海，可以说珠三角地区是我国最早实行改革开放的地区。随着大批港澳台投资的涌入，珠三角地区快速完成工业化的初级阶段，在“三来一补”模式的支撑下，迅速成长为“世界工厂”。现阶段，珠江三角洲城市群的部分城市之间、城乡之间的界限已经越来越模糊，形成了绵延百余公里的城市连绵区。珠江三角洲城市群是我国经济总量第三大的城市群，也是我国三大城市群中唯一的省内城市群。

4. 其他城市群

“十五”期间，全国形成十大城市群发展格局。到2005年底，全国范围内共形成了十大城市群，即长江三角洲城市群、京津冀城市群、珠江三角洲城市群、山东半岛城市群、成渝城市群、辽中南城市群、长江中游城市群、中原城市群、海峡西岸城市群和关中城市群。“十一五”期间，全国的城市群增加到23个。截至目前，我国已经形成23个发育程度不同、规模不一的城市群。具体包括京津冀城市群、山东半岛城市群、长江三角洲城市群、海峡西岸城市群、珠江三角洲城市群、长江中游城市群、中原城市群、长株潭城市群、江淮城市群、环鄱阳湖城市群、晋中城市群、成渝城市群、关中城市群、呼包鄂城市群、天山北坡城市群、银川平原城市群、滇中城市群、南北钦防城市群、兰白西城市群、酒嘉玉城市群、黔中城市群、辽中南城市群、哈大长城市群。

（二）国内城市群之间的基本关系——竞争与合作

1. 国内城市群之间的竞争①

中国不同区域之间的利益冲突始终存在，只是在不同的时期，由于政治体制、经济体制、区域发展格局不同，竞争的性质、内容、表现形式存在较大差异。随着城市群逐步成为国家区域经济发展的载体，地方政府之间的利益冲突逐步演变为城市群之间或城市群内部的竞争。早期，由于主要的经济资源始终控制在中央政府或上一级政府手中，地方政府之间的竞争表现为地方政府为争抢上一级政府分配的物资、财政资金而展开的较量。现阶段，城市群之间或城市群内部的地方政府之间的竞争形式多样、领域广泛。

第一，资本争夺。我国是在“一穷二白”的基础上发展经济的，因此我国政府对资本强烈依赖。1993年实施财政分权后，地方政府在很大程度上成为自负盈亏的经济实体，成为我国经济发展初期的竞争主体，地方政府对资本追逐激烈。同时，在我国中央政府决定地方政府官员的升迁，中央政府对地方官员的主要考核指标为GDP的增长速度的大背景下，地方官员的

① 司林杰：《中国城市群内部竞合行为分析与机制设计研究》，博士学位论文，西南财经大学，2014。

升迁竞争加剧了资本的稀缺性。我国地方政府追逐资本的冲动处于一种持续、狂热的状态。为了吸引外来资本到本地投资，地方政府之间展开激烈竞争，在土地使用、税收、项目审批等方面为投资企业提供尽可能多的帮助，甚至不惜放松规制。

第二，开发区建设之争。开发区是指一个国家或地区为吸引外部生产要素、加快自身经济发展而划出一定范围并在其中实施特殊政策和管理手段的特定区域。1984 年，中央政府正式批准了大连、秦皇岛等 14 个经济技术开发区，这标志着中国开发区的正式诞生。20 世纪 90 年代，我国各地掀起开发区建设热潮。截至 2012 年年底，国家级经济技术开发区已经达到 171 家，其中东部 84 家，中部 49 家，西部 38 家，可谓“遍地开花”。[①] 各地区竞相建立开发区的原因是，一旦开发区建设获得批准，地方政府将获得各种优惠政策，而且开发区的“级别”越高，其自主权利越大、所能得到优惠条件越多。地方政府的开发区竞争实质上还是为发展当地经济而展开的“稀缺资源争夺战”。

第三，城市发展定位竞争。城市发展定位之争多发生在同一城市群内部经济实力比较相近的城市之间。比如，珠江三角洲城市群的两大核心城市——广州和深圳——的城市发展定位之争。两个城市距离接近、经济实力相近，两地的“中心之争”异常激烈，持续了接近十年。2003 年 1 月，深圳市政府提出把深圳建设成为区域性金融中心，并出台了“金融十八条”。一年之后，广州市政府也提出“把广州建设成为带动全省、辐射华南、面向东南亚的区域金融中心”，制定了与深圳“金融十八条”相仿的《关于大力发展广州金融业的意见》。在 2005 年和 2006 年的两会上，这种争夺达到了白热化。在实际经济发展过程中，广州与深圳在“华南经济中心”“华南金融中心”“华南物流中心”等多个层面展开了竞争，两地的发展定位之争有愈演愈烈之势。再如，2005 年之前的北京与天津的“北方经济中心”“北方金融中心”的争夺，现阶段沈阳与大连的“东北地区金融中心”之争，成都与重庆“西部核心增长极”“中心城市”之争，等等。

第四，交通区位优势竞争。“火车一响，黄金万两”，有利的交通区位优势是区域经济发展的重要助推条件。从中国的发展实践看，有竞争力的城市群或城市群内部的构成城市多分布在交通便利的地方。在铺设新的交通网

① 引自《2013 中国开发区投资建设与转型升级研究报告》。

络时，为了抢占新的交通网络的重要节点，各地政府之间的争路之战时有发生。如在高铁的修建过程中，围绕高铁走线、设站问题，多地官民齐上阵、内外联动、花样频出，争夺之战十分激烈。如建设沪蓉沿江高铁的消息发布后，荆州和荆门两地的民众上演了激烈的高铁争夺战。沪昆高铁规划制定时，湖南省邵阳市和娄底市也展开了竞争。郑万（河南郑州至重庆万州）铁路建设时，河南省的邓州市和新野县为争夺高铁站的设站，久争不下。

第五，农民工争夺战。随着中国人口出生率的下降，中国的“人口红利”逐步消失，在经济相对发达的地区已经出现用工成本上升，招工困难的局面，即使是人口众多的河南省也出现了招工难的问题。每逢春节过后，东西部就开始打起农民工争夺战，东部一些用工企业开着长途大巴奔赴内陆地区接农民工回去，而西部政府和企业也想方设法把那些回家过年的农民工留下一部分。有些东部企业还打出“亲情牌”，每年暑假接农民工子女与父母团聚。各地政府也出台了各种优惠措施，如多地的地方政府推出了创建用工信息平台、加大农民培训力度、建立健全劳工保障体系、建设保障房、方便农民工子女上学等措施。

2. 国内城市群之间的合作

1978 年改革开放后，我国出台了多项旨在加强区域合作的文件。1980 年发布了《国务院关于推动经济联合的暂行规定》，1984 年出台了《中共中央关于经济体制改革的决定》，1986 年国务院发布了《关于进一步推动横向经济联合若干问题的规定》。在国家政策和市场需求的双重作用下，我国不同地区间的横向经济联系逐步展开，各种区域经济合作组织不断涌现，到 20 世纪 90 年代初，横向经济联合组织多达 100 多个。但目前区域合作的内容并不深入。“十一五”以来，国家又密集出台了一系列旨在推动区域协调发展、深化区域合作与开放的政策文件，以推动跨区域合作的深入发展。

现阶段我国区域间合作在合作机制、合作方式、合作内容上都发生了较大变化。具体表现如下。一是区域合作领域不断扩展。区域合作已由简单的商品交换、人员交流和资源流动，逐渐转变为区域政策协调、产业分工协作以及区域一体化等。二是区域间合作方式不断增加。除了传统的区域博览会、政府洽谈会、媒体推介，区域合作向高新技术产业园、产业转移承接区以及合作经济区方向发展。三是区域合作范围不断扩大，突破行政地域的合作逐渐增多。四是合作机构不断优化，合作机构职能不断完善，合作中介机构不断涌现；以区域商会、行业协会为代表的新型合作机构在区域交流方面发挥着越来越重要的作用；区域合作机构体现出多层级、多角度的合作形式。五是区域合作手段日渐丰富。从注重区域政府间合作交流，向注重经济、文化、民生等方面的合作迈进，增强了区域合作的稳定性。

（1）区域合作主要模式

第一，以政府为主体的区域合作模式。以政府为主体的区域合作模式主要表现为政府是多数合作中的行为主体。这种模式主要源于我国计划经济体制时期对区域合作的诉求，因而，在我国区域合作的初期，政府扮演着重要的角色。在管理制度上，依靠政府的协调、行政手段，建立起区域内省、市之间的垂直管理体制，由政府来确定区域合作的内容和方式。我国的政府主导区域发展模式，既有中央政府主导、地方政府实施模式，也有地方政府自主开展的双边、多边合作模式。伴随着区域开放意识增强、区域“抱团竞争”现象加剧，城市间政府双边合作的比例不断提升。政府双边、多边合作具体可以表现为城市间“一对一”的合作、“一对多”的合作，以及“多对多”的合作。在这种合作模式中，合作的双方都将发挥自己的比较优势作为合作的基础，长期形成产业支撑，取得了经济利益。

第二，以企业为主体的区域合作模式。在市场经济的推动下，企业为追求利润最大化，会通过分工和专业化实现横向与纵向联合，企业之间的合作发展是推动区域间合作的直接力量。随着我国市场经济体制的完善，企业将成为区域经济活动的主体，企业将在市场规律的带动下，开展区域之间的企业联合生产与销售，以实现利润最大化。企业实现区域合作的具体途径是产业链的整合。

（2）区域合作不深入的原因分析

第一，缺乏硬性制度保障。缺乏硬性的制度约束和保障是我国城市群之间缺乏合作的重要原因。由于缺乏硬性的制度约束和惩罚措施，成员随意性较大，在参与会议协商、执行会议决定方面都有较大的随意性，即使参与合作也并不深入。比如在2011年召开的环渤海区域市长联席会议上，北京市仅派出了合作办公室的代表出席，北京方面对环渤海区域协作的消极回应，使环渤海区域合作一直难以取得实质性进展。同时，区域内经济合作组织缺乏法律保障。《中华人民共和国宪法》和《中华人民共和国地方各级人民代表大会和地方各级人民政府组织法》未对地方政府间合作组织做出明确规定，使经济合作组织无法树立权威，进而无法有效地实施协调合作。

第二，组织形式松散。当前我国区域合作组织大多处于初级阶段，组织内部管理形式和组织形式不完善，稳定性不足。具体表现为以下方面。一是城市群区域协调组织的参与成员城市不稳定。有些区域合作组织的成员城市存在随意退出的情况，例如，作为湘桂黔渝毗邻地区经济技术协作组织成员城市的柳州市、永州市、张家界就曾经在1998年退出过该组织，后又申请加入。二是城市群区域协调组织开展活动随意性较大。以长三角地区的协调组织为例，杭州、湖州、嘉兴、绍兴四地于2008年建立了联合环境执法机制，当年四地联合开展9次执法检查活动，而在2010年却只开展了两次联合环境执法行动。三是区域经济合作机构级别不高。现阶段，我国大部分城市群协调机构多挂靠在政府的某一职能部门之下。

第三，协调决议可操作性不强。我国区域合作近年来主要集中于旅游、贸易和劳务流动等方面，在金融合作、产业合作、科技交流等方面并没有明显改善，甚至个别地区出现倒退现象。主要原因在于，地方政府虽然认识到区域合作中存在的问题，但在保护地方利益的考量下，大搞地方竞争，人为阻碍资源在区域间流动。

第四，协调组织执行力缺乏。执行力对区域经济合作组织的发展至关重要。目前，很多区域合作组织的执行力不强。影响区域合作组织执行力的因素主要来自两方面：一是资源性因素，即人才、资金、资源；二是结构性因素，即合作组织职能、协调机制、管理能力等。从合作组织的设置来看，当前大多区域合作组织以简单的联席会议和论坛的形式存在，缺乏完善的组织结构；在组织职能方面，合作组织往往只有协调权而不具备决策权和监督权，这就使得组织难以将决策落实到实处，也难以对决策的实施情况进行反馈监督；从组织自身执行协议的能力来看，由于合作组织缺乏权威性，其在具体执行城市群协调组织的决议内容上也是心有余而力不足的。

3. 河南省与国内几大城市群合作的措施①

国内城市群之间合作力度的加大，需要中央政府和地方政府同时做出政策调整，才可能会实现。

第一，完善官员考核机制，提高地方政府区域合作激励。目前，我国中央政府对地方政府官员考核的主要指标是GDP，官员晋升的方式是“锦标

① 王延峰、胡美林：《河南与三大经济圈区域产业合作研究》，《决策探索》（下半月）2011年第3期，第24~25页。

赛”方式。在官员晋升锦标赛的方式下，地方政府缺乏合作的积极性。目前，跨区域政府之间的合作主要表现为：当城市群之间存在非竞争性项目时，如果项目能够促进自身经济增长，城市群之间的合作就具有可能性；但是如果项目对其他城市群经济增长的促进作用更强时，城市群之间的合作意愿将降低。如果某个项目的推进将带来“我得，同时你也得”，不能带来官员有效晋升，地方政府“搭便车”的意愿就比较强，因此在合作中就常出现“消极合作”态势。因此，我国应根据经济形势的需要制定合适的官员考核指标，同时应加大对跨地域地方政府合作的考核激励，从制度上保障地方政府之间合作的积极性。

第二，打破条块分割思维，设置统筹协调管理机构。尽管官员绩效考核机制变化可能会解决地域保护主义、进入壁垒、市场条块分割等问题，然而地方政府之间的竞争问题难以在短时间内得到解决。因此，为了加快区域合作，国家应成立专门统筹协调管理机构，运用行政手段和市场手段调节区际关系。中央政府应设立统筹协调区域发展专职机构——国家城市群统筹协调小组，来统一解决全国的区域协调问题。另外，对我国现有的一些区域合作组织、联席会议、市长论坛等进行改革，对其参与主体、组织形式、召开时间、讨论内容、决议形式进行规范，确立其权威性，使之具备协调管理、信息沟通等功能。建立健全区域利益协调机制，成立区域产业合作组织机构，形成类似于长三角区域内的主要领导年度会晤制度、长三角城市协调会、沪苏浙经济合作发展座谈会等机制，以此推动各方的密切合作，打破行政区划障碍，扩大市场合作范围，形成统一市场。

第三，进一步扩大开放，全面提升开放水平。从绝对成本优势、相对比较优势、规模经济、产品周期、需求偏好相似性等多个角度，都能得出一个结论：如果两国能够积极参与国际贸易，则能够实现双赢，提高社会福利水平。我国地域辽阔，各地的资源优势和经济基础不一样，所以通过优势互补，积极进行合作也能获取双赢。因此，各地的地方政府应解放思想，以积极主动的姿态推行全方位的开放，不断拓宽合作领域，提高合作规模。对于河南省政府来说，应健全完善各种生产要素市场和服务市场，促进河南省与三大城市群之间生产要素、商品、服务的自由流动和自由交易，积极吸引三大城市群高级生产要素进入河南省，提高河南省参与国际、国内产业合作与竞争的能力。

第四，建立健全河南省与三大城市群的产业合作机制。不同城市群之间合作的根本动力是不同产业圈的产业链分工协作。产业链是不同产业聚集体的联合，其空间分布形式为“大范围分散、小范围聚集”，而产业集群则是产业链的聚集体，两者协调统一。不同集群的企业主体，其生产，贸易，技术、信息交流等活动跨越行政边界，而把基于同一产业链条的不同区域内的产业集群整合起来，形成城市群内部或城市群之间的产业分工体系，则是城市群之间合作的必要条件。目前，河南省与几个发达城市群的经济合作主要是产业链的纵向合作，在产业同一节点上的横向合作较少。这个主要是因为河南省与其他几个城市群的经济发展差距较大。因此，在今后的发展中，河南省应该调整、优化产业结构，统筹区域产业合作规划，发展互补性产业和特色优势产业，重点支持主导产业和先导产业的对接与合作，推动现代产业体系建设。通过政策规范，逐步形成一个有利于三大城市群向河南省转移产业的市场准入机制和退出机制，促进产业有序转移。

第五，加大跨区域的技术合作。科技创新已经成为提高综合国力和区域竞争力的决定因素。城市群地方政府之间开展科技合作，对增强区域创新能力，实施创新驱动发展战略，促进城市群工业化、信息化、市场化和国际化都具有重要意义。首先，城市群地方政府之间的科技合作有利于各行政区科技资源优势互补。由于受历史、自然、区位等因素影响，科技资源的分布，东部地区优于中西部地区，经济发达地区优于落后地区，中心城市优于边远城市。这就决定了在区域创新体系建设中，各行政区“单枪匹马”很难形成强劲的竞争力，需要通过政府之间的科技合作形成合力来提升城市群生产力的整体水平。其次，城市群地方政府之间的科技合作有利于提高城市群科技创新水平。城市群政府以产学研结合为载体，合作共建科技创新平台，能够提高产业和产品的科技含量，降低生产成本，创造更高的效率和效益；能够推动行政区之间人才资源流动，汇聚科技人才，发挥人才集聚效应，对重大科技项目进行联合攻关，提高科技创新水平。再次，城市群地方政府之间的科技合作有利于促进科技扩散和推广。最后，城市群地方政府之间的科技合作有利于经济圈可持续发展。

第六，加大跨区域的生态文明建设方面的合作。生态问题已成为影响区域可持续发展的难题。全球环境生态是一个大系统，由分布在若干区域的子系统组成，具有区域整体性特征，这一特征决定了城市群生态环境的保护必须以政府合作为前提。2005 年，松花江污染事件就是一起严重的跨界水污染事故。环境生态系统的区域整体性特征还表现为环境治理的正外部性。中国的主要水系、山脉、草原和植被等生态屏障都是跨行政区的。一旦地方政府各自为政，只顾辖区眼前利益，跨区域生态破坏和环境污染问题必然增多，行政区之间的摩擦、纠纷、冲突也会相应增加，区域协调发展就会面临更多的障碍和考验。所以，城市群政府必须加强生态合作，促进区域经济又好又快发展。

三　拓展中原经济区内部的合作空间

（一）中原经济区上升为国家战略

改革开放以来，我国经济发展曾呈现出“东部地区加速发展、西部地区积极推进、东北地区重振雄风，而中部地区继续凹陷”的格局。为实现东、中、西部经济全面、协调、可持续发展，时任国务院总理的温家宝在2005年的《政府工作报告》中提出了“中部崛起”的战略思想。2011年9月28日，《国务院关于支持河南省加快建设中原经济区的指导意见》正式出台，标志着中原经济区正式上升为国家战略。2012年12月3日，党的十八大刚闭幕，国务院就正式批复了《中原经济区规划（2012～2020年）》，中原经济区建设进入了整体推进、全面实施的新阶段。中原经济区面临着前所未有的良好政策环境与机遇，如何牢牢抓紧这个机遇促进整个河南省以及区域内其他城市的腾飞，成为中原经济区区域内各地方政府思考的重大课题，由此，加强政府合作无疑成为区域内各地方政府间的共识。

（二）中原经济区经济空间结构及其发展变化

中原经济区涵盖河南省18个省辖区和山东省菏泽市，河北省邯郸市，山西省长治市、晋城市、运城市，安徽省亳州市，共24个省辖市。整个经济区经济总量值及发展规模仅次于长三角、珠三角及京津冀都市经济发展区，位列全国第四位，发展势头猛进。

中原经济区的总体发展水平体现在四个方面。①中原经济区经济水平一直低于全国平均水平，但自20世纪80年代以来，中原经济区经济发展速度较快，从1990年至今人均GDP增速基本高于全国人均GDP增速。随着经济高速增长，中原经济区经济结构处于转化过程中，表现为第二、第三产业发展迅速，第一产业所占比重不断下降。②中原经济区经济发展的空间变化为：在空间分布上，发达县域更加集中，主要集中于豫北郑州、焦作、新乡、鹤壁和豫西的三门峡市；市辖区依然是经济发达区域的主体。③在中原经济区大力实施中心城市带动战略下，经济空间格局两极化发展趋势明显。

发达县域和落后县域的数量都在增加，次发达县域和欠发达县域的比重持续降低。在经济空间结构形态上，经济呈高空间集聚状态的县域由集聚带向外扩散，经济发展空间集聚效应显著。④经济中心处于扩张中，带动作用凸显。目前中原经济区的经济活动在空间上主要集中于两轴，即郑汴洛重点发展轴线（东西发展轴）和郑新许漯重点发展轴线（南北发展轴）。⑤中原经济区经济增长与矿产资源开发、交通区位优势以及政府政策等有密切的关系。⑥中原经济区经济空间结构表现出空间正相关关系和结构复杂程度高的特征，经济空间结构是以低空间集聚状态为主导的经济空间结构类型。

（三）中原经济区地方政府间合作机制的构成

中原经济区涉及5省24个省级直辖市，它是以河南全省为主体，延及周边区域联动发展的经济发展协作体。中原经济区的整体发展对行政区划分割下各级政府的协调、合作提出了挑战。只有强有力的地方政府间合作机制才能实现政府之间的合作，常见的地方政府间合作机制有四个。

1. 区域信息共享机制[①]

信息交流是区域政府合作的基础，是区域内地方政府是否愿意建立真正合作关系的重要指标。信息资源又是当今社会最重要的战略资源，信息资源的开发与共享，也是区域内地方政府之间寻求共同发展商机、加速要素流动、降低交易成本的重要条件。良好的信息交流与共享可以为中原经济区内各地方政府合作决策提供信息支持，是提高区域合作质量，加快区域内经济发展水平的战略选择。如何在中原经济区建设中实现地区间信息共享的通畅性，是目前构建地方政府间合作机制的重要方面。

2. 区域政策协商机制

地方政府间的政策协商效果是跨区域地方合作有效运行的基础。在中原经济区建设中，由于有着不同的地域行政规划以及地方发展实践，各个地方政府形成了不同的发展规划、管理习惯、产业布局、基础设施铺设，公共服务也各具特色。在区域一体化的进程中，这些存在巨大差异的地区政策可能会阻碍地区间合作。因为各地方的政策一般都是局限于本地区发展的地区性政策。由于各地区并没有统一的整合规划，会出现各地产业机构同质、重复建设、恶性竞争，以至于资源不能得到有效配置的现象。同时，如果缺乏制度化的议事、决议和运行机制，政策协商的成果就不能得到有效落实，最终

---

① 张雅娟：《中原经济区建设中地方政府合作机制研究》，博士学位论文，郑州大学，2014。

造成政府间合作困境，限制地区间合作。

3. 区域利益协调机制

地方利益增加是地方政府合作的最终目标和原动力。地方利益分为短期利益和长期利益，两者在时间上的契合度并不会完全一致。由于各地区的发展方式不同、资源条件不同，各地区经济发展水平也不相同，这就意味着在合作中必然会存在利益冲突。地方政府追求任期内的短期利益可能会出现合作冲突，如果没有有效的利益协调机制，区域间政府合作效率就会低下，合作成本就会增加，合作可能面临解体。即使地方政府间合作成功取得区域整体利益的增加，但是利益分享的机制是否合适也会影响到合作能否持续。这就需要构建合适的利益分享机制、补偿机制，维护经济体合作的原动力，促进区域地方政府间合作的进展。

4. 区域合作监督约束机制

区域合作是平等的地方政府之间的合作，地方政府之间并不存在彼此的强制性，这样的合作体制架构导致地方政府之间达成的决议推动力不强、约束力不强、执行力效果不佳，最终影响中原经济区政府间合作的进程。纵观中国地方合作实践，长三角经济区、珠三角经济协作区以及京津冀经济区在建设中都出现了这样的问题，原因都在于起初未能建立有力的区域合作监督约束机制。只有建立了区域性的监督约束机制，区域合作才能够排除外力干扰，走向长远发展。

（四）推进中原经济圈发展的战略措施

1. 以经济圈理念推动中原经济圈发展

经济圈是依托一定的城市群，在广域空间内实现对各种经济要素的优化配置的经济发展的一种空间组织形式。经济圈建设对于区域经济发展的重要作用已经被许多发达国家和我国的实践证明。改革开放以来，全国相继形成了多个以“都市经济圈”“城市群”“城市带”命名的经济协作区域，它们已成为区域经济发展的主导力量。其中珠三角经济圈、长三角经济圈和京津冀经济圈最为典型，这三个经济圈的经济发展水平最高、综合实力最强，创造出了经济连续高速发展的奇迹。因此，目前单个城市已经无法抗衡某个地区经济圈，以城市圈为单位的区域间整体竞争必将成为今后主要区域竞争的主体。在东部地区一直保持强势极化效应的区域竞争环境下，中原经济圈的发展必须破除原有的拘泥于单个城市的发展思路，构建重点突出、体系全面、具有竞争实力的经济圈，通过发挥大城市圈作为区域经济的核心与增长极的辐射作用，通过城市圈内各个城市的相互延伸、汇合带动区域协调发展。

2. 推进中原经济圈内经济体的协调合作

区域经济差异过大会阻碍区域经济协调发展，影响中原经济圈、中部崛起战略的实施绩效，因此，缩小中原经济圈内各城市群之间的经济差异，加强中原经济圈内经济体的协调发展是当前的重要任务。为了促进中原经济圈内经济体的协调发展，政府应做好以下几方面的工作。首先，应建立专门的中原经济圈区域协调专职机构。其次，运用多种手段，在中原经济圈的视野内统一规划和管理区域内的各种资源，如土地资源、能源资源和水资源。推动能源体制和投融资体制改革，加强区域能源合作，完善能源市场体系，促进能源基础设施资源的市场优化配置，实现区域能源建设项目的共建共享。再次，制定实施科技联合自主开发政策。在中原经济圈的核心发展圈内，城市和地区要相互开放重点实验室、工程技术研究中心、大型公共仪器设备等，共同建设科技成果交易、科技信息服务等资源共享平台。要在主导产业领域，完善科技合作创新体系和技术联盟长效机制，联合占据几个产业技术制高点，形成区域科技创新和成果转化基地；联合开展核心发展圈的科技人员轮岗交流、职业技能培训等，逐步培育一批国内优秀的科研团队，尤其要使高科技人才在核心发展圈内的所有城市享受同等待遇，为整合利用人才资源搭建平台；制定实施信息资源共建共享政策。复次，要加快核心发展圈内众多城市之间的信息基础设施建设，共同构建包括电子商务、远程教育、远程医疗、社会公共数据库在内的跨区域信息资源共享平台，建设信息畅通工程，完善区域综合信息协作交换机制，联合进行区域内信息技术的推广与应用，共同推动信息产业发展；连通核心发展圈内政府局域网，推动电子政务的联合应用。最后，制定实施产业联动发展政策。核心发展圈内城市要明确各自特色，把优势互补的产业作为发展重点。对于重点扶持、限制及巩固发展的产业要进行统筹规划和统一调控，避免重复建设和相互间不必要的竞争；要积极平衡核心发展圈内城市在招商引资、财政、税收、投资、用地等方面的优惠政策，避免地区间政策不平衡引发的恶性竞争。

3. 在经济圈的整体思路下，优化产业结构

一个成熟的经济圈经济应该具有合理的产业分工和布局结构。然而中原经济圈产业结构中最大的问题是产业结构趋同化，产业层次水平低，各地市的产业门类都比较齐全，产业的地域特点不甚明显，主要行业和产品生产的

空间分布均衡化，集中度下降，呈低水平的重复状态。因此，各地要因地制宜地确定各自的发展目标和发展模式，明确产业分工重点，实现中原经济圈产业结构的合理布局。中原经济圈内的城市应根据比较优势和竞争优势的原则，确定主导产业，错位发展。只有这样才能提高经济圈内的协同效率和专业化水平，提高整个区域的对外竞争力。错位发展要求各城市科学合理地分析市情，从经济圈整体发展的高度，确定产业发展方向，选取最适合自己的产业。这要求经济圈的中心城市要发挥好局部中心的功能，将重点放在发展高附加值、高技术含量的产业上，增强对核心发展圈城市产业的配套能力。同一圈层内的城市之间，要多加强横向合作，减少和避免产业过剩和恶性竞争。

4. 激发推进型企业在区域发展中的极化与扩散作用

极化效应是指迅速增长的推进型企业和产业，引起区域内外的资源、要素和部分经济活动迅速向增长极聚集而形成的产业集中和地理集中的过程。一般认为，极化效应来自推进型企业与其前后生产关联的企业之间存在的相互作用和产生的乘数效应。所以，作为区域中具有支配地位的推进型企业，其组织变化和空间变化在整个区域经济变化中占主动地位。

推动型企业在增长极中所发挥的作用主要有前向关联效应、后向关联效应、旁侧关联效应和自我极化效应。从后向关联效应的角度分析，如果推动型企业的生产方式是产品的整机生产，它的蓬勃发展可以形成以整机带动配套、以配套促进整机的良性循环，可以推动零配件生产商向中原经济圈集聚。从旁侧向关联效应的角度分析，推进型企业会对地区经济产生普遍影响，如推动基础设施建设、第三产业发展。随着航空港集聚规模的加大和社会分工的加剧，越来越需要分工更为专业、功能更为强大的服务性企业来整合自身的技术平台和服务平台，以进一步做强自己的核心业务。这样，便显著增加了对服务性中间投入的使用，也吸引众多国内外著名的生产服务型企业聚集于中原经济圈。这种旁侧效应不仅会增加中原经济圈的经济总量，而且在推动制造业增长的同时，带来了第三产业同步增长，使中原经济圈向功能多样化、服务业发达的方向转变。从自我极化效应的角度分析，推动型企业不仅有助于吸引相关企业聚集于中原经济圈，而且可通过对原有工厂的继续投资，建立新的部门和工厂，将自身位于其他地区的部门迁往中原经济圈，持续向中原经济圈集聚。推动型企业向中原经济圈进一步聚集将带来新的极化效应。

因此，为了推动中原经济圈的发展，中原经济圈的各级政府必须抓好国际产业转移、东部地区产业转移的历史机遇，加大对大型企业、成长性企业的招商力度，诱发推动型企业散发极化效应。具体措施如下。①依托各地产业集聚区平台，围绕产业集聚区的主导产业，加大招商引资力度，提升产业集群发展水平。首先，要继续招大招强，提高龙头企业的带动能力。其次，针对主导产业进行延链、补链、强链的招商，招商不仅要招大招强，提高龙头企业的产业带动能力，而且要引进一些小规模企业，建立健康的产业链生态群，只有这样才能发挥产业集聚效应。最后，要根据经济形势适时变换调整主导产业。②使招商形式多样化，提高招商引资效率。目前，新建产业集聚区普遍存在招商不足，入驻企业少的问题。政府应提高招商引资的激励强度，构建多种招商平台，采取上门推介、产业招商、园区招商、项目招商、联合招商等模式，同时应采取分产业、分企业的差异化招商策略。特别要通过完善产业链条来增强企业间的合作，增强产业链条的吸引力，增强企业的根植性。

第八章
全面深化改革与中原经济转型升级

在经济新常态下，如何通过全面深化改革，使经济社会发展方式适应经济新常态是摆在中原面前，需要解决的重要问题。经济结构升级是以产业结构升级为基础的，经济发展方式转型是以技术创新为基础的。在党的十八届五中全会的指引下，在“中国制造 2025”大战略中，在新型工业化、新型城镇化、信息化和农业现代化“四化”协调发展的推动下，只有坚持创新发展、绿色发展、协调发展、开放发展和共享发展新理念，才能把中原经济转型升级落到实处。

第一节　中原经济转型升级

近年来，我国制造业和服务业逐渐成为全球价值链的重要环节，但由于缺乏关键技术和品牌营销能力，总体上主要从事加工组装和配套服务业务，多数企业嵌入在全球价值链的低端环节。如何通过技术与管理创新推动产业由低附加值的“组装加工”环节向高附加值的研发设计、品牌营销等高端环节持续攀升，适应新产业革命和应对发达国家“再工业化”战略带来的机遇与挑战，成为经济新常态下中原经济转型发展面临的现实问题。

一　经济新常态对中原经济转型升级的影响

现阶段，全球经济依然处于国际金融危机后的深度调整期，发达国家利用新产业革命成果积极实施“工业 4.0”战略，改造已有工业体系和发展先进制造业[①]，通过发展电子、生物、新能源、智能制造等具有高附加值特征的先进制造业，构建具有全球竞争优势的现代新型工业体系[②]。中国也以强劲势头成为推动全球经济增长的中坚力量，但受全球市场疲软的影响，中国经济增长势头也开始明显放缓，逐步走向经济新常态。

经济新常态要求中原经济区摒弃粗放型发展模式，依靠技术与管理创新推动高端化发展。所谓经济转型升级是指从以组装加工为主的低技术、低附加值、高污染、高能耗的发展模式向以研发和品牌营销为主的高技术、高附加值、低污染、低能耗的高端环节持续攀升和发展模式转型的过程。长期以来，我国产业发展主要依赖于要素投入，产业结构升级缓慢，内生动力不足；参与国际产业分工的比较优势主要是资源和低成本要素，而缺少技术、品牌和营销等高端要素。[③] 尽管在 2013 年我国高技术产业总产值突破了 10 万亿元，产业规模稳居全球第二，计算机、移动电话、彩电、若干药物等产品的产量已经是全球第一，但主要从事组装加工业务，关键核心技术不足，产品附加值率过低，在全球价值链中处于低端地位；绝大多数高技术企业未申请过技术专利，拥有自主知识产权的企业仅占 0.03% 。面对新产业革命和发达国家“再工业化”战略的实施，经济新常态将对中原经济转型升级产生深刻影响，主要表现在以下几个方面。

首先，走向经济新常态意味着产品市场将发生深刻变化。在产品消费需求方面，具有模仿性特征的传统消费需求阶段基本结束，多样化、个性化的消费需求逐渐成为主流。现阶段，中原经济发展的瓶颈在于国内消费市场空间拓展缓慢，缺乏适应新产业革命带来的数字、智能、互联网和 3D 打印技术挑战的能力。亟待在保障和持续提升产品质量安全的基础上，通过工艺、产品和功能创新来激活市场需求，引导消费，释放消费潜力，为产业转型升级拓展市场基础。走向经济新常态还表现为全球市场需求不振，尤其是环境、劳动力和知识产权等成本的持续上扬，削弱了中原地区劳动力、能源、土地等方面的传统低成本优势。尽管依然存在着一定的低成

---

① 沈坤荣、徐礼伯：《美国“再工业化”与江苏产业结构转型升级》，《江海学刊》2013 年第 1 期，第 219 ~ 226 页。

② 张茉楠：《全球“再工业化”下的中国困境与战略突围》，《财经界》2013 年第 2 期，第 50 ~ 52 页。

③ 刘英基：《走向新常态的新兴经济体产业转》，《经济体制改革》2015 年第 1 期，第 117 ~ 121 页。

本出口优势，但加快培育适应新产业革命的比较优势，推动其有效应对全球竞争成为当务之急。经济新常态要求在竞争策略方面由传统的数量扩张、价格竞争战略向以质取胜、差异化竞争战略转变；全球市场竞争要求提升要素配置效率。

其次，走向经济新常态对生产组织产生深刻影响。从投资需求看，经济新常态意味着推动互联互通的数字技术、智能技术、信息技术和新能源技术领域的新业态、新商业模式的发展空间巨大。从产业发展方式看，以河南省为代表的中原地区在快速发展中存在着“组装加工”特征和高投入、高能耗、低产出特征，面临着经济转型升级的压力，光伏、钢铁等产业还存在着产能过剩问题。经济新常态意味着中原地区将面临研发创新、产业转型的压力，智能化、专业化、定制化、柔性生产将成为制造业、服务业的发展趋势。从生产要素相对优势变动看，在经济新常态下，由于人口老龄化和农村剩余劳动力转移能力减弱，劳动力工资上升趋势明显，依靠要素驱动的发展难以持续。经济新常态下的人力资本、技术进步在转型升级中的作用将日益重要，创新驱动将成为中原地区经济转型升级的根本途径。

最后，走向经济新常态对可持续发展提出急切要求。经济新常态意味着中原地区面临着通过风险防控和资源配置模式改革实现可持续发展的要求。从资源环境约束看，近年来，传统的高能耗、高污染的粗放型生产模式对生态环境的破坏十分严重，环境承载力已经接近临界值上限。资源节约与环境保护成为经济转型升级的基本目标，而多数产业未必是低碳环保产业，经济新常态意味着必须走绿色生态和循环发展之路。从经济风险防控看，随着经济全球化和产业产品内分工程度的提升，制造业和服务业的全球化生产、融资和销售，对产业的风险防控机制要求更高。从宏观调控和资源配置方式看，全面刺激政策对制造业发展的边际效果递减趋势显著，解决部分产能过剩和推动经济转型升级更需要发挥市场机制的作用，在全面把握总供求关系变化趋势的基础上，科学进行宏观调控和产业规制。

二　中原经济转型升级面临的全球挑战

经济新常态背景下，经济转型升级既取决于创新能力与发展阶段，也受全球分工模式与产业关联性变化等的影响。第一，新产业革命引起全球生产模式变革。新产业革命以绿色能源技术和信息技术革命为代表，以“互联网＋新能源”为聚合推动力，将信息技术、数字技术、网络技术与可再生能源相结合，对全球价值链分工和生产方式将产生深远影响。① 新产业革命将数字、智能、新材料、3D 打印技术以及互联网服务等组合应用到生产中，使现代产业呈现出数字化趋势。新产业革命将引导人类社会进入“数字化时代”“能源互联网时代”，导致产业组织模式、制造模式和交易方式等发生重要变革，从根本上改变现有的生产方式和产业组织形式，重塑全球产业分工格局。② 新产业革命将使数字化、信息化和智能化技术向制造业、现代服务业全面嵌入，传统生产流程将被打破，促使企业进行颠覆性技术创新。现阶段，中原乃至全国产业陷入低端锁定困境的主要原因在于创新能力弱，产品知识和技术密集度不高③，若不能有效提升技术创新能力，在全球价值链中的低端锁定困境将进一步固化。因此，产业发展要以创新为原始驱动力，以智力资源为重要载体，通过技术创新提升产业的全球竞争优势。新产业革命带来的现代信息技术、网络技术使企业与相关主体形成协同创新网络，实现信息、知识和资源共享，推动企业通过协同创新实现跨越式发展。这要求中原地区企业必须坚持自主创新和协同创新道路，加大对数字化制造、新材料等的研发投入力度。坚持企业的创新主体地位，构建产学研创新联盟，将科研机构、高校融入协同创新中。政府通过政策引导、扶持和激励产学研合作。

第二，发达国家通过“再工业化”与“工业 4.0”战略强化全球价值链竞争。全球金融危机之后，美欧发达国家对制造业在国民经济中的地位和价值重新进行了审视，纷纷提出了“再工业化”战略，运用新产业革命的技术成果积极发展先进制造业。④ 美欧等发达国家将发展先进制造业作为国家战略，试图在新产业革命中以革命性生产方式重塑制造业，德国、美国等纷纷提出了“工业 4.0”战略。德国“工业 4.0”战略的核心是构建智能化生产网络，包括建设基于“数字物理系统”的智能工厂，企业生产制造单元与研发、采购、销售等价值链环节的互联互通，以及企业间互联而构成更

① J. Rifkin, *The Third Industrial Revolution: How Lateral Power Is Transforming Energy, The Economy, And The World* (Palgrave MacMillan, 2011).

② 贾根良：《第三次工业革命与新型工业化道路的新思维》，《中国人民大学学报》2013 年第 3 期，第 43 ~ 52 页。

③ 赵志耘、杨朝峰：《转型时期中国高技术产业创新能力实证研究》，《中国软科学》2013 年第 1 期，第 43 ~ 52 页。

④ 张茉楠：《全球“再工业化”下的中国困境与战略突围》，《财经界》2013 年第 2 期，第 50 ~ 52 页。

高层次智能化生产网络，由此推动制造业由自动化向智能化、网络化转型升级，以图通过先进制造技术的突破，巩固其在信息技术、工艺、产品、高端装备等领域中的优势，维持其在全球价值链中的高端地位。与德国在发展先进制造业中强调智能化生产网络的“硬”制造不同，美国基于自身发达的软件和互联网经济，在推动新产业革命和吹响“工业 4.0”战略号角中侧重于通过“软”服务来保持自身先进制造业的长期竞争优势，其实质是发起一场“工业互联网”的革命。为了争夺全球产业竞争话语权，美国在金融危机以后，出台了一系列重振制造业的法案，包括 2011 年 6 月的“先进制造伙伴计划”、2012 年 2 月的“先进制造业国家战略计划”、2013 年 1 月的“国家制造业创新网络初步设计”等，强调通过先进数字化制造技术、新能源、新材料的应用保持其在全球制造业中的竞争优势。[①] 发达国家“再工业化”战略和“工业 4.0”战略必将加剧全球价值链竞争程度，对中原地区转型升级产生深远影响。

第三，新兴经济体之间的产业竞争更加激烈。面对新产业革命和发达国家“再工业化”战略的冲击，新兴经济体也积极制定了产业振兴与发展战略，积极利用自身优势发展高技术产业，着力从制造向研发、设计、品牌营销服务等高端创造转型，推动产业由劳动密集型向知识、技术密集型跨越。我国与其他新兴经济体在产业结构、市场销售等领域存在着雷同的问题，在资源、贸易等领域存在竞争，面临着难以实现合作推进产业转型升级的现实困境。如在资源、能源市场上，中国和印度为了争夺优势，竞相压价，而俄罗斯和巴西则相互抬价，结果使中印两国在能源资源竞争中两败俱伤。在电子产品和软件市场上也存在着类似情况。我国与其他新兴国家的过度竞争将导致各方在应对全球化过程中受损，从而给中原地区在参与全球化过程中的经济转型升级带来严峻挑战。

三　制约中原经济转型升级的国内障碍

经济新常态下的中原经济转型升级面临着自主研发能力弱、关键技术供给不足、市场品牌程度低、缺乏金融支持与组织管理创新等现实困境，导致其全球竞争优势不足、资源环境压力大等问题。

---

① 杨博：《美国工业 4.0 着眼“软”实力》，《中国证券报》2014 年 12 月 18 日。

（一）重要设备与关键部件受制于人

面对新产业革命带来的全球价值链调整，尖端技术与关键共性技术创新推动的工艺、产品和功能创新对产业转型升级具有决定性作用。与发达国家相比，我国在新产品开发、品牌创新等方面的投入较低，缺乏尖端与核心技术的开发能力。根据《中国电子信息产业国际竞争力评价研究报告》（2012），我国已经成为仅次于美国的全球第二大电子信息产业大国。目前，我国电子信息产品出口额占全球电子信息产品出口总额的比重超过了15%，然而，其重要生产设备和关键部件主要依靠进口；我国电脑、彩电、手机的产量分别超过7亿台、1亿台和10亿部，电子与通信制造业在规模上已经是全球第一，但我国电子与通信制造业的关键部件自身供给能力不足，如高端芯片有80%需要通过进口提供；航空、航海、高铁等高技术产业都实现了突破性发展，但这些产业必需的发动机、轴承、轮毂等关键部件依然受制于人，依靠进口提供。现阶段，中原地区的先进制造业工艺、产品创新主要以模仿、衍生技术创新为主，重要设备与关键部件的自主研发与供给能力不足。

（二）自主创新惰性导致产业被全球价值链低端锁定

产业高端化的核心动力在于通过技术创新实现要素禀赋升级，提升产业内生性比较优势。我国一些地方政府和企业为了实现“经济超赶”目的，过于强调短期收益最大化，对产品研发设计、品牌营销创新等有助于提高产品附加值的创新环节认识不足，认为相对于自主创新，技术引进与委托加工更实际，能更快获得经济收益。然而，我国企业获取的发达国家最前沿技术的支持微乎其微，发达国家输出的通常是落后或即将落后的技术，因此，依靠从发达国家的技术引进来推动我国企业工艺、产品、功能和价值链升级可能使我国企业产生技术创新惰性和路径依赖，只能成为发达国家同类企业的追随者，而不可能成为产品研发的领航者。其结果是企业创新能力被锁定，产业也被锁定在全球价值链低端环节。此外，我国企业的创新能力锁定和生产模式路径依赖造成的粗放型增长导致环境污染日益严重，增加了产业转型升级的压力。

（三）产业创新必需的金融支持不足

在新产业革命和我国走向经济新常态的过程中，经济转型升级必须依赖于尖端与核心技术的持续突破性创新。然而，制造业尖端与核心技术创新具有较大的长期性、风险性，单靠企业自身进行这些技术创新是不现实的，需要银行和风险投资企业等金融机构的支持。但是，受短期利益导向的影响，金融机构对产业技术创新缺乏有效的资金支持和科学的统筹规划，往往选择避开不确定性较大的核心技术和关键技术项目投资。现阶段，我国推动技术创新项目投资的风险投资机构较少且相关投资强度较低，2013 年，全国风险投资机构数不足千家，累计投资项目仅有一万项，风险投资机构对企业尖端与核心技术创新的支持作用尚未发挥出来。相对于先进制造业，商业银行更倾向于将资金投向成熟的制造业、矿业和商贸服务业，尖端技术创新的风险性、长期性使其难以得到商业银行的贷款支持。产业创新链与金融链融合的缺失导致尖端与核心技术创新能力难以得到有效提升。

（四）组织和管理创新滞后

推动产业转型升级的工艺、产品和功能创新需要以创新网络为基础的组织与管理创新。新产业革命带来的数字化、信息化、智能化与互联网技术为企业增强与消费者的互动关系、快速响应全球市场变化创造了条件，也为企业进行开放式创新，实施大规模定制和网络化组织变革提供了可能。在应对新产业革命带来的技术变革的过程中，发达国家依托其雄厚的科技创新能力，积极通过组织与管理创新来巩固和提升其在全球价值链中的控制能力，而目前中原地区的技术创新能力相对较低，组织与管理创新滞后，难以应对经济新常态带来的挑战。

（五）发展方式粗放与内生动力不足

现阶段，我国制造业对发达国家的市场、技术和资本过度依赖，尽管招商引资、出口导向与技术引进为我国产业的快速成长做出了贡献，也造成了结构失调、有效需求不足、产能过剩和技术依赖等产业升级隐患①；中原地区经济发展亟待摆脱高能耗、高投入、低产出的粗放型增长模式，通过转型升级来适应经济新常态。中原地区经济转型升级的基础薄弱，尽管近年来数字、信息技术实现了跨越式发展，但智能技术、互联网技术和新能源技术水平依然远远落后于发达国家和全国的平均水平；能源设施网络以化石能源的存储、运输为主，生物能、太阳能、水能等新能源设施网络建设严重不足。中原地区经济发展面临着既要全面融入全球价值链，继续深化与发达国家的经贸关系，又要扩大内需，缓解过度出口导向风险，提升内生发展动力的

---

① 李建伟：《我国经济运行的内在规律及其未来发展趋势》，《理论学刊》2014 年第 1 期，第 46 ~ 54 页。

挑战。

四 推动中原经济转型升级的路径建议

在经济新常态背景下，为了推动中原地区经济转型升级，有效应对新产业革命和发达国家“工业 4.0”战略带来的契机与挑战，提出以下路径建议。

第一，实施“研发设计、工艺创新与产业链创新”一体化创新战略。创新是产业转型升级的第一推动力，在以数字化、智能化、信息化和新能源技术为主导的新产业革命的背景下，通过核心技术创新推动生产工艺、产品和功能创新对实现产业转型升级具有决定性作用。实施“研发设计、工艺创新与产业链创新”一体化创新战略，注重工艺创新和产品创新，改变中原产业的“组装加工”现状，使地区产业向全球价值链高端环节攀登。通过政策引导、扶持和激励产学研合作进行产品研发设计，新产业革命将催生一大批新的产业群体，可再生能源、新材料、工业机器人、3D 打印机、纳米技术、生物电子技术等将在装备制造、产品研发和生产性服务业中发挥主导作用；利用智能计算机技术、网络信息技术和云计算技术推动产业工艺创新，为流程优化提供重要技术支持。

第二，提升自主创新与集成创新能力。在新产业革命背景下，企业要着眼于攀登全球价值链高端，形成“干中学”、知识积累和技术创新的内生优势。将知识链融入产业链之中，进行技术、市场和缄默知识的学习与积累，实现要素升级和技术创新。强化前沿技术与知识的学习积累，提升尖端与核心技术的自主创新与集成创新能力；积极引进先进适用技术，着力提高技术消化、吸收和转化能力，促进经济转型升级。高技术人才是有效整合资金、技术与信息等资源构成竞争优势和进行技术创新的核心要素，中原地区要根据产业结构特征与转型升级要求，创新高层次人才引进、使用、激励机制及政策，为提升尖端与核心技术创新能力提供人才支持。

第三，构建经济转型升级的配套设施与服务体系。在推动中原地区经济转型升级过程中要率先推动绿色能源、智能网络、节能环保等战略性产业实现突破，摆脱制约经济转型升级的资源约束；积极完善现代网络技术、信息通信技术和交通运输技术所支撑的跨区域产业联动机制，推动制造业与服务业实现深度融合。优化对技术创新的金融支持体系，由政府提供政策和资金支持周期长、风险大的关键共性技术研发；鼓励银行和中介机构提供贷款资金支持成熟的工艺、产品研发和重点项目中后期技术创新；鼓励风险投资机构向种子期、起步期的高新技术创新项目提供资金支持。通过互联网与新能源技术融合发展构建金融、贸易、交通等现代生产服务业融合发展的现代产业体系。

第四，通过制度与管理创新推进产业转型升级。先进制造业产品的生命周期短、技术含量高且其产品附加值与企业品牌塑造关系密切，因此其相关技术创新具有高收益、高风险特征。积极通过组织与管理创新，构建以企业知识网络为基础，由企业、研发机构、金融机构、中介组织等多方参加的协同创新网络体系；完善激励机制和知识产权保护机制，鼓励自主研发创新。在新产业革命日趋活跃和全球价值链重构的背景下，只有将制度与管理创新作为内生因素，才能科学推动经济转型升级。围绕新产业革命带来的技术、市场变革产生的影响，通过强化知识产权保护、产权改革、税收支持、贸易与开放政策、经贸协调机制等制度的创新，建立中原地区经济转型升级的管理创新驱动机制。

第五，坚持实施市场开拓与品牌营销相结合战略。市场需求是推动经济转型升级的首要牵引力。企业只有加强市场和消费心理分析，通过产品、工艺创新不断适应顾客的新需求、新预期，投资布局才能更合理，产业调整才能明确方向，才能在保持产业经济实现中高速增长的同时向高端水平迈进。中原地区要在坚持对外开放与扩大内需的基础上，形成内需、投资、出口协调拉动高技术产业发展的新格局；强化品牌营销，在走向经济新常态和应对新产业革命过程中，要超越传统的产品销售方式，通过掌握核心技术推动品牌营销战略，向高服务含量、高附加值比重的高端化迈进。

第二节　承接产业转移

现代产业体系是在技术创新与资源禀赋升级的基础上形成的具有综合竞争优势且面向未来发展，横向上表现为现代服务业、制造业和农业协调发展，纵向上表现为产业关联度高，产业发展与消费市场良性互动，产业发展与资源、环境协调的新型产业体系。在经济全球化背景下，资本、技术和劳动力等要素的流动速度加快，产业融合程度加深，产业关联效应显著提高，产业转移对产业承接地的现代产业体系构建具有显著的促进作用。详细论述见第七章相关内容。

第三节　现代化所需要的政策改革

一　农业科技创新政策改革

1. 农业科技创新体制

第一，完善农业科技创新体制，整合科技创新资源。深化农业科技创新体制改革，加强对公益性农业科研机构和高等院校的财政资金与政策支持，建成中央、高校和中原地区各科研院所有机结合、优势互补、联合协作的新型农业科技创新体系。现阶段，中原地区的农业科技创新工作应该遵循既要加大政府的支持力度，又要充分发挥市场机制的作用的原则，调动涉农企业和农民的积极性、创造性，形成以政府为主导的、多元化的新型农业科技创新机制；既要积极适应全球农业科技的发展趋势，又要立足中原地区农业发展实际，积极对适用先进技术进行配套组装和大范围推广；既要提高农业现代化技术研究水平，又要注重解决农业现代化面临的现实问题；既要提高农业现代化科技自主创新能力，又要有效引进和吸收、消化发达国家先进的农业现代化技术，缩小我国农业科技与先进国家的差距，提高农业科技创新系统的整体功能和效率，使科技创新实实在在地提升农业的效益和竞争力。①

第二，加大对农业现代化科技创新的支持力度。农业现代化技术具有非竞争性和非排他性，投资者不能完全占有科技创新活动的收益，因此，农业科技创新活动必须以政府为投资主体或者通过财政对农业科技创新主体进行补贴，以保持农业科技创新投入的连续性和稳定性。中原地区各政府应积极采取措施，鼓励高技术涉农企业采取有力措施支持农业科技创新。② 加大政府对农业科技的投入，建立农业科技创新基金，支持农业基础性、前沿性科学研究，力争在关键领域和核心技术上实现重大突破。

第三，加强农业科技发展能力建设。科技发展能力建设是促进科技自主创新的重要保障。要实现建设世界农业科技强国的长远发展目标，就必须创造一流的研发条件、形成一流的创新体系，培养一流的创新人才。一是要加

① 张雪娥：《当前我国农业科技创新能力的问题及出路》，《市场论坛》2008 年第 8 期，第9～11 页。

② 张雪娥：《当前我国农业科技创新能力的问题及出路》，《市场论坛》2008 年第 8 期，第9～11 页。

强农业及粮食科技平台基地建设。从农业科技的公益性、多学科、多部门、区域化等特点出发，按照加强投入、完善功能、合理布局、避免重复的原则，着力加强对已有农业领域的重点实验室、工程技术中心、野外基地（台、站）的投入，进一步改善基础条件。二是要加快现代农业产业技术体系建设。按照“现代农业产业技术体系建设”计划的总体部署，加快推进已经启动的玉米、小麦、大豆等粮食产业技术体系建设，注重多部门联动，强化多学科集成，加快实施进程，以取得明显成效。同时，进一步发挥该体系对增强农业及粮食科技发展能力，促进产业发展的积极作用。三是要加强粮食科技创新型人才培养。在加大国家各类人才计划对农业及粮食科技创新人才培养的支持力度的基础上，进一步加强人才队伍建设，创新人才培养机制，组织实施国家“农业高层次科技创新人才专项计划”，培养造就一批具有世界水平的领军人物和一大批中青年高级专家与学科带头人，占领国际农业先进技术研究创新的人才高地，推动我国农业及粮食科技人才队伍建设。

第四，加大农业科技创新力度。农业科技创新是农业现代化目标实现的根本保障，因此，必须大力推进农业科技自主创新，加强原始创新、集成创新和引进消化吸收再创新，促进粮食生产技术集成化、生产过程机械化、生成经营信息化。推进农业科技创新应该以完成农业循环经济发展战略任务、实现农业发展目标为导向，以提高生产能力、转变发展方式、增加产业效益为核心，积极攻克农业现代化所必须解决的技术难点、重点。加大农业科技投资，力争在关键领域和核心技术上实现重大突破。一是要以稳步提高农业生产能力（尤其是要提高粮食单产水平）为目标，加强农业高产高效关键技术研究；二是要以促进农业紧缺资源的技术替代为目标，加强农业水土及废弃资源高效利用关键技术研究，积极提高中低产田改良、节水农业、土地整理复垦、农业装备技术；三是要以保障农业及粮食生产的环境安全为目标，加强农林生态环境保护和防灾减灾关键技术研究，重点实施循环农业技术体系集成示范研究、农林生态建设关键技术研究、农业应对全球气候变化关键技术研究、农林重大生物灾害防控技术研究、耕地质量培育关键技术研究、现代保护性耕作技术体系研究、农林特产资源高效利用关键技术研究等重大项目；四是要以促进产后增值和食品安全为目标，加强农产品加工与质量安全控制关键技术研究，重点实施食品加工关键技术研究、农产品储藏保鲜与物流关键技术研究、新型饲料生产关键技术研究、农业机械化与多功能农业装备开发等项目；五是要以减少农产品产后损失为目标，加强农产品储运流通关键技术研究；六是要以提升农业及粮食生产物资装备水平为目标，加强农用工业自主创新关键技术研究；七是要以保障食用植物油有效供应为目标，加强食用油高产优质高效生产关键技术研究。

第五，统筹兼顾高新技术研究和基础研究。为了保证河南省农业现代化的健康发展，既需要积极进行高新技术研究，也离不开基础研究。前者是关键，是亟须突破的核心问题，后者是基础，没有根基的大厦注定是要倒塌的，只有有稳定且扎实的基础研究，我们需要的核心技术才会有突破，才会有粮食科技领域的自主创新能力。一方面，要针对农业现代化技术竞争力提高的需求，瞄准国际农业科技前沿，重点开展分子农业技术研究，推动农业生物产业发展；加强数字农业技术研究，提高农业信息化水平；加强环境控制方面的农业技术研究，提高农业环境质量和生态安全控制技术水平；加强智能农业技术研究，提高农业装备的自主制造能力；加强食品生物技术研究，带动食品产业技术升级，引领河南省农业及粮食产业技术升级，增强现代农业技术的国际竞争力。另一方面，要积极依托国家“863”科技计划、“973”科技计划等，组织实施作物重要性状形成的分子基础及功能途径研究、主要动植物功能基因组研究、农林植物杂种优势利用研究等一批农业重大基础研究项目。

2. *农业技术扩散机制改革*

任何先进的技术如果不能有效地转化为生产力，如果不能及时地得到推广，它的价值都是有限的，甚至是不存在的。粮食科技创新的社会价值体现在其能被有效地转化和推广上。我国的粮食科技成果转化和推广已经取得了举世瞩目的成就，要想百尺竿头，更进一步，我们还需要从以下几个方面加强这项工作。一是以“国家农业科技成果转化资金专项”为依托，以国家“863”科技计划、科技支撑计划等所取得的重大成果为主体，加强农业及粮食重大科技成果转化，逐步建立农业科技成果转化体系。二是继续大力推进“农业科技入户示范工程”“科技富民强县”等专项计划，建立“以户带户、以户带村、以村带乡”的科技成果推广新模式，大力推广农民急需的简化、高效的先进适用技术，加强面向乡村农户的农产品市场信息技术、农村产业结构调整技术的推广。三是进一步加强和发挥农技推广公共服务机构的作用，完善责任机制、考核机制及绩效机制，不断增强农技推广活力，充分调动各级农技推广部门的积极性，提升基层农技推广机构的公共服务能力。四是以打造国家粮食核心区、增强区域粮食生产能力为目标，以河南省为重点，大力加强区域农业及粮食综合技术集成示范，带动重点区域农业及粮食生产现代化、高效化与持续化发展。五是组织农业科技人员深入农村传授农业科技知识，开展多种形式的农业科技普及活动。加大对高等院校和中等职业学校农林专业学生的助学力度，鼓励他们毕业后到农村，为发展现代农业建功立业。六是引导建立起完善的科技中介服务体系，通过建立生产力促进中心、高新技术创业服务中心、工程技术研究中心、科技创业中心等，促进科技与经济的结合，与各类科技创新主体建立紧密联系，为农业科技创新活动提供重要的支撑性服务，加速农业科技成果产业化。①

二　中原新型城镇化与工业化融合机制

（一）深化新型城镇化与工业化融合发展的制度体系

新型城镇化与工业化融合发展是推进经济发展方式转变的重要内容，是一项巨大的社会系统工程，需要有完善的制度体系来保障其运行，因此制定科学有效的制度安排对新型城镇化与工业化的协调发展至关重要。一是要进一步完善农村发展体制机制和户籍制度改革。在依法自愿有偿和加强服务的基础上完善土地承包经营权流转制度是二元结构转化过程中农村剩余劳动力能够脱离土地走进城市的重要途径，户籍管理制度改革的重点是消除城乡户籍差别，打破城乡隔离的制度障碍，降低迁移成本。逐步放开城镇户籍制度，全面放开中小城镇户籍制度，以逐步实现全体公民在户口身份上的完全平等。推动城镇行政机关和企事业单位劳动用工制度和人事制度改革，按照公开、公平、公正的原则招聘各类人才，给予农民公平的就业机会；消除对外地户口农民工的歧视，使之逐步获得平等的权利。保障农民工的劳动权益，使农民工享受到与城镇居民相同的社会保障待遇和公民权利。二是要建立健全社会保障制度。健全社会保障制度，实现社会保障体系的城乡全覆盖将促进城镇化与工业化的协调互动，对促进区域经济协调发展起到积极的作用。不断完善进城务工农民的失业保险、养老保险和医疗保险等制度，逐步将其纳入城镇社会保障范围；逐步建立务工农民失业、养老和失业保险跨地区兑现体系，为进城务工农民解决失业、养老和医疗等后顾之忧。三是要建立高效公共管理体制。城市管理部门应为加入城镇的居民提供及时、有效的

① 张雪娥：《当前我国农业科技创新能力的问题及出路》，《市场论坛》2008 年第 8 期，第9～11 页。

养老、医疗、子女教育等公共服务，为城镇化中的城镇新成员解除后顾之忧。

（二）推进系统性社会管理创新

新型城镇化与工业化融合发展在推动经济转型发展的同时也能够引领社会转型发展，新型城镇化与工业化融合发展不仅是社会转型发展的时代背景，而且是引领社会转型发展的内生动力。在价值层面，新型城镇化和工业化融合发展强调管理与服务的价值理念。新型城镇化不仅强调人口、土地的城镇化和产业集聚，而且强调“以人为本”的城镇化，新型城镇化比传统城镇化更加注重绿色环保与可持续发展，更加尊重公众意愿与社会需求，更加凸显人的管理与服务的理念；新型工业化不仅强调产值与效率的提升，而且重视人才与科技的发展，新型工业化比传统工业化更强调人与自然的和谐与可持续发展，更注重产业综合竞争优势的提升。在新型城镇化与工业化融合发展过程中，社会经济与社会管理强调以社会需求为导向，进行了一系列的创新，注重民生改善、人的权利保障、社会秩序维护和社会活力的激发。由此可见，新型城镇化与工业化融合发展在引领社会转型发展与社会管理转型升级方面有着共同的价值理念——人的管理与服务。在工具层面，新型城镇化与工业化融合发展是一项复杂的综合性系统工程，新型城镇化与工业化融合发展不仅是土地流转、人口或企业集聚的过程，而且是涉及农民市民化、社会保障体系、公共配套及产业支撑、基本公共服务均等化等的综合性系统工程。新型城镇化与工业化融合发展在引领社会转型发展方面强调以人为本，实现了民生改善、权利保障和秩序维护等目标的统一。在新型城镇化与工业化融合发展过程中，社会转型升级要求社会管理围绕农民市民化、基本公共服务均等化、土地流转及社会保障等方面进行系统创新。

在新型城镇化与工业化融合发展过程中推动社会转型升级的实质是实现由碎片化社会管理向强调“以人为本”的整体性社会管理的转变。在新型城镇化与工业化融合发展过程中，社会转型的复杂系统特征要求从宏观、中观和微观三个层面进行系统性社会管理创新。

1. 在宏观层面，新型城镇化与工业化融合发展能够引领社会管理体系构建

在新型城镇化与工业化融合发展过程中，社会转型从以人为管理和服务的主体，逐步回归到尊重人、实现人的价值理念上来。因而，在新型城镇化与工业化融合发展过程中，社会转型要求按照现代城市文明与工业文明要求

实现民生改善、权利保障和秩序维护三大终极目标。[①] 一是基于城市文明构建明确意义表达功能的社会管理体系。“正确的社会管理价值理念是社会管理创新的先导，是确保社会管理创新实效性和持续性的重要基础。”[②] 新型城镇化与工业化融合发展过程中的社会管理体系必须具有明确意义的表达功能，能确立社会管理价值标准，传递社会管理价值理念。这要求新型城镇化与工业化融合发展过程中的社会管理价值体系要包含公平、共治、合法、动态和服务性等价值理念，视以人为本和服务性为首要价值，坚持人的服务价值理念。二是基于工业文明构建具有过程控制功能的社会管理机制。新型城镇化与工业化融合发展过程中的社会管理体系的过程控制功能是提升社会管理效能，确保以人为本和服务价值实现的有效内在机制。借鉴工业文明中的市场取向、过程控制和声誉机制等在社会管理组织体系、制度体系和管理方法体系中积极构建现代社会过程控制管理体系，从制度规范层面进行校正和调整，打破现有社会管理制度设计效率至上的导向，构建效率和公平同步，更加注重公平性的社会管理制度体系，立足于人的需求和权利保障，实现社会管理制度的供需匹配。综合运用经济方法、法律方法、行政方法实现社会管理从单一维稳、控制导向向现代服务转变。三是基于新型城镇化与工业化融合发展构建实现绩效评估功能的社会管理评估体系。“在公共部门管理中，绩效评估具有计划辅助、监控支持、报告、政策评价和激励等多项功能，对管理绩效的提高和改进具有重要的意义。”在新型城镇化与工业化融合发展过程中推进社会转型发展要更加注重多元化评估主体对政府管理全过程进行常态化、持续评估。绩效评估体系构建侧重于完善政府主导、公众参与、社会监督的新型社会管理体系。

2. 在中观层面，新型城镇化与工业化融合发展能够推进社会管理机制整合

在新型城镇化与工业化融合过程中推动社会转型发展在中观层次上的作用在于实现整体性社会管理模式构建，推动社会管理机制整合。新型城镇化与工业化融合发展背景下的社会管理模式的核心机制则主要是围绕“党委领导、政府负责、社会协同和公众参与”的社会管理格局中主体之间关系

① 汪大海、南锐：《新型城镇化背景下的社会管理转型升级》，《学术界》（月刊）2013 年第 12 期，第 27～39 页。

② 应松年：《社会管理创新引论》，《法学论坛》2010 年第 6 期，第 5～9 页。

协调而展开的，其实质是“建立分权的政府，即从等级制到参与和协作”①。而这种社会管理模式离不开秩序机制的协调和整合，因而在新型城镇化与工业化融合发展背景下社会管理机制整合要进行秩序机制整合。② 社会管理纵向机制整合是指以政府为中心的、政府内部的自上而下的秩序机制整合，它建立在政府一元权力中心上，主要是借助官僚制的组织架构和相对封闭的权力运行体系来实现的。③ 为了使该机制整合更加趋利避害，要加强政府职能转变和推动“大部制”改革，提升政府工作人员的素质和能力，从而提高社会管理纵向秩序整合的效率和效能，构建服务型政府，塑造社会管理纵向秩序整合的服务性导向。社会管理横向秩序机制整合是以政府为中心，多元主体参与的社会管理开放式秩序机制整合，其基础则建立在多中心治理结构上，依赖于社会组织的培育和公众的觉醒，表现为一种开放式的协调整合。完善这一机制整合，要提高公众参政议政的意识和能力，大力培育社会组织，促使社会组织参与社会管理，形成多元共治的治理结构，提高社会管理决策的民主性、公平性和科学性、效率性。从特征和机制运行来看，社会管理的纵向、横向秩序机制整合之间存在既相互补充又相互排斥的复杂关系，因而二者的有效匹配和衔接也成为社会管理机制整合的关键所在。

3. *在微观层面，新型城镇化与工业化融合发展能够推进社会管理路径优化*

新型城镇化与工业化融合发展背景下的新型社会管理体系构建、社会管理机制整合都离不开微观层面社会管理路径选择与优化。新型城镇化与工业化融合发展背景下的社会转型升级要回归到对人的管理与服务上，最终实现社会质量提升，微观层面的社会管理路径选择与优化需要围绕社会管理质量提升展开。学界一般认为新型城镇化与工业化融合发展背景下社会转型升级的社会管理重点是将体现现代城市文明与工业文明的社会保障、社会凝聚、制度供给与公众参与放在突出的地位，着力提高社会管理质量水平。

一是构建完善的社会保障体系。在新型城镇化与工业化融合发展背景下

① 〔美〕戴维·奥斯本、特德·盖布勒：《改革政府——企业精神如何改革着公营部门》，周敦仁等译，上海译文出版社，2006，第233～234页。

② 李友梅：《中国社会管理新格局下遭遇的问题——一种基于中观机制分析的视角》，《学术月刊》2012年第7期，第13～20页。

③ 汪大海、南锐：《新型城镇化背景下的社会管理转型升级》，《学术界》（月刊）2013年第12期，第27～39页。

推动社会管理转型升级，需要正视城乡二元体制给社会保障带来的问题和挑战，视城乡居民为管理的主体，重视对人的服务与保障，加强社会保障制度的衔接和整合，加快建立健全覆盖城乡的社会保障制度，促进城乡公共服务体系的均等化发展。进一步改革社会公共服务与户口挂钩的制度，废除针对农民工的歧视性体制安排，在加强建立农民工社会保障、社会救助等制度的基础上，实现城乡居民在劳动就业、基础教育、公共卫生、社会养老、住房保障等方面的公平对接，最终实现城乡居民在社会保障和公共服务方面的均等化和一体化。

二是构建多中心社会治理结构，提升社会凝聚水平。多中心治理理论的起源与发展经历了从经济学领域到公共行政领域的移植和再造的过程，其核心概念“多中心”最早是由英国自由主义思想家迈克尔·博兰尼（Michael Polanyi）在其论文《理论与多中心性》和《管理社会事务的可能性》中提出来并加以阐释的。通过对二战后资本主义市场秩序的观察和思考，博兰尼认为资本主义市场秩序实质上是一种“自发秩序”，存在着“多中心性”选择的可能，遵从自生自发的市场秩序，由不同的管理者去管理各个“中心”的运行，资本就可以实现再生产。[①] 而与“自发秩序”相对的是“集中指导秩序”，在这种秩序下，只有唯一一个中心集中对生产、市场、消费各个经济“中心”实行统筹管理。博兰尼对两种秩序在价值偏向上是推崇前者，并指出，若放弃前者，我们的经济就会回到生存农业的水平上去，这同时也意味着对西方高度工业化的国家的全部消灭。而自发秩序则摆脱了集中指导的桎梏，依靠个人的主动性相互作用，追求多中心任务的完成，这种多中心任务，按照博兰尼的解释，“惟有靠相互调整的体系才能实现”[②]，也就意味着，多元利益化的主体在解决管理问题时，需要通过协商、较重要的竞争和劝说等自觉的调整达成一致，进而完成任务。在公共行政领域讨论“多中心性”问题并在社会治理模式问题上产生深远影响的，是美国著名的行政学家、美国印第安纳大学政治理论与政策分析研究所的埃莉诺·奥斯特罗姆（Elinor Ostrom）及其同事。1961 年，查尔斯·蒂波特（Charles Tiebout）、罗伯特·沃伦（Robert Warren）和埃莉诺·奥斯特罗姆在其合作的《大城

① 孔繁斌：《公共性的再生产》，江苏人民出版社，2008，第 26 页。

② 〔英〕迈克尔·博兰尼：《自由的逻辑》，冯银江、李雪茹译，吉林人民出版社，2002，第 199 页。

市地区的政府组织》一文中，指出“大城市地区的治理模式是多中心的政治体制”。这种多中心政治体制的特点在于“许多决策中心，他们在形式上是相互独立的”。迈克尔·麦金尼斯（Michael Mclnnis）对此指出，通过把大城市地区的治理构想成多中心政治体制，实际上是在说明一种有序关系的体制。[①] 多个决策中心之间不是无政府式相互作用，而是通过有序竞争开展多种契约性或者服务性的活动。这种多个决策中心的存在恰恰是民主社会活力的源泉，因为民主社会治理的特征就在于形成了广泛而分散的决策权，个人享有充分的自由和裁量权，政治官僚的行为受到约束，这种治理否定的恰恰是利维坦式的单中心治理模式，与排他性垄断、专制独裁无涉。社会管理转型升级的核心还包括实现权力由政府向社会的回归，实现社会各阶层、各团体的包容相处。一个由政府、公民与社会组织等共同构成的组织管理模式的管理机制依靠的不是政府的权威，而是多元共治合作网络的权威。[②] 罗伯特·基欧汉（Robert O. Keohane）和约瑟夫·奈（Joseph S. Nye）也强调治理有正式与非正式之分，治理并不必然专门由政府来操纵，私营公司、非政府组织等都可以参与治理，并且它们常常与政府机构合作，共同实施治理。[③] 因而，公民和社会组织通过特有的方式参与社会管理既是多元共治的内生性要求，也是树立并维护合作网络权威的题中要义，自然而然，公民和社会组织可以看成是与传统的党委、政府相对的另一个治理中心。完善多中心治理结构，实现社会包容，必须处理好党委、政府与公民、社会组织之间的关系。在新型城镇化与工业化融合发展背景下推动社会管理转型升级要求通过党委、政府的领导和管理，提高社会公众、社会组织参与社会治理的素质和能力，拓宽社会公众参与社会治理的渠道，激发社会活力。通过听证会、座谈会等形式，积极拓宽公民参与社会治理的渠道，提升社会公众的社会治理参与积极性、归属感和认同感；重视社会组织的桥梁和纽带作用，提高社会组织参与社会治理的素质和能力，通过社会组织参与社会治理提升公众自治能力，增强对政府社会管理行为的评估和监督效能。

---

① 〔美〕迈克尔·麦金尼斯：《多中心体制与地方公共经济》，毛寿龙、李梅译，上海三联书店，2000，第69页。

② 〔美〕詹姆斯·N. 罗西瑙：《没有政府的治理》，张胜军、刘小林等译，江西人民出版社，2001，第33～59页。

③ Robert O. Keohane and Joseph S. Nye, "Introduction," in Joseph S. Nye and John D. Donahue eds., *Governance in a Globalization World* (Washington D. C.: Brookings Institution Press, 2000), pp. 1－2.

三是提高新型城镇化与工业化融合发展背景下的社会治理制度供给能力，推动社会融合与和谐发展。社会质量理论强调，社会融合与和谐发展涉及公民身份和权利问题，通过考察社会结构和制度性因素，它发现推进国家治理能力与治理体系现代化的重点是健全和完善推进新型城镇化与工业化融合发展的体制机制和社会治理制度体系。“现有的二元社会结构导致社会管理城乡断裂，成为社会管理创新的最大障碍。”① 因此，应进一步完善农村发展体制机制和户籍制度改革，完善土地承包制和经营权流转制度，促进农村剩余劳动力的转移。逐步将城乡隔离的二元户籍制度一元化。逐步建立全国统一、开放的人口管理机制，构建有利于人口迁徙的可转移接续的社会保障体系，促进农民工身份转换。近期，中小城市（镇）应加快户籍制度改革步伐，放开农民工进城落户的政策条件；大城市也要积极创造条件，不断放宽户口准入制度，允许有固定住所、稳定职业、稳定收入来源的农民工转为市民。构建保障城乡一体化的财政转移制度和基本公共服务供给制度。改革干部考核机制，将一个地区的城镇化率以及城镇公共基础设施和公共服务作为重要考核指标。社会融合的基础是解决公民身份和权利问题，社会管理转型升级要尊重公民的主体地位，实现从“主客体”思维向“主体际”思维的转变。②

四是建构科学的社会流动与社会参与机制，提高社会公众参与权。在新型城镇化与工业化融合发展背景下，提升社会管理转型升级过程中的社会流动与社会参与程度，直接决定了多元主体参与的社会治理的结构完善程度和社会资源的优化配置。要在立法中明确公众参与治理的途径和程序，建立有效的社会公众信息沟通机制，促进政府和公众通过沟通建立信任并且形成良性的互动，以合作、互信的方式在合理的框架下共同探讨解决环境污染冲突防范及治理问题；加强环境信息公开，只有政府和企业保证了公众对于环境风险的知情权，公众才能进行合理的监督。在社会治理过程中，还要积极整合新闻媒体、非政府组织等社会资源，形成合理的分工与合作机制，提高社会组织的服务功能与质量。积极向发达国家和港台等发达地区的社会组织学习，吸纳它们监督与推进社会治理的经验，实现社会治理质量的持续提升。

---

① 陈文胜、陆福兴：《城乡一体化：社会管理创新关键点》，《人民论坛》2011 年第 24 期，第 46～48 页。

② 庞凌：《权利、自由与社会管理创新的切入点》，《法学》2011 年第 10 期，第50～54 页。

第九章
全面深化改革与中原经济创新发展

自第一次产业革命以来，已经进行了三次产业革命。在这三次产业革命中，第一次产业革命诞生了机器，轻纺工业成为领头羊。在第二次产业革命中，机械化、电气化、自动化开始全面推进。第三次产业革命诞生了计算机，以网络为基础的信息化革命延伸到产业的每一个角落。这时创新驱动战略比任何时候都显得重要。为了迎接新一轮的产业革命，中国制订了“中国制造 2025”战略，提出了“一带一路”的倡议，这些战略和倡议得到了国际社会的高度认可，从而为中国经济全面腾飞奠定了基础。这就是中原经济区所处的国内外经济、政治大形势。中原经济区经过深思熟虑后决定全面深化改革，以创新驱动战略来引领经济发展。

第一节　新时期中原经济创新发展的战略形势

一　适应新产业革命：经济发展环境变革

（一）新产业革命的含义界定

在美国学者杰里米·里夫金（Jeremy Rifkin）2011 年撰写的《第三次工业革命：新经济模式如何改变世界》一书提出能源与互联网革命和英国《经济学家》杂志 2012 年 4 月发表的其编辑保罗·麦基里（Paul Markillie）的《制造和创新：新产业革命》一文提出数字 3D 制造技术之后，新产业革命的概念得到广泛关注。世界著名的英国《经济学家》杂志将新产业革命界定为“数字化革命”，其关注点是数字化制造和新能源、新材料的应用。

“数字化革命”将改变制造商品的方式，并改变世界的经济格局，进而改变人类的生活方式。新产业革命是以新能源技术、数字技术、信息技术、智能技术、生物技术和纳米技术革命为标志的，对制造业、服务业、现代农业和人类社会工作、生活方式产生革命性变革的过程。我国学者芮明杰（2012）认为，新产业革命的实质是以计算机、信息和互联网技术的重大创新为代表的能够导致企业、产业和社会发生重大变革的事件，新产业革命不仅会导致新兴产业的诞生与发展以替代已有的产业，而且将导致制造业生产方式、制造模式和交易方式等的重要变革。贾根良（2013）认为，新产业革命主要是指20世纪70年代以来信息和新能源技术创新引领并孕育的新产业革命，既包括“制造业数字化革命”“能源互联网革命”，也包括生物技术、电子技术、新材料技术和纳米技术等技术革命。随着新技术创新在多产业显现并加速扩散，新产业革命正在重新塑造着人们的生产、生活方式，将给人类社会带来比前两次工业革命更为广泛深远的影响。吕铁（2013）认为，新产业革命将从根本上改变现有的生产方式和产业组织形式，改变国家间的比较优势条件和产业竞争的关键资源基础，进而重塑全球经济地理和国际产业分工格局。这将深刻影响我国产业结构调整演进的路径和进程，对我国制造业转型升级构成巨大挑战。

产业革命发展大致上循着“科学革命—技术革命—产业革命”的线索演进，在此过程中，产业革命又呈现出综合性、应战性、链动性、世界性的鲜明特征，并给人类社会带来一系列积极和消极的影响。有没有社会型关键技术是区分技术革命和产业革命的关键特征。人们通常将以蒸汽机为主要载体的动力技术看作是第一次产业革命的众多的、不可计量的技术革命或技术创新中的社会型关键技术；将电力技术看作是第二次产业革命中的社会型关键技术。

（二）新产业革命引发产业发展动力变革

新产业革命对各产业将产生革命性影响。如建筑业和新产业革命紧密结合，每一个建筑物都将是一个能源的收集体和采集体，很多建筑物顶上会装载太阳能收集器；交通运输会朝着简约物流系统和绿色出行方向发展。在计算机技术、网络技术和云计算技术的覆盖下，今后的物质流动将变成一个简约的区域的物流系统，以石油、天然气为主要能源的交通工具也会发生变化，今后能源将以电力和氢燃料为主；制造业将向3D制造或立体制造转变，数字设计和数字加工将主导生产过程；生产和消费串联在一起，把生态健康、高效集约、产业链的延伸、运输体系模式串联在一起。信息化、数字化和新能源革命将引领和带动农业现代化，农业是绿色能源的重要载体。

一是新能源革命。芮明杰（2012）认为，目前的经济与社会发展模式、生活消费方式所依赖的化石能源已经逐步枯竭，需要在技术、资源配置、消费习惯、社会组织等诸多方面转型以开发可替代的再生性能源，因此能源革命是新产业革命的核心之一。沈雪石、吴集、徐小平（2012）认为，世界各国加大对智能电网所关注的大规模可再生能源发电的接入技术及其与大规模储能联合运行技术、大电网互联及远距离输电及其相关控制技术、配电自动化技术、用户侧的智能表计及需求响应技术等关键技术的投入，为未来新能源产业发展提供强有力的支撑。贾根良（2013）认为可再生能源革命或绿色技术革命应该成为未来新型工业化道路的关键，我国应将其提升到与信息化同等重要的地位。刘燕华、王文涛（2013）认为，新产业革命就是把有形资源的研究和无形资源的研究结合起来，使其在社会发展过程中发挥重大作用，形成以绿色能源为主的面向健康的新型能源系统，它使社会发展的动力发生了改变。通用电气中国副总裁许正认为，分布式能源和互联网的结合，将打破人类在第一次和第二次工业革命中建立的以化石能源为核心的能源生产和消费模式，不仅可再生能源将成为能源供给的主流，而且所有的楼宇、厂房乃至个人，都有可能成为能源的提供者，同时也是能源的使用者。

二是数字化、信息化和智能化带来的生产方式的变革。芮明杰（2012）认为，新产业革命将推动以数字化、信息化、互联网和智能化为支撑的大规模定制的生产方式和个性化消费方式的形成。互联网既是信息平台，又是交易和生产控制平台，当然还是娱乐和社交平台；智能化意味着人工智能嵌入制造设备中，从而使生产设备能够更快地自我反应、计算判断、分析决策和操作。在数字化、智能化的制造条件下，个性化产品的大规模定制生产在技术上已经变得可能；资源得到节约，原材料使用量仅为传统生产方式的1/10，能源消耗也远低于化石能源时代；生产成本降低，互联网信息的运用和自己动手生产，都降低了产品生产的成本；消费者的满意度提高。通用电气中国副总裁许正认为，大量工业企业能源效率的优化也创造了工业流程改进、设备革新和信息产业融合的革命性机会。沈雪石、吴集、徐小平（2012）认为，在能源、信息、先进材料、先进制造、海洋、生物等关系现代化进程的战略领域，一些重要的科学问题和关键技术发生革命性突破的先兆已经显现。李长久（2012）认为，正在飞速发展的人工智能、机器人和数字制造三种技术，将重新构筑制造业的竞争局面。这些技术将使制造业更具创造力、更加本地化和个性化，也可以降低成本。黄群慧、贺俊（2013）认为，新产业革命发展体系中的底层是高效能运算、超级宽带、激光黏结、新材料等“通用技术”；中层是以人工智能、数字制造、工业机器人为代表的制造技术和工具；高层是应用了前述新的通用技术和制造技术的大规模生产系统、柔性制造系统和可重构生产系统。

三是新材料、新技术促进制造模式变革。芮明杰（2012）认为，数字化使制造业主流制造模式从削减式转变为叠加式。削减式制造，先要铸造毛坯，切削加工，然后再做成零部件或产品；数字化叠加式制造则是指以快速成型方式“打印”出来产品。贾根良（2013）认为，纳米技术和新材料技术等将对现代制造业的发展产生革命性影响，形成全球化生产、个性化制造、社会化制造等新的技术范式。刘燕华、王文涛（2013）认为，新产业革命的一个重要特征是3D打印，就是通过计算机的三维设计和三维计算导向制造业的三维制造。今后有很多产品，可以通过三维、精密制造直接打造成立体产品。贾根良（2013）认为，新产业革命的核心在于现代制造业的发展，这渗透到了发达国家的研发、投资、商业化、基础设施建设、人才培养和再就业等多方面的政策领域。

四是产业组织结构多元化、生态化、虚拟化。一方面，由于前沿制造技术的开发和应用需要大规模的研发投入和前期投入，设计、开发和制造的一体化也会在一定程度上逆转外包导致的全球价值链逆向分离趋势，一体化大企业组织可能会因此被强化。另一方面，新兴制造技术如3D打印技术和云计算技术使企业生产成本和信息成本大幅度降低，可能会提高小型化、分散化经营企业的经济性，从而使产业组织呈现多样化。现代制造技术使不同产业链相互交织，产业边界模糊化，形成开放的、多维的、复杂网络结构。一国的整个创新生态系统的适应性和动态能力，以及本国企业在全球创新生态中的“位置”成为获得产业长期竞争力的关键，从而推动国家间产业竞争范式由企业间竞争和供应链间竞争向生态系统间竞争转变。

（三）河南省应对新产业革命的战略选择

1. 应对新产业革命，发展“四新经济”

新产业革命以数字化、信息化、智能化和新能源技术为标志，以“互联网+新能源”为聚合动力，将对全球价值链分工和生产方式产生深远影响。发达国家纷纷瞄准高新技术和先进制造业，实施“再工业化”战略和

"工业4.0"战略。河南省要以工业产品研发设计信息化、工业生产过程自动化、企业管理和行业服务信息化、产品流通和市场信息化为切入点，以产品的智能化、装备的智能化、流程的智能化和服务的智能化为重点，以云计算、物联网、大数据、移动互联网等新一代信息技术应用为手段，以大企业信息集成创新和各具特色的中小企业公共服务平台建设为着力点，通过两化深度融合，促进信息消费，提升产业层次和产品技术含量，发展"四新经济"（新技术、新产业、新模式、新业态）。积极支持战略性新兴产业和装备制造、食品加工等支柱产业率先实施"中国制造2025"战略，推进互联网与工业融合创新，培育智能制造、云制造等产业新模式、新业态。在新产业革命背景下，企业发展对信息基础设施的依赖就像对水、电、路的依赖一样，因此应加快"宽带兴乡"建设，超前规划，引导运营商加大投入，满足企业升级转型的需求。

2. 实施龙头带动战略，促进产业链式发展

着重引进和培育新医药、装备制造、电子信息、汽车制造等产业的一批竞争力强、辐射带动有力的终端型、龙头型、基地型、总部型项目及龙头企业，带动中小企业集聚，加快生产性服务业和公共服务平台配套能力建设。着力推动产业链向高附加值端延伸，把靠近技术前沿、靠近终端消费作为产业链延伸的重点方向，推动企业向设计、研发、创意、解决方案等高端延伸。按照"规模化、集聚化、高端化、品牌化"的要求，因地制宜，突出特色，重点突破，整体推进。

3. 依靠自主创新突破关键技术，筑牢战略性新兴产业的发展基础

提升产业发展水平，培育长期竞争优势的关键在于自主创新，掌握行业前沿核心技术。为此，要支持和帮助企业构建以企业为主体的自主创新体系，促进产学研用结合，下大力气集中突破一批共性关键技术，保障新兴产业良性发展。

4. 通过知识资本创造推动产业发展

在新产业革命的背景下，企业不再局限于市场份额的争夺，而是积极增强竞争能力，通过知识资本创造提升企业产品或服务的市场竞争优势。采取措施构建由重点企业、研发机构、金融机构及其他知识主体参与的，通过知识学习、生产、交流而形成的知识资本创造与价值合作网络结构体系，推动资源共享、信息交流和知识应用，以取得突破性创新成果，并通过知识资本创造驱动制造业升级。

二　适应“互联网+”时代：基于要素升级的发展动力变革

“互联网+”是在充分发挥互联网在要素配置中的优化和集成作用的基础上，将互联网深度融合于经济社会中，以提升实体经济的创新力和生产力，而形成的广泛地以互联网为基础设施和实现工具的经济发展新形态。“互联网+”行动计划将重点促进以云计算、物联网、大数据为代表的新一代信息技术与现代制造业、生产性服务业等的融合创新，发展壮大新兴业态，打造新的产业增长点，为大众创业、万众创新提供环境，为产业智能化提供支撑，增强新的经济发展动力，促进国民经济提质增效升级。

首先，“互联网+”将推动产业发展动力实现全方位创新，打造产业转型升级的强力引擎。“互联网+”带来的智能软件、新材料、3D打印技术以及互联网服务等将组合应用到高技术产业中，在研发设计、流程优化和品牌营销等环节推动高技术产业生产经营发生彻底改变。新工业革命依托可再生能源技术、信息网络技术的发展，实现能源绿色化和用能高效化，将从根本上改变对传统能源和能耗方式的依赖，破解当前社会生产力发展的深层矛盾，摆脱制约现代社会生产力不断向前发展的桎梏，推动传统产业向以可再生能源和信息网络为基础的新兴产业调整。随着绿色能源、智能网络、节能环保等战略产业率先获得突破，将实现对通信、交通、制造、材料等主要产业的全面带动，引发世界经济产业结构的重大调整。在充分利用未来制造业数字化与可再生的绿色能源后，发达经济体凭借科技实力与先进的创新体制将在世界制造业中重新占据优势。这要求河南省要抓住全球新工业革命的契机，盯住全球产业价值链的高端环节，加强技术创新和自主知识产权培育，改变以往制造业在低端环节徘徊的局面；要面向全球价值链高端环节，采取有效的应对措施推动制造业转型升级，实现从价值链低端环节向资本、技术、信息与管理等密集的高端环节转移。面对新工业革命和发达经济体“再工业化”战略的冲击，有必要积极利用自身优势，向高科技、研发和品牌营销服务等产业转型，推动产业结构由劳动密集型向资本、技术和知识密集型跨越和升级。

其次，“互联网+”将培育技术创新系统，打通资金链、产业链与创新链之间的阻梗，实现三者之间的协同、配套和不断升级。通过技术创新推动产业转型升级需要树立“研发设计、工艺制造与品牌营销”的一体化战略思路，注重工艺创新和产品创新，改变新兴经济体产业的组装加工现状，快速向“微笑曲线”两端迈进。新工业革命将催生一大批新的产业群体和经济增长点，工业机器人、可再生能源、新材料、3D 打印机、纳米技术、生物电子技术等新兴产业将不断成长为新的主导部门，这些产业在装备制造、产品研发和相关生产性服务业中将产生主导作用。这要求构建产学研创新联盟，坚持企业的创新主体地位。新兴经济体政府通过政策引导、扶持和激励产学研合作进行产品研发设计，利用智能计算机技术、网络信息技术和云计算技术支持全面改变企业生产流程，运用现代信息技术与数字化服务为生产流程优化提供重要技术支持；企业要注重品牌营销，借助网络使其最新产品在短时间内行销全球，促使企业在品牌营销中提供的服务价值比重超过产品实体价值的比重，超越传统的产品销售，向高服务含量、高附加值比重的品牌营销发展。

最后，“互联网 +”推动知识链与产业链深度融合。这一变革是以数字制造、互联网与新材料技术等领域的重大创新与深度应用为代表，将推动一批新兴产业的发展，并将带动整个产业形态、制造模式、组织方式等的深刻变革。而在这场深刻变革中，搞清中国产业转型升级的方向尤为重要。近年来，德国因为其制造业发达，经济受到金融危机的冲击较小，经济复苏相对较快；美国服务业产值占 GDP 的比重在 80% 以上，金融危机后美国开始反思，奥巴马提出“再工业化”战略，后又迅速提出“先进制造业伙伴计划”，其核心目的就是重塑和保持美国在先进制造业领域的优势地位。河南省作为一个发展相对落后的省份，要努力提高知识资本在产业升级中的地位和作用，在比较长的时期内通过知识资本培育推动产业链创新，把发展壮大制造业作为河南省产业发展的长期战略和使命，实现知识链与产业链的融合发展。但在成本上升不以人的意志为转移的情况下，一定要坚持以增强实体经济的竞争力为目标，通过创新突破产业转型升级的“天花板”。

三　适应经济新常态：产业结构与增长模式变革

全球经济周期和内部经济增长压力，要求中国经济加快经济结构调整和产业转型升级的步伐，这意味着中国经济进入了所谓的新常态。经济新常态的表现主要包括以下方面：一是经济由高速增长转变为中高速增长，7% 左右的经济增长率将成为常态；二是政府的宏观经济调控政策将由刺激增长向推动可持续发展转变；三是经济增长动力将由投资驱动、要素驱动向创新驱动转变，政府投资、出口导向让位于民间投资、国内消费，产业结构不断优化和转型升级；四是经济发展面临着来自国内、国外的诸多挑战，产业发展中的一些不确定性显性化。另外，伴随着快速的经济增长，新兴经济体几乎都存在着生态环境恶化的明显趋势，必须摒弃掠夺自然资源、破坏生态环境、追求短期经济效益的粗放型发展模式，通过产业转型升级实现社会经济的可持续发展。总体上看，走向经济新常态就是摆脱传统的粗放型高速增长态势，进入高效率、低成本的集约型、可持续的稳态中高速增长阶段，“经济新常态”的“新”，关键在于经济结构与产业转型升级。

根据河南省委经济工作会议对经济新常态的分析，相对于全国，经济新常态下的河南具有以下特征：一是靠能源原材料工业支撑增长的传统资源优势在减弱，但交通物流、产业集群等领域的优势在上升；二是生产要素的成本优势在减弱，但生产要素的保障优势并没有丧失；三是经济新常态下内需不足的矛盾更为突出，动力转换没有完成，但投资、消费需求潜力巨大，市场、区位优势日益凸显；四是世界经济深度调整，全球总需求不振，出口拉动减弱，但承接产业转移、利用两个市场两种资源的机遇依然存在，通过转移替代扩大出口份额还有很大空间；五是拼资源、拼消耗的粗放型发展模式不可持续，靠数量扩张和打价格战支撑的低层次竞争模式难以为继，但在电子商务、智能手机、新能源汽车等方面与先进地区基本处在同一起跑线上，有可能迎头赶上，抢占先机；六是特别要看到，国家实施“一带一路”战略，出台政策措施，为河南省提升自身在全局中的战略地位，在高铁、水利等重大基础设施方面争取国家支持带来了很大机遇。

经济新常态下河南省经济发展仍处于可以大有作为的重要战略机遇期的事实没有变，但战略机遇期的内涵和条件发生了深刻变化，一些传统优势机遇正在消失，但改革创新和结构调整的新优势、新动力不断集聚形成；经济发展总体向好的基本面没有变，但经济发展方式和增长动力发生了深刻变化，特别是增长动力的变化尤为突出；新形势下推进建设的具体内容、方式和路径发生了新的变化，必须高度关注发展中的变化、变化中的变量，科学地研判各种新情况、新问题。

（一）保持战略定力，实现增长速度、质量、效益相结合

就河南省来说，当前经济增长速度的下降，是国内外多种因素共同作用的结果，符合河南省经济发展的阶段性特征。就全国而言，2015 年经济增速下滑，河南省还处于工业化和城镇化加速阶段，经济增长还有很大的潜力，保障民生和就业的压力还很大，忽视支撑条件而刻意追求短期效应的

“快”是不可取的，错失发展机遇放任经济增速下行的“慢”也是不可取的，河南省仍然要继续做大经济总量，保持经济增长速度大体高于全国1个百分点以上，为质量效益提升提供战略空间，在调整结构中保持经济合理增长。因此，河南省要引领经济新常态，就要保持战略定力，认识到其潜在经济增长率，积极作为，加快调整产业结构，不断转变发展方式，积极扩大对外开放，实现遵循经济规律的科学发展、遵循自然规律的可持续发展、遵循社会规律的包容性发展，把各方面的注意力更多地引导到加快转型升级、培育新的增长动力上来。

（二）重塑新动力，积蓄发展势能

经济新常态下增长动力转换的深刻变化，意味着产业布局的重新洗牌，从而使一些区域有可能重塑新动力，积蓄发展势能，形成有利态势。要清醒认识动力转换的长期性，强化改革推动、开放带动、创新驱动，着力扩大增长点、转化拖累点、抓好关键点、抢占制高点，利用好传统产业和新兴产业正处于此消彼长的结构变化机遇期，破解增长动力转换“青黄不接”的难题。要在继续注重要素驱动、投资驱动的同时，下更大力气实施创新驱动发展战略，抓住新一轮产业革命和技术革命的战略机遇，加快推进以科技创新为重点的全面创新，拓展、丰富创新的内涵，切实加强观念创新和思维方式创新，抓住当前新技术、新产品、新业态、新模式不断涌现的机遇，积极开展产品创新、业态创新、商业模式创新，抢占发展新技术、新产品、新业态、新模式的先机，大力培育新的增长动力。要更好地发挥投资的关键作用和消费的基础作用，通过转移替代扩大出口份额，着力稳投资、促消费、扩出口，形成“三驾马车”更加协调均衡的混合动力。要弥补服务业发展短板，积极培育战略性新兴产业，大力发展先进制造业，加快改造提升传统产业，优化三次产业结构，促进产业深度融合，形成先进制造业和战略性新兴产业、现代服务业、传统支柱产业、现代农业“四轮驱动”的发展格局，为经济新常态下的河南省转型发展提供持续动力。

（三）培育新优势，增强发展后劲

中国经济发展进入新常态后，区域竞争更加激烈，东部地区转型升级占得先机，中、西部地区多个增长极赶超提速。这就要求我们科学应对，加大工作力度，在推动局部比较优势向综合竞争优势转变上迈出更为坚实的步伐，努力寻求并培育后续竞争力。要提升载体平台优势，全力推进郑州航空港经济综合实验区建设，打造“一带一路”互联互通的重要枢纽和内陆地区融入“一带一路”战略的核心支点，探索以航空经济驱动区域经济发展的新模式，继续推动产业集聚区提质转型、创新发展，进一步提升商务中心区、特色商业区的支撑能力和服务功能。要提升基础设施优势，全力推进郑州机场二期工程建设，全面推进“米”字形快速铁路网建设，加快推进郑州国家级互联网骨干直联点建设，及时跟进国家“互联网+”行动计划，建设网络强省，提高基础设施互联互通水平，打造重要的公路、铁路、高铁、航空和信息枢纽。要提升要素保障优势，加快推动人力资源大省向人力资源强省转变，构建城乡一体的人力资源市场，加快发展金融业，构建多元化投融资渠道，创新土地供应方式，建设城乡统一的土地市场，促进土地资源优化配置，加强能源、水利、生态支撑体系建设，调动各种生物资源、化石资源向终端产品延伸，变资源优势为产业优势。

（四）突出结构优化，实现调整存量与做优增量相结合

当前，结构调整已经成为经济新常态下促进经济平稳健康发展的“牛鼻子”。中央经济工作会议提出，我国经济结构正从增量扩能为主转向调整存量、做优增量并存的深度调整，这是中央对经济形势做出的新的判断和对结构调整做出的总体要求。当前，河南省虽然总体上已步入工业化中后期，但城乡区域发展不平衡、产业结构不合理、生产力水平参差不齐的矛盾相当突出，传统产业与现代产业交织，资本密集型产业与劳动密集型产业并存。因此，河南省的产业发展和结构调整必须从实际出发，坚持以增量带动结构优化，以创新促进产业升级，同步做好增量调整和存量优化两篇大文章。一方面，要依托增量扩大总量、提高质量，大力发展科技含量高、带动能力强的现代产业，增创发展新优势；另一方面，要通过科技创新优化存量，不断做强做大传统优势产业，提升产业层次，拉长产业链条，做优产业结构，壮大产业集群，走出一条富有河南特色的结构调整和产业升级之路。

四　适应“一带一路”战略：中原发展战略变革

（一）“一带一路”战略的提出

2013年9月7日，习近平主席在哈萨克斯坦发表重要演讲，首次提出了加强政策沟通、道路联通、贸易畅通、货币流通、民心相通，共同建设“丝绸之路经济带”的战略倡议；2013年10月3日，习近平主席在印度尼西亚发表重要演讲时明确提出，中国致力于加强同东盟国家的互联互通建设，愿同东盟国家发展好海洋合作伙伴关系，共同建设“21世纪海上丝绸

之路”。当前，中国经济和世界经济高度关联。中国将一以贯之地坚持对外开放的基本国策，构建全方位开放新格局，深度融入世界经济体系。推进“一带一路”建设既是中国扩大和深化对外开放的需要，也是加强和亚欧非及世界各国互利合作的需要，中国愿意在力所能及的范围内承担更多责任和义务，为人类和平发展做出更大的贡献。

中国的改革开放是当今世界最大的创新，“一带一路”作为全方位对外开放战略，以经济走廊理论、经济带理论、21 世纪国际合作理论等创新发展了经济发展理论、区域合作理论、全球化理论。“一带一路”战略强调共商、共建、共享原则，超越了马歇尔计划、对外援助以及“走出去”战略，给 21 世纪的国际合作带来新的理念。

比如，“经济带”概念就是对地区经济合作模式的创新，其中经济走廊包括中俄蒙经济走廊、新亚欧大陆桥、中国 - 中亚经济走廊、孟中印缅经济走廊、中国 - 中南半岛经济走廊等。

“丝绸之路经济带”，不同于历史上所出现的各类“经济区”与“经济联盟”，同以上两者相比，它具有灵活性高、适用性广以及可操作性强的特点，各国都是平等的参与者，本着自愿参与、协同推进的原则，发扬古丝绸之路兼容并包的精神。

“一带一路”是在后金融危机时代，作为世界经济增长火车头的中国，将自身的产能优势、技术与资金优势、经验与模式优势转化为市场与合作优势，实行全方位开放的一大创新。通过“一带一路”建设，沿线国家可以共同分享中国改革发展红利、中国发展的经验和教训。中国将着力推动沿线国家实现合作与对话，建立更加平等均衡的新型全球发展伙伴关系，夯实世界经济长期稳定发展的基础。

（二）“一带一路”战略对河南省的影响

2015 年中国共产党河南省第九届委员会第八次会议通过的《河南省全面建成小康社会加快现代化建设战略纲要》（以下简称《战略纲要》）指出，郑州航空港经济综合实验区基本建成国际航空物流中心和全球智能终端生产基地，成为“一带一路”互联互通的重要枢纽和内陆地区融入“一带一路”战略的核心支点。河南省地处丝绸之路陆桥通道的战略腹地，同时又是陆桥通道上离海港最近的内陆省份，在“一带一路”中承担着东联西进的中介和枢纽功能，但这种功能的定位高度依赖于自身的经济条件和战略导向。《战略纲要》既明确了河南省未来发展的核心重大战略目标，同时也明确了河南省在“一带一路”战略中的核心战略定位。河南大学苗长虹教授认为，这一核心战略目标和定位以国家对中原经济区和郑州航空港经济综合实验区的功能定位为基础和依据，进一步突出和明确了郑州航空港经济综合实验区航空经济的两大战略支柱——国际航空物流和智能终端生产，并将其功能定位的高度从内陆地区、“一带一路”、全球这三个相互关联又层层递进的“尺度”进行了界定。其中，内陆地区融入“一带一路”战略的核心支点，乃是对内陆地区对外开放重要门户这一定位的具体和深化，体现的是开放的高度；“一带一路”互联互通的重要枢纽，则是全国重要的国际航空物流中心这一定位向“一带一路”的拓展和升华，体现的是在“一带一路”互联互通所构成的网络空间中节点枢纽的高度；全球智能终端生产基地，是对郑州航空港经济综合实验区的特色定位，也是对最高等级的专业化分工生产的定位，它体现的既是国际航空物流中心建设的核心产业支撑力量，也是郑州参与全球化生产分工的核心角色。

近年来，新郑机场的货邮吞吐量迅猛增长，在全国20个大型枢纽机场中的排位跨越式提升。2014年，新郑机场全年完成货邮吞吐量37.04万吨，同比增长44.86%；旅客吞吐量1580.54万人次，同比增长20.29%，客、货运量增速在全国20个大型机场中排名均为第一，位次则分别从第12位和18位上升为第8位和第17位。其中，国际地区货邮吞吐量达到20.61万吨，同比增长82.78%；国际地区旅客吞吐量达到90.1万人次，同比增长44.45%，呈现出高速度、国际化、全货机承运、进出港平衡的良性发展态势。2014年，郑州航空港经济综合实验区进出口总值达到2417.5亿元，占河南省进出口总值的60.5%，对河南省外贸增长的贡献率达64.3%。

可以说，郑州航空港经济综合实验区这一国家战略的获批和规划实施，国际航空物流中心和全球智能终端生产基地功能的共生互强，为河南省将航空港区定位成为“一带一路”互联互通的重要枢纽和内陆地区融入“一带一路”战略的核心支点提供了可靠的战略指引、政策保障和动力支撑，成为河南省在“一带一路”战略中主动作为、有所作为、敢于作为的实践基础和科学依据。

从区域发展来讲，“一带一路”战略是一个区域协调发展、协同发展、共同发展的战略，是东中西部联动发展、互联互通、陆海统筹、迈向产业网络化分工和空间一体化发展的战略。以新亚欧大陆桥为纽带，以交通、能源等基础设施建设为重点，以经济区和城市群为支撑，以重要中心城市为支点，我国的丝绸之路经济带已经上升为与沿海经济带、长江经济带并列的三大国家级发展轴带。河南省正处于环渤海经济区、长江三角洲经济区与关中－天水经济区、长江中游城市群、成渝城市群等互联互通的中间连接地带，国家重大基础设施互联互通的规划布局和中原城市群交通等基础设施的一体化发展，有利于河南省与东部沿海、西部内陆重大交通物流设施和运行机制的无缝衔接，如实现一体化通关，构建海陆空一体化交通物流网络，发展多式联运等。为此《战略纲要》给出了河南省的战略行动计划，即“东联西进、贯通全球、构建枢纽”，通过建设无水港，发展铁（路）海（路）联运、公（路）铁（路）联运，推动陆海相通，实现向东与海上丝绸之路连接；通过提升郑（洲）欧（洲）班列运营水平，向西与丝绸之路经济带融合。

（三）河南省应对“一带一路”战略的产业发展战略取向

首先，功能组合与产业联动发展。大郑州都市圈建设需要走组团式发展道路。郑州航空港是河南省乃至中部地区对接全球经济网络的战略通道，其辐射空间有待进一步拓展。郑汴一体化有效拓展了大郑州的空间规模，但难以提升大郑州的产业规模和产业链竞争力。中原城市群半小时圈内的许昌、新乡、焦作等具有良好的工业基础，制造业发达，一些战略新兴产业比较发达。许昌、新乡、焦作可以以类似企业并购和合并的方式，从南北两翼与郑州形成组团发展格局，从而在较短时间内拓展城市规模和承载空间，形成大郑州都市圈建设所需要的产业竞争力和整体优势。

多极化功能分工是构建大郑州都市圈组团优势的战略途径。依靠合理的功能分工和高效的功能融合，而不是简单的规模扩张和城市拼图，才能真正构建和提升大郑州都市圈的整体竞争力。大郑州都市圈建设需要在组团式发展的基础上实施功能结构的战略分工。郑州东区及航空港区要结合自身优势重点发展总部经济、会展、研发设计、物流、服务贸易等产业，形成重点物流集散中心、营销中心；开封要着力配合郑州发展旅游业、地产业及服务业；新乡、许昌、焦作要结合自身优势围绕航空港和自贸区形成制造中心。在郑州高铁和轻轨半小时经济圈内，以功能分工和组团发展构建大郑州都市圈，充分发挥郑州航空港区的枢纽和强劲辐射作用，通过高效的产业链、创新链分工，提升大郑州的产业竞争力，强化大郑州作为内陆开放高地对国家“一带一路”战略的支撑作用，这不仅是郑州一市的全局，而且是经济新常态下河南省经济快速转型、超常规发展的战略全局。

其次，围绕河南省产业发展开创“引进来、走出去”开放格局。高水平对外开放是构建现代产业体系、促进经济良性发展的重要条件。全面融入“一带一路”战略，要处理好向东、向西全面开放的互动关系。近年来，河南省持续实施“改革开放”“东引西进”等战略，向东开放水平得到了大幅度提升，承接了一系列跨国公司和沿海地区的重要产业转移，建成了一大批产业集聚区和特色产业园区，持续并强化全面开放，充分利用了新时期承接发达国家和沿海发达地区产业转移的历史机遇，扩大了总体经济规模，转变了产业结构，提升了经济发展质量。为了进一步扩大对外开放程度，河南省以建设郑州航空港综合经济实验区为依托，通过郑欧班列的开通加快了向中亚和欧洲开放的步伐，正在积极构建航空港国际物流中心、丝绸之路文化交流中心、亚欧大宗商品商贸物流中心、能源储运交易中心等。因此，将强化向东开放与加快向西开放结合起来，以航空港区国际航空物流中心与全球智能终端生产基地建设为重点和示范，积极参与全球产业分工格局重构，构建适应经济全球化新趋势的开放型经济体系，成为河南省全面融入“一带一路”战略的根本战略举措。

最后，为推进“一带一路”战略，河南省产业发展要兼顾顶层设计和重点项目推进。“一带一路”战略的顶层设计框架应该尽快得到明晰，尽快实施。这既需要制定科学的时间表和路线图，也需要扎实推进重点项目建设，尤其是相关产业发展的标志性工程。《河南省全面建成小康社会加快现代化建设战略纲要》既是一部面向2020年全面建成小康社会、2040年基本实现现代化的总体性、宏观性和纲领性文件，也是融入和实施“一带一路”战略的框架性文件。在国家进一步实施“一带一路”战略的过程中，河南省还应该针对“一带一路”规划制定系统、具体的“走出去”战略规划，并抓紧制订收获计划和重点项目计划。在做好顶层设计的同时，以郑州航空港开放平台和重点项目为抓手，以郑欧班列等为示范，强化政府引导和服务，激发企业作为市场主体的能动性，推动河南省产业转型升级和健康发展。

第二节　基于全面改革的中原产业组织创新

改革开放以来，经过数年的快速发展，河南省实现了由传统农业大省向现代工业大省的跨越式转变，规模以上制造业企业主营业务收入超过了5万亿元，位居全国第五位。但河南省现阶段创新能力弱、产业层次低、高附加值产品少的结构性矛盾依然突出，正处于加快构建现代产业体系的关键期。随着经济全球化和互联网信息技术的快速发展，产业发展正处于深刻变革期，现代制造业面临重要的战略机遇期。河南省应遵循产业演进规律，积极抢抓产业转移和新兴业态发展的历史机遇，推动发展模式由以要素驱动为主向以创新驱动为主转变，通过产业组织创新构建现代产业体系和促进工业化、城镇化、信息化、农业现代化同步发展。①

一　经济全球化和网络经济：产业组织创新的新平台

产业组织是特定产业内部企业间的组织结构或市场竞合关系。“产业竞争力归根结底是一个产业组织问题，形成有效竞争的市场结构和产业组织结构是培育和增强产业竞争力的根本途径和决定性条件。”② 科学合理的产业组织结构是提升产业竞争力的基本条件，通过优化产业组织结构，提高河南省产业竞争优势已成为河南推动新型工业化发展的重要内容。

（一）经济全球化、全球化寡头垄断与中国产业组织结构调整

一个地区产业组织结构的优化和产业竞争力的提高，不能脱离其所处的经济、技术环境与条件。20 世纪 90 年代以来，产业经济的两个最重要的趋势是经济全球化和网络经济的迅猛发展，二者构成了现阶段产业组织结构调整和产业竞争力提高的新平台。经济全球化必然导致产业和生产的全球化，进而形成全球统一市场。对全球市场份额的争夺和垄断控制，将成为各地区企业战略行为的重要出发点，而不断通过内部扩张、并购和强强联合，迅速扩张企业规模，提高竞争实力，则成为各国企业获取全球市场垄断地位的主要手段。③

在经济全球化背景下，进入市场的买者和卖者的增多，将导致市场集中度的降低，并强化竞争。然而，当今全球市场走势不是竞争的增强，而是垄断的强化，许多行业的全球化寡占态势初见端倪，如在航空制造、汽车、钢铁、移动通信、计算机软件、制药业等产业，少数跨国公司占有绝大部分市

① 杜传忠：《转型升级与创新——中国特色新型工业化的系统性研究》，人民出版社，2013，第 233 ~ 269 页。

② 金碚：《经济全球化背景下的中国工业》，《中国工业经济》2001 年第 7 期，第 5 ~ 13 页。

③ 杜传忠：《转型升级与创新——中国特色新型工业化的系统性研究》，人民出版社，2013，第 233 ~ 269 页。

场份额。

即使在一些竞争性较强的日用消费品市场中也开始形成某些高市场占有率的大型跨国企业，如在消费品饮料和洗涤剂市场。全球市场垄断的增强，对各国产业竞争和产业组织结构调整提出了新的更高要求。面对激烈的全球市场竞争，企业必须培育和形成自身的竞争优势，而这种竞争优势在很大程度上又表现为技术创新优势和市场垄断优势。对于河南省这样一个欠发达地区而言，提高产业集中度，占有更多的全球市场份额，是其参与全球产业竞争的客观要求。

（二）全球价值链重构与河南省产业组织结构优化

经济全球化以全球市场化为前提，以信息化为条件，以全球资本快速而频繁的流动为基础，同时以生产全球化为核心表现形式。生产的全球化表现为产业组织在全球范围内的扩张和活动，其实质是跨国公司建立全球性的运营体系，把产业分工的增值链放在全球不同区位，以利用专业分工优势与全球协作网络的整合优势，实现经营利润的最大化。在以跨国公司为主要载体、以产业价值链为纽带的全球价值链重构面前，没有哪个国家的企业可以像孤岛那样，与世隔绝，独善其身。中国产业发展和竞争力的提高，同样要求中国积极加入新的国际分工体系中去，河南省要通过加入全球价值链分工体系，发挥自身的资源优势与后发优势，提升其产业的全球竞争力。然而，全球价值链不同环节的产业所获得的附加价值和回报率不同。处于全球价值链高端的产业能够获得高附加值和高回报率，如英特尔、微软的技术标准以及利润率和回报率都甚高，所获利润占整个产业利润的60%以上，而河南，乃至中国主要从事组装加工业务的企业只能获得微薄的劳务报酬。加入全球生产体系，是河南企业加快形成和提高自己的竞争优势，占据全球产业价值链重要环节的必由之路。

面对全球价值链分工，河南企业要借助跨国公司的直接投资，切入全球产业链条，但它们会遇到的一个重要问题，即比较优势问题。现阶段河南企业可以积极着眼于发挥劳动力成本优势，承担那些具有劳动密集型特征的生产环节，但要注意摆脱可能被长期锁定在低水平上而难以实现超越的困境。从长期看，河南企业必须迅速地通过资金和技术的积累，沿着跨国公司产业发展的链条向资本和技术密集型环节提升。为此，河南省必须优化其产业组织结构，形成有利于技术创新、有利于发展高新技术产业的新型产业组织结构。

（三）网络经济与河南省产业组织结构调整

随着计算机网络技术与现代信息技术的飞速发展，作为新型经济形式的网络经济也随之出现。从市场结构和企业竞争行为的角度看，信息网络技术是显著的现代产业发展的助推力。首先，它对规模经济、市场集中度产生了影响。信息与网络技术使企业的信息收集、加工和分析能力显著增强，并进而影响到企业的运作方式。信息与网络技术的应用通过发挥降低资本品的专用性、节约市场交易成本和削弱由于信息不对称和区域分割造成的垄断力量等功能，降低了企业的最小有效规模。但与此同时，它也为企业规模的扩张开辟了广阔的空间。因为信息技术能够减少组织的成本。网络与信息技术能够使企业管理者专门化，降低企业内部管理成本，提升企业内部市场化水平，从而提升企业规模经济效应。其次，它会改变企业竞争范式。在网络经济条件下，信息技术成为决定企业市场地位的主要手段。企业的高利润率乃至市场地位不再来源于企业对价格和产量的控制，而是由技术创新的速率和创新水平决定的。在信息时代，企业的市场地位建立在技术垄断的基础之上。传统的主要依靠价格竞争谋取市场地位的竞争方式已不再适用，非价格竞争成为企业竞争的主要手段，其中，对技术标准和技术范式的控制最为关键。这时，技术标准就是市场标准，控制了技术标准，也就控制了市场。即使是一个小企业，只要掌握了技术标准，也可以迅速发展成为一个大企业，如微软公司。控制了技术标准和技术范式，也就具备了迅速超越竞争对手的条件。由于信息技术创新的频率快、专用性强、标准程度高，技术创新更易于为少数企业所掌握。加之，信息技术创新的高风险性，对企业资金实力和抗御技术创新风险的能力也提出了更高的要求，这就使大企业在掌握技术标准和建立技术范式方面，占有较大的优势。最后，它要求构建合作型企业组织。网络经济的一个重要特征是网络外部性，其基本含义是连接到一个网络的价值取决于已经链接到该网络的其他单位的数量。网络外部性的存在使企业之间的合作成为必要，并对企业组织提出新的要求。企业间的“优势互补，资源共享”变得越来越重要，合资经营、连锁经营、业务外包、战略联盟、虚拟企业和供应链联盟等合作型企业组织将大量出现。

在网络经济快速发展过程中，河南企业要想参与全球产业竞争，提高产业的国际竞争力，就必须进行业务流程再造，重塑企业组织结构和产业市场结构。除了积极将自己的生产体系纳入全球生产体系外，河南企业还要与跨国公司形成多种形式的生产协作和技术创新联盟，在与跨国公司的竞争与合作中，提升自己的竞争力。近年来，跨国公司调整了其全球化经营战略，开始以全球技术战略为核心构建其跨国投资经营体系，以直接建立海外研发机构以及兼并、收购东道国当地同行业竞争者等方式，将部分研发活动从本国转移到海外子公司或分公司，同时通过建立战略联盟、合资企业等形式，开展了跨国技术研发合作，以保持自己在全球竞争中的优势地位。这为河南企业开展与跨国公司的经济技术合作，利用其技术外溢效应提供了新的契机。但对于提升河南企业的产业竞争力而言，单纯依赖跨国公司的技术外溢是难以实现目标的，其原因在于跨国公司向当地企业转移技术，服从于其延长技术产品生命周期，以获得最大利润的目的，跨国公司转移的一般是成熟性技术而不会是最先进的核心技术。河南企业要掌握核心技术，还需要自主创新，培育大量有较强技术创新实力的大型企业或企业集团。

二　网络型寡占市场结构：产业组织结构调整的目标模式

产业组织结构的调整必须明确其调整的目标模式，然后再向着这一目标模式逐渐推进。笔者认为，面对经济全球化和网络经济迅速发展的现实，从提高河南省产业竞争优势的角度考虑，河南省产业市场结构调整目标应是一种网络型寡占市场结构。在这种新型产业市场结构体系中，作为主体的寡头垄断市场主要是指那些生产技术较为复杂，资产专用性较强，资金、技术密集度较高，生产具有显著规模经济和范围经济效益的产业所构成的市场。在这类产业市场上，占支配地位的是具有较强技术创新能力和较高赢利率的大企业或企业集团，它们构成河南省产业竞争优势提高的主导性力量。这些企业分布于装备制造、汽车制造、煤炭化工、新能源电池、生物医药、食品加工，大型商业批发、物流等行业，以及一些规模经济和技术条件要求较低、进入限制较小、企业经营方向易于调整，且资本、技术密集度较低的行业。这类行业中一般存在较多的企业，企业之间存在较强的竞争。为了减少同一行业中企业之间的竞争，可以从以下几方面进行努力。

首先，不同类型的企业要形成合理的专业化协作网络。要使若干生产最终产品的大型核心企业作为整个生产、销售体系的“龙头”企业，同时又要有相当数量的中小企业为之进行配套生产和销售，使不同类型企业间形成既分层竞争又跨层协作的经营态势，在保持市场具有一定集中度的同时，避免中小企业间的过度竞争，提高不同类型企业之间的协作效率。

其次，积极进行分工合作，构建企业战略联盟。大企业之间的战略联盟主要包括技术研发联盟和采购联盟。前者是企业联合进行技术开发，以降低技术创新的成本和风险；后者指企业联合进行原料采购，降低采购成本。同时，大企业要积极创造条件，争取与进入河南省的跨国公司形成生产、技术、经营上的协作和联盟关系，以此不断提高自身的经营、管理水平，建立高效的企业运行机制。

再次，培育发展面向全球市场的动态化新型市场结构。河南省大企业在生产、运营时要面向全球市场，力争成为全球化经营企业，即在全球市场上进行采购、生产、销售和研发。只有在这样的环境中成长起来的大企业才真正称得上是具有较强的全球竞争力的企业，也才能在全球寡头垄断市场中占有一席之地。

最后，新型市场结构应建立在网络经济的基础之上。在网络经济条件下，企业技术创新速率明显加快，产品改型换代频繁。在这种情况下，企业应以技术的不断创新和提供物美价廉的产品来锁定大量消费者和用户，以维持自己的市场地位和赢利水平，而不是以传统的价格垄断行为获取高额垄断利润来操纵市场。

三　市场集中与空间集聚：产业组织创新的重要内容

产业的市场集中与空间集聚是现代产业组织演进的两种基本路径，大企业与产业集群是它们的组织载体。从总体上看，目前河南省产业集群还处于初级发展阶段，多数产业园区尚未真正形成产业集群，即使形成的成规模的产业集群也主要是劳动密集型的传统产业中由中小企业形成的产业集群，资本与技术密集型产业中形成的产业集群还不多见，但由大企业与中小企业相互协作形成的产业集群已经出现，这表现出了我国产业市场集中与空间集聚融合发展的一种态势。随着全球产业分工的深化和网络经济的发展，现代产业竞争越来越演变为企业网络之间、产业集群之间以及供应链间的竞争。这就要求突破不同类型企业独立发展存在的缺陷，既保障大企业做精主业、做强企业，又使中小企业拥有更大的发展空间，这是我国产业组织结构调整的基本方向。总体上说，河南省现阶段市场集中和空间集聚作为产业组织结构调整、优化的两条基本思路可以并行不悖，在适当的产业及区域实现协调发展。尽管大企业在产业发展和产业组织体系中仍具有产业集群不可替代的优势，但全球产业发展经验表明，特定地区产业竞争优势不是单靠少数独立的大企业实现的，而是通常依靠大中小企业间的协作来实现的。因此，现阶段，在某些区域促进产业的市场集中与空间集聚融合发展，形成以大企业为主体的产业集群与产业组织体系，是河南省产业组织结构调整的基本方向。

为了实现这一目标，可以从以下三个方面努力。

首先，依托产业园区将中小企业纳入大企业的生产体系，打造有特色的产业集群。在引导优势资源、资产和人才向大企业、大集团集中的同时，要按照专业化协作原则，通过市场化运作方式积极引导中小企业进入大企业的发展体系，建立中小企业同大企业之间合理的分工协作关系，形成以大企业为主导，中小企业为大企业提供专业化配套服务，大中小企业合理分工、有机联系、协调发展的格局，推动中小企业向“专、精、特、新”方向发展，通过这种对接与协作，形成具有地方特色的产业集群。立足于地方工业园区，发展以大企业为主体的地方产业集群，是河南省产业集群发展的重要途径。目前，河南省很多地区产业园的入园企业相互间缺少产业联系，致使某些工业园区成为各类企业简单扎堆的地方，其本身并没有随着入驻企业的增加而产生某种聚集效应。因此，围绕某个或某些大企业，发展产业集群，使大企业与中小企业之间形成一定的技术、经济联系和协作关系，是加快形成以大企业为主体的产业集群的有效途径。

其次，通过分离大型企业的非核心业务形成产业集群。针对那些“大而全”型大中型企业，尤其是制造业大中型企业，要根据业务的重要性、资产专用性和交易频率大小，保留那些核心的、资产专用性高和交易频率大的业务，而对那些非核心的、资产专用性低和交易频率小的配套业务，要运用资本运营的方式将其转变为就近发展的外部企业，利用产业集群方式来提升这些企业的竞争力。这既是提高大型企业效率的有效办法，也是形成产业集群的重要途径。

再次，打造以大企业为主体的区域间产业链和产业集群。目前，河南省产业的空间集聚主要局限于特定区域内，尚缺乏跨区域的产业集群，难以形成围绕产业升级、增量与存量有机结合的产业集群。从长远来看，这将不利于增强区域内各城市产业发展的持续性和根植性，制约区域产业竞争力的进一步提高。因此，区域间产业集群和产业链的打造，需要以大企业作为“骨架”，再使之与中小企业在生产协作上形成产业互补关系。

最后，以有潜力的大企业作为主体打造区域产业集群是实现市场集中与空间集聚的有效途径。当有实力的大企业“旗舰”进入后，配套企业可随之跟进，由此逐渐形成以大企业为主体，中小企业与之配套的区域产业集群。河南省目前与大企业配套的企业多属于劳动密集型企业，它们在区域产业集群或产业分工链条上多处于加工制造环节，缺乏在上游研发、设计环节以及下游市场营销环节的延伸。因此，要进一步通过发展大企业和产业集群，提升产业配套能力与竞争力水平，实现向全球分工价值链高端的攀升，这是提升河南省产业竞争力的重要途径。

四　产能过剩治理：产业组织创新的紧迫任务

产能过剩是企业所拥有的生产要素数量、组织技术条件等所代表的生产能力持续显著地高于有效需求所造成的开工不足、生产闲置和企业利润显著下降的经济现象。现阶段，河南省的水泥、钢铁、电解铝、光伏、煤炭等行业存在较明显的产能过剩问题，制造业平均产能利用率较低。产能过剩若得不到及时、有效的治理，必将对经济发展产生严重的负面影响。而理清河南省产能过剩产生的深层次原因，是从源头上治理产能过剩问题的必要条件。

产能是一种与企业所拥有的生产要素规模、组织技术条件相关联的，企业利用现有资源和生产要素所能达到的最大生产能力。当企业所拥有的生产要素数量、质量和组织技术条件等所代表的生产能力持续显著地高于社会有效需求所对应的生产加工条件时，就意味着产生了产能过剩问题。美国一般把 78% ~83% 的产能利用率作为经济行为的正常运行区间，若产能利用率较长时间地低于 75%，则认为出现了产能闲置现象；若产能利用率较长时间持续徘徊在 70% 以下就表明出现了产能过剩。我国一般认为产能利用率在 30% ~60% 为产能严重过剩，在60% ~75% 为显著过剩，在 75% ~80% 为轻度过剩，在 80% ~85% 为基本适度，在 85% 以上为产能显著不足。

要达到对产能过剩的标本兼治，既要从技术层面采取削减产能和扩大需求等措施，又要针对形成产能过剩问题的深层次原因进行体制性改革和创新。现阶段，治理产能过剩问题的根本出路在于深化体制改革，这是治理产能过剩问题的根本之策。而深化体制改革，可以从以下几方面努力。

第一，进一步转变政府职能，理顺政府与市场的关系，强化市场机制对资源配置的基础性调节功能。对产能过剩的治理，不应简单地通过“关停并转”来进行，而应主要通过改革不合理的体制来实现。政府应适应市场经济发展的要求，加强提供公共服务的职能，为经济的有序运行创造良好的市场、法律和制度环境。政府还应深化行政审批制度改革，把政府行政审批权限制在法律规定的必要范围内，只对关系到国家经济安全、资源节约与环境保护、国计民生的关键项目进行投资审批。

第二，改革和完善地方政府的政绩考核机制，通过更科学的政绩考核机制引导地方政府的经济行为。改革和完善地方政府的政绩考核机制的根本目的在于消除“GDP崇拜”，建立以经济发展、社会发展和生态环境保护协调统一的新政绩考核制度，特别是要将绿色 GDP 指标纳入地方政府和官员政绩考核内容，促使地方政府将资源环境标准纳入产业结构的调整和经济目标的追求之中，改变以往单纯依靠盲目上项目、进行重复投资实现经济增长的偏向。

第三，建立和完善产能利用率评价指标体系和行业产能信息定期发布机制。借鉴发达国家在产业经济信息的收集、整理、分析和发布制度方面的经验和做法，建立符合河南省经济发展实际的行业产能利用率衡量方法与指标体系。由政府统计部门发布行业产能信息和产业分析意见，这也是政府公共服务职能的重要体现，它有利于企业清楚地了解该行业在特定阶段的产能利用率情况，据此确定自己的投资行为。产能利用率的实质是产出与产能的比较，完善产能利用评价指标体系和行业产能信息定期发布机制，强化其对企业投资决策的参考作用，将有助于避免企业盲目投资造成的产能过剩问题。①

第四，建立和完善企业进入、退出机制。对于依靠市场机制难以消除外部性而造成产能过剩的产业，需建立健全企业准入机制，通过设置一定的进入门槛来限制落后产能的扩张。为此，政府要积极制定相应的技术、能耗、质量、环保、规模和安全标准，提高市场准入门槛和产业进入壁垒，限制污染排放严重、生产安全事故率高、经营方式粗放的产能，同时将那些技术含量低、资源环境问题严重的落后产能拒于行业之外。使不符合要求的企业破产出局是市场经济条件下抑制产能过剩的有效措施。针对那些生产效率低、市场竞争力差的企业，通过企业兼并重组等退出机制，促使它们退出市场，从而减少落后产能。然而，企业破产退出会造成工人失业等社会问题，为此需要做好相关配套工作，主要包括完善社会保障制度，加强对下岗职工的技

① 2006 年国务院就曾做出指示要求有关部门完善统计、监测制度，做好对产能过剩行业运行动态的跟踪分析，建立定期向社会披露产品供求、产能规模、价格变化等相关信息的制度。但遗憾的是，我国的产能利用评价指标体系尚不完善，行业产能信息定期发布机制还没有常态化、全面化。

能培训和再就业指导等。

第五，完善政府宏观调控体系。宏观调控既要促进总供给与总需求实现总量平衡，也要采取相应配套措施解决结构性失衡问题，重点是通过产业政策解决部分行业产能过剩问题。政府宏观调控政策的制定和执行，一要注重财政政策、货币政策和产业政策的有机结合，充分发挥财政政策、货币政策和产业政策三大政策工具的协调作用。二要把宏观调控政策的执行建立在充分发挥市场机制作用的基础上，通过市场机制适度压缩产能过剩行业的投资需求增长，控制过剩产能的扩张，同时积极引导和促进新兴产业快速发展，调整和优化产业结构和产能结构。

第三节　“中国制造2025”战略与中原创新驱动路径

在全球新一轮产业革命、发达国家实施“工业4.0”战略和我国经济进入新常态的背景下，积极发展具有技术密集型和知识密集型特征的先进制造业是推动中原地区经济实现跨越式发展的重要战略选择。在我国开始实施“中国制造2025”战略的情况下，培育中原地区经济发展长期竞争优势的关键在于自主创新，掌握行业前沿核心技术。通过创新驱动支持和帮助企业构建以企业为主体的自主创新体系，促进产学研用结合，集中突破一批共性关键技术，保障中原地区实现跨越式发展。

一　深化改革开放促进创新发展

改革开放是中原地区经济发展的活力之源，贯穿于社会经济发展的各环节，以改革促开放，以开放促中原社会经济发展，为此，要着力破除阻碍改革开放的各种体制机制弊端，激发社会经济发展活力。先后确立开放带动战略，持续拓展开放新领域，构建全省开放体制，在开放中积极创新思路举措，增强创新驱动能力，主动融入国家区域发展新棋局；依托中原经济区、郑州航空港经济综合实验区建设，积极承接产业转移，从沿海地区及发达国家积极承接和引进高新技术产业。如河南省2014年手机产量达到1.4亿部，有效拉动了经济增长，在全国出口不景气的情况下，河南省出口增长近10%，这在很大程度上是靠承接产业转移实现的。未来一个时期，河南省仍然具备参与全球产业分工，利用国际国内两个市场、两种资源的比较优势，能继续放大改革开放的创新红利，通过扩大开放合作、吸引高新技术产业等促进发展。

高水平的对外开放是构建中原地区现代产业体系，促进地区创新发展的重要条件。对外开放促进中原地区社会经济创新发展，要坚持“走出去”和“引进来”并举的方针。在“走出去”方面，中原地区应积极利用“一带一路”战略机遇，依托郑州航空港综合实验区和未来的河南自贸区，鼓励装备制造、电子通信、纺织、绿色能源（电池）等优势产业的产能“走出去”，在全球进行产业布局，提升产业综合竞争优势。考虑到“一带一路”沿线国家贸易投资环境的特殊性，企业应优先考虑以“拖挂车”方式为大型国企的“走出去”项目进行配套；到当地投资的项目尽可能落地在中方主导的产业合作园区。

在“互联网＋”时代，应积极创造条件使河南省的优势出口产品利用跨境电商等“e”贸易方式拓展国际市场。应加快推进“中国中部国际交易市场”的立项规划和建设工作。与义乌小商品批发市场相比，中部国际交易市场与郑欧班列对接，具有贸易成本优势，对于中原地区实现新发展、新突破具有不可估量的意义。

市场需求是推动产业创新发展的首要牵引力，只有加强市场分析，通过产品、工艺创新不断适应顾客的新需求、新预期，投资布局才能更合理，产业调整才能明确方向，在保持产业实现中高速增长的同时使产业向高端水平迈进。为此，要在坚持对外与对内积极开拓市场的基础上，形成内需、投资、出口协调拉动高技术产业发展的新格局；强化品牌营销，在走向经济新常态和应对新工业革命的过程中，中原地区要超越传统的产品销售方式，通过掌握核心技术推动品牌营销战略，使产业向高服务含量、高附加值比重的高端化迈进。

推动河南省各地区围绕培育“百千万”亿级产业集群，制定专项招商方案，实行整体规划、统筹布局、专业运作、团队招商，集团化、体系化引进一批龙头企业和关联配套企业。引导各地编制、完善产业链招商图谱，瞄准主导产业集群缺失和薄弱环节开展针对性招商，推动终端产业产品向上游延伸、基础工业向下游延伸，形成协同组合优势。突出专题招商和专项招商，以省辖市、县（市、区）为主体，组建专业招商队伍赴重点区域开展专题对接洽谈。推动各地招商团队与专业招商咨询机构、各类招商协会及已引进龙头企业合作，开展中介招商、以商引商，提高招商实效。

二 强化创新驱动平台建设

全球金融危机以来，河南省积极制定、推动带有方向性、根本性、全局性的社会经济发展战略。目前，粮食生产核心区、中原经济区、郑州航空港经济综合实验区等三大规划已经成为国家战略，这将有效凸显先发效应、带动效应、聚合效应、示范效应。河南省人民政府也提出要按照打造富强河南、文明河南、平安河南、美丽河南的要求，推进社会主义民主政治制度建设，加强党的执政能力建设，加快推进先进制造业大省、高成长服务业大省、现代农业大省建设，积极培育新兴业态，使河南省的战略地位得到进一步提升；推进产业集聚、人口集中、土地集约，加快构建“一个载体、四个体系”，坚持用大枢纽带动大物流、用大物流带动产业群、用产业群带动城市群、用城市群带动中原崛起、河南振兴、富民强省，谋划实施一批打基础、管长远、增后劲的大事要事，不断增强基础设施、发展载体等的支撑能力，不断积蓄发展势能。新产业革命和“中国制造 2025”战略要求中原经济区在建设过程中要积极通过创新驱动实现发展目标，完善、创新管理体制机制，创新各地分类规范产业集聚区管理模式，因地制宜整合、完善内设机构，进一步扩大经济管理权限，增强自我发展和创新发展能力，促进中原地区实现跨越式发展。为此，要从以下几个方面构建创新驱动平台。

首先，培育具有自主创新能力的高技术产业集群。省辖市要统筹产业集聚区产业布局和物流中心、专业市场等配套服务设施建设，合理布局关联配套产业，提高专业协作水平，加快千亿级主导产业集群发展。发展基础较好的高技术产业集聚区要适应产业转移新趋势，选择 1～2 个优势产业作为主攻重点，形成 2～3 个百亿级特色产业集群，在高技术产业集聚过程中提升自主创新能力。

其次，建设产学研创新联盟和创新创业孵化园，激活创新发展的原动力。面对大数据时代的到来和“互联网+”的快速发展，城市与产业竞争力提升的关键是创新创业能力的提升。中原地区实现突破式发展离不开持续的产业技术动力，需要激发和培育本地创新创业精神和驻豫高校、企业和科研机构的产业化创新能力。一是建议利用河南省高校资源、国家级经济开发区健康发展的优势，依托高校、高新区建设高规格、高支持力度的创新创业孵化园，帮助具有创新能力的大学生、个体户发展创新，培育支持城市未来发展的企业家群体；二是推动高校、科研机构与产业园区合作，利用高校、科研院所的科技研发优势，鼓励国开区、高新区积极参与，构建产学研协同机制，搭建科技成果转化平台，提升中原地区产业科技竞争优势。河南省拥有近千所科研机构或工程中心，拥有通信、信息、航空航天技术研发优势。产学研创新联盟是提升河南产业竞争力的重要主体。基于此，应构建以企业为主导、科研院所参与的协同创新体系，通过健全的研发设计、技术评价、营销网络体系提升产业市场竞争优势和产品附加值率；构建战略性新兴产业与科技政策整合机制，通过完善的技术创新政策整合机制提升技术创新效能和实现产业创新发展。

最后，完善配套设施。安排专项资金，对发展成效突出的产学研创新联盟、产业集聚区和产业集群分别给予补助，重点支持基础设施和公共服务平台建设，力争产业集聚区必须单独新建的工业污水处理厂建成投用，道路、电力、供排水、供热、环保、通信等基础设施适度超前建设，研发创新、检验检测、仓储物流、实训基地、电子商务等公共服务平台实现全覆盖，为创新驱动能力提升提供基础条件和物质平台。

三 强化要素升级推动创新发展

面对大数据时代的到来和“互联网 +”的快速发展，产业竞争力提升的关键是要素创新能力的提升。现阶段，河南省正处于新型工业化和城镇化加速推进阶段，而部分地区工业化刚刚起步，城镇化率明显低于全国平均水平，黄淮地区城镇化率只有 35% 左右，工业化、城镇化所蕴含的投资空间和消费潜力巨大；河南省城乡、区域发展不平衡，投资空间大，需求增长潜力大，仍可以继续发挥消费在促进增长中的基础作用和投资的关键作用；河南省服务业占比低于全国平均水平 14.1 个百分点，随着工业结构优化升级和专业化分工加快，现代物流、金融保险、信息服务等生产性服务业的发展空间巨大；河南省外贸依存度较低，对外贸易总量较小，出口和承接产业转移潜力巨大。在企业经营过程中，数据、软件、专利、设计、新组织流程和特有技能等无形资产构成了知识资本，互联网技术、3D 打印技术与新材料、新能源等组合应用到生产中，使现代产业发展呈现出网络化、智能化、集成化特征。河南省人民政府的《先进制造业大省建设行动计划》（豫政〔2014〕87 号）指出，新时期河南产业发展需要从以下方面来实现。

首先，提升知识资本促进产业发展的能力。结合先进制造业创新发展要求，依托知识网络重点推进核心智能制造技术、关键部件研发、制造装备集成与工业软件、新能源技术，以及制造模式优化的数字化、信息化与智能化；提出以创新驱动、智能制造与现代服务的产业融合，低碳绿色制造和现代产业体系构建为导向的河南省先进制造业创新发展战略思路。

其次，提升人才“智”量。深入实施招才引智行动计划、国际人才交流合作项目资助计划、先进制造业引智工程等，引进一批领军人才、创新型科研团队。完善高层次人才引进机制，通过股权或期权激励、创造收益按比例返还、政府奖励等方式留住人才并发挥其潜力。将培育先进制造业发展所需人才列为全民技能振兴工程的主要内容，采取代培、委培、校企联合办学、企业与科研院所进行人才交流等多种形式，每年完成各类培训 300 万人次以上。

再次，创新金融体系，提升资金保障能力。省、省辖市定期组织开展银行、担保机构、企业三方融资对接活动，促进金融机构扩大对先进制造业的信贷规模。支持各级政府投融资公司与民间资本合作，发起设立产业投资和创业投资基金。充分利用资本市场，推动发行高新技术企业和中小企业集合票据、集合债券、集合资金信托计划，支持符合条件的企业上市融资和发行债券。推动各地政府与金融机构合作，设立担保风险补偿基金，探索“助保贷”融资模式，提高中小企业和招商引资企业的融资能力。

最后，通过科技提高土地利用效率。开展低效土地专项整治行动，加大存量建设用地盘活力度，清理闲置、低效利用土地。实行差别化用地政策，优先保障先进制造业重大项目用地。探索建立用地指标与产业集群发展挂钩机制，推动土地资源向“百千万”亿级产业集群倾斜配置。

四　强化软环境建设，促进创新发展

河南省作为人口大省、经济大省和农业强省，具有较强的应对市场变化的韧性、潜力，具备构建现代产业体系的优势和潜力。河南省是中原腹地，具有连接东西、贯通南北的战略枢纽地位，交通区位优势突出，尤其是构建有“米”字形快速铁路网，有利于推动形成建设大枢纽、发展大物流的格局。在新一轮科技革命和产业变革孕育兴起，新业态、新模式迅猛发展的背景下，河南省完全有可能在产业创新驱动中实现产业价值链升级。为此，河南省应围绕重点领域制定产业链技术创新发展规划、技术标准、市场规范和产业技术政策，按照产业技术发展规划组织技术产品创新，实施技术改造，促进存量调整；实施企业创新能力培育工程，重点培育 50 家综合竞争力居全国同行业前列的创新型企业，300 家省级创新型企业和技术创新示范企业；实施技术创新孵化平台建设推进工程，每年新建 100 个企业技术中心、工程（技术）研究中心、工程实验室等省级以上研发平台。推动产业技术协同创新，再发展一批产、学、研、用紧密结合的产业创新联盟；在加强原始创新的同时，围绕提升产业、产品竞争力推动集成创新、协同创新、引进消化吸收再创新。组织实施科技专项和自主创新专项，每年建设 100 个以上重大项目，集中突破一批制约产业发展的关键技术。实施科技对外开放合作工程，力争每年引进先进技术 500 项。为了通过创新驱动促进产业发展，河南省需要在以下几方面进行努力。

一是要强化企业支撑。首先，提升重点企业的支撑带动能力。实施转型升级引领企业培育工程，建立动态调整、部门联动的推进机制，加快省百强百高企业和 500 家产业集群龙头企业发展，引领产业转型升级，带动产业集群链式发展。深化国有企业改革，开展省管企业发展混合所有制经济试点，优化股权结构，规范公司治理，增强其发展活力和核心竞争力。其次，建立完善企业服务长效机制。完善公共服务体系、多部门协同服务联席会议制度和重点企业首席服务员制度。推动各地依托龙头企业建设一批产业配套园，落实支持中小微企业创新发展的各项政策，建立各级中小企业创新发展服务中心，设立壮大中小企业发展基金，支持中小企业创新发展。最后，按照能放尽放的原则，进一步下放行政审批事项，建立并完善企业服务公共窗口和企业服务平台，为企业提供网上办事、人员培训、政策咨询等综合服务，切实提高行政服务效率。严格查处强制性评比、赞助、摊派、培训等侵犯企业权益的行为，取消和减免部分涉企收费，清理不利于企业发展的政策，营造公平竞争环境，降低企业生产经营成本，提高企业发展活力。

二是要强化项目带动企业创新机制。建立先进制造业大省建设重大项目库，组织各地按照产业发展专项谋划筛选，按年度动态调整，滚动实施，每年实施 1500 个左右龙头型、基地支撑型项目和一批重点技术改造与产品结构调整重大项目。明确职责分工，强化责任落实，省政府要重点推动总投资 10 亿元以上重大项目的建设，并将其纳入省重点项目管理范围，优先保证土地、环境容量等要素资源。市级有关部门作为项目服务责任主体，县（市、区）级有关部门作为项目推进责任主体，要组建专门工作推动小组，及时解决项目建设中存在的问题。企业作为项目实施责任主体，要按照计划节点加快项目建设进度，尽快建成投产、达产达效。进一步优化项目审批服务，建立面向重大项目的审批“绿色通道”，实行“一门受理、联审联批、多证联办”的审批服务模式，提高审批效能，落实建设条件，提前介入，主动服务，确保项目的顺利实施。

三是推进产业发展的全球化战略与管理创新。在应对新工业革命的挑战过程中，河南省创新发展要着眼于积极实施全球化战略和管理创新，实现要素升级和技术创新，提升高技术企业技术创新和品牌创造的内生优势。科学规划和组织前沿技术与知识的学习、积累，提升尖端与核心技术的自主创新与集成创新能力；积极引进先进适用技术，着力提高技术消化、吸收和转化能力，促进产业转型升级。高技术产业尖端与核心技术创新具有高收益、高风险和长周期特征，提升河南省产业高端化与技术创新的协同发展，需要政府出面，优化产业管理体制，完善品牌营销支持政策与研发创新激励机制；鼓励河南省高技术企业积极进行技术创新与消化，为推进创新发展提供机制与管理保障。

四是构建创新发展的公共服务支持体系。在推动中原地区实现创新驱动发展的过程中，地方政府的主要职责是方向引导、政策支持和公共服务供给，其内容包括通过完善市场体系，制定科学的公共政策和发布市场、技术等信息引导企业进行产业选择；健全财产保护和促进市场有效竞争的知识产权保护法律体系；出资支持高技术产业基础研究和尖端技术研究；提供公平的教育、医疗等公共服务资源，推进人才培育和人力资源开发。此外，政府还可以通过产业政策、科技战略和公共服务体系为社会经济创新发展搭建支持平台，从财政支出、金融、税收、人才培养等多方面对产业高端化给予支持；构建完善的技术创新激励机制，重点加强科技创新支持和知识产权保护制度完善，鼓励企业积极进行自主创新和高端品牌培育，增强中原地区产业高端化的内生优势。

第四节　中原经济创新发展的政策支持

在全球新一轮产业革命和发达国家推动“再工业化”的背景下，中原地区应积极参与“一带一路”战略，加快建设郑州航空港综合经济实验区，大力推进中原城市群建设战略，以最终实现产业价值链升级，探索出一条转型升级、结构优化、高端提升的新型工业化道路。为了更好地提高资源禀赋升级、产业集聚、制造业资本高技术化和产业政策支持对制造业升级的作用和效果，需要构建由相关企业、高校科研机构、金融机构、中介服务和政府机构等协同合作，以产学研创新联盟、产业集聚、全球化战略下的管理创新和政府整合支持为保障，以核心技术与关键共性技术创新为核心，以资源、产品、市场和知识信息互补为联系的创新路径。为此，中原地区要积极完善以下创新支持政策。

一　完善技术创新与人才支持政策

在以能源革命、数字技术、智能技术和信息技术为主导的全球新产业革命的背景下，技术创新对中原地区创新发展具有决定性作用。通过技术创新推动中原地区实现跨越式发展需要树立“研发设计、工艺制造与品牌营销”的一体化战略思路，兼顾工艺创新和产品创新，实现产业结构优化和转型升级，改变中原地区产业的“组装加工”现状，快速向“微笑曲线”两端迈进。

第一，完善技术创新体制，整合创新资源。深化科技体制改革，加快中原地区科技创新体系和现代产业体系建设，加强对公益性科研机构和院校的支持。建成中央、高校和地方科研院所有机结合的布局合理、优势互补、联合协作的，能够面向现代发展、具有国际优势的新型科技创新体系。现阶段，科技创新工作应遵循的原则是既要加大政府的支持力度，又要充分发挥市场机制的作用，调动企业、高校等社会力量的积极性、创造性，形成政府主导的、多元化的新型科技创新体系；既要提高学术水平，又要注重解决经济发展的实际问题；既要适应世界科技的发展趋势，又要根据中原地区发展实际，加速先进适用技术的组装配套和有效推广；既要努力提高自主创新能力，又要积极引进和消化、吸收国外先进技术与经验，缩小与发达国家的技术差距，提高科技创新系统的整体功能和效率。

第二，加大对技术创新的政策支持力度。技术创新活动具有较强的风险性和探索性，其成果是典型的公共产品，具有非竞争性和非排他性，投资者不能完全占有科技创新活动的收益，因此，技术创新活动必须以政府为投资主体或者通过财政对技术创新主体进行补贴，以保持技术创新投入的连续性和稳定性。中原地区的高技术企业规模较小，尚处在成长之中。因此，政府应加强扶持力度，通过采取税收减免或投资按比例抵扣应纳所得税，提供部分补贴、财政贴息或以奖代补等税收激励、金融支持、贷款担保和政府采购措施，促进高技术企业的成长壮大。政府应积极采取措施，为技术创新营造良好的政策、法制环境，建立科技发展基金和完善保险机制，鼓励高技术企业进入资本市场；加大政府对科技的投入，建立技术创新基金，支持基础性、前沿性科学研究，力争在关键领域和核心技术上实现重大突破。

第三，加强知识产权保护。为了更好地促使先进适用技术应用于工业化进程，加速科学技术——特别是高新技术向现代产业体系全面渗透，实现中原地区产业转型升级，应营造良好的科技发展环境，尽快完善知识产权制度。实施知识产权保护战略，必须加强和制定知识产权保护政策，对有重大价值的科技创新成果实施知识产权保护，在宣传教育上、科研管理上、财政投入上、服务体系上采取措施大力支持技术知识产权保护。尤其要做好知识产权保护工作，以促进高技术产业的健康发展，利用高技术对传统产业进行改造和升级，以增强其国际竞争能力。支持建设绿色产品商标注册制度，加大地理标志保护力度。

第四，建立科技创新团队。优秀的科技人才和高绩效的科技创新团队是技术创新以及技术成果转化为现实生产力的关键力量。在市场经济条件下，要遵循市场规律积极吸引和留住科技创新人才，不断优化科技创新团队；强化前沿技术与知识的学习、积累，提升尖端与核心技术的自主创新与集成创新能力；积极引进先进适用技术，着力提高技术消化、吸收和转化能力，促进高技术产业转型升级。高技术人才是有效整合资金、技术与信息等资源构成竞争优势和进行技术创新的核心要素，企业要根据产业结构特征与转型升级要求，创新高层次人才引进、使用、激励机制，为提升尖端技术与核心技术创新能力提供人才支持。

第五，健全技术扩散体制和技能培训体系。加快新技术、新品种、新材料、新工艺、新产品应用是实现产业转型升级的关键环节。新阶段要加强技术扩散体制创新，加速把科技成果转化为现实生产力，实现经济发展方式的转变，培育和壮大一批具有较强区域带动性的特色支柱产业；加强科技服务平台建设，积极支持以科技情报信息机构、成果管理机构、技术交易机构为基础的公共科技信息平台，建设健全科技交易市场网络，加速科技成果的转化；打造科技交流合作平台，建立起企业和高校、科研机构之间联系沟通的桥梁与纽带，为人才集聚和企业自主创新能力的提升搭建一个综合性的合作与交流平台；引导建立起完善的科技中介服务体系，通过建立生产力促进中心、高新技术创业服务中心、工程技术研究中心、科技创业中心等，促进科技与经济的结合，为各类科技创新主体建立紧密联系，为科技创新活动提供重要的支撑性服务，加速科技成果产业化；加大专业技术人才、经营管理人才和技能人才的培养力度，完善从研发、转化、生产到管理的人才培养体系；以提高现代经营管理水平和企业竞争力为核心，实施企业经营管理人才素质提升工程，培养、造就一批优秀企业家和高水平经营管理人才；加强产业人才需求预测，完善各类人才信息库，构建产业人才水平评价制度和信息发布平台；建立人才激励机制，加大对优秀人才的表彰和奖励力度；建立、完善制造业人才服务机构，健全人才流动和使用的体制机制；采取多种形式选拔各类优秀人才，重点是组织专业技术人才到国外学习培训，探索建立国际培训基地；加大制造业引“智”力度，引进领军人才和紧缺人才。

二　健全公共配套设施供给体系

完善的公共配套设施是提升中原地区创新驱动能力的基本条件，也是推动现代产业体系战略顺利实施的重要条件和基本保障。完善的公共配套设施有助于降低企业生产成本，提高生产经营效率。随着配套设施的不断完善，企业直接生产成本持续降低。Adelheid Holl（2001）运用1980～1994年的数据对西班牙的自治市的道路等公共配套设施对吸引制造业进行区位选择的影响进行了研究，研究表明：公路、高速公路、信息通信等配套设施对制造业企业的区位选择、空间布局产生了重要影响，制造业企业倾向于在邻近高速公路的区域从事生产活动。河南省快速发展的公共配套设施和交通运输能力是促进产业集聚的重要因素。以公共交通设施为例，运输费用下降有助于实现产业集聚到专业市场的区域，产业集聚产生了更大的外部经济性，引导企业进行区位选择。由于产业性质的差异，运输成本在产业之间的差异很大，因此运输成本下降对那些劳动密集型产业和资源密集型产业的影响非常明显。健全功能配套齐全的公共配套设施体系是中原地区实现创新驱动发展的必要条件。现阶段，为了积极抓住国家“一带一路”战略机遇和有效推动中原经济区建设，结合新产业革命带来的技术变革，河南省要重点加强交通、通信、信息、水利、生态环境等公共配套设施建设。根据河南省人民政府2015年政府工作报告的内容，河南省政府将从以下五个方面健全公共设施配套体系。一是加强现代交通系统建设。郑州机场二期工程节点任务全面完成，郑万高铁引入郑州枢纽工程开工，郑合、郑太、郑济高铁预可研完成审查，晋豫鲁铁路通车运营，郑焦城际铁路基本建成。高速公路、干线公路、内河水运、邮政快递服务能力继续提升。二是加强信息网络系统建设。

实施国家工业云创新服务试点项目，郑州国家级互联网骨干直联点开通运营，中国移动（洛阳）呼叫中心（一期）主体工程完工，中国联通中原数据基地（一期）投入运营，全省乡镇以上实现4G网络全覆盖，信息化基础支撑能力显著提高。三是加强能源支撑系统建设。西气东输三线河南段获得核准，洛阳石化炼油扩能改造项目获准开工，天冠纤维乙醇示范项目前期工作加快，哈密至郑州特高压直流工程等电力项目建成投用。四是加强水利支持系统建设。河口村水库主体工程基本完工，出山店水库导流明渠工程开工建设，前坪水库、小浪底南北岸灌区、赵口灌区二期和西霞院输水工程前期工作加快，病险水库水闸除险加固、河流治理、大中型灌区续建配套与节水改造、小农水重点县及引黄调蓄工程取得新进展，兴利除害能力继续增强。五是加强生态环境系统建设。深入开展重点领域节能减排低碳发展行动，积极推进污水、垃圾处理等环保设施建设，加快林业生态省提升工程建设，新增污水日处理能力260万吨、垃圾日处理能力3050吨，完成营造林653万亩。丹江口库区上游及南水北调沿线一批生态环保重点项目建成投用。扎实推进地质、气象、测绘、地震工作，防灾减灾能力不断提高。

对于河南省来说，深化行政体制改革，完善公共产品供给机制，优化投资环境要着力打造服务政府、责任政府和廉洁政府，减少政府审批项目，优化办事流程；通过对公共基础设施的建设和完善，为承接产业转移创造优良软环境。积极建设电子通信、网络等现代信息基础设施，构建完善的铁路、公路、航空和港口等现代化交通运输网络体系，为承接产业转移提供硬件保障。在促进产业集聚的过程中，河南省要按照功能导向的原则，科学规划，合理布局，健全和强化城镇化与工业化协调发展机制，通过财政补贴以及税收优惠等政策倾斜方式积极发展金融、保险、交通、物流、信息等服务设施，实现产业集聚和人口集聚。围绕主导产业和承接产业发展生产性服务业，提高产业配套能力，为推动现代产业体系构建提供良好的市场环境与公共政策支持环境。现阶段，针对中原地区社会经济发展，除了完善中原经济区的现代产业体系构建政策外，还需要从以下几个方面做好公共配套设施供给政策。

一是完善重大基础设施投资、建设与监管政策体系。充分发挥重大基础设施投资的拉动作用，坚持突出重点、弥补短板、强化弱项、综合提升，加快建设一批交通、能源、信息等领域的重大项目，扩大投资规模，优化投资结构，拉动经济增长。以“米”字形快速铁路网为重点全面推进现代综合交通网络建设，基本建成郑徐客专主体工程，全线开工郑万高铁河南段和蒙西至华中地区铁路河南段，开工建设郑合高铁河南段，加快郑太、郑济高铁前期工作；着力打通省际高速公路断头路，继续推进客运场站建设和干线公路升级改造；抓好沙颍河复航等内河水运工程建设。以增强支撑保障能力为目标加快能源项目建设，推进超低排放高效大机组电源建设和现役机组升级改造，积极发展热电联产和光伏发电、生物质能、风电等清洁能源，加快电网建设和智能化改造；推进煤炭清洁化利用；力争天然气管道通达所有县（市）。以实施“宽带中原”等工程为抓手大力推进信息化，优化4G网络，推动城乡光纤覆盖和普及提速，建设省级电子政务云平台；统筹信息资源开发利用，集约建设各领域信息网络系统。加快航空港枢纽建设，确保郑州机场二期工程、郑州至机场城际铁路建成投用，基本建成外围高速公路网；加快物流体系建设，深化与卢森堡货航及一批国内外大型物流集成商合作，积极推进中国邮政郑州集疏中心等物流设施建设，完善航空货运网络，提升国际货运集疏能力；加快高端制造业和现代服务业集聚，开工建设一批重大产业项目，基本建成全球重要的智能终端研发制造基地；加快产城融合，推动现代化国际商都核心区建设取得突破；加快体制机制创新，提升管理水平，促进物流、投资、贸易、监管便利化。

二是进一步完善中原城市群发展规划与建设支持政策体系。充分发挥新型城镇化的综合带动作用，强化产业集聚、人口集中、土地集约，进一步挖掘城镇化蕴藏的巨大需求潜力。健全空间规划体系，优化城市布局和功能，深入推进中原城市群发展，推动高铁沿线城市经济带建设，依托综合交通网络打造城镇密集带，加快郑汴一体化步伐，促进郑州与毗邻城市形成组合型大都市区，支持省际交界地区中心城市做大做强，推动中心城市组团式发展，增强县城产业支撑和人口吸纳能力，选择一批重点镇开展小城市建设示范。提高城市建设管理水平，实施城镇基础设施扩能增效工程，加强城镇污水垃圾处理、供排水、供热供气等设施建设，推进地下管网、管廊建设；开展海绵城市、智慧城市建设试点；加快城市快速路、公共交通、停车设施和换乘站建设，完成郑州地铁2号线一期主体工程。分类指导各市县房地产开发建设，促进房地产健康发展，以棚户区改造为重点加强保障性安居工程建设，开工49万套，基本建成30万套。

三是进一步完善各类金融市场发展支持政策。深化金融领域改革，拓宽制造业融资渠道，降低融资成本。积极发挥政策性金融、开发性金融和商业性金融的优势，加大对新一代信息技术、高端装备、新材料等重点领域的支持力度。鼓励金融机构增加对制造业企业的贷款投放，引导金融机构创新符合制造业企业特点的产品和业务。健全多层次资本市场，推动区域性股权市场规范发展，支持符合条件的制造业企业在境内外上市融资、发行各类债务融资工具。引导风险投资、私募股权投资等支持制造业企业创新发展。鼓励符合条件的制造业贷款和租赁资产开展证券化试点。支持重点领域大型制造业企业集团开展产融结合试点，通过融资租赁方式促进制造业转型升级。探索开发适合制造业发展的保险产品和服务，鼓励发展贷款保证保险和信用保险业务。在风险可控和商业可持续的前提下，通过内保外贷、外汇及人民币贷款、债权融资、股权融资等方式，加大对制造业企业在境外开展资源勘探开发、设立研发中心和高技术企业以及收购兼并等的支持力度。加快郑东新区等金融集聚核心功能区建设，吸引更多境内外金融企业设立分支机构，壮大金融主体，积极创新金融产品，继续争取开发性金融支持，引导各类企业提升发展水平、管理水平和诚信水平，支持更多企业在境内外上市和在新三板挂牌融资，鼓励上市公司利用资本市场并购重组再融资；设立债务融资发展基金，支持企业在境内外发行债券；建成区域性股权交易市场；推动“金融豫军”协同服务地方发展；支持郑州商品交易所向综合性期货交易所转变；用好新型城镇化发展母基金，支持市县探索设立子基金；设立基础设施、战略性新兴产业、现代服务业发展投资基金；吸引保险资金、社保基金投资基础设施和民生工程。

四是进一步完善职业教育与医疗保障政策体系。全面推进现代职业教育体系建设，引导部分地方本科高校向应用型转变，通过对口支援等方式支持中西部高等教育发展，继续提高中西部地区和人口大省的高考录取率，建设世界一流大学和一流学科，加强特殊教育、学前教育、继续教育和民族地区教育等各类教育。完善城乡居民基本医保，财政补助标准逐年提高，基本实现居民医疗费用省内直接结算，稳步推行退休人员医疗费用跨省直接结算。全面实施城乡居民大病保险制度。深化基层医疗卫生机构综合改革，加强全科医生制度建设，完善分级诊疗体系。破除以药补医，降低虚高药价，合理调整医疗服务价格，通过医保支付等方式平衡费用，努力减轻群众负担。

五是完善节能减排与环境保护政策体系。为了更好地推动中原地区创新发展战略的实施，要积极健全农业、制造业循环经济和生态环境补偿机制。积极动员众多的企业和社会大众等参加到循环经济与生态经济发展战略的实施过程之中，使具有长期经济效益、生态效益和社会效益而缺乏短期经济效益的农业、制造业循环经济具有旺盛的生命力。这就要求地方政府进一步制定科学完善的政策，对生态环境保护与发展循环经济的企业或其他主体做出适当的补偿。通过完善的生态环境保护制度鼓励生产资料供应商、生产企业、产品销售商、社会公众（消费者及非政府组织）、政府、相关支撑机构等相关主体积极参与到生态环境保护战略的实施之中，建立健全循环经济发展战略实施过程中的绿色生态环保制度，明确各级政府部门、企业的生态环境保护责任，鼓励企业、社会公众和社会组织为推动生态环境保护与发展循环经济做出努力。积极完善生态环境污染控制、生态环境保护、产品市场准入、产品质量安全、品牌管理与标志管理等相关法规和制度。各级地方政府要在推动生态环境保护过程中强化依法行政，严格生态环境补偿制度及污染治理制度的有效执行，积极应对气候变化，扩大碳排放权交易试点，通过有效的政策供给，为企业和社会公众营造有效地通过促进技术创新与服务创新实现生态环保的政策氛围。

三　构建公共服务供给体系

在城镇化、工业化、信息化和农业现代化同步推进的背景下推动中原地区创新发展离不开完善的公共服务供给体系。现阶段，中原地区尚未建立起完善、高效的社会化公共服务体系，因此有必要加快转变政府职能，完善公共服务供给政策及强化其对创新发展的支持、引导、培养与保障作用。

一是积极优化营商环境。为了积极抓住国家实施“一带一路”战略的契机，有效推进郑州航空港综合经济实验区和中原经济区建设，中原地区应积极健全以市场为导向、符合生态环保标准的现代化营商环境，这将有利于增强创新驱动和经济发展的科技、政策与市场竞争优势，促进中原地区创新发展目标的实现。优化营商环境的具体内容如下。①降低企业经营成本。加快建立权力清单制度，发布行政事业性、政府性基金涉企收费项目清单，凡未列入清单的费用一律不得征收。②深入开展产销对接活动。各地市要系统梳理本地企业品牌并将其归纳成册，开展名优产品打包推荐活动，支持各类企业利用互联网、电子商务开拓市场，对网上年销售额较大的企业给予奖励。③加大融资协调服务力度。政府应深入企业协调解决项目融资问题，加强对金融机构的监督，规范银行过猛抽贷；同时加强企业诚信建设，提高其风险控制能力，充分利用行政手段，促进金融业与实体业的良性互动，营造良好的金融生态环境。④实行企业服务绿色通道制度。对符合条件的拟挂牌企业和已挂牌企业优先办理相关手续，优先支持其申报各类政策性资金。

二是积极推动公共服务平台建设。在推进中原地区创新发展的过程中，应采取多种投资方式和组织方式，构建多元公共服务平台。①信息服务平台。在网上发布相关政策法规和行业发展动态，为中原地区中小企业提供产品供求、技术供求、资金供求、产权供求等信息，建立和完善各类信息库。②融资担保服务平台。为有条件的企业上市、发行债券提供咨询和辅导，为企业股权融资、租赁融资和产权转让提供服务，帮助中小企业提高融资能力。③技术支持服务平台。支持和鼓励大专院校、科研院所、企业的专门技术实验室和测试基地向中小企业开放，满足企业对共性技术的需求。大力培育技术市场，搭建技术产权交易平台，积极推进两地企业与大专院校、科研院所合作，促进科技成果尽快转化为生产力。④人才培训服务平台。整合全省各类职业教育培训资源，充分发挥大专院校、技工学校和专业培训机构的积极作用，建立人才培训基地，通过基地的带动和辐射作用，构建企业培训网络。⑤管理咨询服务平台。整合各地社会各类管理咨询服务机构，同时，利用高等院校和科研院所的力量，为企业提供企业诊断和管理咨询服务，提高企业的管理水平和管理效率。⑥创新创业辅导服务平台。向企业初创者提供政策咨询服务，建立创业项目库，为创业者提供项目服务。为创业者提供低价、优质的创业场所，支持高等学校、科研院所发展众创空间。⑦市场开拓服务平台。大力发展为企业提供企业形象、产品设计，产品推广，展览展销，品牌打造和传播等服务的中介服务机构，帮助企业制定营销策略、创新营销方式、扩大营销渠道，为企业提供对外贸易、技术合作、招商引资、风险投资等方面的服务。⑧政策法律服务平台。组织法律服务机构开展面向企业的政策法律咨询和法律援助等服务，建立网上法律咨询平台，为企业提供法律、法规、政策等咨询服务。

四　政府职能转变与现代治理体系构建

在市场经济条件下，政府职能定位是经济调节、市场监管、社会管理和公共服务供给。推动中原地区创新发展既要充分依靠市场的资源配置功能，也离不开政府的规划引导和公共服务。尤其是在处于新型城镇化与工业化中期阶段的中部地区，政府的规划引导和服务起着主导作用。在政府职能转变方面，首先，要履行好引导和规划职责。地方政府通过对本地社会经济发展现状的调查分析，根据本地资源优势制订出经济发展规划，确定创新发展的目标、任务和重点。通过科技创新、服务创新有效提高综合生产能力、市场竞争能力和可持续发展能力；围绕“一带一路”战略中的中原地区区域定位与郑州航空港综合经济实验区和河南自贸区建设功能拓展的要求，创新发展经济，确定现代产业发展重点，丰富创新发展范围；创新发展要遵循社会经济发展规律，坚持以市场为导向，以政策法规为依据，运用现代经营理念、手段和方式促进中原经济持续、健康发展。其次，要加强政策支持力度，有效提供公共产品。地方政府应加大政策、资金的支持力度，并通过加强立法、设立创新发展建设基金等措施，形成支持创新发展的长效机制。转变政府职能，推进国家治理体系与治理能力现代化具有重要的现实意义。深入学习贯彻党的十八届三中全会精神，必须把握好全面深化改革的总目标，从各个领域推进国家治理体系和治理能力现代化，更好地发挥中国特色社会主义制度的优越性。

治理理论是对传统管制理论的发展和超越，是一种全新的现代民主政治分析框架。公共性是治理的宗旨和灵魂。从治理内涵看，现代治理体系是在政府、市场与社会公众的关系调整与重构中建构起来的，重点突出的是社会公众、市场主体、社会组织等多元主体参与公共事务；在现代治理结构方面，政府部门、市场主体、社会组织和社会公众在相互影响、相互制约与相互合作中构成了稳态三角形结构和多方动态互动关系，这种稳态关系对现代治理体系的效能高低具有关键性决定作用。① 现代治理是由国家与公民、政府与非政府组织、公共机构与私人机构在强制与自愿相结合的基础上互动、合作、协商，实现多方利益协调的过程。在中原地区创新发展的治理中，政府的主要角色是制度供给、政策激励与外部约束。政府制定的法规制度是决定社会主体能否进入、怎样进入治理领域的资格审查标准和行为规范；为了鼓励和引导社会主体参与到创新发展治理中来，政府要主动提供公共服务，在经济、行政方面制定支持政策；为了规范社会及市场经济行为，政府要依据法规承担“裁判员”职责，对社会治理主体进行必要的规制。在推进我国国家治理体系与治理能力现代化建设的进程中，市场与政府、社会与政府的关系呈现出重构趋势。由于科技创新、产业集聚等存在外部性，可能引发

① 陆学艺、李培林、陈光金：《2013 年中国社会形势分析与预测》，社会科学文献出版社，2013。

市场失灵，而政府可能也存在失灵的问题，在高技术产业核心技术、关键前沿技术创新过程中，市场、政府与社会各有其不足，单纯依靠任何一方的单一力量都难以有效实现目标，甚至导致技术依赖。为此，在创新发展方面必须合理配置和使用市场资源、政府权力和科研机构力量，调整三种关系，通过科学变革，找准定位和发挥职能，使其适应新时代要求，更好地实现创新发展。全面深化改革，解决中原地区创新发展面临的矛盾和挑战，关键要靠治理体系和治理能力现代化。在治理体系规范化、科学化、程序化的背景下，地方政府善于运用法治思维和法律制度治理地方，社会主体能够积极、有效地参与到地方治理的过程中，最终达到政府、社会、市场三者良性互动的“善治”效果。那么，如何推进国家治理体系和治理能力的现代化?

首先，要解放思想、转变观念，树立现代国家治理理念推进国家治理体系和治理能力现代化。思想观念是行动的灵魂。现阶段，中原地区各级政府及社会群众对现代国家治理理念的认识还不够到位，还存在着很多过时的管制观念和官僚思想。部分政府工作人员的官本位思想盛行，掌握公共权力的人往往把自己看成是社会的主人，将公共权力视为为个人或者小集团谋取利益的私人物品，把治理看作是控制、命令和管理，缺乏法律与规则意识，习惯以自由裁量权对权力的运用进行界定；缺乏服务意识，习惯以管理者身份干预社会管理的各个层面；认为政府或公权部门是唯一的管理者，将公民、市场及社会组织看作被管理者，习惯于“家长式”管理模式。社会公众的官本位思想同样存在，缺乏自我管理、自我服务的意识和能力，遇事找政府成为既定的思维模式；缺乏参与政治生活、争取自身利益的内生动力和能力，公民社会仍处在萌芽状态。在推动中原地区创新发展的过程中，尤其是在建设郑州航空港综合经济实验区、河南自贸区的过程中，政府部门、市场主体和社会公众等多元治理主体都要解放思想，转变观念，推动国家治理体系和治理能力现代化。政府部门必须树立公共权力意识，认识到公权力来源于人民群众，人民群众是权力的主体，是公共权力的赋予者、监督者和制约者。行驶公共权力必须执行人民意志，维护人民群众利益；在行使公共权力的过程中必须牢牢树立法治观念，规范治理权力、依法行政、依法执政、依法治国；牢牢树立公共服务意识，立党为公、执政为民、清正为民，维护社会公众在公共治理中的参与权，提升治理能力。

其次，正确处理好政府、市场、社会之间的关系，理顺多元治理主体的协调匹配，推进国家治理体系和治理能力现代化。现代治理体系必然是内部权限分工合理、职责范围有限、高效运转、与市场社会良性互动的政府体系。地方政府的现代治理体系的构建过程是由地方政府、非政府组织、企事业单位、社会大众、舆论媒体等多元利益主体运用信息技术、利益调节、法律援助等手段，将社会经济发展中的无规则、无秩序的参与主体进行有机组合，使其由无序状态向有序状态转变的过程。① 推动政府、企业、民众、媒体和社会组织等多元利益相关主体的协同治理能够更有效地推动社会经济健康发展。改革开放30多年以来，中原地区各级政府随着市场经济的深入发展进行了适应性的职能调整与转变，从全能型政府到经济建设型政府再到服务型政府，政府治理改革取得了显著的成绩，市场经济的活力不断得到释放。然而，随着经济社会问题的不断复杂化，中原地区各级地方政府的政府主导型传统发展模式并未得到根本性改变，它们已经无力包揽一切社会事务，政府失灵现象在众多领域开始显现。在推动中原地区创新发展，适应新一轮改革开放的过程中，为适应中原经济区创新发展，构建现代产业体系，有效应对“一带一路”战略带来的机遇与挑战，中原地区在推动政府治理体系与治理能力现代化过程中，必须建设有效和有限政府，积极将市场、社会公众纳入政府与社会治理体系的主体范畴，建构政府、市场、社会各归其位，相互支撑、相互制约的多元治理主体分工体系。在推动地方政府治理现代化过程中，尊重市场经济规律，发挥市场在资源配置中的决定作用；培养社会大众的参与意识和参与能力，鼓励社会组织发展，在多元主体的互动治理模式中，解决各类复杂的社会经济问题。

再次，创新政府治理方式，构建整体型政府，推进国家治理体系和治理能力现代化。“碎片化”管理是指地方政府存在着业务、部门和地区分割状态。在传统的工业社会中，强调层级节制、专业分工和职能界限的政府“碎片化”管理模式具有较高的效能和效率②，政出多门，碎片化，短期行为，以及部门主义和地方主义，是现行治理体制和公共政策的致命弱点，严重削弱了国家的治理能力。在职能分工和专业化原则下，地方政府各部门有不同的工作领域，也存在不同的利益追求。“条块分割”管理体制以分工专业化为原则，对提高部门工作效率具有重要意义，但条块分割管理格局导致

---

① 刘英基：《地方政府的社会冲突协同治理模式构建与政策建议》，《暨南学报》（哲学社会科学版）2015年第3期，第1~8页。

② 谭海波、蔡立辉：《论“碎片化”政府管理模式及其改革路径》，《社会科学》2010年第8期，第12~18页。

公共管理流程环节被不同利益取向的横跨部门割裂开来，在社会冲突的产生、蔓延和后果具有复杂性特征的情况下，部门分割的处理方式导致效率下降。[①] 在职责履行过程中，“条块分割”的管理体制可能造成官僚制模式的“碎片化”管理，对社会冲突管理目标的实现造成障碍。推动中原地区在创新发展过程中实现国家治理体系与治理能力现代化，应加强顶层设计，从战略全局的高度科学谋划各个治理领域的改革方案和具体举措，注重改革的系统性、整体性、协同性。克利斯托弗·波利特（Christopher Pollitt）认为整体型政府是通过克服政策情境中的消极性、相互腐蚀性因素，整合政策实施中的各种稀缺资源和多元利益相关主体，为社会公众提供科学有效的无缝隙公共服务的政府体系。[②] 构建整体型政府，既需要整合地方政府社会冲突管理中各职能部门的业务流程，克服“条块分割”管理机制的弊端，深化大部门制改革，提升跨部门协作效能；也需要整合地方公共服务体系，培育地方政府与企事业单位、新闻媒体、中介机构、社会大众、非政府组织等多元利益相关主体的协同关系。中原地区构建整体型政府主要包括两个方面：一是要推动地方政府的管理流程再造，整合地方政府各部门的公共资源，以社会冲突治理目标为导向，通过深化大部制改革推动地方政府不同部门之间由传统的行政业务关系转变为协同合作关系；二是要推动地方政府各部门与多元利益相关主体之间的公共服务与信息沟通渠道的整合，为克服“条块分割”管理体制，建设政府内部协同治理机制提供条件，通过整体型政府建设强化地方政府与多元利益相关主体的协同关系。[③]

最后，以建设法治政府、效能政府、清廉政府为重点，增强政府执行力和公信力，提升政府治理水平。中原经济区、郑州航空港综合经济实验区、河南自贸区建设，乃至实现中原崛起是一个复杂的系统工程，而在新型城镇化、工业化、信息化和农业现代化过程中，要实现上述目标就对地方政府提出了更高的要求，即要求建设法治政府、效能政府和清廉政府。一是建设法治政府。贯彻落实全面推进依法治国战略，忠实履行宪法和法律赋予的职

---

① 涂晓芳、魏葱葱：《结构功能主义视角下地方政府治理创新路径研究》，《国家行政学院学报》2013 年第 1 期，第 95～99 页。

② Christoppher Pollit, “Joined-up Government: a Survey,” *Political Studies Review* 1 (2003): 34－39.

③ 刘英基：《地方政府的社会冲突协同治理模式构建与政策建议》，《暨南学报》（哲学社会科学版）2015 年第 3 期，第 1～8 页。

责，做到法无授权不可为、法定职责必须为。完善政府立法机制，提高立法质量。深化服务型行政执法，落实行政执法责任制，强化执法监督，促进严格、规范、公正、文明执法。畅通行政复议渠道，依法化解行政争议。健全依法科学民主决策机制，加强决策合法性审查，推行政府法律顾问制度，落实重大决策终身责任追究制度。二是建设效能政府。转变政府职能，改进服务方式，推行一口受理、限时办理、规范办理、透明办理和网上办理。加强公务员队伍建设，提高公务员素质。坚持人民利益至上，扎实开展“三严三实”专题教育，推动作风建设常态化、长效化，纠正“四风”，严控“三公”经费，坚决不搞劳民伤财的形象工程、政绩工程，坚决纠正不作为、乱作为，坚决克服懒政、怠政，坚决惩处失职、渎职，确保政令畅通、政策落地。三是建设清廉政府。亚当·斯密提出的市场经济是以市场机制为主体，以法治和道德伦理为两翼的“一体两翼”体系，因此，在推进市场化进程中要着力从法治、道德伦理层面进行制度设计，提升法治、道德伦理与技术创新协同对清廉政府的促进作用，优化产权制度和放松商业规制。产权清晰和放松审批、管制是政府“放权”和激励技术创新的重要制度条件，更是推动清廉政府建设和制度效能提升的重要路径，在促进法治、道德伦理与技术创新协同的基础上积极拓展制度创新领域。清廉政府治理体系必然是多元主体参与的开放性、动态性政府治理体系，积极建构起一个致力于创新协同驱动，由政府、科研机构、新闻媒体、社会大众等多元主体组成的清廉政府建设体系，有利于在多元主体参与的制度与技术创新协同中实现科学、规范、透明、公正、民主的政府治理，促进我国清廉政府建设的长效性与可持续性。①

在法治政府、效能政府、清廉政府建设的过程中，为了增强政府的执行力和公信力，必须矫正传统的地方政府绩效评价体系带来的短期化和权力运行粗暴化倾向，构建科学的地方政府治理绩效评价体系。要健全上级机关、同级人大与社会公众评价联动的地方政府绩效考核评价体系，尤其是要让社会团体、公众、网络与新闻舆论在地方政府治理绩效评价过程中享有充分的话语权。以体制内外相结合的地方政府治理绩效评价机制为导向，将社会团体、企事业单位、社会公众、网络与新闻舆论对地方政府治理评价真正纳入

① 刘英基：《经济制度、技术创新与清廉政府建设协同发展研究》，《科技管理研究》2015 年第 22 期，第 53 ~ 60 页。

绩效考核之中，促进地方政府积极倾听社会公众的权益诉求、意见和建议，提升地方政府的工作效能和治理效能。

五　推动中原经济创新发展的政策清单

在经济新常态背景下，为了使中原经济区产业攀升至全球价值链高端环节，推动中原经济创新发展，中原地区要紧紧抓住科技创新与经济发展紧密结合这个核心问题，加快构建自主创新体系，进一步提升创新水平，有效把握和应对新工业革命和发达国家“工业4.0”战略带来的契机与挑战。在中原地区经济创新发展过程中，科技进步、流程创新、产业价值链整合与创新、区域经济协同创新是决定性因素。中原地区各级政府、企业要采取有效措施积极推进开放式创新，着力增强科技创新能力。一是加强自主创新能力建设，支持本地企业与科研院所、高等院校、大型央企、国内外同行共建协同创新平台，鼓励各地市政府、企业与重点高校、科研机构合作建设科技园区；二是通过引进、消化和吸收海外技术实现技术创新能力提升，支持本地企业通过海外并购、设立研发中心、购买专利技术或者引进高科技项目等方式对技术进行消化、吸收和再创新，增强创新能力，带动区域创新发展水平的提升。构建产业技术创新战略联盟，推进协同创新，力争突破众多产业关键核心技术。为实现上述创新发展目标，中原地区要重点优化政策软环境，对到中原地区投资的符合产业发展方向的优秀企业给予相应的土地、信贷、财政贴息和税收等优惠政策支持；消除不合理的产业进入壁垒，促进市场有序竞争，加强市场诚信建设，优化交易环境，降低市场交易成本。维护市场竞争秩序，加强技术、知识产权保护，形成有利于市场竞争和技术创新的执法环境；切实转变政府职能，着力打造服务政府、责任政府和廉洁政府，减少政府审批项目，优化办事流程①。人才是现代企业有效整合技术、资金和信息等资源形成市场竞争优势的核心要素。因此，中原地区在推动创新过程中要积极推动人才战略，加大人才培育的财政支持力度，为科技创新提供必要的人保条件。要根据产业结构优化升级和新型工业化的需要，以提高人才培养质量为重点，大力发展具有本地产业特色的职业技能教育，为在本地发

① 杜传忠、刘英基：《中国新型工业化区域差异及协同发展分析》，《东岳论丛》2011年第8期，第144～149页。

展的企业输送人才。①

基于中原地区经济创新发展的要求，列出以下需要制定、完善和实施的政策清单。

一是金融支持政策。首先，推进民间资本参与现有金融机构改革重组或依法设立民营银行，加快组建、设立农商银行和村镇银行。其次，大力发展直接融资，积极推动符合条件的企业发行银行间市场非金融企业债务融资工具；支持有关企业发行专项债券；积极利用多层次资本市场的融资功能，特别是利用新三板实现弯道超车，积极引导和鼓励企业进入“新三板”挂牌交易。对能够体现本地资源、产业优势、市场潜力、科技含量的中小企业进行筛选、储备和培育，建立“新三板”后备企业资源库，同时积极引导和鼓励中小企业进入即将成立的河南区域股权交易市场（四板市场）挂牌交易，拓宽融资渠道。最后，大力发展创业投资和股权投资基金。建立和完善促进创业投资和股权投资行业健康发展的配套政策体系与监管体系。发挥政府新兴产业创业投资资金的引导作用，扩大政府新兴产业创业投资规模，充分运用市场机制，带动社会资金投向战略性新兴产业中处于创业早中期阶段的创新型企业。鼓励民间资本投资战略性新兴产业。

二是财税支持政策。首先，创新财政支持方式。在整合现有政策资源和资金渠道的基础上，设立现代农业、基础设施、战略性新兴产业、现代服务业等产业的投资基金，着力支持骨干企业的重大关键技术研发、产业创新发展、重大创新成果产业化、创新创业能力建设等。充分利用现有渠道，加强财政资金对制造业的支持，将资金重点投向智能制造、“四基”发展、高端装备等制造业转型升级的关键领域，为制造业发展创造良好的政策环境。运用政府和社会资本合作（PPP）模式，引导社会资本参与制造业重大项目建设、企业技术改造和关键基础设施建设。创新财政资金支持方式，逐步从“补建设”向“补运营”转变，提高财政资金使用效益。深化科技计划（专项、基金等）管理改革，支持制造业重点领域科技的研发和示范应用，促进制造业技术创新、转型升级和结构布局调整。完善和落实支持创新的政府采购政策，推动制造业创新产品的研发和规模化应用。落实和完善对使用首台（套）重大技术装备等的鼓励政策，健全产品创新、增值服务和示范应

① 杜传忠、刘英基：《我国农村工业化进程中农村服务业发展的障碍及对策探析》，《江西财经大学学报》2010 年第 4 期，第 69 ~ 74 页。

用等环节的激励约束机制。其次，完善税收激励政策。在全面落实现行各项促进科技投入和科技成果转化、支持高技术产业发展等方面税收政策的基础上，结合税制改革方向和税种特征，针对新兴优势产业的特点，研究、完善鼓励创新、引导投资和消费的税收支持政策。实施有利于制造业转型升级的税收政策，推进增值税改革，完善企业研发费用计核方法，切实减轻制造业企业税收负担。

三是产业发展支持政策。第一，抓住新工业革命契机，通过技术创新推动产业链升级。在新工业革命和全球产业网络一体化的背景下，中原地区需要进入发达经济体数字化生产与研发全球网络、吸引发达经济体数字化制造领域的直接投资。在以数字技术、智能技术、信息技术和能源革命为主导的新工业革命背景下，工艺创新和产品创新对中原地区产业转型升级具有决定性作用。新工业革命将催生一大批新的产业群体和经济增长点，工业机器人、可再生能源、新材料、3D 打印机、纳米技术、生物电子技术等新兴产业不断成长为新的主导部门，这些产业在装备制造业、产品研发部门和相关生产性服务业中将产生主导作用。这要求构建产学研创新联盟，坚持企业的创新主体地位。中原地区应通过政策引导、扶持和激励产学研合作进行产品研发设计，运用现代信息技术与数字化服务为生产流程优化提供重要技术支持。① 第二，完善全球化战略和管理创新支持政策。在应对新工业革命的挑战过程中，经济新常态下的中原地区要积极实施全球化战略和管理创新，通过全球化战略实施和管理创新形成“干中学”、知识积累和技术创新的内生优势。对前沿技术与知识进行学习、积累，提升尖端与核心技术的自主创新与集成创新能力；积极引进先进适用技术，着力提高技术消化、吸收和转化能力，促进产业转型升级。第三，通过制度创新为产业转型升级提供支持。新兴经济体推动产业转型升级与科学的产权制度、产权制度、市场准入制度、融资制度、反垄断制度以及生产要素的市场化程度等息息相关，要围绕建立现代企业制度，推进市场化进程，明晰产权，在知识产权保护政策、税收政策、贸易与开放政策等方面进行创新，提升制度创新对产品创新、结构优化和附加值提升的激励与保护作用，从而推动产业转型升级。第四，完善适应新工业革命要求的公共配套设施支持政策。新工业革命中的现代信息、

---

① 刘英基、杜传忠、刘忠京：《走向新常态的新兴经济体产业转型升级路径分析》，《经济体制改革》2015 年第 1 期，第 117 ~ 121 页。

通信、智能、交通运输技术和网络化推动了全球价值链重构，产业价值链构成环节、内容和形式在持续发生着变化。中原地区应积极推动绿色能源、智能网络、节能环保等战略产业率先获得突破，从根本上改变对传统能源和能耗方式的依赖，帮助高技术产业摆脱制约其向前发展的能源桎梏。在能源供应、通信、交通、网络、材料等方面积极构建适应新工业革命要求的配套基础设施，实现产业转型升级的能源绿色化和用能高效化。现代网络技术、信息通信技术和交通运输技术所支撑的产业跨区域联动机制逐步深化，为中原地区的产品和要素流动提供了统一的更大范围的市场体系。企业与配套服务业将实现深度融合，产品从设计、生产到销售的各个环节的联系将更加紧密，这将有利于加快产业转型升级步伐。在注重新能源与互联网融合发展的基础上建立面向未来、有国际竞争力的新型产业体系，即以先进数字制造业为基础，与金融、贸易、航运等现代生产服务业互相融合的产业体系。第五，坚持扩大开放与增加内需并重政策。强化中原地区自身的需求系统动力，在通过保持投资适度增长推动产业发展的同时，坚持扩大开放与扩大国内消费需求相结合的原则，形成国内消费、投资、出口协调拉动产业可持续发展的格局。特别是要改变过度依赖外部市场、内需不足的尴尬局面，使国内消费和投资成为推动产业发展的基本动力。为此，中原地区推动创新发展需要推动市场化改革，建设法治社会，理顺市场与政府的关系。通过深化税收、收入分配、社会保障、教育、医疗、住房等方面的改革，提升居民的消费能力，为增加内需，实现创新发展与产业转型升级提供稳定的需求市场基础。

四是土地管理支持政策。在土地利用总体规划确定的建设用地规模、布局范围内，合理确定产业集聚区、高新技术产业园区新增建设用地规模、布局和时序安排。完善征地补偿办法，规范征地程序，保障被征地农民的合法权益。积极争取国家增加年度新增建设用地指标，建立用地审批“绿色通道”，保障产业承接、升级重大项目用地需要，并优先办理立项预审、报批或核准手续。鼓励合理使用未利用地。

五是人力资源开发政策。鼓励企业积极进行技术创新与消化，为推进产业转型升级提供机制与管理保障。应对新产业革命，人才是有效整合资金、技术与信息资源构成竞争优势和进行技术创新的核心要素，企业要根据所在产业的结构特征与转型升级要求，创新高层次人才引进、使用、激励的保障机制，为参与关键技术与核心技术创新提供人才保障。发挥中原地区高校和职教资源优势，统筹安排课程设置和教学计划，为中原经济区、郑州航空港输送空港管理、空中乘务、涉外英语、航空物流、电子信息、航空设备制造及维修、生物医药、专业会展、电子商务、救援保障等领域的管理人才和产业工人。加快培养高素质管理人才队伍，大力引进国际化高端人才。设立人才资源开发专项资金，建立河南籍海外留学生数据库，通过各种形式来充分吸引和聚集海内外的各种科技创新创业人才。组织本地企业家赴国内外先进地区考察，或将其选送到高校接受管理经营知识的短期培训等，帮助提高企业家的整体素质。整合现有社会培训资源，建立中小企业人才培养基地。

参考文献

中文文献

著作

李庆余等：《美国现代化道路》，人民出版社，1994。

张仲威：《农业推广学》，中国农业科技出版社，1996。

蔡孝箴：《城市经济学》，南开大学出版社，1998。

李可让：《土地利用变化和温室气体净排放与陆地生态系统碳循环》，气象出版社，2000。

郝寿义：《区域经济学原理》，上海人民出版社、格致出版社，2007。

蔡昉、都阳：《中国人口与劳动问题报告（No.8）——刘易斯转折点及其政策挑战》，社会科学文献出版社，2007。

梁子谦：《中国粮食综合生产能力与安全研究》，中国财政经济出版社，2007。

徐光春：《中原文化与中原崛起》，河南人民出版社，2007。

孔繁斌：《公共性的再生产》，江苏人民出版社，2008。

李中元：《中国中部地区发展报告（2012）——加快转变发展方式与中部崛起》，社会科学文献出版社，2011。

樊士德：《劳动力流动、经济增长与区域协调发展研究》，经济科学出版社，2013。

卫绍生：《河南文化发展报告（2013）》，社会科学文献出版社，2013。

中国社会科学院社会学研究所：《社会蓝皮书》，社会科学文献出版社，2013。

刘美平、徐丽杰：《中国城镇化质量提升战略研究》，经济科学出版社，2015。

《邓小平文选》第3卷，人民出版社，1993。

译著

〔瑞典〕伯尔蒂尔·奥林：《地区间贸易与国际贸易》，王继祖等译，商务印书馆，1986。

〔英〕约翰·穆勒：《政治经济学原理》，赵荣潜等译，商务印书馆，1987。

〔美〕迈克尔·麦金尼斯：《多中心体制与地方公共经济》，毛寿龙、李梅译，上海三联书店，2000。

〔美〕詹姆斯·N.罗西瑙：《没有政府的治理》，张胜军、刘小林等译，江西人民出版社，2001。

〔英〕迈克尔·博兰尼：《自由的逻辑》，冯银江、李雪茹译，吉林人民出版社，2002。

〔美〕迈克尔·波特：《国家竞争优势》，李明轩、邱如美译，华夏出版社，2002。

〔美〕戴维·奥斯本、特德·盖布勒：《改革政府——企业精神如何改革着公营部门》，周敦仁等译，上海译文出版社，2006。

〔美〕彼得·马什：《新工业革命》，赛迪研究院专家组译，中信出版社，2013。

期刊与报纸

朱式毅、傅政：《信息产业与美国经济——以信息科学和信息技术装备起来的美国经济》，《国际商务研究》1997年第1期。

金志奇：《美国信息产业革命与宏观经济目标》，《新东方》1999年第2期。

金碚：《全球化背景下的中国工业》，《中国工业经济》2001年第5期。

赵雪燕、郭世信：《90年代以来日本经济萧条的原因分析》，《现代日本经济》2004年第1期。

王忠静、王美凤：《南水北调工程重大意义及技术关键》，《工程力学》

2004年第12期。

王宏伟:《美国的军民一体化》,《中国军转民》2004年第5期。

王忠静、王学凤:《南水北调工程重大意义及技术关键》,《工程力学》2004年第12期。

赵志华等:《内蒙古地区金融效率及其对经济增长支持的实证研究》,《金融研究》2005年第6期。

李学勤:《德国农业和农村发展的特点及启示》,《吉林农村农业信息》2005年第7期。

顾益康:《统筹城乡发展,全面推进社会主义新农村建设》,《中国农村经济》2006年第1期。

林书雄:《新兴技术的内涵及其不确定性分析》,《价值工程》2006年第9期。

李远:《美国、日本产业政策:比较分析和启示》,《经济经纬》2006年第1期。

郗婷婷、李顺龙:《黑龙江省森林碳汇潜力分析》,《林业经济问题》2006年第6期。

王丰:《人口红利真的是取之不尽、用之不竭的吗?》,《人口研究》2007年第6期。

姜玉宏等:《应急物流中应急物流的管理研究》,《物流技术》2007年第6期。

熊鹏、王飞:《中国金融深化对经济增长内生传导渠道研究》,《金融研究》2008年第2期。

周定平:《突发事件应对的物资保障分析》,《中国安全科学学报》2008年第3期。

季凯文、武鹏:《农村金融深化与农村经济增长的动态关系》,《经济评论》2008年第4期。

黄南:《世界新兴产业发展的一般规律分析》,《科技与经济》2008年第5期。

刘涛:《金融危机中更应关注粮食安全》,《农产品市场周刊》2008年第43期。

姜黎辉、张朋柱、龚毅:《不连续技术机会窗口的进入时机抉择》,《科研管理》2009年第2期。

黄玖立、冼国明：《人力资本与中国省区的产业增长》，《世界经济》2009年第5期。

刘明宇、芮明杰：《全球化背景下中国现代产业体系的构建模式研究》，《中国工业经济》2009年第5期。

何龙斌：《我国区际产业转移的特点、问题与对策》，《经济纵横》2009年第9期。

尹娟民、范秀红：《农村经济与农村金融良性互动发展的对策研究》，《南方金融》2009年第10期。

张耀辉：《传统产业体系蜕变与现代产业体系形成机制》，《产经评论》2010年第1期。

杜传忠、刘英基：《我国农村工业化进程中农村服务业发展的障碍及对策探析》，《江西财经大学学报》2010年第4期。

刘英等：《河南省土地利用碳源/碳汇及其变化分析》，《水土保持研究》2010年第5期。

王铮等：《河南省能源消费碳排放的历史特征及趋势预测》，《地域研究与开发》2010年第6期。

应松年：《社会管理创新引论》，《法学论坛》2010年第6期。

谭海波、蔡立辉：《论"碎片化"政府管理模式及其改革路径》，《社会科学》2010年第8期。

金丽馥、刘晶：《基于世界粮食危机的我国粮食安全问题的新思考》，《北京行政学院学报》2011年第1期。

刘友金、胡黎明：《产品内分工、价值链重组与产业转移》，《中国软科学》2011年第3期。

王延峰、胡美林：《河南与三大经济圈区域产业合作研究》，《决策探索》（下半月）2011年第3期。

崔瑞霞：《人口红利与河南经济发展》，《河南教育学院学报》2011年第5期。

蔡昉：《中国的人口红利还能持续多久?》，《经济学动态》2011年第6期。

杜传忠、刘英基：《中国新型工业化区域差异及协同发展分析》，《东岳论丛》2011年第8期。

庞凌：《权利、自由与社会管理创新的切入点》，《法学》2011年第

10 期。

尹成杰：《关于“三化同步”推进的理性思考与对策》，《农业经济问题》2011 年第 11 期。

刘美平：《战略性新兴产业技术创新路径的共生模式研究》，《当代财经》2011 年第 11 期。

陈文胜、陆福兴：《城乡一体化：社会管理创新关键点》，《人民论坛》2011 年第 24 期。

高波、陈健、邹琳华：《区域房价差异、劳动力流动与产业升级》，《经济研究》2012 年第 1 期。

陆旸：《从开放宏观的视角看环境污染问题：一个综述》，《经济研究》2012 年第 2 期。

云鹤、胡剑锋、吕品：《金融效率与经济增长》，《经济学》（季刊）2012 年第 2 期。

孟文：《资源枯竭型城市经济转型问题研究》，《山东社会科学》2012 年第 3 期。

李长青等：《内蒙古碳汇资源估算与碳汇产业发展潜力分析》，《干旱区资源与环境》2012 年第 5 期。

李友梅：《中国社会管理新格局下遭遇的问题——一种基于中观机制分析的视角》，《学术月刊》2012 年第 7 期。

芮明杰：《新一轮工业革命正在叩门，中国怎么办?》，《当代财经》2012 年第 8 期。

徐梦周、贺俊：《第三次工业革命的特征及影响》，《政策瞭望》2012 年第 10 期。

汪秀婷：《战略性新兴产业协同创新网络模型及能力动态演化研究》，《中国科技论坛》2012 年第 11 期。

詹懿：《中国现代产业体系：症结及其治理》，《财经问题研究》2012 年第 12 期。

沈坤荣、徐礼伯：《美国“再工业化”与江苏产业结构转型升级》，《江海学刊》2013 年第 1 期。

黄群慧、贺俊：《“第三次工业革命”与中国经济发展战略调整——技术经济范式转变的视角》，《中国工业经济》2013 年第 1 期。

杨建国、赵海东：《资源型城市经济转型模式及优化研究》，《内蒙古财经学院学报》2013 年第 1 期。

赵志耘、杨朝峰：《转型时期中国高技术产业创新能力实证研究》，《中国软科学》2013 年第 1 期。

涂晓芳、魏葱葱：《结构功能主义视角下地方政府治理创新路径研究》，《国家行政学院学报》2013 年第 1 期。

郭艳玲：《县域金融发展、金融体系效率与县域经济增长——基于山东省 91 个县的实证研究》，《南方金融》2013 年第 1 期。

贾根良：《第三次工业革命与新型工业化道路的新思维》，《中国人民大学学报》2013 年第 2 期。

张茉楠：《全球“再工业化”下的中国困境与战略突围》，《财经界》2013 年第 2 期。

刘云、安菁、陈文君、张军：《美国基础研究管理体系、经费投入与配置模式及对我国的启示》，《中国基础科学》2013 年第 3 期。

黄燕萍、刘榆、吴一群、李文溥：《中国地区经济增长差异——基于分级教育的效率》，《经济研究》2013 年第 4 期。

吕铁：《第三次工业革命对我国制造业提出巨大挑战》，《求是》2013 年第 6 期。

刘英基：《中西部地区承接产业转移中的现代产业体系优化研究》，《华东经济管理》2013 年第 9 期。

汪大海、南锐：《新型城镇化背景下的社会管理转型升级》，《学术界》（月刊）2013 年第 12 期。

李建伟：《我国经济运行的内在规律及其未来发展趋势》，《理论学刊》2014 年第 1 期。

肖琳：《海陆统筹共进，构建“一带一路”》，《太平洋学报》2014 年第 2 期。

杨凯：《审判管理理论体系的法理构架与体制机制创新》，《中国法学》2014 年第 3 期。

任佳、王清华、杨思灵：《构建新南方丝绸之路参与“一带一路”建设》，《云南社会科学》2014 年第 3 期。

易水：《云南主动融入“一带一路”规划》，《创造》2014 年第 3 期。

汪习根：《新一轮司法改革的理念创新和制度构建——全国“深化司法体制改革”高端论坛综述》，《中南民族大学学报》（人文社会科学版）

2014 年第 3 期。

余昊东:《围绕“一带一路”战略走出去增强企业国际化经营能力》,《民生周刊》(学术版)2014 年第 4 期。

邹士年、李震海:《应对我国人口红利消失的挑战》,《宏观经济管理》2014 年第 12 期。

齐云英:《河南省交通物流发展研究》,《中国物流与采购》2014 年第 12 期。

李强:《努力做好“一带一路”建设大文章》,《大陆桥视野》2014 年第 13 期。

郑霞、吴新玲:《公共科研机构异化研究——广东省科研机构问卷调查分析》,《科技管理研究》2014 年第 22 期。

刘英基、杜传忠、刘忠京:《走向新常态的新兴经济体产业转型升级路径分析》,《经济体制改革》2015 年第 1 期。

周瑾:《河南省交通物流发展现状、存在的问题及对策》,《物流技术》2015 年第 2 期。

刘英基:《地方政府的社会冲突协同治理模式构建与政策建议》,《暨南学报》(哲学社会科学版)2015 年第 3 期。

杨晗、赵平飞:《现代农业发展进程中农地使用制度的创新研究——以四川省成都市为例》,《农村经济》2015 年第 6 期。

谢呈阳、胡汉辉、周海波:《区域关联视角下的人力资本与地区经济发展》,《经济理论与经济管理》2015 年第 7 期。

詹懿、李晓渝:《国外现代产业体系的发展模式研究》,《商业经济研究》2015 年第 9 期。

刘英基:《经济制度、技术创新与清廉政府建设协同发展研究》,《科技管理研究》2015 年第 22 期。

唐雪薇:《河南稀有剧种今起大汇演》,《北京娱乐信报》2004 年 10 月 30 日。

王树山:《南水北调工程为中原经济区助力》,《河南日报》2010 年 10 月 13 日。

李颖:《郑州大遗址保护全面提速》,《河南日报》2011 年 12 月 6 日。

余嘉熙、胡芷滔:《河南省图书馆超半数古籍损坏》,《工人日报》2012 年 6 月 23 日。

胡敏：《立足大逻辑顺势新常态》，《中国经济时报》，2014 年 12 月 18 日。

国家发展和改革委员会：《中原经济区规划（2012～2020 年）》，《河南日报》2012 年 12 月 3

日。

杨博：《美国工业 4.0 着眼“软”实力》，《中国证券报》2014 年 12 月 18 日。

田明：《城镇化对于中国的意义及存在的问题》，《学习时报》2014 年 8 月 4 日。

论文和论文集

《第十届中国科协年会专题论坛特邀报告集》，2008。

司林杰：《中国城市群内部竞合行为分析与机制设计研究》，博士学位论文，西南财经大学，2014。

张雅娟：《中原经济区建设中地方政府合作机制研究》，博士学位论文，郑州大学，2014。

龙飞：《新世纪中国粮食安全问题研究》，博士学位论文，湖南农业大学，2007。

郑晓娜：《突发事件应急储备体系中的仓库选址研究》，硕士学位论文，北京交通大学，2012。

郭啟阳：《物流业对区域经济增长的推动作用研究》，硕士学位论文，西南大学，2013。

王鹏飞：《河南省粮食综合生产能力研究》，硕士学位论文，沈阳师范大学，2013。

张琳：《当代中国粮食安全问题研究》，硕士学位论文，吉林大学，2013。

刘杰：《河南省人口内部均衡发展评价研究》，硕士学位论文，郑州大学，2014。

电子文献

http：//hn. wenweipo. com/news/2011/01/13/hnwenhui_ 1330. html

http：//www. hse365. net/renju huanjing/yiju/2012051543201_ 2. html

河南省人民政府网，http：//www. henan. gov. cn/hngk/system/2011/03/04/010233550. Shtml。

浙江在线，http：//china. zjol. com. cn/system/2015/09/22/020843950. shtml. 2015 -9 -22。

《2014 全国最差 10 城市名单 大气污染依然严峻》，http：www. ah. xinhuanet. com/2015 -02/02/c_ 1114221876. htm。

联合国经济和社会事务部：《世界城市化展望》，http：//www. hse365. net/renjuhuanjing/yiju/2012051543201_ 2. html。

外文文献

J. Rifkin, *The third industrial revolution: How Lateral Power is Transforming Energy, the Economy, and the World* (Palgrave MacMillan, 2011) .

Robert O. Keohane, Joseph S. Nye. , "Introduction," in Joseph S. Nye and John D. Donahue, eds. , *Governance in a Globalization World* (Washington D. C. : Brookings Institution Press, 2000) .

Christoppher Pollit, "Joined-up Government: a Survey," *Political Studies Review* 1 (2003) .

Paul Markillie, " Special Report: Manufacturing and Innovation-A third industrial revolution," *The Economist* 4 (2012).

后 记

20世纪70年代末，中国开始了波澜壮阔的改革。正是这场改革将中国同世界的命运紧紧地连在一起；正是这场改革，让世界重新审视1949年以来的新中国。在中国大地上，这场史无前例的改革都取得了哪些成绩，还存在哪些不足，则是我们知识分子应该思考的问题。这部《河南深化改革的理论与实践》便是我们思考的结果。

中国改革领导者是谁，中国在哪些方面进行了改革，这场改革同中国古代历史上进行的改革以及其他国家历史上著名的改革有什么不同，中共十八大以来的全面深化改革体现在哪些方面，河南在这场全面深化改革中处于怎样的战略地位，确定怎样的战略支撑和可行性路径，都是本书要解答的问题。30多年来，中国共产党带领全国各族人民，坚定不移地推进经济、政治、文化等体制改革，毫不动摇地促进对外开放，取得了举世瞩目的成就。乘着改革与开放的东风，河南要在全面深化改革中更出彩，要在"一带一路"国家开放战略中有所作为，要在国家支持的三大战略指引下更上一层楼，这是本书的写作目的。

然而，在改革开放的过程中中国仍然出现了一些突出的矛盾和问题，如城乡差距和地区差距、环境污染等。这些发展与改革中的问题正是中国当下进行全面深化改革的必要所在。如果说，过去的改革是"摸着石头过河"的话，而今我们需要科学的顶层设计；如果说过去我们进行的改革只是浅层次的，那么而今改革要进入深水区，必须啃硬骨头；如果说过去我们经济增长速度一直是高速前进的，而今我们要进入换档期、阵痛期、调整期，进入经济新常态时期，经济增长速度要在中高速上运行；如果说我们过去更看重

GDP 总量，现在我们更看重 GDP 结构，更看重经济增长质量；如果说过去我们忽视了生态效益，而今我们不仅要高度重视生态文明建设，而且还要加大对全球气候变化的研究和对生态资源的保护。面对上述问题，中原怎样做是本书的主要内容。

本书是集体智慧的结晶。杨健燕教授提出总提纲，史自力教授负责全书的组织协调工作。全书共分为九章。杨健燕教授撰写第一章；任爱莲副教授撰写第二章；刘美平教授撰写第三、第四章；徐丽杰副教授撰写第五章；钱净净博士撰写第六章；王彩霞副教授撰写第七章；刘英基博士撰写第八章；史自力教授撰写第九章。全书由杨健燕教授审稿，由史自力教授、任爱莲副教授统稿。由于时间仓促、水平有限，不足之处在所难免，敬请专家学者批评指正。

本书由河南财经政法大学政府经济发展与社会管理创新研究中心资助出版。

杨健燕

2015 年 11 月

图书在版编目(CIP)数据

河南深化改革的理论与实践 / 杨健燕等著. -- 北京：社会科学文献出版社, 2016.7

ISBN 978-7-5097-9079-3

Ⅰ. ①河… Ⅱ. ①杨… Ⅲ. ①体制改革-研究-河南省 Ⅳ. ①D676.1

中国版本图书馆 CIP 数据核字（2016）第 080685 号

河南深化改革的理论与实践

著　　者 / 杨健燕 等

出 版 人 / 谢寿光
项目统筹 / 周　丽　陈凤玲
责任编辑 / 陈凤玲　肖世伟

出　　版 / 社会科学文献出版社 · 经济与管理出版分社（010）59367226
地址：北京市北三环中路甲 29 号院华龙大厦　邮编：100029
网址：www.ssap.com.cn
发　　行 / 市场营销中心（010）59367081　59367018
印　　装 / 三河市东方印刷有限公司

规　　格 / 开 本：787mm × 1092mm　1/16
印 张：24　字 数：419 千字
版　　次 / 2016 年 7 月第 1 版　2016 年 7 月第 1 次印刷
书　　号 / ISBN 978-7-5097-9079-3
定　　价 / 98.00 元